U0810036

中国南方机车车辆工业集团公司年鉴

2004

中国南方机车车辆工业集团公司年鉴编辑委员会

中 国 铁 道 出 版 社

2004年·北京

《中国南方机车车辆工业集团公司年鉴》
（2004年刊）
编 辑 委 员 会

主任委员　王泰文　赵小刚

副主任委员　杨荣林　朱守礼　郑昌泓　唐克林

委　　员　钱　毅　李建国　林世甲　白继文
张新宁　王松文　曹子章　孙学军
符　刚　肖孝州　王　研　谷大存
杨洪兴　陈　雄　冯秋生　沙金红
孙　克　孔岳军　陈吉贤　葛铁夫
海宝庆　周　戎　牛卫东　张　力

特约编委　李志轩　中国南车集团株洲电力机车厂厂长
郭炳强　中国南车集团资阳机车厂厂长
顾明康　中国南车集团戚墅堰机车车辆厂厂长
江　靖　南车四方机车车辆股份有限公司总经理
刘　杰　四方机车车辆有限责任公司总经理
蓝继周　中国南车集团南京浦镇车辆厂厂长
曹　阳　中国南车集团株洲车辆厂厂长
孟庆远　中国南车集团眉山车辆厂党委副书记
杨志刚　中国南车集团武昌车辆厂厂长
刘岱华　中国南车集团铜陵车辆厂厂长
曾继宗　中国南车集团成都机车车辆厂厂长
胡　洋　中国南车集团洛阳机车厂厂长
王石山　中国南车集团襄樊内燃机车厂厂长
赵恒山　中国南车集团北京二七车辆厂厂长
桂祖康　中国南车集团武汉江岸车辆厂厂长
鲍家驹　南方汇通股份有限公司党委副书记
赵　蔚　中国南车集团北京机车车辆机械厂厂长
奚国华　中国南车集团株洲电力机车研究所所长
王　奇　中国南车集团戚墅堰机车车辆工艺研究所所长
祁宝文　中国南车集团襄樊牵引电机有限公司总经理

《中国南方机车车辆工业集团公司年鉴》
（2004年刊）
编辑出版工作人员

主　编	郑昌泓	
副主编	曹子章	
编　辑	何树高	中国南车集团公司办公室
	周秀梅	中国南车集团公司办公室
	王学让	南车四方机车车辆股份有限公司
	杨锦祥	中国南车集团戚墅堰机车车辆厂
	于贵文	中国南车集团资阳机车厂
	高少华	中国南车集团成都机车车辆厂
	尤理明	中国南车集团戚墅堰机车车辆厂
	王春福	中国南车集团戚墅堰机车车辆工艺研究所
	刘怀文	中国南车集团襄樊内燃机车厂

10月25日，中共中央政治局常委、全国政协主席贾庆林到南方汇通公司视察。

原国务院副总理李岚清观看株洲所软件成果汇报展展位。

中共中央政治局委员、国务院副总理曾培炎视察株机厂地铁生产基地。

10月20日，铁道部部长刘志军到株机厂视察。

8月9日，铁道部副部长孙永福察看青藏高原铁路试验现场，了解“雪域神舟”号机车试验情况。

铁道部副部长王兆成到戚墅堰厂视察。

2月28日，集团公司党委书记王泰文到南方汇通公司检查指导工作。

11月10日，集团公司总经理赵小刚接待来访的伊朗交通部长一行，并在国宾馆签署了合作备忘录。

集团公司党委副书记、工会主席杨荣林走访慰问困难员工。

集团公司总会计师朱守礼到洛阳厂检查指导工作。

由集团公司重点帮扶的广西靖西、那坡两县的领导向集团公司副总经理郑昌泓赠送锦旗。

8月26日，集团公司副总经理唐克林到成都厂检查指导工作。

1月9日，中国南车集团公司工作会议在北京召开。

7月14日，中国南车集团公司经营管理座谈会在成都召开。

11月24～25日，中国南车集团公司厂务公开工作会议在株辆厂召开。

10月26～28日，中国南车集团公司第一届运动会在眉山厂举行。

9月13日，中国南车集团机车车辆材料工艺研发中心在戚墅堰所成立。

3月25～27日，由集团公司主办，全国铁路记协组织的“南车株机杯”易地采访活动在株机厂举行，来自全路各新闻媒体的30余名记者参加了采访活动。

2月11日，中国向巴基斯坦出口1300辆铁路货车合同正式签订。

10月23日，株辆厂首批出口巴西铁路货车装船仪式在上海举行。

正在码头装运的出口车辆

南车四方公司研制的新型地铁车辆

12月27日，北京地铁八通线开通试运营仪式在北京通州北苑站隆重举行。

1月15日，南方汇通微硬盘科技股份有限公司举行新厂落成暨1英寸2.4G 微硬盘产品成果发布会。

戚墅堰厂为铁路第五次大提速研制的东风11G型内燃机车

出口乌兹别克斯坦的电力机车

出口朝鲜客车

青藏铁路公务动车

C80型铝合金车

2004

用于自动检测铁路地面探测装置的新型红外线检测车

新型摆式客车

天驰0001新型检测车

首批投入北京轨道交通八通线运营的新型城轨列车竣工下线

5月19日，株机厂与广州市正式签订轨道交通三号线车辆采购合同。

GKD3B型电传动内燃调车机车

编 辑 说 明

一、《中国南方机车车辆工业集团公司年鉴》（2004年刊），是中国南方机车车辆工业集团公司（中国南车集团公司）年鉴编辑委员会编辑出版的第3部年鉴。主要记述中国南车集团公司总部及下属单位2003年1月1日至12月31日生产经营等各项工作活动情况，是本年度内中国南车集团公司行政和党群各项工作活动的史册，是具有权威性和实用性的资料工具书。

二、本《年鉴》设特载、专文、大事记、概况、经营与销售、技术管理、人事劳资与教育管理、党群工作、下属企业单位、人物·荣誉、统计资料、学会·协会、合资合作经营企业、附录和索引15个栏目。栏目下设类目、条目。条目为本《年鉴》的基本单元和记述信息数据资料的主要形式，是全书的主体。

三、本《年鉴》主要由中国南车集团公司总部及下属各单位撰稿，经部门和单位领导审核。总部及各单位领导干部名单，以总部及各单位提供的名单为准。各厂所的特约编委成员，以各厂所上报名单为准。人物栏目内的新闻人物，以2003年仍在任期内的为准；先进人物和先进集体，均以2002年度至2003年度获得的荣誉称号为准；逝世人物，以各单位提供的资料为准。

四、为了叙述简便，“中国南方机车车辆工业集团公司”在文中一般简称为“中国南车集团公司”或“集团公司”；下属工厂、公司和研究所的名称除类目标题使用全称以外，一般使用本行业内部简称；各工厂、公司和各研究所统称“各厂所、公司”。

五、按照《年鉴》每一条目都应注明作者姓名的规范化要求，本《年鉴》除按条目注明“××”之外，为叙述简便，凡多个条目构成的一个类目由一人或多人共同撰稿的，仅在此类目末尾注明“××供稿”。

六、按照上级有关部门的要求，本《年鉴》为方便读者阅读和检索，增加“索引”一栏。“索引”标目只将《年鉴》栏目、类目列入，按汉语拼音字母顺序排列，标目后数字为页码。

七、本《年鉴》在编辑过程中，得到集团公司各级领导、各部门的关心和帮助；各位特邀编辑人员在文稿的修改编辑方面做了大量细致的工作；在出版过程中，得到了中国铁道出版社和大连机车研究所的大力支持，谨致谢意。

八、由于编辑水平所限，本《年鉴》难免存在疏漏笔误之处，诚请读者指正。

目　　录

特　　载

进一步深化国有资产管理体制改革　加快推进中央企业改革和发展
——国务院国有资产监督管理委员会主任李荣融在中央企业负责人会议上的讲话(摘录)(2003年12月15日) …………………… (3)

在推进铁路机车车辆现代化座谈会上的讲话
铁道部部长刘志军(2003年6月5日) ………………………………… (13)

专　　文

与时俱进　开拓创新　为做大做强做优南车集团提供政治保证
——党委书记王泰文在中国南车集团公司工作会议上的讲话(摘要)(2003年1月10日) ………………………………………… (21)

全面贯彻落实十六大精神　建设具有国际竞争力的轨道交通装备企业
——总经理赵小刚在中国南车集团公司工作会议上的报告(摘要)(2003年1月9日) ………………………………………… (31)

加强和改进报纸工作　为推动南车集团跨越式发展作出新的贡献
——党委副书记杨荣林在中国南车集团公司报纸展示暨报社管理工作交流研讨会议上的讲话(摘要)(2003年4月22日) ……… (46)

与时俱进　开拓创新　继续推进南车集团财务工作的规范和创新
——总会计师朱守礼在中国南车集团公司财务工作会议上的讲话(摘要)(2003年3月31日) …………………………………… (50)

统一认识　明确目标　积极稳妥地推进主辅分离辅业改制工作
——副总经理郑昌泓在中国南车集团公司主辅分离改制分流工作会议上的讲话(摘要)(2003年3月13日) …………………… (57)

提升产品制造水平　确保产品质量　增强企业核心竞争力
——副总经理唐克林在中国南车集团公司经营管理座谈会议上的讲话(摘要)(2002年6月20日) ………………………………… (62)

大 事 记

集团公司2003年
大事记 …………………………………… (69)

概 况

行政工作概述 …………………………… (79)
综述 …………………………………… (79)
城轨地铁 ……………………………… (79)
对外贸易 ……………………………… (79)
多元经营 ……………………………… (79)
结构调整 ……………………………… (80)
电机生产重组 ………………………… (80)
三项制度改革 ………………………… (80)
新产品开发 …………………………… (80)
技术改造 ……………………………… (81)
产品质量 ……………………………… (81)
企业管理 ……………………………… (81)
精神文明建设 ………………………… (82)
党群工作概述 …………………………… (82)
综述 …………………………………… (82)
理论学习和宣传思想工作 …………… (82)
领导班子建设工作 …………………… (83)
党的基层组织建设 …………………… (83)
党风廉政建设工作 …………………… (84)
工会、共青团工作 …………………… (84)
集团公司总部机关行政机构设置（2003年） …………………………… (86)
集团公司总部机关党群机构设置（2003年） …………………………… (87)
中国南车集团公司领导干部名单 ……… (88)
中国南车集团公司工会副主席、纪委副书记、副总经济师、副总工程师名单 … (88)
中国南车集团公司总部机关各部门负责人名单 …………………………… (89)

经 营 与 销 售

企业管理 ……………………………… (93)
概述 …………………………………… (93)
商标注册 ……………………………… (93)
企业改制、建立现代化企业制度……… (93)
主辅分离、改制分流………………… (93)
资产经营责任制 ……………………… (94)
企业效绩评价 ………………………… (94)
安全生产管理 ………………………… (95)
销售工作 ……………………………… (95)
概述 …………………………………… (95)
营销方针与策略 ……………………… (95)
机车车辆招议标情况 ………………… (96)
生产完成情况 ………………………… (96)
市场产品销售 ………………………… (96)
配件营销管理 ………………………… (96)
物资管理 ……………………………… (96)

出口贸易 …………………………………… (96)
重要会议 …………………………………… (97)
规划与投资 …………………………………… (97)
概述 …………………………………… (97)
发展战略 …………………………………… (97)
年度专业计划 …………………………………… (97)
技术改造 …………………………………… (97)
“九五”重点技术改造项目 …………… (98)
“九五”投资项目竣工验收 …………… (98)
集团公司立项批复项目 …………… (98)
国债项目 …………………………………… (98)
设备招标采购 …………………………………… (99)
合资合作 …………………………………… (99)
环境保护 …………………………………… (99)
财务管理 …………………………………… (100)
概述 …………………………………… (100)
清产核资 …………………………………… (100)
主辅分离 …………………………………… (100)
财务制度 …………………………………… (100)
国资管理 …………………………………… (100)
资金筹集、融通与预算管理 …………… (100)
会计信息化及会计基础工作 …………… (101)
重要会议 …………………………………… (101)
审计工作 …………………………………… (101)
概述 …………………………………… (101)
任期经济责任审计 …………………………… (101)
经济合同审计 …………………………… (101)
工程项目审计 …………………………… (102)
财务内控制度和财务收支审计 ………… (102)
多经企业经营与管理审计 …………… (102)
健全内部审计制度 …………………………… (103)
审计工作会议 …………………………… (103)
多元经营 …………………………………… (103)
概述 …………………………………… (103)
多经企业经营发展情况 …………… (103)
集团公司总部控股的多经实体 ………… (104)
多经工作会议 …………………………… (104)
集体经济管理 …………………………… (105)

技 术 管 理

科技发展与管理 …………………………… (109)
概述 …………………………………… (109)
科技计划管理 …………………………… (109)
标准化工作 …………………………… (109)
信息化建设 …………………………… (109)
质量管理 …………………………………… (110)
概述 …………………………………… (110)
无损检测工作会议 …………………………… (110)
超声波探伤技术培训 …………………………… (110)
磁粉、渗透探伤技术培训 …………… (111)
计量工作 …………………………………… (111)
《低合金铸钢冶炼操作技术规范》发布实施 …………………………… (112)
质量攻关和质量整改 …………………………… (112)
供应商控制 …………………………… (112)
产品质量监督抽查 …………………………… (113)
售后服务工作 …………………………… (113)
质量指标完成情况考核 …………………………… (114)
优秀质量管理小组 …………………………… (114)
机车生产与技术开发 …………………………… (116)
概述 …………………………………… (116)
东风$_{11G}$型准高速客运内燃机车研制 …………………………… (116)
出口乌兹别克斯坦六轴交流传动电力机车 …………………………… (116)
出口哈萨克斯坦交流传动电力机车

……………………………………… (116)
GK_{2C}液力传动调车机车研制 ………… (117)
GK_{0D}型内燃调车机车研制 ……………… (117)
GKD_{3B}型电传动调车机车研制 ……… (117)
时速270公里“中华之星”电动车组运行考核 ……………………………… (117)
车辆生产与技术开发 …………………… (117)
概述 ………………………………………… (117)
200公里/小时电动车组引进和国产化 ……………………………………… (118)
高档客车设计开发 ……………………… (118)
特种车辆设计开发 ……………………… (118)
22型车翻新改造 ……………………… (119)
城轨地铁车辆 …………………………… (119)
客车设计加改 …………………………… (119)
出口客车设计开发 ……………………… (119)
客车大部件研制 ………………………… (119)
客车新技术推广应用 …………………… (120)
25吨轴重新型通用敞车完成动力学试验 ……………………………………… (120)
C80H型铝合金运煤敞车样车通过技术审查 ……………………………………… (120)
90吨凹底平车样车开始试制 ……… (120)
25吨轴重钢质运煤专用敞车通过厂级鉴定 ……………………………………… (120)
双层集装箱车完成线路运行试验 …… (120)
25吨轴重共用车通过动力学试验 … (120)
铝合金运煤敞车通过试验 ……………… (120)
N型平车通过新产品鉴定 ……………… (120)
1CC30GSP型罐车集装箱获认可 …… (121)
米轨棚车、敞车试运行 ………………… (121)
巴西GDE、GDT型敞车试运行 ……… (121)
巴基斯坦宽轨平车按时发运 ………… (121)
越南米轨矿粉敞车按时发运 ………… (121)
25吨轴重新型转向架研制成功 …… (121)
25吨轴重轴箱悬挂摆动式转向架进行试验 ………………………………… (121)
RE_{2A}型LZ50钢车轴通过生产认证审查 ……………………………………… (121)
售后服务 ………………………………… (122)
节能管理 ………………………………… (122)
概述 ………………………………………… (122)
能源信息化管理 ………………………… (122)
节能宣传周活动 ………………………… (122)
铁路专用柴油供应 ……………………… (122)

人事劳资与教育管理

人事管理 ………………………………… (125)
概述 ………………………………………… (125)
领导班子建设 …………………………… (125)
公平选拔 ………………………………… (125)
领导班子绩效考核 ……………………… (126)
后备干部管理 …………………………… (126)
技术干部管理 …………………………… (126)
“百名教授级高工”打造工程 ………… (127)
机关干部管理 …………………………… (127)
培训教育 ………………………………… (127)
职称评审 ………………………………… (127)
领导干部工资管理 ……………………… (128)
出国审批及政审 ………………………… (128)
干部统计 ………………………………… (128)
劳动工资管理 …………………………… (128)
概述 ………………………………………… (128)
劳动用工制度改革 ……………………… (128)
分配制度改革 …………………………… (129)

经营者年薪制 …………………………… (129)
工效挂钩与工资计划 ……………………… (129)
实发工资总额与工资管理 ………………… (129)
员工总量控制 …………………………… (130)
员工构成 ………………………………… (130)
“两个确保”工作 ………………………… (130)
职业技能鉴定 …………………………… (131)
职业技能竞赛 …………………………… (131)
劳动定额 ………………………………… (132)
岗位培训 ………………………………… (132)
变更企业名称 …………………………… (132)
教育管理 …………………………………… (132)
概述 ……………………………………… (132)
国家高技能人才培训工程 ………………… (132)
创建学习型企业 ………………………… (133)
高级技术工人培训 ……………………… (133)
国家课题 ………………………………… (133)
教育研究会 ……………………………… (133)
组织抗击非典 …………………………… (134)
职业教育 ………………………………… (134)
第二届技能大赛 ………………………… (134)
基础教育分离工作 ……………………… (134)
教育扶贫工作 …………………………… (134)
招生计划 ………………………………… (135)
老干部管理 ………………………………… (135)
学习教育活动 …………………………… (135)
落实“两费”工作 ………………………… (135)
加强管理服务 …………………………… (135)

党 群 工 作

组织工作 …………………………………… (139)
概述 ……………………………………… (139)
党委换届选举 …………………………… (139)
民主生活会 ……………………………… (139)
贯彻执行中办发16号文件 ………………… (140)
党支部建设 ……………………………… (140)
党员发展 ………………………………… (140)
党员教育管理 …………………………… (141)
创先争优 ………………………………… (141)
组织部长培训班 ………………………… (141)
组织部长会议 …………………………… (141)
党内统计工作 …………………………… (141)
宣传工作 …………………………………… (142)
概述 ……………………………………… (142)
理论学习 ………………………………… (142)
形势任务教育 …………………………… (142)
报纸工作 ………………………………… (142)
对外报道 ………………………………… (142)
易地采访 ………………………………… (143)
政研会工作 ……………………………… (143)
企业文化建设 …………………………… (143)
“法轮功”教育转化工作 ………………… (143)
统战工作 ………………………………… (143)
纪检监察工作 ……………………………… (144)
概述 ……………………………………… (144)
纪检监察工作会议 ……………………… (144)
反腐倡廉教育 …………………………… (144)
领导干部廉洁自律 ……………………… (144)
党风廉政建设责任制 …………………… (145)
源头防范治理 …………………………… (145)
案件检查与审理 ………………………… (146)
效能监察 ………………………………… (146)
纪检基础建设 …………………………… (147)
工会工作 …………………………………… (147)
概述 ……………………………………… (147)
群众生产活动 …………………………… (147)

民主管理……………………………（148）
生活保障工作…………………………（148）
文化建设……………………………（149）
工会自身建设…………………………（149）
女职工工作……………………………（149）
财务工作……………………………（149）
信息工作……………………………（150）
共青团工作……………………………（150）
概述…………………………………（150）
青年理论学习…………………………（150）
青年思想道德建设……………………（150）
形势任务教育…………………………（150）
青年文明创建活动……………………（151）
青年读书活动…………………………（151）
青年文化活动…………………………（151）
青年创新创效活动……………………（151）
“双岗”活动…………………………（152）
青年岗位创优…………………………（152）
全力抗击非典…………………………（152）
团的组织建设…………………………（153）
共青团工作创新………………………（153）
机关党务工作…………………………（154）
概述…………………………………（154）
干部理论学习…………………………（154）
思想作风建设…………………………（154）
先进表彰……………………………（154）

下 属 企 业 单 位

中国南车集团株洲电力机车厂…………（157）
概述…………………………………（157）
新产品开发……………………………（157）
质量管理……………………………（158）
党群工作……………………………（158）
重要纪事……………………………（159）
首台出口乌兹别克斯坦机车下线……（159）
领导干部名单…………………………（159）
中国南车集团资阳机车厂……………（160）
概述…………………………………（160）
新产品开发……………………………（160）
质量管理……………………………（161）
党群工作……………………………（161）
重要纪事……………………………（161）
GK_{0D}型机车研制……………………（162）
GKD_{3B}型机车研制 …………………（162）
领导干部名单…………………………（162）
中国南车集团戚墅堰机车车辆厂………（163）
概述…………………………………（163）
新产品开发……………………………（164）
质量管理……………………………（164）
党群工作……………………………（165）
重要纪事……………………………（165）
“雪域神舟”号机车完成高原性能试验
……………………………………（166）
柴油机机体生产技改项目通过验收
……………………………………（166）
转 K4 型转向架通过生产质量认证 …（166）
东风$_{11G}$型准高速客运内燃机车研制
……………………………………（166）
GK_{2C}液力调车内燃机车研制 …………（167）
13 号小间隙车钩通过技术鉴定 ……（167）
推行首席技术工人制…………………（167）
领导干部名单…………………………（167）
南车四方机车车辆股份有限公司………（168）
概述…………………………………（168）
新产品开发……………………………（169）
质量管理……………………………（170）

党群工作……………………………(170)
重要纪事……………………………(171)
公司首次党代会……………………(172)
北京八通线城轨列车………………(172)
领导干部名单………………………(172)
四方机车车辆有限责任公司……………(173)
概述…………………………………(173)
质量管理……………………………(174)
党群工作……………………………(174)
领导干部名单………………………(174)
中国南车集团南京浦镇车辆厂…………(175)
概述…………………………………(175)
新产品开发…………………………(176)
质量管理……………………………(176)
党群工作……………………………(176)
重要纪事……………………………(177)
城轨车辆生产………………………(178)
领导干部名单………………………(178)
中国南车集团株洲车辆厂………………(179)
概述…………………………………(179)
新产品开发…………………………(180)
质量管理……………………………(180)
党群工作……………………………(180)
重要纪事……………………………(181)
GDT、GDE车出口巴西 ………………(181)
领导干部名单………………………(181)
中国南车集团眉山车辆厂………………(182)
概述…………………………………(182)
新产品开发…………………………(183)
质量管理……………………………(183)
党群工作……………………………(183)
重要纪事……………………………(184)
领导干部名单………………………(184)
中国南车集团武昌车辆厂………………(185)
概述…………………………………(185)
质量管理……………………………(186)
党群工作……………………………(186)
重要纪事……………………………(186)
领导干部名单………………………(186)
中国南车集团铜陵车辆厂………………(187)
概述…………………………………(187)
新产品开发…………………………(188)
质量管理……………………………(188)
党群工作……………………………(188)
重要纪事……………………………(189)
领导干部名单………………………(189)
中国南车集团成都机车车辆厂…………(190)
概述…………………………………(190)
新产品开发…………………………(191)
质量管理……………………………(191)
党群工作……………………………(191)
重要纪事……………………………(191)
领导干部名单………………………(192)
中国南车集团洛阳机车厂………………(193)
概述…………………………………(193)
质量管理……………………………(194)
党群工作……………………………(195)
重要纪事……………………………(196)
领导干部名单………………………(196)
中国南车集团襄樊内燃机车厂…………(197)
概述…………………………………(197)
新产品开发…………………………(198)
质量管理……………………………(198)
党群工作……………………………(198)
重要纪事……………………………(199)
首台东风$_{8B}$型内燃机车修竣 …………(199)
领导干部名单………………………(199)
中国南车集团北京二七车辆厂…………(200)
概述…………………………………(200)
新产品开发…………………………(201)
质量管理……………………………(201)
党群工作……………………………(202)

重要纪事 …… (202)
领导干部名单 …… (202)
中国南车集团石家庄车辆厂 …… (203)
概述 …… (203)
新产品开发 …… (204)
质量管理 …… (204)
党群工作 …… (204)
重要纪事 …… (205)
领导干部名单 …… (205)
中国南车集团武汉江岸车辆厂 …… (206)
概述 …… (206)
新产品开发 …… (207)
质量管理 …… (207)
党群工作 …… (207)
重要纪事 …… (208)
领导干部名单 …… (208)
南方汇通股份有限公司（中国南车集团贵阳车辆厂） …… (209)
概述 …… (209)
新产品开发 …… (210)
质量管理 …… (210)
党群工作 …… (211)
重要纪事 …… (211)
领导干部名单 …… (211)
中国南车集团北京机车车辆机械厂 …… (212)
概述 …… (212)
新产品开发 …… (213)
质量管理 …… (213)
党群工作 …… (213)
重要纪事 …… (214)
领导干部名单 …… (214)
中国南车集团株洲电力机车研究所 …… (215)
概述 …… (215)
新产品开发 …… (216)
质量管理 …… (216)
党群工作 …… (216)
重要纪事 …… (216)
领导干部名单 …… (217)
中国南车集团戚墅堰机车车辆工艺研究所 …… (218)
概述 …… (218)
新产品开发 …… (219)
质量管理 …… (220)
党群工作 …… (220)
重要纪事 …… (220)
南车集团机车车辆材料工艺研发中心成立 …… (221)
D09—32 型连续式捣固车通过铁道部技术鉴定 …… (221)
4 项专利发明获国家知识产权局受理 …… (221)
单元制动缸达到国外同类产品水平 …… (221)
领导干部名单 …… (221)
中国南车集团襄樊牵引电机有限公司 …… (222)
概述 …… (222)
新产品开发 …… (223)
质量管理 …… (223)
党群工作 …… (223)
领导干部名单 …… (224)
北京铁工经贸公司 …… (225)
概述 …… (225)
北京飞龙阁饭店 …… (225)
南戴河中车宾馆 …… (225)
北海铁工宾馆 …… (225)
海南鑫源温泉大酒店 …… (226)
泰安傲徕峰山庄 …… (226)
领导干部名单 …… (226)
南车营销租赁有限公司 …… (227)
概述 …… (227)
领导干部名单 …… (227)

人物·荣誉

新闻人物……………………………（231）
全国政协委员……………………………（231）
省人大代表……………………………（231）
省政协委员……………………………（231）
先进人物……………………………（231）
一、获国家级荣誉称号先进人物……（231）
全国“五一”劳动奖章获得者………（231）
国家级其他荣誉称号获得者………（231）
二、获省部级荣誉称号先进人物……（231）
火车头奖章获得者……………………（231）
三、获集团公司荣誉称号先进人物……………………………（231）
中国南车集团公司劳动模范………（231）
先进女职工……………………………（232）
先进女职工工作者……………………（232）
优秀党务工作者……………………（233）
优秀共产党员……………………………（233）
党风廉政建设先进个人……………（235）
纪检监察工作先进个人……………（235）
十大杰出青年……………………………（236）
青年岗位能手……………………………（236）
优秀团委书记……………………………（236）
优秀共青团干部……………………………（236）
优秀共青团员……………………………（237）
集团公司第二届职业技能竞赛前八名……………………………（238）
逝世人物……………………………（238）
先进集体……………………………（239）
全国先进集体……………………………（239）
中央企业“五四”红旗团委…………（239）
中央企业“五四”红旗团委创建单位……………………………（239）
集团公司“十好”领导班子…………（239）
集团公司先进集体……………………（239）
集团公司先进女职工集体…………（240）
集团公司先进基层党组织…………（240）
党风廉政建设先进企业……………（241）
党风廉政建设先进单位……………（242）
纪检监察工作先进集体……………（242）
工会好班子……………………………（243）
集团公司青年文明岗………………（243）
集团公司“五四”红旗团委…………（243）
集团公司先进基层团组织…………（243）
科学技术奖……………………………（244）

统计资料

2003年南车集团主要经营指标综合表（表1）……………………………（247）
2003年南车集团各厂所主要产品产量明细表（表2）……………………（247）
2003年南车集团各厂所工业总产值、工业增加值（表3）………………（250）
2003年南车集团各厂修理货车生产周期统计表（表4）……………………（251）
2003年南车集团各厂所主要经济指标（表5）……………………………（252）
2003年末南车集团各厂所员工人数分组统计表（表6）……………………（253）
2003年末南车集团各厂所固定资产原值、净值汇总表（表7）……………（254）

2003年南车集团各厂所设备拥有情况统计表(表8) …………………………… (255)
2003年南车集团各厂所用地与房屋建筑面积、动力管线统计表(表9) ……… (256)
2003年南车集团各厂所多经企业情况统计表(表10) ……………………… (257)

学会·协会

中国南车集团企协 ………………………… (261)
办好《改革与管理》杂志 ……………… (261)
做好调研工作 ………………………… (261)
管理创新成果评审 …………………… (261)
企业协会年会 ………………………… (262)
中国南车集团公司科协 ……………… (262)
概述 ………………………………… (262)
《南车科协》报创刊 …………………… (262)
科学技术奖评审 ……………………… (262)
评选优秀青年科技论文 ……………… (262)
科协会议 …………………………… (262)
中国南车集团公司体协 ……………… (263)
概述 ………………………………… (263)
总结表彰 …………………………… (263)
第一届运动会及体育竞赛 …………… (263)
理论研究及体育成果展 ……………… (264)
体协秘书长会议 ……………………… (264)

合资合作经营企业

青岛四方—庞巴迪—鲍尔铁路运输设备有限公司 ………………………… (267)
株洲西门子牵引设备有限公司 ………… (267)
株洲斯威铁路产品有限公司 …………… (268)
石家庄国祥制冷设备有限公司 ………… (268)
宇宙钢丝绳有限公司 ………………… (269)
南方汇通微硬盘科技股份有限公司 …… (270)

附　　录

中长期铁路网规划 …………………… (273)
国外电力机车的现状及其发展趋势 …… (275)
国外机车车辆发展水平和动态 ………… (281)
我国城市轨道交通车辆发展战略探讨 ………………………………… (285)
2003年全国铁路主要指标完成情况 …… (291)

索　　引

索引 ………………………………… (295)

特载

进一步深化国有资产管理体制改革　加快推进中央企业改革和发展

——国务院国有资产监督管理委员会主任李荣融在中央企业负责人会议上的讲话(摘录)(2003 年 12 月 15 日)

在推进铁路机车车辆现代化座谈会上的讲话

铁道部部长刘志军(2003 年 6 月 5 日)

进一步深化国有资产管理体制改革
加快推进中央企业改革和发展

——国务院国有资产监督管理委员会主任李荣融在中央企业负责人会议上的讲话(摘录)

(2003年12月15日)

这次中央企业负责人会议是国务院国资委成立以来召开的第一次中央企业年度工作会议。会议的主要任务是,贯彻落实党的十六届三中全会和中央经济工作会议精神,总结今年工作,研究部署明年工作。下面,我根据国资委和国资委党委讨论的意见,讲三个问题。

一、今年中央企业改革发展和国有资产监管工作基本情况

关于今年我国经济发展的总体情况,胡锦涛总书记在中央经济工作会议上用三句话做了概括:经济发展遇到的困难比预料的大,取得的成绩比预料的好,呈现出增长比较快、效益比较好、活力比较强的特点。初步预计,全年国内生产总值将达到11.58万亿元,比去年增长8.5%左右;规模以上工业企业盈亏相抵后实现利润8000亿元,同比增长40%。特别可喜的是,国有及国有控股工业企业实现利润大幅增长,1~10月全国规模以上工业企业实现利润6472.8亿元,同比增长46%;国有及国有控股工业企业实现利润3174.7亿元,同比增长54%,增幅比规模以上工业企业高8个百分点。

在国有企业的发展中,中央企业发挥着骨干和中坚作用。1~11月,中央企业累计完成销售收入37584亿元,比上年同期增加6767.1亿元,增长22%;实现利润2858.5亿元,比上年同期增加624.1亿元,增长27.9%。其中,工业企业完成销售收入23351.5亿元,同比增长23%;实现利润1710亿元,同比增长41.8%。预计全年中央企业实现销售收入可突破4万亿元,实现利润有望突破3000亿元,而且这是在许多企业加大折旧等费用提留、处理部分历史债务的情况下取得的。中央企业销售收入和实现利润的大幅增长,为国民经济的快速发展作出了重要贡献。

今年以来,国际上发生了美国对伊拉克战争,国内不少地区发生严重自然灾害,特别是突如其来的非典疫情,给不少中央企业的生产经营带来了严重影响。交通运输、旅游餐饮、外经外贸等行业的中央企业受非典冲击严重。民航业客运严重下降,经营严重亏损;旅游业的业务一度暂停,收入大幅度下降,资金周转困难;外经外贸市场份额缩小,出口订单数量减少。据分析测算,非典给中央企业造成的经营损失约300亿元。面对复杂多变的国际形势和国内一系列自然灾害,中央企业能够取得良好的经营业绩,成绩确实来之不易。今年中央企业在改革和发展方面所做的工作和取得的成绩主要表现在五个方面:

*一是积极推进股份制改革,企业内部三项制度改革取得了新进展。*中央企业通过规范上市、中外合资、互相参股等多种方式积极进行股份制改革,南航股份、中航科工、长江电力等中央企业控股企业先后在境内外上市。中航科工今年10月在香港发行时,投资

者认购踊跃，香港公众部分超额认购155倍，冻结资金302亿港元，国际配售超额认购13.5倍。通过股份制改造和境内外上市，中央企业不仅筹集了大量发展资金，而且实现了企业内部组织结构的调整和优化，推动了现代企业制度建设，促进了企业法人治理结构的完善。在积极推进股份制改革的同时，中央企业继续深化用工、人事、分配三项制度改革，引入市场机制，实行竞争上岗，以岗定薪，岗变薪变。中海油对全体职工实行竞聘上岗，竞聘上岗的职工与企业签订新的劳动合同，身份从过去的国家人、企业人变成了市场化的社会人，待遇实现了市场化，福利实现了货币化。到10月末，中央企业从业人员为916.9万人，比2002年末的969.5万人减少了52.6万人，减幅为5.4%。

二是突出主营业务，缩短管理链条，辅业改制取得了新成效。7月10日中央企业负责人会议以来，中央企业按照会议要求，对企业经营业务和管理链条进行了全面的清理整顿。招商局集团明确将交通基建、金融、房地产与公用设施、能源运输与物流四大产业作为集团主营业务，其他产业逐步退出。广东核电集团抓紧对非主业资产进行了清理，只用3个月时间就将投资于商业和房地产领域的资金全部退出，同时取消了三级以下的全部企业。中粮集团实行扁平化管理，缩减并逐步取消二级法人，目前企业二级法人已由33个减少到7个。许多企业在精减管理层次、优化管理链条方面加大了工作力度，中央企业所属三级以下企业已大幅减少。中央企业主辅分离、辅业改制也取得积极进展。中石油集团的44家试点企业已完成分离改制，国有股权完全退出的有25家，国有参股19家，参股比例不超过25%，共分流安置富余人员7354人。

三是加强联合重组，企业组织结构调整迈出了新步伐。根据国有经济布局和结构调整的需要，从企业自身发展实际出发，已有11对22家中央企业经国务院同意自愿重组，实现了优势互补。与此同时，中央企业还与跨国公司和民营企业进行并购重组，推进“强强”合作，促进企业发展。东风汽车公司和日产汽车有限公司进行长期战略合作，中国乐凯胶片集团和美国柯达公司签署了合作协议，提高了企业的市场竞争力。

四是加强财务和资金管理，企业效益水平有了新提高。面对日益激烈的市场竞争，中央企业普遍加强了财务和资金管理，部分企业积极推行新的《企业会计制度》，不少企业把财务信息化与资金集中管理结合起来，并逐步建立了全面预算管理制度。中石化、五矿集团等积极推行财务信息化管理，宝钢集团、中化集团等建立了全面预算管理制度，通用集团、一汽集团等对资金进行集中管理，神华集团、中石油等加强了成本控制管理，中海油、航天科工集团等加强了内部审计，都取得了良好效果。今年的非典疫情对中央企业的管理既是考验也是促进。中央企业普遍制定了应急预案，全面加强资金管理，努力降低成本。受非典影响最大的中国航空集团在公司现金收入只有正常情况15%的严峻形势下，为了避免支付危机，减少非典造成的损失，建立了现金收支日报制度和统计监测制度，统筹资金管理。通过不断努力，中央企业加强财务资金管理的效果开始显现，1~11月中央企业每百元销售收入支付成本91.6元，同比下降0.6元，成本费用利润率为8.3%，与上年基本持平。

五是积极探索企业党建工作新途径，企业文化建设有了新发展。围绕企业生产经营中心，服务于改革发展稳定大局，中央企业积极探索加强和改进党建工作、发挥党组织政治核心作用的新途径新办法。中建总公司探索的将“支部建在项目上”、中铁工开展的“我为重点工程作贡献”活动、宝钢集团党委探索形成的“围绕经济抓党建，进入管理起作用”的党建工作模式、一汽集团提高党委参与企业重大决策有效性的方式等，都取得了积极效果。许多中央企业还通过形式多样的活动，推进企业文化建设，对增强企业凝聚力、提升企业形象起到了积极作用。

特别值得提出的是，在突如其来的非典疫情面前，中央企业一手抓防治非典，一手抓生产经营，全力保证抗击非典所需物资、商品和电力供应，同时尽最大努力支持本地区和全国的抗击非典斗争。中国医药集团、中国生物技术集团等及时提供了防治非典急需的药品和医疗器械。中建集团、北京市供电局等参加了非典收治医院的改造、建设，冶金医院、铁路建筑医院等十几所企业医院专门收治非典病人，或组织医疗队参加其他医院救治非典病人工作。承担国防军工任务的企业打破常规，精心安排，使995工程按期顺利进行，保证了神舟5号飞船载人飞行的圆满成功。承担国家重点工程的企业面对非典冲击，知难而上，积极应对，保证了三峡工程、青藏铁路、西气东输、西电东送、南水北调等重点工程所需装备、设备研制和生产任务的顺利进行。

在肯定成绩的同时我们也要看到，宏观经济环境总体趋好对中央企业取得良好业绩也起到了重要作用。今年以来，美国、日本和欧盟经济复苏，世界经济呈现恢复性增长，国内经济继续保持快速增长，需求明显回升，这些都对中央企业的发展起到十分重要的作用。我们对1～10月份中央工业企业实现利润大幅增加的因素进行了初步分析，从中可以看出，需求扩大拉动、价格上涨推动、加强管理挖潜是中央企业实现利润大幅增加的三个主要因素，三者的比例大体为32%、28%和40%，也就是说宏观经济因素好转是中央企业利润大幅增加的主要原因。1～10月份，因这三大因素增加的中央工业企业利润约730亿元，其中因外部环境改善、生产规模扩大、销售收入增加带来的利润240亿元，因产品价格上涨增加的利润约200亿元，因加强管理、降低单位成本费用带来的利润290亿元。要特别指出的是，在实现利润大幅增加的同时，中央企业成本费用和管理费用也大幅增加，今年1～11月份中央企业销售成本累计29810.1亿元，同比增长21.4%；销售费用累计1385.9亿元，同比增长35.1%；管理费用累计2397.7亿元，同比增长19.9%。分析今年中央企业利润大幅增加的原因，目的是使我们对所取得的成绩能有一个全面客观正确的认识，始终保持清醒的头脑。

今年是贯彻党的十六大精神、组建国务院国资委的第一年。按照党中央、国务院的部署和要求，我们认真履行职责，牢牢把握依法履行出资人职责这个定位，从组建国有资产监管机构、推进国有资产管理体制改革、推进国有企业改革和发展、加强企业党的建设等方面开展了工作。

在组建机构方面，我们抓了思想认识的统一，通过多种形式使国资委全体干部牢固树立出资人意识，做到不缺位、不越位、不错位，绝不做“婆婆加老板”。抓了新机构的组建，到5月底，落实“三定”规定的工作基本完成，人员基本到位。抓了工作规则和制度的建立，制定了各项内部决策程序和议事规则，并对各厅局的职责进行了细化。为了减轻企业负担，我们还专门就数据统计、调查研究、出国考察、办班、开会等事项制定了管理办法，加强统一协调，实行归口管理。

在国有资产管理体制改革方面，我们着重抓了四件事。一是抓了国有资产监管有关法规规章的制定。我们与国务院法制办共同起草的《企业国有资产监督管理暂行条例》已发布实施。按照统筹兼顾、急用先立的原则，还起草了与《条例》相配套的清产核资、业绩考核、资产统计、授权经营、重要子企业重大事项管理等14件法规规章，其中《国有企业清产核资管理办法》、《中央企业负责人经营业绩考核暂行办法》、《关于规范国有企业改制工作的意见》三个规章已经公布。二是抓了国有资产经营责任的落实。在中央企业部署和开展了清产核资工作，部署了中央企业负责人经营业绩考核工作，与之相配套还抓了国有资产统计及企业绩效评价体系和企业负责人激励约束机制的建立。三是抓了公开招聘企业高级经营管理人员的试点工作。在中国联通、中国铝业、中国通用等6家企业开展的公开招聘高级经营管理者的试点，海内外反响十分积极，共有463人报名竞聘，经资格审查后有126人参加了笔试。对这次公开招聘试点，国内外媒体和专家学者普遍给予了肯定。四是抓了组建地方国有资产监管机构的准备工作。我们分别到24个省(区、市)和10个省会城市，就国有资产监管现状和地方组建国有资产监管机构的设想进行了调研，掌握了大量第一手资料，向国务院领导提出了下一步工作的建议。

在推进国有企业改革和发展方面，一是抓了中央企业的调整重组工作。在自愿协商的基础上对部分中央企业进行了重组。二是抓了主辅分离、辅业改制工作。会同有关部门联合下发了《关于进一步明确国有大中型企业主辅分离辅业改制有关问题的通知》，进一步明确了主辅分离辅业改制的有关政策性规定，建立了中央企业主辅分离辅业改制总体方案联合审核工作制度。到11月底，22家中央企业正式上报了拟改制分流总体方案，其中拟改制企业1479户，涉及职工人数约27万人。三是抓了规范地方国有企业改革的工作。在制定规范企业改制和产权转让办法的同时，对少数中央企业下属企业职工入股的不规范做法进行了纠正。

在加强国有企业党建工作方面，我们着重抓了中央企业兴起学习贯彻“三个代表”重要思想新高潮的活动，抓了中央企业的稳定，抓了先进典型的宣传表彰工作，并组织力量对新形势下加强和改进企业党建工作的途径和方法进行调查研究，提出了初步意见。

二、加快建立健全国有资产监督管理体制

明年深化国有资产管理体制改革总的考虑是：**以邓小平理论和“三个代表”重要思想为指导，认真贯彻党的十六大和十六届二中全会、三中全会精神，抓住有利时机，加快改革步伐，调整布局结构，力争在国有资产管理体制改革的一些重点难点问题上有新的突破，为进一步搞好国有企业、发展壮大国有经济、实现国有资产保值增值提供体制保证和新的动力。**着重要抓好以下五个方面的工作。

(一)完善国有资产监督管理法律法规，依法维护所有者权益和所出资企业各项合法权益。

继续做好国有资产监督管理的立法工作。抓紧修改授权经营、重要子企业重大事项管理、企业负责人年薪制、企业法律顾问管理等法规和规章，并争取尽快发布实施。配合加快企业股份制改革、推进国有经济布局和结构调整、加强资本运营、健全监督体制、完善企业选人用人与激励约束机制等重点工作，抓紧拟订一批法规和规章。同时继续对现行的200多件涉及国有资产监督管理的法律法规和规章进行清理。

国资委成立以来，我们收到中央企业各种法律纠纷案件特别多，截止11月底，要求委里出面协调的58起，其中涉及中央企业75家。许多案件涉案金额大，涉及范围广，给企业改革发展和稳定带来了很大影响，对此我们及时进行了协调或处理。依法经营、依法决策是提高企业竞争力的重要前提。明年我们要进一步加强对案件纠纷处理工作的规范和协调，同时进一步完善中央企业法律顾问制度，认真总结企业总法律顾问制度试点工作的经验，加快推行企业总法律顾问制度，将企业法律风险防范和控制与加强企业依法经营管理、防止国有资产流失、实现国有资产保值增值有机结合起来。

（二）完善中央企业经营业绩考核体系，抓紧研究国有资本经营预算制度

明年是对中央企业实施业绩考核的第一年，社会各方面对这项工作都很关注，我们将按照《中央企业负责人经营业绩考核暂行办法》，扎实细致地做好经营业绩考核的全面起步工作，切实兑现奖惩。对中央企业负责人进行经营业绩考核是国有资产管理体制改革的一项制度创新，对我们来说也是一项全新的工作。推进经营业绩考核工作是一项系统工程，需要相应建立健全统计评价制度、企业负责人奖惩制度、干部任期及考核制度和财务监督制度等，各项制度相互衔接、相互配套、共同推进，才能真正把考核工作做好。这也决定了推进经营业绩考核是一个不断完善的过程。我们要积极进行探索，同时不断总结完善。

清产核资是推行经营业绩考核的基础和前提。目前，中央企业正在开展清产核资工作，正在进行新旧会计制度的转换工作。根据这种情况，明年首先是做好年度经营业绩考核的起步工作，任期经营业绩考核工作待清产核资工作完成后再行起步。

与经营业绩考核相配套，明年要在中央企业逐步实行负责人年薪制。企业负责人分配制度改革是一项十分复杂敏感的工作，也是一项难度很大的工作。目前推行这项制度改革的基础工作比较薄弱。根据这一情况，我们确定了稳健开局、分步推进的工作思路。起步阶段主要是从企业负责人实际的薪酬水平出发，适当加大激励的力度，先从操作相对简单的年薪制起步，着重解决短期激励问题，将薪酬与经营业绩考核挂钩，加大考核兑现的力度。同时建立出资人对企业负责人薪酬的管理机制，改变企业负责人自定薪酬的状况。下一步在取得前期经验的基础上，逐步建立起符合现代企业制度要求、适合企业特点并在管理体制、激励方式和激励水平上与市场机制全面接轨的企业负责人薪酬制度。

建立国有资本经营预算制度也是十六届三中全会提出的一项重要任务。目前，我们已经组织力量着手进行研究，初步考虑是，明年将这项制度的方案框架确定下来，2005年进行试点。一些中央企业负责人担心建立国有资本经营预算制度会干预企业的自主权。应该说，国有资本经营预算主要是为了满足国有经济布局结构调整和做强做大中央企业的需要，同时也能反映国有资产保值增值的情况。在制定和实施过程中，我们一定会坚持所有权与经营权分开的原则，处理好出资人权利与企业法人财产权的关系，绝不直接干预企业的生产经营活动。

（三）继续探索市场化选聘企业经营管理者的途径和方式，加大中央企业人才的培养和选拔力度。

今年，我们通过公开招聘中央企业高级经营管理者的试点，积累了一定经验。明年要在认真总结试点经验的基础上，扩大招聘范围，增加招聘数量，继续面向海内外公开招聘中央企业高级经营管理者，同时开展招聘外部董事和独立董事的试点工作。

中央企业要在市场竞争中取得优势，不断发展壮大，必须高度重视和认真做好人才培养工作。中央企业都要认真贯彻即将召开的全国人才工作会议的精神，把人才队伍培养和建设摆到更加突出的位置，努力建设一支结构合理、素质较高的人才队伍，实现人才强企。我们要采取有力措施，帮助和推动中央企业做好人才培养工作。要培养和选拔一批具有科学决策能力、市场应变能力、协调处

置能力和经营管理能力的职业经理人；培养和选拔一批能够跻身国际国内科技前沿、引导和推动相关技术领域快速发展的科技带头人。为了提高中央企业员工的素质，培育一支高素质的技工队伍，明年我们将在全面实施职工素质工程的基础上，在中央企业举办职工技能大赛，努力发现和培养一批高技能的人才。

(四) 加强国有资产监管，完善国有资产授权经营制度。

建立监事会制度，向国家重点企业派出监事会，是党中央、国务院为从体制上、机制上加强对国有资产的监督作出的一项重要决策。几年来，监事会主席及有关工作人员不负重托，不辱使命，恪尽职守，扎实工作，切实履行了监督职责，做了大量卓有成效的工作。监督检查全面深入，到目前为止，已向 189 家中央企业中的 186 家派出了监事会，完成了对大部分企业 3 个年度的监督检查，包括对企业集团内部、主要二级单位以及相当一批三级单位的实地检查，检查涉及的资产占企业资产总额的近 70%。监督检查工作不断规范，形成了一套较为完善的规章制度。通过招聘专业人员、加强业务培训、鼓励自学提高等措施，监事会已拥有一批掌握相关专业知识、熟悉监督检查业务的人才，形成了一支具有较高素质的监事会队伍，监督检查能力明显增强。几年来，监事会主席及有关工作人员充分发挥国有重点企业监督主力军的作用，有效遏制了国有资产的流失，对侵害国有资产的行为起到了威慑作用。监督检查结果表明，企业重大投资失误、经济诉讼等问题多是 1998 年以前发生的，目前发现的一批违法违纪案件线索多发生在企业二级及以下单位。通过对企业财务的监督检查，促进了企业改进经营管理，并为完善企业负责人激励约束机制提供了基础。在此，我代表国资委和国资委党委，对监事会主席及所有工作人员几年来的辛勤工作和作出的重要贡献表示衷心的感谢！适应国有资产管理体制改革的需要，监事会由国务院派出调整为由国资委派出，但监事会的地位没有变，性质没有变，重要性没有变。要坚持和完善监事会制度，加强和改善监事会工作。明年我们要在全面总结监督检查实践的基础上，按法定程序适时修改《国有企业监事会暂行条例》，进一步完善外派监事会制度，提高监督检查成果的运用落实水平。

完善授权经营制度是党的十六届三中全会提出的建立健全国有资产管理体制的一项重要任务。在新的国有资产管理体制下，授权经营的内涵是国有资产出资人将由其行使的部分权利授予其所出资企业中具备条件的国有独资企业、国有独资公司行使。被授权的企业对其全资、控股、参股企业中国家投资形成的国有资产依法进行经营、管理和监督，并承担企业国有资产保值增值的责任。我们要在认真总结以往做法和借鉴国外成功经验的基础上，探索国有资产监督管理机构可以授予其所出资企业的权利，并明确被授权企业的条件、授权程序及相关责任等。国务院已经公布了授权国资委履行出资人职责的企业名单，我们将根据国务院的授权，对履行出资人职责的企业增加或减少及企业名称变更，及时予以公布。

(五) 积极推进国有经济布局和结构调整，加快培育和发展一批具有国际竞争力的大公司大企业集团。

党的十六大把调整国有经济布局和结构确定为深化经济体制改革的一项重大任务。十六届三中全会强调要加快调整国有经济布局和结构。我们要认真贯彻落实中央的精神，坚持有进有退、有所为有所不为的方针，抓紧研究提出国有经济布局和结构调整的指导意见，进一步明确国有经济战略性调整的方向和重点，推动国有资本更多地投向关系国家安全和国民经济命脉的重要行业和关键领域。其他行业和领域的国有企业，通过资产重组、结构调整，在市场公平竞争中优胜劣汰。

发展一批具有国际竞争力的大公司大企业集团是多年来党中央的一贯方针，十六届三中全会再次予以了明确。要力争形成30~50家这样的的企业，是就全国企业来讲的。有条件的大型中央企业要积极争取早日加入这个行列。要选定世界一流企业作为“对标”对象，完成逐项对照指标的工作，找准差距，制定措施，不断提高国际竞争力。要抓住加快投资体制改革步伐这个机遇，积极与有关部门协调，落实和扩大中央大型企业的投资决策权。要研究中央大企业跨国经营遇到的问题和困难并努力帮助解决。要进一步加强对提高大企业国际竞争力工作的指导。根据我国大企业的实际情况，组织制定评价企业国际竞争力的共性的、基本的条件，并把与国际同行业先进企业指标对比作为评价企业国际竞争力的个性的、专业的条件，引导大企业努力达到这些条件，把提高大企业国际竞争力工作做实、做细。

继续做好资源枯竭矿山和扭亏无望的国有大中型企业关闭破产工作，是推进国有经济布局和结构调整的一项重要内容。目前全国符合关闭破产条件的资源枯竭矿山和国有大中型企业还有××××多户，涉及职工近×××万，涉及金融债权××××多亿元。今年全国国有企业关闭破产新增项目核销规模按600亿元安排，实际核销规模不低于350亿元，重点安排军工、煤炭、有色金属等行业及监狱企业的关闭破产项目，继续支持中西部和东北等老工业基地的结构调整，东部有条件的省市今年再安排一批项目，明年转入依法破产，适当增加中央企业关闭破产项目。中央企业有符合政策性破产条件的子企业，可抓紧制定破产预案并报国资委。我们考虑，从2004年开始，再用4年左右时间，基本解决国有企业关闭破产问题，基本消化历史遗留问题。明年中央企业核销规模初步考虑按50亿元安排。中央企业特别是大型产业集团都要围绕本企业的发展战略和结构调整总体规划，提出分年度实施企业关闭破产的具体方案，有计划、分步骤地推进这项工作。

三、认清形势，抓住机遇，加快中央企业改革和发展

明年中央企业改革和发展总的要求是：**以党的十六届三中全会和中央经济工作会议精神为指导，认清形势，把握大局，抓住机遇，加快发展，不失时机地加快推进改革和调整，努力保持发展的良好势头，进一步增强科技开发能力、市场竞争能力和低御风险能力，努力使经济效益比今年有新的提高，各项工作有新的进展，为实现国民经济持续快速协调健康发展作出新的贡献。**

（一）进一步加快企业改革和制度创新步伐。

相对于地方国有企业改革来讲，中央企业改革滞后，步伐不够快，力度不够大。目前189家中央企业中，集团一级实现投资主体多元化的只有9家，其他企业都是单一投资主体，大多数是按《企业法》注册的，实行的是总经理负责制。随着进一步深化改革和扩大开放，中央企业面临着越来越激烈的市场竞争。目前世界500强企业已有400多家进入中国，这些公司在规模、技术、资金、品牌等方面具有优势；国内民营企业迅速崛起，实力不断增强。民营企业用工少、机制活、成本低、负担小，具有很强的市场竞争力。如果我们不能加快改革步伐，抓紧解决长期困扰我们的一些深层次体制性障碍，我们就会在市场竞争中陷于被动。明年要力争在四个方面取得积极进展。

一是加快建立健全现代企业制度，尽快形成规范的法人治理结构。要按照十六届三中全会关于完善公司法人治理结构的要求，逐步使国有独资的中央企业由按《企业法》登记、受《企业法》调整，改变为按《公司法》登记、受《公司法》调整，并逐步建立规范的董事会。明年我们要在大型中央企业中选择几户企业进行试点，待取得经验后尽快推开。进行这项试点，我们将充分考虑现有领导班子成员任职的平稳过渡，并优先考虑对试点企业授权经营。已经建立董事会的企业，都要把忠实代表出资人利益作为根本宗旨，以发展战略、重大投融资和内部改革决策以及选聘、考核、激励总经理为重点，进行完善和规范。明年我们要加快建立外部非执行董事制度，使其与内部执行董事共同发挥作用。

二是加快股份制改革步伐，尽快使股份制成为中央企业的主要实现形式。要以产权制度改革为重点，通过规范上市、中外合资、互相参股等多种途径实现投资主体多元化，调整和优化产权结构。除军工生产等极少数难以实现产权多元化的企业外，其他中央企业都要积极吸引战略投资者，吸引外资、民营等各类资本，发展混合所有制经济。具备条件的中央企业要加快重组上市步伐，集团一级能够上市的应积极上市，提高整体竞争力。积极鼓励中央企业之间相互参股，实现投资主体多元化。科技型中央企业股份制改革步子可以走得更快一些，把实现产权多元化与充分调动设计、科研人员和经营管理者积极性紧密结合起来，鼓励技术骨干、管理骨干持有股权，以留住人才，吸引人才。明年我们将会同科技部在高新技术中央企业进行股权激励试点。

三是加快企业内部改革步伐，进一步转换企业经营机制。要深化用工、人事和分配三项制度改革，真正做到员工能进能出、干部能上能下、分配能高能低。要积极推行企业经营管理人员聘任制，除不具备条件的企业外，中央企业的二级、三级企业都要积极推行经营管理者市场化选聘。要建立健全经营者激励约束机制，推进经营者收入分配制度改革，建立与企业生产经营特点相适应的基本工资制度和分配方式，积极探索资本、技术、管理等生产要素按贡献参与分配的措施和办法。

四是加快主辅分离、辅业改制步伐，多种途径分离办社会职能。实施主辅分离、辅业改制，是将国有企业改革与再就业有机结合的一项重大举措，是国有企业转换经营机制、分流富余人员重要而有效的形式。据初步统计，中央企业有 8.1% 的资产属于辅业资产，现有职工中近三分之一属于辅业单位职工，改革潜力很大。中央关于主辅分离的优惠政策执行到 2005 年底，时间只剩两年了，中央企业都要增强紧迫感，进一步提高认识，克服畏难情绪，抓住辅业产权多元化改制和有偿解除劳动关系两个关键环节，创造性地解决改革中的困难和问题。我们将加强与有关部门的沟通协调，积极争取有关部门的支持，加快改制总体方案的审核进度，帮助和指导企业加快实施步伐。分离办社会职能也是深化中央企业内部改革的一项重要内容。做好这项工作，各级财政要给予支持，同时中央企业也要增强工作主动性，积极探索多种分离办社会职能的途径和方式，加强与地方政府的协商和沟通，争取他们更多的支持。

中央企业加快改革步伐要注意把握好三点。一是要做到规范改制。既要按照十六届三中全会的精神，积极推进中央企业产权多元化，大力发展混合所有制经济，又要保证国家对重要企业的控制。贯彻《关于规范国有企业改制工作的意见》，中央企业及其重要子企业改制方案都要报国资委核准，其他子企业改制要经集团总部批准。企业改制中要切实维护职工合法权益，维护债权人的合法权益，防止国有资产流失。二是要理顺产权关系。要把企业改制与建立现代产权制度结合起来，树立产权意识，强化产权观念，真正理顺企业的产权关系，切实加强对企业国有产权的各项管理工作，应该办理的手续一定要及时办理。三是要确保企业稳定。当前影响企业稳定的因素不少，在重组改制和主辅分离、辅业改制特别是破产关闭中，要进一步落实稳定工作责任制，认真做好各项准备工作，把握好实施力度，严格执行有关政策和操作程序；要充分发挥党组织的作用，做深入细致的思想政治工作，增强工作的主动性和预见性，及时化解各种矛盾，要加强与地方政府的沟通和配合，争取他们更多的理解和支持，确保企业改革和调整的顺利进行。

（二）加大企业重组调整的力度。

重组调整是实现资源优化配置，提高中央企业整体竞争力的重要措施。由于历史的原因，目前中央企业在资源配置方面不尽合理，存在着业务交叉、无序竞争等问题，无论是招商引资还是工程竞标，中央企业相互之间竞相压价、恶性竞争的现象屡屡发生，不仅影响了经济效益，更影响了中央企业的整体形象，这个问题必须下决心加以解决。面对全球产业结构调整步伐加快、跨国公司加紧进行全球布局的新形势，我们必须增强紧迫感，加快中央企业重组调整步伐。

一是积极开展中央企业的联合重组。目前中央企业包括优势企业联合重组的空间比较大，不少中央企业之间也在酝酿联合重组，只要是有利于优势互补，有利于优化中央企业结构，有利于提高整体竞争力，我们都给予支持。一时难以达成共识的，我们将积极予以协调，该决定的就决定。中央企业的联合重组视野要宽，起点要高，立意要远，要真正有利于做强做大，决不能为了一味求大去搞联合重组。要着眼于长期发展战略，以国际一流公司为对象，积极吸引战略投资者，引进国际先进技术和研发能力，引进急需的管理和技术人才，加快缩小与国际一流公司的差距，形成中央企业与跨国公司、民营企业既竞争又合作的局面。有条件的中央企业要积极实施走出去战略，以与国际并购重组，提高国际竞争能力。

二是要进一步搞好企业内部的组织结构调整。要围绕提高整体竞争力，进一步减少管理层次。明年中央企业对三级以下的企业要通过多种途径继续进行清理，同时努力实现企业内部管理的扁平化，提高企业控制力和管理效率。特别是一部分在政府机构改革中由部委所属企事业单位整合形成的中央企业，内部业务交叉、机构职能重叠的情况比较普遍，资源没有得到优化配置和充分利用，更要加快内部调整的步伐。

（三）进一步提高企业管理水平。

一是要加强战略管理。目前不少中央企业已经制定了中长期发展战略，大多数发展战略目标清晰，定位准确，措施扎实，但也有一些企业的发展战略一味追求做大，对国际国内两个市场两种资源、企业自身状况和竞争对手情况缺乏全面深入的分析。明年中央企业特别是优势企业都要进一步开展“对标”工作，查找发展差距，确定追赶目标，在此基础上，结合本行业的发展状况，围绕发展主业，制定企业中长期发展战略。要把中长期发展战略与近期规划结合起来，要编制10～15年的远景发展战略，更要根据形势变化搞好3～5年滚动发展规划的编制，并进行适时调整。年度发展计划的制定要与经营业绩考核指标结合起来，把实现国有资产保值增值的任务落到实处。

二是加强投资管理。重大投资决策失误往往会给企业带来不可挽回的损失。中央企业都要把加强投资管理摆到突出位置。今后国资委对企业重大投融资活动主要从投融资方向和投融资规模两个方面进行监管，同时建立重大投融资项目的后评估制度。分析今年中央企业的投资构成，总的看风险控制得比较好，在目前投资大量增加的汽车、冶金、电解铝等几个行业，中央企业投资的自有资金比重分别占到75%、72%和70%。但也有一些行业中的中央企业年投资额相当甚至超过年销售额，投资额中自有资金比重过低，有的不到20%，按此测算，两三年后有些企业的负债率将超过90%。还有一些中央企业经营风险防范意识不强，盲目进入期货、股票、房地产等高风险领域和行业。中央企业都要加强投资风险控制，建立科学决策机制，完善投资决策程序，建立重大投资决策责任追究制度，把投资风险控制到最低程度。在投资时要量力而行，尽力而为，合理确定投资规模，科学安排投资节奏，调整投资资金构成，加强投资项目管理，努力缩短周期，降低成本，提高效益。

三是加强财务资金管理。目前我国企业之间的竞争主要是价格竞争，价格竞争的背后是成本竞争，同等质量的产品和服务，谁的成本低，谁就能在竞争中取得最后胜利。明年各种原材料、煤、电等价格都可能上涨，更要严格控制成本。中央企业都要采取有力措施，努力改变成本费用和管理费用连续数年增长较快的状况。要切实加强财务预算管理，提高财务管理的信息化水平，健全管理制度，加强审计监督，尽快做到对子企业的财务实现集中统一管理。目前中央企业都在开展清产核资工作，从已经完成清产核资工作企业的情况看，资产损失数额比较大的一个重要原因是随意对外提供担保，不注重或有负债的管理。中央企业在抓紧进行清产核资的同时，要认真分析资产损失的原因，建立健全对外担保等风险经营监控制度。

四是加强技术管理。要围绕提高企业核心竞争力，瞄准世界先进水平，制定企业技术赶超的规划。与此相适应，要进行资金、物资和人员的调配和整合，尽快掌握本行业的核心技术，提高创新能力，掌握和拥有更多的具有自主知识产权的新技术、新专利和新产品。改革开放以来，我国引进了不少大型成套装备，但自主研制开发大型成套装备的能力提高不快，在这方面中央企业应该有更大的作为。要努力发挥产学研相结合的优势，加大与世界著名跨国公司的技术合作与交流，充分利用国际先进的研发中心和科技人才，形成我们自己的科技创新优势。

五是加强对境外机构的管理。目前中央企业驻外机构和境外企业达2278家，境外工作人员12.1万人，涉及投资额36.2亿美元。随着我国进一步扩大对外开放和实施走出去战略，中央企业驻外机构和境外企业将会越来越多。加强对这些机构和企业的管理，是中央企业普遍面临的一个问题。要积极探索有效措施，既要使驻外机构和企业放手开展活动，又能对驻外机构和人员进行有效调控和监管。

（四）积极探索加强和改进企业党建工作的新途径新方式。

十六届三中全会进一步明确了企业党建工作必须坚持的原则和探索的方向，具体说就是，企业党组织要发挥政治核心作用，并适应公司法人治理结构的要求，改进发挥作用的方式，支持股东会、董事会、监事会和经营管理者依法行使职权，参与企业重大问题的决策；要坚持党管干部原则，并同市场化选聘企业经营者的机制相结合；要全心全意依靠职工群众，探索现代企业制度下职工民主管理的有效途径。明年我们要在这三个方面进行积极索探，抓好试点，力争有所突破。

同志们，让我们在以胡锦涛同志为总书记的党中央领导下，坚持以邓小平理论和“三个代表”重要思想为指导，认真贯彻落实党的十六届三中全会和中央经济工作会议精神，与时俱进，开拓创新，加快推进中央企业改革、调整和发展，以中央企业各项工作的优异成绩，为国民经济的持续快速协调健康发展和社会全面进步作出新的贡献。

在推进铁路机车车辆现代化座谈会上的讲话

铁道部部长刘志军
（2003年6月5日）

同志们：

很高兴参加这个座谈会，借此机会，把铁道部关于加快实现铁路机车车辆现代化的想法，与大家作个沟通，同时也听一听大家的意见，从而统一思想，形成共识，齐心协力，促进我国铁路机车车辆水平的提高。下面，我讲三个问题。

一、经过几十年的不懈努力，我国铁路机车车辆装备水平发生了历史性变化，但也存在一些不足

机车车辆制造业是我国工业体系的重要组成部分。回顾建国以来五十多年的历史，可以看到，我国机车车辆制造业由小到大，由弱到强，逐步形成完整的设计制造体系；特别是改革开放以来，我国机车车辆制造业实现了加快发展，技术装备水平不断提高，对我国铁路运输发展作出了巨大贡献，对国民经济发展发挥了重要作用。其主要成绩表现在以下几个方面。

1. 机车车辆制造能力不断增强。许多工厂加快技术改造，生产规模和数量不断提高，我国机车车辆的年产量在世界上名列前茅，为铁路提高运输能力、扩大运输市场提供了物质基础。

2. 产品不断升级换代。完成了机车牵引动力改革，实现了我国铁路牵引动力的内电化，并推出了东风系列和韶山系列等多种产品；适应四次大面积提速要求，设计和制造了提速机车。客车和货车车辆制造技术不断升级，品种由单一到多样，形成了提速客车、空调客车和普通客车等系列产品。为了实施提速战略，不断进行技术创新，试制了时速160公里以上的机车车辆，在秦沈客运专线试验速度超过300公里，为我国铁路发展客运快速和高速技术作了一些技术储备。

3. 在引进关键技术上进行了积极探索。积极扩大对外开放，与发达国家机车车辆制造企业和一些关键部件生产厂家进行技术合作，引进了部分先进技术，同时努力进行自主创新，促进了我国铁路机车车辆装备水平的提升。

4. 机车车辆工艺水平不断改进。无论在设计理念、工艺装备，还是在质量控制等方面都取得了很大进步，一些厂家采用了比较先进的生产设备，不仅使机车车辆质量有了明显提高，而且为今后引进、消化、吸收先进技术和自主创新奠定了良好基础。

5. 为铁路运输服务的思想不断增强。在机车车辆工业管理体制改革的推动下，各生产厂家转换机制，转变观念，改进服务，认真吸取运用单位的意见，改进产品的设计和制造，提高售后服务水平，努力为运输企业服务。

6. 积极开拓国际市场。我国部分机车车辆产品已经打入国际市场，销售到东南亚、中东、非洲、澳洲及欧美等30多个国家和地区。

总之，我国机车车辆制造业取得的成绩是很大的，为我国铁路运输的发展做出了重要贡献。铁路运输每一阶段的发展，都离不开机车车辆制造业的支持。特别是四次大面积提速的成功,离不开机车车辆装备的可靠保证。我国铁路机车车辆装备水平的提高与四次大面积提速的成功是相辅相成的,四次大面积的提速,推动了我国机车车辆工业的发展,如果没有机车车辆装备水平的提高,四次大面积提速难以取得成功。

借此机会,我代表铁道部党组向南车集团和北车集团,以及各制造企业和科研设计单位表示衷心的感谢!

在充分肯定成绩的同时,也应该看到存在的不足。机车车辆制造工业管理体制改革以后,运用单位和制造企业由一个系统变为两个系统,但两家有共同的责任和共同的利益。所谓共同的责任,就是都要对人民群众生命财产安全负责,对国家利益负责;所谓共同的利益,就是制造业上不去,或运输业不发展,大家的利益都受损失。从这个意义上讲,我们都应该把发展中国铁路,为国民经济发展提供可靠的运输保证作为共同的目标。运用单位和制造企业应该休戚与共。运用单位反映的我国铁路机车车辆装备存在的不足,可以从这样三个层面看:

*1. 与铁路运输生产经营的要求相比,差距比较大。*主要表现在三个关键问题上:

一是运输安全的可靠性难以满足要求。机车车辆的走行部存在不少安全隐患,机车走行部故障时有发生,构架裂、牵引座底板裂、轮对裂,对行车安全构成了威胁,尤其一些提速机车车辆出现大部件断裂,对提速客车安全威胁很大。客车车辆上部材料的选用达不到安全要求,没有烟毒方面的标准,不能完全达到阻燃防火要求;客车电器部分标准不完善,至今对电器配件没有经权威机构认证,火灾隐患突出。

二是设备功能难以满足提高服务质量的要求。提速客车的连接技术落后,纵向冲动大。客车内装修从设计理念、结构和材料选用等都有差距,车辆在运行中内装结构及空调噪音大,影响旅客休息。车内服务设施的功能存在不少问题,便器、水阀、车窗等故障经常发生,影响旅客使用。客车的密闭性能不高,传递车外噪音。

三是设备质量不高加大了运输企业成本。由于机车车辆在设计生产上存在质量不高的问题,运输企业运用过程中,需要大量的人力、物力和财力支撑。从机车方面看,受机车质量的影响,轮乘制难以推行,机车交路难以延长,造成机车和机车乘务员浪费。机车质量不高,需要设置复杂修程,形成较高的维修成本。从车辆方面看,由于安全技术性能不高,在运用中需要大量的检修工作来保证。许多同志讲,我国铁路机车车辆需要“呵护”型维修,维修成本是比较高的。

*2. 与国内其他制造行业比,差距是很大的。*改革开放以来,我国制造业发展很快,许多行业已经接近或达到发达国家水平。例如,家电产品更新换代很快,许多产品大量出口到发达国家。特别值得我们学习的是汽车工业,许多汽车工厂进行全面技术改造,大力引进国际先进技术,进行消化吸收,推动自主创新,在较短的时间内,把发达国家的技术变成自己的技术,形成了一系列达到国际水平的汽车产品,创出了中国的桑塔纳、别克、奥迪。尽管我国机车车辆制造业在引进先进技术、实现产品更新换代方面做了大量卓有成效的工作,但与汽车工业的技术改造和技术创新相比,是有很大差距的。铁路运输企业非常期盼能够使用类似中国桑塔纳、别克和奥迪的机车车辆产品。

*3. 与国际先进水平比,差距更大。*许多发达国家,以机车车辆技术创新为重点,大力发展铁路客运高速技术和货运重载技术,使铁路这个传统产业焕发了新的生机。我们经常讲,世界铁路由发达转向衰落,又从衰落走向复兴,既有管理体制改革的原因,更有加速

新技术采用的因素。我国机车车辆技术虽然有了很大进步,但与发达国家相比,差距是明显的。

从关键技术上看,我国机车车辆许多关键技术是远远落后于发达国家的。例如,在客车速度方面,日本新干线40年前已经掌握了时速210公里的成套技术,而我国目前只掌握了时速160公里的技术。在货运重载方面,一些国家早已掌握开行20000吨单元列车的成套技术,而我国目前重载列车大部分在5000吨左右。在机车传动技术方面,交流传动是当今世界牵引动力的发展方向,发达国家已经普遍使用,而我国目前刚刚处于开发试验阶段。

从设计制造理念和标准上看,我国机车车辆设计制造与发达国家的普遍做法差距相当大。一是缺乏标准化。我们的机车车辆标准不健全,有的至今没有明确标准;有的与国际标准不对接。特别是企业标准低于一些行业标准,行业标准低于国际同行业标准,这与发达国家是相反的。二是缺乏系列化。发达国家铁路机车车辆具有明显的系列化特征,例如,日本新干线、法国TGV、德国ICE以及瑞典摆式列车等,集中发展几种主力车型,各类车型技术经济特征明显。而我国目前机车车辆型号既多又复杂,大部分是重复开发。就某一产品来讲,又缺乏整体优化,往往就局部来考虑问题,产品的整体功能不能实现最优。三是没有实现模块化,发达国家机车车辆制造是模块化的,设计科学,结构合理,安装和维修方便,大大节省维修成本。而我国机车车辆的制造,由于"大而全"、"小而全",部件的制造和安装是零散的,这既不利于提高产品质量,又不利于产品维修,也给安全留下隐患。四是没有实现信息化,在机车车辆上,信息技术运用不够,自动化和智能化水平低。机车车辆的检测、维修,也基本是手工作业,靠眼看、耳听、手摸、锤敲,既浪费大量人力,又不利于行车安全。

二、全面建设小康社会和铁路的跨越式发展,要求铁路机车车辆装备水平实现快速提升

党的十六大以来,按照全面建设小康社会的要求,铁道部党组深入分析了我国铁路面临的形势,就铁路运输如何适应全面建设小康社会进行了深入思考,提出了实现铁路跨越式发展的构想。这一构想有很丰富的内涵,包括若干战略重点,每一个战略重点都有发展目标、发展重点和发展步骤。近期,铁道部将召开专门会议进行部署。

铁路跨越式发展的核心是发展生产力,其重点在于:

一是实现铁路运输能力的快速扩充。路网规模有一个较大发展,路网结构更加完善,建成京沪高速铁路,重要繁忙干线实现客货分线,重要通道能力紧张状况从根本上得到改变,形成覆盖全国的快速客运网络和大能力货运网络,运输能力基本适应国民经济和社会发展需要。

二是技术装备水平的快速提升。以客运高速、快速和货运快捷、重载为重点,使我国铁路机车车辆技术达到国际先进水平。适应我国铁路运输的特点,使我国铁路线桥隧涵、通信信号技术达到国际先进技术。广泛应用信息网络技术,实现铁路信息化。

铁道部党组提出要实现铁路跨越式发展,不是凭空而来的,是有理论和实践依据的。

第一,铁路在国民经济中的地位和作用,决定了铁路必须实现跨越式发展。我国幅员辽阔,内陆深广,人口众多,资源分布和工业布局不平衡,铁路的地位和作用极为重要。因此,与世界上许多国家相比,我国铁路作为国家重要基础设施、国民经济大动脉和大众化交通工具的地位和作用更为显著。国家的发展,社会的进步,人民生活水平的提高,要求铁路必须先行。

第二,实现全面建设小康社会的宏伟目标,要求铁路必须实现跨越式发展。党的十六大确定了本世纪前二十年全面建设小康社会的宏伟目标。实现这一目标,GDP要翻两番,国家将基本实现工业化,城镇化将达到60%以上,人民生活将更加富足,这些将带来运输需求的大幅度增长。而目前我国铁路距适应全面建设小康社会的要求差距非常大,要想适应这一要求,必须紧紧扭住发展这个第一要务不放,实现铁路跨越式发展。

第三,铁路当前面临的主要矛盾,决定了铁路必须实现跨越式发展。这些年,我国铁路的发展是比较快的,路网规模不断扩大,技术装备水平有较大改善,但从总体上讲,铁路还不适应国民经济和社会发展的要求,铁路的“瓶颈”问题尚未从根本上解决,铁路面临的主要矛盾仍然是运输生产力与全社会日益增长的运输需求不适应的矛盾。突出表现为,运输能力短缺,技术装备水平相对落后,经济基础薄弱。要想解决铁路面临的主要矛盾,必须以提高运输能力和技术装备水平为重点,推动铁路的跨越式发展。

在铁路跨越式发展中,机车车辆制造业处于什么位置,承担什么责任,应该作出什么样的贡献,这是摆在大家面前的重要课题。应该看到这样几点:

1. 我国机车车辆制造业在铁路跨越式发展中处在关键性和基础性的位置。之所以这样讲,是因为机车车辆现代化在很大程度上是铁路跨越式发展的源头性问题、基础性问题、前提性问题。我认为,其重要主要体现在这样几个方面。

第一,机车车辆现代化,是铁路综合运输能力的重要组成部分。建设发达和完善的铁路网是铁路跨越式发展的首要任务,今后五年乃至二十年,我国铁路将有较大发展,将修建高速铁路和一批客运专线等高等级线路,如果机车车辆装备水平跟不上,铁路网的作用就难以充分发挥。

第二,机车车辆现代化,是确保铁路运输安全的关键环节。铁路作为大众化交通工具,直接关系到广大旅客的生命财产安全,铁路在任何时候,任何情况下都必须把运输安全放在第一位。如果机车车辆装备安全技术性能达不到要求,将直接危及旅客生命安全。可以说,机车车辆制造企业在这方面的责任重于泰山。

第三,机车车辆现代化,是提升铁路服务质量的重要基础。随着人民生活水平的不断提升,旅客对服务质量的要求越来越高。服务质量的提升不仅要求站车工作人员要改进服务工作,而且需要先进的机车车辆给旅客创造好的旅行条件。

第四,机车车辆现代化,是提高铁路运输经济效益的重要源头。从铁路生产要素的内在联系看,不同的线路等级决定采用不同的机车车辆,机车车辆标准影响到铁路运输生产力布局、修制修程和劳动组织。可见,机车车辆装备水平对运输企业的经济效益有至关重要的影响。就拿机车车辆检修来说,由于产品质量问题比较多,为了保证设备的正常运用和维修,全路需要大量的人工成本和维修费用。

2. 机车车辆制造业面临着前所未有的挑战。铁路的跨越式发展和技术装备水平的现代化,对机车车辆装备提出了新的更高的要求,机车车辆制造业面临的挑战是很严峻的。

第一,面临产品技术跨越的严峻挑战。在铁路跨越式发展中,铁路的技术装备水平将发生重大变化,可以说这个变化是全新的。例如,修建高速铁路,列车运行时速要达到300公里,预留350公里;修建客运专线和城际轨道交通系统,列车运行时速要达到200公里以上;有条件的既有干线,提速将达到

160～200公里时速；大秦线将开行20000吨重载单元列车；青藏铁路竣工后，在这样一条世界上海拔最高的铁路上开行的列车，也必须采用世界上一流的机车车辆。这些都是非常现实的事情，这些技术也是我们过去没有掌握的，这样大的技术跨越，是我们面临的十分重大的课题。

第二，面临产品质量跨越的严峻挑战。随着客运高速、快速和货运重载的发展，对机车车辆产品质量的要求将越来越高。在目前铁路运输条件下，机车车辆产品质量有不少缺陷，要想达到今后的更高要求，这个跨越也是非常大的。例如，在安全性能上，如果没有绝对的可靠性，高速列车、快速列车安全就无法保证，这是人命关天的大事，不能有一丝一毫的闪失。在服务功能上，旅客对车内部设施、设备功能要求不断提高，不仅要求设备安全，而且要求服务功能齐全，环境舒适，无障碍行走，卫生环境良好，这些要求也是全新的，我们在产品质量上必须有大的提高。

第三，面临降低产品综合成本的严峻挑战。现在，运用单位越来越重视机车车辆的综合成本问题，不仅考虑产品的购置价格，而且高度关注产品的维修成本。机车车辆产品仅有出厂价格优势是不行的，如果运用和维修成本高，最后造成综合成本高，产品就没有竞争力。在这方面，国外许多先进的机车车辆具有明显优势，虽然出厂价格比我们高一些，但整个寿命周期成本是低的，在这方面我们的差距比较大，这种局面应该尽快改变。

第四，面临市场竞争的严峻挑战。在扩大对外开放的形势下，我国铁路机车车辆的采购不仅要面对国内市场，而且要面对国际市场。过去的传统做法是，国内生产什么车，运用单位就是用什么车，今后，在国际、国内两个市场上，运用单位需要什么车就买什么车，货比三家，选择自己最需要的。在这样一个市场竞争环境中，如果产品技术上不去，产品质量没有保证，就会在市场竞争中处于不利位置。我认为，市场的规则是无情的，市场的作用是巨大的，大家面临的挑战是相当严峻的。

3. 机车车辆制造业也面临难得的发展机遇。大家既要看到面临的严峻挑战，也要看到加快实现机车车辆现代化的有利条件。

第一，经济全球化为机车车辆制造业提供了技术创新的良好环境。我们正处在经济全球化时代，技术转移加快，技术转让成本比过去大为降低，这对我们引进先进技术是十分有利的。

第二，铁路实现跨越式发展为机车车辆制造业提供了巨大市场空间。铁路实现跨越式发展，路网规模不断扩大，特别是京沪高速铁路和主要干线客运专线的修建，需要大批新的机车车辆装备，给机车车辆工业发展提供了巨大市场。

第三，我国机车车辆制造业已经具有加快实现现代化的良好基础。不少企业已经具有较强的技术装备和消化能力，拥有一批优秀人才，并有一定的国际技术交流基础，具有技术引进和技贸结合的经验。

总之，我国机车车辆工业如果能够抓住历史机遇，以积极的态度和有力的措施应对严峻挑战，就能够适应铁路跨越式发展的要求，就能够在铁路跨越式发展中实现自身的加快发展。

三、坚持与时俱进，推进技术创新，加快实现我国铁路机车车辆装备现代化

实现我国铁路机车车辆的现代化，有大量工作要做，南车、北车集团以及各企业，都有自己的打算和规划，我这里讲几点意见，供大家在思考这一问题时参考。

1. 树立强烈的与时俱进意识。与时俱进是我国党、我们国家发展的强大动力，是铁路发展的强大动力，也是机车车辆工业发展的强大动力。时代不断进步，社会加速发展，任何一个集体、一个个人，如果固步自封，满足现状，就会落在时代和社会发展的后面。这些年来我国铁路机车车辆进步是巨大的，创造过辉煌，这是有目共睹的，不承认这一点，不是实事求是的态度。但科学技术发展迅猛，在世界范围内，机车车辆技术发展很快，我们的差距是比较大的，如果看不到这一点，也不是实事求是的态度。机车车辆工业要发展，要加快实现现代化，首要的是应该进一步强化与时俱进意识，解放思想，冲破束缚，敢于走前人没有走过的路。

2. 把握技术发展原则。这个原则就是采用先进、成熟、经济、适用、可靠的技术。先进，就是采用世界范围内的先进技术，力争掌握和采用一流技术。成熟，就是采用的技术是经过实践检验的，避免随意性，没有经过检验和证明的技术不能用。经济，就是机车车辆的采购价格要合理，综合成本低。适用，就是机车车辆要符合中国的国情和中国铁路运输的特点。可靠，就是技术的成熟度要高，一定要能够保证运输安全，不能用在安全上没有把握的技术。

3. 引进先进技术与创新紧密结合。引进先进技术并不是否定自我创新。而是带动和促进自主创新，最终从整体上提高自己的技术水平。当今世界铁路的客运高速、货运重载、信息化等方面的技术都比较成熟。我们必须有世界眼光，既不能妄自菲薄，也不能夜郎自大，要站在世界铁路的坐标系中看自己，站在世界铁路机车车辆技术的制高点上来查找我们的差距，研究自身的发展。要把关键的先进技术引进来，进行自主开发和系统合成，实现我国铁路机车车辆制造业的整体改造，通过创新，把国外的先进技术变成自己的技术，从整体上提高我国机车车辆的现代化水平。

4. 努力达到国际先进设计制造水平。一是实现标准化。采用国际标准，设计和生产机车车辆产品；实现零部件的标准化，扩大通用零部件的应用范围。二是实现系列化。既要形成符合我国铁路实际需要的系列产品，又要运用系统论的观点，对每个产品进行系统优化，实现产品整体功能最佳。三是实现模块化。优化设计，将产品部件按功能特征分解成相对独立的功能单元，做到模块化组装，实现换件维修。四是实现信息化。充分运用信息技术，提高机车车辆自动化和智能化水平。

5. 积极发展规模化经营。规模化经营，专业化生产，是世界制造业的发展方向。机车车辆工业应深化企业重组，积极发展规模化经营，优化资源配置，集中资源优势，生产高技术、高质量产品。这既有利于技术引进，又有利于扩大生产规模，提高劳动生产率和产品质量。

6. 整体规划，逐步实施。引进国外先进技术，实现自主创新需要一个过程。南车集团、北车集团要把铁路的需要与本单位实际结合起来，统筹考虑，形成发展规划。铁道部继续将对我国机车车辆工业的发展给予大力支持。

专文

与时俱进　开拓创新　为做大做强做优南车集团提供政治保证

——党委书记王泰文在中国南车集团公司工作会议上的讲话(摘要)(2003年1月10日)

全面贯彻落实十六大精神　建设具有国际竞争力的轨道交通装备企业

——总经理赵小刚在中国南车集团公司工作会议上的报告(摘要)(2003年1月9日)

加强和改进报纸工作　为推动南车集团跨越式发展作出新的贡献

——党委副书记杨荣林在中国南车集团公司报纸展示暨报社管理工作交流研讨会议上的讲话(摘要)(2003年4月22日)

与时俱进　开拓创新　继续推进南车集团财务工作的规范和创新

——总会计师朱守礼在中国南车集团公司财务工作会议上的讲话(摘要)(2003年3月31日)

统一认识　明确目标　积极稳妥地推进主辅分离辅业改制工作

——副总经理郑昌泓在中国南车集团公司主辅分离改制分流工作会议上的讲话(摘要)(2003年3月13日)

提升产品制造水平　确保产品质量　增强企业核心竞争力

——副总经理唐克林在中国南车集团公司经营管理座谈会议上的讲话(摘要)(2002年6月20日)

与时俱进 开拓创新 为做大做强做优南车集团提供政治保证

——党委书记王泰文在中国南车集团公司工作会议上的讲话(摘要)

(2003年1月10日)

这次工作会议是南车集团召开的一次重要会议。一是统一认识,促进了思想观念的转变;二是总结经验,坚定了改革发展的信心;三是理清思路,明确了加快发展的方向;四是认清形势,增强了克服困难的勇气;五是明确目标,激发了完成任务的斗志。在这里,我就学习贯彻党的十六大精神,对集团公司增强创新力、竞争力、战斗力和凝聚力等问题讲几点意见。

一、实践"三个代表"重要思想,推进思想观念转变,增强创新力

创新是马克思主义的生命源泉,创新是企业不断发展的强大动力。当前,深入学习党的十六大精神,就是要认真实践"三个代表"重要思想,在新的实践中坚持创新,不断增强创新力。

第一,学习十六大精神,用先进的理论武装头脑。

创新首先来源于理论创新,只有理论的创新,才能推动实践的创新。要增强创新力,就必须深入学习十六大精神,用"三个代表"重要思想武装头脑,注入创新的力量源泉。一是突出重点抓领会,在"深"字上下功夫。学习贯彻十六大精神,要抓住重点,围绕主题,把握灵魂,掌握精髓,在深入人心上下功夫。一要抓学习,深刻领会精神实质。各级党委要紧紧围绕十六大"高举邓小平理论伟大旗帜,全面贯彻'三个代表'重要思想,继往开来,与时俱进,全面建设小康社会,加快推进社会主义现代化,为开创中国特色社会主义事业新局面而奋斗"的主题,把握"三个代表"重要思想这个灵魂,掌握"解放思想、实事求是、与时俱进"这个精髓,用十六大精神和"三个代表"重要思想武装头脑,统一认识。二要抓教育,深化观念转变和思想解放。要围绕保证集团公司今年各项奋斗目标的实现,在集团系统内广泛开展"与时俱进、创新发展"的思想大解放、观念大转变的学习教育活动。在解放思想中统一思想,在统一思想中转变观念,在转变观念中与时俱进。各厂所、公司党委要根据要求,结合本单位实际,精心制定学习教育活动方案,认真组织实施。二是联系实际抓落实,在"新"字上下功夫。各级党委要把学习贯彻十六大精神与企业的各项实际工作结合起来,与完成集团公司工作会议提出的奋斗目标结合起来,紧密联系企业改革发展实际,紧密联系党员干部思想实际,按照发展要有新思路,改革要有新突破,经营要有新局面,各项工作要有新举措的"四新"要求,认真思考改革发展和当前正在做的各项工作,着眼于促进改革、发展和稳定,着眼于加强和改进企业党的建设,把十六大精神转化为切合本单位实际的工作思路,成为推动企业开展制度创新、科技创新、管理创新和文化创新工作的强大动力。三是领导带头抓成效,在"用"字上下功夫。各级领导班子要带头学习好、领会好、掌握好、运用好十六大精神,务求实效,努力成为勤奋学习、善于思考的模范,成为解放思想、与时俱进的模范,成为勇于实践、锐意创新的模范。要自觉运用“三个代表”重要思想统领各项工作，指导工作实践，使其成为部署工作的根本依据，推进工作的根本动力，检验工作成效的根本标准。要对照十六大精神和“三个代表”重要思想的要求，深刻理解和正确分析全面建设小康社会给集团公司的发展带来的机遇和挑战，研究、调整、修订和完善集团公司和各企业“十五”发展规划和发展战略，解决企业长远发展问题。要认真查找思想上、工作中存在的不足，用“三个代表”重要思想指导工作，提高科学判断形势的能力，驾驭市场经济的能力，应对复杂局面的能力，依法办事的能力和总揽全局的能力，切实解决企业改革、发展、稳定中的新情况、新问题，不断促进企业的持续快速健康发展。

第二，更新思维方式，坚持解放思想，转变观念。

创新离不开思维方式的更新和解放思想、转变观念，没有思想的解放和观念的转变，就不可能有创新的思路和改革发展的新举措。因此，要从集团公司和各企业改革发展稳定的实践出发，引导广大干部职工自觉运用十六大精神指导实践，进一步解放思想和转变观念。当前，要强化以下五种意识：一是强化抢抓先机的机遇意识。目前，南车集团的改革已进入攻坚阶段，发展处于关键时期。依赖条件者丧失机遇，勇于竞争者抢抓机遇，多谋善断者创造机遇。十六大提出全面建设小康社会，这对中国的铁路运输，乃至机车车辆工业都将是一个大好的发展机遇。南车集团必须紧紧抓住这个可以大有作为的重要战略机遇期，力争到2010年销售收入达到230亿。因此，我们要以高度的历史责任感和时代紧迫感，以奋发有为、昂扬向上的精神风貌，勇于创新而不因循守旧，开拓进取而不畏缩不前，不失时机地占领先机，争取主动，乘势而上，脚踏实地，埋头苦干，迅速跨越，不断登上新台阶。二是强化居安思危的忧患意识。我们应该清醒地看到，面对迅速发展的形势和不断变化的情况，历史积累的问题和潜在的弱势日渐凸显，集团公司存在的体制不适应、结构不合理、机制不灵活、创新能力不强、优势核心企业不多等问题，严重影响了市场的开拓力和竞争力。去年初，我在集团公司工作会议上就提出了要不断更新干部职工的思维方式和思想观念，树立站在高处看南车集团的观念、跳出南车集团看南车集团的观念和换个眼光看南车集团的观念。现在看来，我们还需要以这种思想观念居安思危，以“生于忧患、死于安乐”的忧患意识，洞察危机，未雨绸缪；以不进则退，时不我待的危机感，锐意进取，一往无前；以“战战兢兢，若临深而驭朽，日谨一日，思善始而令终”的清醒头脑，知难而进，艰苦奋斗，我们就能不断克服前进道路上的困难，使改革发展不断迈上新的台阶。三是强化做大做强的发展意识。把企业做大做强做优，关系到南车集团能否在竞争中取得主动，决定南车集团能否成为国内一流、国际知名的企业集团。要想以较快的速度和较高的效益赢得发展，在激烈的竞争中占据优势，就必须克服满足吃上饭、过日子和小富即安的思想，切实解决只停留在集团内部平分蛋糕而不是做大蛋糕，以及扭亏脱困寄托在“等靠要”上等问题。既要研究企业当前的吃饭问题，更要研究长远的发展问题，树立做大做强的发展意识，以“咬住青山不放松”的劲头，一心一意谋发展。四是强化开拓进取的创新意识。十六大精神对我们提出了不能满足于已取得的成绩，而必须在新的实践基础上不断创新的要求。创新就是创造和发明新理论、新观点、新技术、新方法等等，是一种突破，是一种“蓄势已久其发必速”的态势。每位领导干部都要有一种敢为人先、不断进取、标新立异的心理状态和思想意识；主动研究新情况，自觉克服思维定势的消极影响，运用新思路去思考和解决新问题；自觉将国家的政策和上级的要求与本单位的具体实践相结合，在结合中创新，不断开创各项工作的新局面。*五是强化协调统一的大局意识*。“不谋全局者不足以谋一域，不谋万世者不足以谋一时。”强调大局意识，倡导“团队精神”，追求整体优势，形成南车集团的整体合力和市场核心竞争力十分重要。要从南车集团全局利益出发，既善于抓住主要矛盾，又善于照顾全盘，努力协调好各企业的利益和力量，调动各方面的积极性。各级领导干部一定要有纵观大局的眼光、把握大局的能力、服从大局的觉悟，牢固树立一盘棋的思想，站在南车集团的长远发展和大局高度去思考问题。只有这样，才能在竞争中处于有利地位，立于不败之地。

第三，坚持与时俱进，发扬开拓进取、创新有为的精神。

在创新成为现代经济和企业发展主题的社会背景下，创新能力已成为领导干部的核心素质。领导干部只有坚持与时俱进，不断地进行创新和推动创新，努力做到开拓进取、创新有为，才能成为新时期的合格领导者。*一是要牢固树立开拓进取、创新有为的思想*。开拓进取、创新有为，实质上就是对事业的高度责任感和使命感。各级领导干部一定要按照十六大精神，着力解决思想认识与当前面临的形势和任务不相适应的突出问题，大胆在体制创新、机制创新、制度创新、技术创新和管理创新等方面做文章，实践和体现南车集团不断创新、超越的企业精神。*二是要积极培育开拓进取、创新有为的勇气*。开拓创新既需要思想认识上的飞跃，又需要行动上的勇气。有了这种勇气，就敢于破除那些不适应形势和任务要求的老观念、老框框，想前人之未想，做前人之未做，就敢于知难而进，接受挑战。在当前企业改革改制、结构调整、市场开发、管理创新等一系列事关集团公司改革发展与稳定的重大问题上，要有敢为人先的勇气，大胆探索创新，努力认识规律，把握规律，找出新方法，走出新路子。要十分珍惜和爱护企业经营者的创新精神和改革开拓的积极性，要满腔热情地支持和帮助他们，要切实有效地保护他们。*三是要努力掌握开拓进取、创新有为的能力*。当前的形势对企业领导干部的工作水平和创新能力提出了更高的要求。既要加强对马克思主义理论的深入学习，用科学的理论武装头脑，不断提高观察、分析和处理问题的能力；又要丰富充实各方面的知识，加快知识更新，树立创新意识和创新思维，发扬探索精神，增强应变能力；还要善于把理论知识同工作实际结合起来，创新工作方法。*四是要认真实践开拓进取、创新有为的行动*。实干兴邦，空谈误国。增强创新力，就要立足本职，埋头苦干，积极进取，求真务实，把好的想法切切实实变成我们的实际行动，在重实际、鼓实劲、办实事、求实效上取得创新的实实在在的成果。*五是要建立健全开拓进取、创新有为的机制*。增强创新能力，就必须建立和健全一套有利于创新的激励机制、保护机制和发展机制，为职工和企业营造勇于创新、乐于创新和争相创新的良好环境，保持旺盛的创新力和开拓进取精神，为推进企业持续快速健康发展注入不竭的动力。

二、理清改革发展思路，调整集团发展战略，增强竞争力

当前南车集团与其他企业的竞争越来越表现为企业核心能力的竞争，调整和修订集团公司“十五”发展战略，着力解决产品开发水平低、市场开发能力低、制造技术水平低的“三低”问题，做大做强做优企业，创造和培育比竞争对手更强的核心竞争力，已成为企业生存之本、兴盛之源，增强南车集团竞争力已是迫在眉睫的头等任务。

第一，加快结构调整，着力企业整合，形成产业新优势。

实施结构调整和企业整合，是全面提升集团公司整体素质和效益，增强整体合力和市场竞争实力，实现跨越式发展的重要战略任务。集团公司的结构调整、企业整合任务紧迫而艰巨。一是只争朝夕，增强结构调整、企业整合的紧迫感。目前，集团公司内部企业等待、观望的情绪非常浓，而且内部重复投入、重复开发、重复建设的现象仍然存在。如不及时、有效地解决企业产品结构、组织结构不合理问题，集团公司就难以形成整体优势和合力，就难以在国际市场和国内市场占据有利地位。当前，集团公司上下要在结构调整、企业整合这个事关集团公司生存发展的重大问题上增强紧迫性和主动性，树立大局意识和责任意识，转变观念，明大势，识大体，顾大局，把思想真正统一到集团公司发展战略上来，自觉服从和服务于集团公司改革发展的大局，确保结构调整、企业整合取得突破。二是确定目标，明确结构调整、企业整合的基本原则。结构调整必须坚持专业化生产、规模化经营的目标，必须坚持扬长避短、优胜劣汰和有进有退的原则，产品结构调整与资产结构调整、企业整合相结合的原则，以产品结构调整为先导，以资产结构调整与企业整合作保证。要把结构调整、企业整合的着力点放在培育优势产品和优势企业上，集中人力、财力、物力重点投入，精心培育，做大做强做优几个竞争实力强的核心企业，打造龙头企业，以强带弱。只有这样，才能在与其他集团和企业的抗衡中占据优势，否则，我们将处于越来越被动的地位。三是制定方案，落实结构调整、企业整合的具体措施。要尽快制定出集团公司结构调整和企业整合的总体方案，根据轻重缓急分步骤、分阶段组织实施。要加强对结构调整、企业整合工作的指导，要在集团公司结构调整、企业整合的总体规划下，制定各企业的具体实施计划，切实落实集团公司结构调整总体方案确定的目标。四是落实政策，确保结构调整、企业整合工作取得实质性突破。结构调整是一个涉及各企业切身利益、影响面很大的系统工程，要周密思考、深入分析、认真组织。在实施结构调整方案时，要明确必要的政策扶持和资金支持，使结构调整、企业整合方案的实施有必要的保证措施，确保其顺利开展。

第二，加快市场开发，实施营销战略，形成市场新优势。

加大开发市场的力度，着力研究制定市场营销战略，拓宽市场经营领域，寻求新的经济增长点，是增强企业竞争力，保持快速健康发展的重要战略措施。一是更新营销观念，完善营销战略。认真学习掌握国内外先进的经营理念，研究掌握国内外市场竞争格局，研究营销策略，加强营销组织，改进营销方法，拓展营销领域。要学会建立战略联盟，借用外部力量，为自己开拓市场寻求支持和帮助，不断创新和实施现代化营销战略。二是把握市场变化，开发引导市场的产品。要准确地把握市场的变化趋势，加快产品开发，推进科技进步，形成产品新优势。要认真研究分析市场类型与特点，根据用户的需求层次和需求变化，开发不同需求的产品。要不断推出新产品、新技术，引导市场，扩大市场份额，把培育具有自主知识产权的核心技术和核心产品作为长期的战略任务来抓，大力推进品牌战略，形成南车集团品牌产品市场占有的新优势。三是把握产业发展前景，不断拓宽新的市场领域。我们不仅要千方百计提高现有的市场份额，而且要不遗余力开拓新的市场领域。当前，要高度重视、密切关注城市地铁和城轨迅猛发展的趋势，抓住机遇，从战略规划、策略研究、市场开发、能力整合、政策措施、机构设置、人员配备等方面进行统一谋划，协调组织，以只争朝夕的紧迫感，以优质产品和良好信誉，迅速进入地铁和城轨市场，使其成为南车集团新的经济增长点。要采取灵活多样的方法，充分利用集团各企业的地理、人员、资源等优势，打破地域界限，通力合作，抢占市场先机。与此同时，加快外贸体制建设和管理创新，推进“引进来”、“走出去”战略的实施，着力培育新的外贸出口增长点。四是建立快速的营销反应机制，为用户提供优质完善的服务。要针对市场买方主体变化的新形势，建立健全营销网络和客户档案，研究不同产品市场营销和售后跟踪服务的新方法，不仅给用户提供高质量的产品，还要提供以用户为中心、以信息为基础的高质量的售后服务，保证用户满意，达到巩固和扩大现有市场份额的目的。

第三，加快体制改革，推进制度创新，形成管理新优势。

深化体制改革，促进企业制度创新、科技创新和管理创新，是全面提高企业市场竞争力的制度保证。一是认真研究国家政策，调整和制定集团公司体制改革的总体规划。十六大提出，“国家要制定法律法规，建立中央政府和地方政府分别代表国家履行出资人职责，享有所有者权益、权利、义务和责任相统一，管资产和管人、管事相结合的国有资产管理体制。”“中央政府和省、市(地)两级政府设立国有资产管理机构。”这一重大改革，从管理体制上明确了出资人的身份，为我们深化改革改制，提供了体制上的保障。当前，我们要认真研究中央和国家的这一重大政策规定，密切注视即将出台的各种改革措施。要适应形势要求，及时完善、调整、补充原有的体制改革总体计划。二是明确集团公司的定位，分步骤实施改制计划。经过充分讨论，大家已形成了共识，初步提出了集团公司体制改革的原则意见和企业整合的发展方向。坚持按专业化生产、规模化经营的目标，按产品专业类型和产品特点，进行集团公司的管理体制改革和组织结构调整，明确集团公司与所属企业的关系及定位。在继续完善方案的基础上，分阶段、有步骤地朝着确定的目标组织实施，先易后难，先点后面地逐步展开。对于一时难以实施的，可以先是约束规定，创造条件，待时机成熟再推进。三是加大工作力度，全面推进主辅分离和辅业改制分流工作。按照国家有关放开搞活国有小企业和国有大中型企业主辅分离、辅业改制分流的意见，结合精干主业、剥离和分离辅助与后勤的工作，全面铺开厂所、公司所属小企业的改制工作。企业剥离出来的辅助单位、多经集经企业及学校、医院等生活后勤单位，都可采用多元投资、全员持股等多种形式、多种途径，改制成股份制、股份合作制企业。四是创新管理模式，加强和改善企业管理。要转变管理思想，面向市场，改革管理体制和管理方法；坚持以市场为中心和以人为本的管理理念，实现管理对象由物向人的转变，管理方法由强制向引导的转变，强调“人和”效应，倡导“团队精神”，追求整体优势；抓好战略管理、财务管理、成本管理、质量管理、劳动管理和企业管理信息化建设。当前，加强企业管理就要以增强市场竞争力为主要目标。市场竞争力不仅表现在产品的水平、技术的优势上，还要体现在管理的优势上。管理的目的就是以最少的占用和最小的成本，获取最高的效率和最大的利润。价格竞争最基本的就是成本竞争，产品的竞争最根本的就是质量竞争，只有降低成本，提高质量，才能在竞争中取得优势。市场在不断变化，管理方法和形式也必须随之更新。只要我们围绕市场来做文章，管理优势带来的市场竞争力和经济效益就会源源不断地涌现出来。

三、加强党的自身建设，深化干部制度改革，增强战斗力

当前，要使企业的基层党组织建设健康发展，就必须按照“三个代表”重要思想，围绕企业改革发展稳定的大局，坚持从严治党，把开拓进取与求真务实结合起来，用创新的精神，建设“创新型”的领导班子、“堡垒型”的基层党支部、“先锋型”的党员队伍，使我们企业党的基层组织保持先进性，充满创新力和战斗力。

第一，突出提高整体素质，建设“创新型”的领导班子。一是建设学习型的领导班子。党的十六大发出了“形成全民学习、终身学习的学习型社会，促进人的全面发展”的号召，提出要创建学习型社会。我们各级领导班子和广大领导干部都要响应这一号召，充分认识到这是建设“创新型”领导班子的重要措施。建设学习型领导班子，各级领导班子和广大领导干部要努力做到：一要坚持学习，培养一种学习精神。要成为符合时代发展要求的合格人才，就必须学习、学习、再学习，不断学习、不断进步，坚持终生教育，终生学习。二要善于学习，坚持理论联系实际。要以自己正在做的事情为中心，着眼于马克思主义理论的运用，着眼于对实际问题的理论思考，着眼于新的实践和新的发展。坚持学以致用，把学习同研究现实重大问题结合起来，同本单位和自己的本职工作结合起来，不断解决工作中的实际问题。三要努力学习，不断扩大知识面。要认真学习“三个代表”重要思想，学习包括市场经济知识、管理知识、现代科技知识、法律知识等在内的现代知识。通过学习，不断提高驾驭全局、应对复杂局面、创新开展工作的能力。

二是深化“十好”领导班子创建活动。今年，要在总结去年开展创建活动经验的基础上，把提高素质、转变作风、勇于创新，增强领导班子整体功能，解决领导班子作风建设和领导能力方面的突出问题作为创建活动的重点内容。通过活动的开展，使领导班子的创新力、战斗力和凝聚力有新的提高；要不断完善创建工作制度，集团公司在一季度要制定和完善“十好”领导班子的考核评价标准和细则，努力做到以量化考核为主，定性与定量相结合；要坚持开展经常性的活动，坚持做到“开门”创建，把创建活动与“勤政、廉政、优政”教育活动结合起来，与领导班子考察、干部日常考核结合起来。通过活动的开展，努力形成加强领导班子建设的新机制，使各级领导班子成为“学习型班子、创新型团队、实干型集体”。

三是改善和优化领导班子的结构。深化干部制度改革，建立和健全一套有利于建设“创新型”领导班子的用人机制。一要建立健全公开选拔领导干部的竞争机制。要在民主推荐、民意测验、实绩考核等环节充分引入竞争机制，扩大群众参与选人用人的民主化程度，真正做到公开、公平、公正、公认。继续大力推广公开选拔厂级行政正、副职的工作，进一步健全完善公开选拔领导干部的工作制度、工作标准和工作程序，做到科学化、规范化和程序化。要按照现代企业法人治理结构的要求，规范公司制领导人员的管理体制。二要建立健全领导干部的考核评价机制。要遵循“简洁、准确、公平”的思路，完善人才评价方法，为公开选拔领导干部创造良好基础。要完善领导干部评价和考察方法，建立和实行科学考核和群众评议的机制。今年，要在抓好试点的基础上在各厂所、公司领导干部中推行绩效考核制度，按照“清晰的发展思路、强烈的创新意识、扎实的工作作风、较强的组织能力和出色的工作政绩”等五方面建立科学的评价标准，加大对领导干部的考核考察力度。三要建立健全领导干部监督管理机制。要健全完善干部聘任制、试用期制、任前公示制，建立健全干部推荐、干部考核考察、干部选拔任用决策责任制和用人考察失误责任追究制度。进一步强化组织监督，加强法律监督，规范群众监督，引导舆论监督，形成监督合力。要加强领导干部任期制管理，坚持实行领导职务任期制。建立健全领导干部诫勉制度、引咎辞职制度、责令辞职制度，为领导干部疏通“下”的出口，建立起领导干部正常的升降机制。要加强对领导干部任用的管理，优化领导干部能上能下的环境。要针对实际，继续完善领导干部离岗安置制度，认真执行《南车集团公司调研员管理暂行规定》，妥善解决好离岗干部的“出口”问题，稳定干部队伍。四要建立健全领导干部交流培训机制。要大力推进厂、所、公司之间领导干部的横向交流，集团公司与各厂所、公司之间的岗位纵向交流，特别是促进优势企业与困难企业之间、同一地域内不同企业之间的横向交流；大力推行党群与行政领导干部交叉任职和双向交流。通过岗位交流，使各厂所、公司领导班子成员具有在党群和行政两个系统工作经历的比例逐步提高。与此同时，要加强领导干部的教育培训，开展分层次、分类别、多渠道、多形式、重实效的培训工作，培养全面的复合型人才和创新型人才，不断提高各级领导干部的领导能力和工作水平。五要不断改善领导班子的专业结构、知识结构和能力结构。要按照“四化”要求，选拔懂专业、学历高、生产经营和业务能力强的干部进入领导班子，逐步使班子成员研究生、大学本科生和中高级技术职务的比例增大。班子成员的专业搭配、性格搭配尽可能合理，具有创新精神的干部占有较大比例，不断增强班子的活力。

第二，突出加强组织建设，建设“堡垒型”的基层支部。

在建立现代企业制度、企业改革改制不断深化的新形势下，加强基层党组织建设，充分发挥党支部的战斗堡垒作用显得十分迫切和重要。一是健全党的组织。在体制改革和结构调整过程中，要认真贯彻执行集团公司《企业党支部建设纲要》，必须保证做到有党员就要有党组织，有党组织就要有上级。要重视加强企业党务干部和政工干部队伍建设，按照集团公司有关规定配齐配强专职政工人员。务必使党的组织与新经济组织同时建立，同步开展工作，做到新经济组织发展到哪里，党的工作就延伸到哪里。要加强改制企业、合资企业、多经企业、集体企业和离退休党组织的建设。要通过深入调研，制定关于加强改制企业和合资企业党建工作的实施意见，切实解决部分基层单位党的组织不健全、党内生活质量不高、作用不突出的问题。决不能放弃党建的工作阵地，留下真空和漏洞，削弱基层党的工作。二是拓宽工作领域。基层党支部要延伸“触角”，拓宽工作领域，不仅对在职职工在八小时之内做好工作，而且在八小时之外尤其是对下岗职工及职工家属也要加强思想政治工作，努力减少工作上的“空白点”和“死角”，切实保证企业的稳定。三是创新工作方法。要进一步围绕企业的改革和生产经营等工作，广泛深入开展党支部“达标准、创先进、争红旗”活动。要紧紧围绕企业改革和生产经营各个时期的中心任务，寻求合适的载体，突出活动重点，拓展活动内容，创新活动形式，努力在增强活动效果上下功夫。要加大党委抓党支部建设工作的力度，集团公司和各厂所、公司党委要定期分析党支部建设情况，加大对党支部工作的考核力度，突出重点抓先进。要适应建立现代企业制度的要求，配备配强基层党支部书记，不断改善支部书记队伍的年龄结构和文化知识结构；抓好支部书记培训，提高支部书记的整体素质，全面加强党支部建设。四是改进工作手段。要努力实现党建工作的现代化，用现代科学技术、网络媒体、数字技术来配置和整合基层党建资源，在党支部建设、党员教育管理、党建信息收集发布和处理等方面加以运用，提高工作效率，降低工作成本，开创基层党组织工作充满时代气息的新局面。

第三，突出党员教育管理，建设“先锋型”的党员队伍。

作为党的全部工作和战斗力基础的基层

党组织，其特殊地位和作用是由党员的先锋模范作用来实现的。党员素质高、模范作用强，就能更好地发挥党组织的政治核心作用和党支部的战斗堡垒作用，体现党的先进性。因此，必须加强党员的教育和管理，努力建设新形势下的“先锋型”党员队伍。一是加强党员教育，提高党员的素质。要结合新党章的学习，在基层党支部和全体党员中开展“实践‘三个代表’重要思想，保持党员先进性”的学习教育活动，着力解决党的先进性和党员队伍的纯洁性问题，进一步增强广大党员的政治意识、大局意识、改革意识和责任意识，提高整体素质。各厂所、公司党委要制定切合实际的学习教育方案，认真组织实施。要组织党员深入学习邓小平理论和“三个代表”重要思想，开展党性、党风、党纪教育，教育广大党员争做政治上的中坚、正气上的表率、业务上的骨干、技术上的能手，带头遵纪守法，带头维护企业的利益。通过学习教育活动，使基层党支部建设得到加强，党员队伍整体素质明显提高。二是加强党员管理，做到“入口严、出口畅”。要严格遵循“坚持标准、保证质量、改善结构、慎重发展”的方针，做好发展党员工作。加强对入党积极分子的培养教育，着重在生产经营、工作第一线和技术骨干、优秀青年职工中发展党员，鼓励党员在本职岗位和急难险重任务中勇挑重担，发挥先锋模范作用。要改善党员队伍结构，使生产一线党员的比例稳定在20%以上，工人党员的比例达到15%左右，班组长中的党员比例达到60%以上，无党员班组比例降到10%以下。要加大对不合格党员的处理力度。集团公司上半年要建立健全党员评议考核标准，制定民主评议党员、严肃处置不合格党员的工作细则，各厂所、公司党委要认真贯彻执行。同时，还要加强对下岗党员、流动党员、息工党员的教育管理，防止出现“有党员无组织，有组织无上级”的现象。三是选树先进典型，激发党员队伍的活力。要完善党内激励机制，继续紧紧围绕企业改革、发展和生产经营开展“创先争优”和“创岗建区”等行之有效的活动，坚持表彰先进，鞭策落后，充分发挥共产党员的先锋模范作用。

四、改进思想政治工作，加强企业文化建设，增强凝聚力

企业能否在激烈的市场竞争中取得有利地位，能否始终经受住严峻形势的挑战和考验，除了增强创新力、竞争力和战斗力之外，增强企业的凝聚力十分重要。通过加强和改进思想政治工作，推进企业文化建设，使我们每一名职工产生对企业的归属感、认同感、使命感和自豪感，产生一种强烈的向心力，形成企业一种巨大的凝聚力，已成为当前一项十分重要的任务。

第一，实施“目标”工程，以企业经营发展目标的动力，增强凝聚力。

鼓舞人心的目标，能成为企业全体职工努力奋斗的方向，形成强大的凝聚力和向心力。一是要确定企业明确、具体、振奋人心的经营目标。集团公司成立两年来，我们不仅制定了经营的基本目标，而且还提出了“十五”战略的奋斗目标。在这次工作会议上，又提出了提前一年实现“十五”规划的销售收入目标和到2010年力争实现销售收入230亿的奋斗目标。这对鼓舞、激励广大职工为之奋斗起到了很好的凝聚作用。因此，制定的目标既要对全体职工有鼓舞斗志的吸引力，也要有促进工作的压力。这样，目标才有凝聚作用，才能产生巨大的动力。二是要大力宣传企业的目标。要通过多种宣传教育方式，大张旗鼓地宣传企业的发展目标，使其做到家喻户晓、人人明白，使广大职工产生对企业目标和经营理念的认同感，从而不断增强紧迫感、使命感和责任感，调动起顽强拼搏的工作积极性。三是要落实实现目标的责任。目前，各企业层层分解和落实集团公司的经营目标，落实目标责任，是保证企业完成任务的重要措施。这项工作还要进一步加强。要明确和落实每个职工的目标责任，使企业内部存在着共同的目的和利益，使之成为职工的奋斗目标和精神支柱，从而把职工牢牢地联结起来，为实现共同目标而聚合在一起。我们要把“目标”工程作为党建和思想政治工作的重要任务抓紧抓好。

第二，实施“疏导”工程，以思想政治工作的活力，增强凝聚力。

一是紧密围绕企业深化改革，发挥思想政治工作的先导作用。要根据集团公司体制改革、结构调整、改制分流、三项制度改革的新情况，以及职工群众的思想实际，有针对性地开展宣传教育和思想疏导工作。党委要参与改革方案的制定，方案出台前要加强论证。在出台重大改革方案的同时，要及时掌握职工群众的心态和动向，主动向职工群众解疑释惑，消除疑虑和误解，及时疏通思想，理顺情绪，化解矛盾，保证各项改革方案平稳推进。二是紧密围绕生产经营，发挥思想政治工作的激励作用。要努力把思想政治工作融入到生产经营之中，渗透到企业管理和生产经营的全过程和各个环节。围绕生产经营的重点和难点，加强形势任务教育和政策教育，充分调动广大职工的积极性、主动性和创造性。三是紧密围绕企业稳定，发挥思想政治工作的保证作用。要把握职工思想动向，超前预测可能出现的问题，并有针对性地做好思想防范工作，努力将不稳定因素解决在萌芽状态。要继续做好“法轮功”痴迷者的教育转化工作，防止顽固分子滋生事端。要坚持发扬思想政治工作说服人、关心人、信任人、以情感人等优良传统，做好改革过程中的思想政治工作，尤其要做好困难企业、下岗职工、困难职工等弱势群体的送温暖工作。各级领导干部要努力实践“三个代表”重要思想，增强宗旨意识、责任意识、群众意识，以深厚的感情、满腔的热诚，深入到弱势群体中去，倾听他们的呼声，关心他们的生活，帮助他们解决工作和生活中的实际困难，多为职工群众办好事、办实事，多做得人心、暖人心、稳人心的工作，从而凝聚广大职工为企业尽力尽责地工作。

第三，实施“人才”工程，以人力资源的优势，增强凝聚力。

一个企业的凝聚力强不强，突出的表现是企业是否凝聚了大批高素质的人才。增强企业的凝聚力，就要大力实施人才战略和“人才”工程，抓好人才开发和人才队伍建设，建立起一支规模宏大、素质精良、专业配套、结构优化、配置科学、活力旺盛的人才大军。因此，我们在人才开发上要重点实现“四个新突破”：一是教育培训上要有新突破。要制定切实可行的培训规划，建立起以需求为导向的人才培养机制，采取多种形式，对企业经营管理者继续进行 WTO 规则、现代管理知识、科学技术知识、外语和法律法规等全方位、多层次的教育培训。要适时把工作重心放在专业管理和技术专家的培养建设上，加大培育高素质的管理人才、掌握关键核心技术的技术人才、具有较高操作技能的技术工人的力度，建立企业骨干人才体系。要在抓好香港等培训基地的基础上，继续开辟高层次、高水平的培训基地，举办多种专业的培训班。继续选派部分人员到国外大公司学习考察、进修培训。二是用人观念上要有新突破。要树立人才是企业“第一资源”和“人才兴企”的观念，强化人才开发的规划性。要针对集团公司的现状，建立实施人才发展规划，加大培养和选拔优秀年轻干部的力度，建立健全全员竞争上岗的动态管理机制。在培育企业的核心人才上采取积极有效的措施，为各厂所、公司实施企业发展战略提供人才支持。面向社会跨行业选拔政治素质好、学历高，有经营、管理、创新能力和廉洁自律的优秀人才，充实企业经营管理者队伍，改善干部队伍结构。借鉴、吸收和消化国外的管理经验，在人才的使用上，坚持“最适原则”高于“最优原则”，对那些在专业技术岗位上有较大发展潜力的人员要有意识地重点培养成为科技专家。*三是环境条件上要有新突破。*深化三项制度改革，继续坚持“公开、平等、竞争、择优”的用人机制，为优秀人才脱颖而出创造条件。努力营造尊重劳动、尊重知识、尊重人才、尊重创造的良好氛围；营造有利于人才培养、成长和使用的良好氛围；积极探索事业留人、环境留人、制度留人、待遇留人和感情留人的有效途径，营造企业人才能干事业、干成事业的良好氛围，使有用的人才进得来、留得住、用得好。*四是激励机制上要有新突破。*推进并深化分配制度改革，重视物质奖励与精神鼓励相结合，重视个人价值的实现。实行按岗定酬、按任务定酬、按业务定酬的分配办法，兼顾经营管理者短期利益和长期利益，积极推行按技术、管理等要素进行分配和经营者年薪制、持股制等分配制度，实现个人收入与企业经营业绩挂钩，使收入与责任、风险相符合。与此同时，要在广大科技人员中倡导敢于创新、勇攀高峰的进取精神和爱岗敬业、无私奉献的献身精神，努力激发科技人员的积极性、创造性，不断推进企业科技进步和创新。

第四，实施“塑形”工程，以良好的企业形象，增强凝聚力。良好的企业形象，对内能产生强大的凝聚力和向心力，对外能树立良好的信誉，对提高企业在市场竞争中的地位，有着重要的作用。要通过实施“塑形”工程，努力塑造企业良好的公众形象、经营形象、管理形象、环境形象、职工形象和班子形象，积极创建学习型企业，努力提高职工素质，为南车集团在国内外市场的激烈竞争中立于不败之地打下坚实的基础。*一是培育和弘扬南车集团的企业精神，大力塑造良好的企业形象。*要大力宣传、努力培育、积极实践集团公司“诚信、敬业、创新、超越”的企业精神和“求新、求快、求实、求优”的企业作风，不断铸造南车集团优良的企业文化，为做大做强做优南车集团提供强有力的精神动力。各厂所、公司也要进一步提炼和培育具有本企业特色的企业精神，增强企业凝聚力。*二是实施品牌战略，大力塑造良好的产品形象。*要增强产品形象意识和品牌战略意识，大力实施品牌战略，加快南车集团的品牌建设，努力打造南车集团产品品牌，形成品牌文化，为增强参与国内外市场竞争的产品新优势创造良好条件。*三是加强作风建设，大力塑造领导干部良好的人格形象。*领导干部一要塑造勤政廉政优政的形象，给职工一个信任感。公生廉，廉生威。有了人格的力量，领导干部才能理直气壮抓工作。二要塑造开拓创新的形象，给职工一个认同感。领导干部的号召力、感召力，来源于领导干部的改革创新能力，来源于能适应新形势，勇于改革、善于管理、开拓市场、提高企业经济效益的精神风貌和良好业绩。三要塑造公道正派的形象，给职工一个公正感。只要每位领导干部坚持原则，处事公正，以身作则，就能取得职工的信任。四要塑造亲和宽厚的形象，给职工一个亲切感。只要每位领导干部都做到关心职工、信任职工、爱护和体贴职工，就能凝聚和带领职工开创各项工作的新局面。

同志们，党的十六大描绘的宏伟前景催人奋进，南车集团的历史使命艰巨光荣。只要我们各级领导班子和领导干部有坚定不移的责任意识，有与时俱进的创新精神，有求真务实的工作作风，有奋发有为的昂扬斗志，我们就一定能够开创各项工作的新局面，就一定能够为实现南车集团“十五”战略目标和推进南车集团改革发展稳定作出新贡献，谱写新篇章！

全面贯彻落实十六大精神
建设具有国际竞争力的轨道交通装备企业

——总经理赵小刚在中国南车集团公司工作会议上的报告(摘要)

(2003 年 1 月 9 日)

这次工作会议的主要任务是:认真贯彻落实中央经济工作会议、中央企业工委工作会议和全国铁路工作会议精神,回顾总结 2002 年集团公司的工作,分析面临的形势,确定新的发展目标,研究部署 2003 年的主要任务,组织动员集团公司全体员工高举邓小平理论伟大旗帜,认真贯彻落实党的十六大精神,全面实践“三个代表”重要思想,与时俱进,开拓创新,努力完成今年的各项任务,为把南车集团建设成为具有国际竞争力的轨道交通装备企业而奋斗。

一、团结拼搏,取得改革发展新胜利的 2002 年

(一)努力开拓市场,生产经营持续稳定发展。

——**经营目标圆满实现。**各厂所立足市场,拓展经营,比较好地完成了 2002 年资产经营责任目标。集团公司全年新造内燃机车 383 台、修理内燃机车 847 台,分别比上年同期增长 8.5%和 22.4%;新造电力机车 243 台、修理电力机车 19 台,同比增长 1.3%和 11.8%;新造客车 1232 辆、修理客车 1525 辆,同比增长 2.1%和 9.6%;新造货车 12037 辆、修理货车 26215 辆,同比减少 5.5 %和 6.0%。其中,各厂所在铁路招议标外销售机、客、货车分别为 149 台、412 辆和 1682 辆。集团公司 2002 年实现销售收入 132.9 亿元,同比增长 9.6%。

——**城轨地铁市场开发取得重大突破。**经过集团公司及有关厂所的不懈努力,在城轨地铁市场上取得了重大突破。株机厂与西门子合作,成功中标上海明珠线二期车辆项目;浦镇厂与阿尔斯通合作,在南京地铁车辆招标中中标;株洲所在香港地铁辅助变流器项目中中标。2002 年集团公司在国内城轨地铁车辆合同中标额达到 28.2 亿元。

——**出口贸易快速增长。**据初步统计,全年公司出口成交额 21142 万美元,比上年增长 2 倍多;其中整车出口签约 16167 万美元,配件出口及其他项目签约 4975 万美元。全年收汇额 4140 万美元。比较大的成交项目有出口乌兹别克斯坦和伊朗的电力机车、出口伊朗的铁路客车和发电车、出口越南的内燃机车,签约金额较大的单位是株机厂、南车四方公司、资阳厂等。国际营销网络和外贸队伍建设加强,健全国际市场信息快速收集和反馈机制;组织进行国际合作交流和国外市场调研,积极寻求参与国际分工合作的有效形式,为开拓国际市场、提高集团公司国际竞争力创造了良好条件。

——**多元经营取得实质性进展。**集团公司和各厂所认真编制多经计划,分解落实多经指标,加快多经企业改制步伐,加强多经实体管理,加大多经项目扶持力度。集团公司牵头组建的武汉神骏和襄樊南车专用汽车股份有限公司,经过一年运作,销售收入比上年分别增长 338%和 22%。集团公司多经发展基金累计借款 5100 万元,支持 11 个企业的 16 个科技含量较高、发展潜力较大的多经项目启动。继续巩固清理整顿多经公司的成果，认真做好小企业的各项规范管理工作，一批“寄生性”多经公司被注销，部分多经企业步入良性发展轨道。集团公司多元经营正逐步向规模化方向发展，全年非铁路机车车辆产品收入15.2亿元，比上年增长15%。

——**扭亏脱困工作进展良好。**各困难企业积极适应市场，开发产品，增加品种，努力挖潜提效，增收节支，企业生产经营工作都取得较大进步。集团公司继续加大对困难企业的扶持力度，免除困难企业资金占用费，为困难企业提供封闭借款，帮助困难企业扭亏脱困。全年亏损企业比上年同比减亏2649万元，减亏幅度为20.5%；铜陵厂扭亏为盈。

（二）深化改革改制，经营机制不断创新。

——**企业改制稳步进行。**根据国务院对集团公司重组方案的批复，完成了集团公司工商注册登记，并于2002年7月18日正式揭牌；中国南车集团注册工作也已完成，“南车”商标注册已被国家工商总局受理。四方厂、眉山厂制动机公司的股份制改制工作完成，南车四方机车车辆股份有限公司、眉山厂控股的四川制动科技股份有限公司相继挂牌成立。株洲所控股的株洲时代新材料科技股份有限公司，已于2002年12月19日上市；南方汇通股份有限公司配股方案已经证监委批准。一批厂所剥离分立的小企业按照不同体制和机制规范运作，取得一定成效。

——**结构调整稳步推进。**成立产品结构调整和组织结构调整两个工作组，初步提出了结构调整的基本思路和框架。按照国务院对南车集团实现上下游、内外贸、产销一体化的结构调整总体要求，产品结构调整正按有进有退原则，有条不紊地进行。整合襄樊电机业务，由襄樊牵引电机厂电机资产和襄樊内燃机车厂电机资产合并组建的襄樊牵引电机有限责任公司正式挂牌；株洲电机业务整合进入实质性阶段；洛阳厂和成都厂新上电力机车修理项目取得进展。剥离后勤、分离辅助工作进展良好，各厂所按照集团公司要求，采取积极措施，加快了后勤辅助单位的剥离分离工作。

——**国际合作取得新进展。**加强国际合资合作，积极引进外资和国外先进技术，努力提高集团公司整体技术水平和重大配件制造能力。株辆厂与美国美瑞殿铁路公司成立了株洲斯威铁路产品有限公司，生产货车摆动式转向架铸钢件；资阳厂与外资合资成立资阳斯克罗莱涡卷式空气压缩机有限公司。一批新的合作项目正在商谈过程中。

——**三项制度改革深入推进。**各厂所遵照国家和地方有关劳动法规，结合单位实际，完成了劳动合同管理办法的修订，加强和规范了劳动合同管理，全年解除和终止劳动合同1932人。人事制度改革取得突破，洛阳厂公开选拔厂长，江岸、株辆、成都、资阳、眉山厂公开竞聘部分厂级副职，成效良好；资阳、石家庄、株辆厂利用机构改革的有利时机，改变干部任用方式，开始大面积公开竞聘中层职位，共组织公开选拔59次，842人参加竞聘，342人通过竞聘走上了中层管理岗位，出现了人才脱颖而出的新局面。以岗位工资制为基础的分配制度改革深入推进。大多数厂根据集团公司制定的分配制度改革指导意见和实施办法，稳步推行工资制度改革。减员增效成绩显著，集团公司员工总数比上年末减少2538人。进一步确立人力资源管理新理念，重视员工培训，加大骨干人员激励力度，不断挖掘、激发人力资源的潜力和能力。一年来，集团公司培训各类干部492人，其中，在国家行政学院和铁道部党校举办的厂级领导干部和中青年干部培训63人、海外培训306人、专业技术人员培训123人。湖南铁道技术学院被教育部定为国家高职高专实训基地，其电力牵引与传动控制专业被定为国家高职高专精品专业。集团公司建立的四个高技能人才培训基地开办了首期培训班。

劳动和社会保障部批准集团公司为员工职业技能鉴定的试点单位，在厂所建立了20个职业技能考核站，为培养高技能人才创造了条件。科技人员和关键岗位人员的激励政策进一步完善，两个确保扎实有效，下岗员工基本生活费和离退休人员养老金按时足额发放，确保了企业和社会稳定。

(三)坚持科技兴业，技术创新成绩突出。

——**产品开发成果丰硕**。全年试制新品种机客货车和动车组共6项，研发重要零部件和关键技术47项。作为铁道部科研项目、与北车集团合作研制的"中华之星"号动车组胜利竣工，创造了时速321.5公里的中国铁路最高试验速度。"中原之星"号动力分散型交流传动电动车组完成了扩编和改造，正式投入运营。"先锋"号交流传动电动车组完成了第二阶段试验，创下时速292公里的试验速度。"奥星"号交流传动电力机车投入线路运用考核，并实现了小批量生产。"雪域神舟"号大功率内燃机车研制成功，已开赴青藏线进行高原试验。国家重大技术装备创新研制项目、快速货运交流传动内燃机车"西部之光"投入线路运用考核，担当了货运提速试验的牵引动力。新型米轨内燃机车已完成了研制工作，正在试验。货车摆动式转向架通过国际合作，使南车集团货车转向架技术跻身国际先进行列，并实现了全行业技术转让，装用摆动式转向架的提速货车投入批量生产。浦镇厂与阿尔斯通合作生产的上海明珠线地铁车辆顺利下线，标志我国地铁车辆制造水平上升到一个新的台阶。

——**技术改造力度加大**。全年重点实施了国家计委批复的城市轨道车辆国产化、自主知识产权地铁车辆等6个国债投资项目和集团公司批复的16个技改项目，完成投资4.8亿元，加上厂所自筹和贷款，共计完成约9亿元的投资规模。铁道部"九五"重点投入项目实施工作基本完成，对提升集团公司制造水平发挥了重要作用。通过向国家申报国债投资、国债贴息和利用外资，实现项目立项12个，投资总规模超过12亿元，其中从集团公司外筹资近10亿元。此外，还批复实施了南方汇通的微硬盘和锂离子电池等多经项目，投资规模超过3亿元。各厂所加大科技投入，自筹资金进行技术改造和技术创新；货车检修工艺线建设和机车检修工序再造进展顺利，取得良好成效，有力地促进了修理工厂工艺水平和产品质量的提升。去年，集团公司制定下发了《投资管理办法》、《设备招标管理办法》等制度，对于指导企业把握投资方向，规范操作程序，合理利用资金，发挥投资效益起到了积极作用。

——**产品质量稳中有升**。集团公司制定了"十五"质量攀登计划，提出了"十五"末使产品质量与国际接轨的目标。各厂所面对激烈的市场竞争，充分认识到了提高质量的重要性，纷纷采取强有力的措施，努力提升工艺制造水平和产品质量，主要质量指标稳中有升。召开用户座谈会，承办铁道部提升制造工艺水平和产品质量等多个现场会，了解用户需求，收集用户意见，及时进行质量整改，受到了用户的好评。ISO9000－2000质量体系贯标工作全面实施，有8个厂所通过了认证评审。ISO14000环境管理体系认证取得较大进展，在上年2个厂通过认证的基础上，今年又有株洲所和贵阳厂、戚墅堰厂、浦镇厂、江岸厂等5个单位通过了评审。株机厂通过了安全健康体系认证，资阳厂还通过了质量、环境、安全三位一体评审。

(四)积极创新管理，企业管理扎实有效。

——**发展战略不断完善**。根据集团公司"十五"发展战略，各厂所反复修订完善各自的发展战略，已呈报集团公司审批完成，并按照发展战略积极开展各项工作。集团公司总部职能子战略陆续制订完成，并下发各厂所开始执行。经过两年多的努力，集团公司发展战略体系基本建立,逐步完善,战略管理稳步实施,落实有力。

——**企业管理进一步加强**。集团公司各厂所进一步加强成本管理和费用控制,加大了成本否决和效益考核力度;实行大宗物资和重要配件集中采购,全面开展物资采购招议标工作,大幅度降低了采购成本;加强人工成本控制,在实现利润比上年增长53.5%、增加值劳动生产率同比增长24.3 %的情况下,员工工资总额同比增长12.1%、员工平均工资同比增长15.3%,实现了两低于目标。制定下发了国有资本和财务管理办法实施细则,规范了集团公司投资、担保、产权、资产评估管理,加强了国有资产的运营监管。进一步加强企业预算管理工作,各厂所按照集团公司的要求,编制了企业年度财务预算,使企业财务指标具体化、责任化。加强资金管理,加快流动资金周转;在铁道部有关部门的大力支持下,机客车货款拖欠严重的问题有所缓解,应收货款比上年有所减少。积极改善外部经营环境,争取到集团公司统缴所得税和免缴土地使用税、房产税、印花税等税收优惠政策,货车修理企业继续享受到铁路修理企业税收优惠。强化审计监督,继续抓好财务收支审计、领导干部离任审计和任期审计,加强工程项目审计和经济合同审计,开展同级财务审计,取得了积极成效。去年,集团公司及各厂所审计部门共完成审计项目4387个,查出问题金额15650万元,审计确定调帐金额5081万元;审计合同12752份,送审标的金额49.9亿元,审减金额2209万元。深入开展"三重一大"效能监察,加强了对重大经营决策、重要干部任免、重要项目投资决定和大额度资金借款集资担保的监督管理,查找了问题,分析了原因,制定了整改方案和措施,规范了管理,提高了科学决策和经营管理水平。全面学习贯彻《安全生产法》,认真落实党中央和国务院对安全工作的一系列指示,实行安全生产责任制,狠抓安全生产大检查和安全隐患整改,全年发生死亡事故2起,无重伤和重大火灾事故,安全形势基本稳定。

——**信息化建设不断推进**。集团公司积极加快信息化进程,努力完善信息网络建设,以信息化带动工业化,取得初步成效。办公自动化系统在全集团得到推广运用,提高了工作质量和工作效率。各厂所信息化建设步伐加快,ERP试点工作进展顺利,试点企业的物流、资金流、信息流初步实现了共享。部分制造企业还初步建立了产品数据库(PDM)。洛阳厂采用ERP理念,建立起比较完整的机车检修信息化管理系统,实现机车检修信息共享,有效地提高了管理水平和产品质量。

(五)实践"三个代表",精神文明建设硕果累累。

各级组织紧紧围绕集团公司改革发展和生产经营,不断加强和改进党的建设和思想政治工作,认真抓好群众工作,精神文明建设不断迈上新的台阶。各厂所、公司党委不断加强自身建设,积极参与重大问题的决策,始终坚持党管干部的原则,不断加强基层党支部和党员队伍建设,充分发挥了党组织的政治核心作用、党支部的战斗堡垒作用和党员的先锋模范作用,有力推动了集团公司改革、发展和稳定等各项工作的开展。从2002年3月份开始,在各厂所、公司认真组织开展了"十好"领导班子创建活动,领导班子的思想建设、政治建设和作风建设不断加强,领导干部的勤政、廉政、优政的风气逐步形成。继续深化干部人事制度改革,加强领导班子的调整,各企业领导班子的平均年龄为47岁,正职平均年龄为48岁,平均年龄比上年有所降低,专业和知识结构得到优化。各厂所、公司党委以迎接党的十六大为主题,围绕生产经营中心任务,深入开展了"达标准、创先进、争红旗"和"创岗建区"活动,不断改进和创新活动形式,拓展活动内容,为十六大的召开营造了良好的氛围。十六大召开后,各单位紧密联系实际,组织了广泛、深入的学习活动,掀起了贯彻落实的热潮。在全体党员中开展了“三个代表”学习教育活动,全面贯彻“三个代表”重要思想,使党员队伍的素质进一步提高,广大党员的创造力、战斗力和凝聚力进一步增强。紧紧围绕企业三项制度改革等重点难点工作,加大宣传思想工作的力度,稳定员工队伍,确保了企业改革发展的稳定推进。全面贯彻落实“八个坚持、八个反对”,坚持实行廉政建设责任制,建立健全监督体系,促进了领导干部的廉洁自律。积极提炼和实践了南车集团“诚信、敬业、创新、超越”的企业精神和“求新、求快、求实、求优”的企业作风,着力塑造南车集团的良好形象,促进集团凝聚力向心力增强。引入 CIS 标识系统,整合集团品牌迈出坚实步伐,《VI 手册》修订完成,厂所更名工作基本完成。各厂所、公司坚持“依靠”方针,深化厂务公开工作,充分发挥了各级工会组织和广大员工参政议政和民主监督的作用。紧紧围绕企业生产经营开展群众性经济技术创新活动,激发了广大员工的积极性和创造性。坚持开展“送温暖”活动,关心困难企业、困难员工和离退休老干部。根据国家扶贫办等单位的安排,开展了群众性的定点帮扶广西那坡、靖西两县群众脱贫活动。在广大青年中开展了首届“南车集团十大杰出青年”评选活动,激励广大青年在改革发展、经营管理、科技进步和精神文明建设中发挥生力军和突击队的作用。企协、科协、体协也在各自的领域发挥了积极的作用。通过加强党建和思想政治工作,以及开展各种有效的精神文明创建活动,为推动集团公司改革发展提供了强大的精神动力,营造了稳定的氛围。

回顾总结 2002 年的工作,有以下几个方面的体会:

——必须坚持观念创新,更新经营理念,才能不断拓展持续发展新空间。因循守旧、墨守成规不会造就出优秀的企业。只有坚持不断创新,运用系统工程的方法思考企业的生存与发展,不断地学习适应市场的新理论,开发适销对路的新产品,提供用户满意的新服务,才能不断拓展新的事业,真正实现企业的可持续成长。我们要结合国情厂情,探索应用“虚拟生产”、“制造业的服务化”等方法,不断创新经营理念和经营行为,提高企业素质;要树立“立足长远发展要算大账,开发未来市场需要投入”的经营观念,认真分析市场需求,找准发展方向和领域,抓住时机,及时切入市场空白点和薄弱点,开发新项目,开拓新领域,促进集团公司持续快速健康发展。

——必须坚持科技创新,培育核心能力,才能不断增强技术进步新动力。科技创新是企业保持可持续发展的不竭动力,独具特色的产品和高人一筹的技术是企业长盛不衰的制胜利器。去年,我们坚持“把握核心技术、突出领先优势、谋求差别化、创造新特色”的原则,在产品开发上取得了新的成绩。实践证明,企业必须通过不断的技术创新,培育和发展自己的核心技术,形成自己的特色产品和特色服务,才能不断为企业创造强劲动力和发展优势。我们要继续坚持科技创新和差异化策略,在重要零部件上积极引进外资或与国际知名企业合资合作,快速提升零部件质量和档次,实现整机整车技术水平的跨越,不断保持领先优势,打造具有南车特色的核心竞争能力。

——必须坚持制度创新,激活人力资源,才能不断激发企业改革新活力。体制决定机制,机制决定活力。国有企业竞争力不强,主要原因就在于体制机制上的差距。只有把国有资产管理体制改革和企业的内部改革推到位,真正形成企业良好的体制氛围和企业内部的激励约束机制,企业才能求得生存与发展。营造创新的氛围比创新本身更重要。去年，各厂所加大小企业改制力度和平推三项制度改革力度，普遍建立了选人、用人、育人机制和分配激励机制，稳定了员工队伍，促进了改革发展。这些经验表明，我们必须进一步加快转机建制，推进制度创新，深化三项制度改革，开发人力资源，以新的观念、新的眼光和新的要求，去建立、健全和完善劳动、人事、分配制度，大力营造员工施展本领的事业平台，最大限度地激发人的创造潜能，才能为企业改革发展提供源源不断的动力。

——必须坚持管理创新，把握战略走向，才能不断提升经营管理新层次。管理创新是企业制度创新和科技创新的基础与保证。市场竞争的规律证明，在残酷激烈的竞争环境中，企业只有先战胜了挑战，才会真正拥有新的机遇。而战胜挑战、迎接机遇的关键就在于必须立足企业自身，针对薄弱环节，不断进行管理创新。去年不少厂所实施战略管理，推行 ERP 和其他现代化管理手段，促进了管理水平的提高。实践表明，我们要高度重视发展战略的落实，企业的主要经营管理者眼睛始终要盯着一件事——战略目标。要加强企业基础管理，提升企业信息化水平，注重价值管理和知识管理，并根据外部环境的变化和内部改革的需要，适时进行组织创新和业务流程再造，努力把企业建成一个积极创新、反应快速的学习型组织。

——必须坚持文化创新，打造统一品牌，才能不断开拓企业发展新境界。企业文化是企业核心竞争力的重要内容，品牌是一个企业商标、产品、质量、服务、管理、经营理念、企业文化等诸多方面的集中体现，要深刻认识到企业文化的巨大精神力量，深刻认识品牌整合与建设的重要战略意义，改变各自为战的被动局面，培育和形成集团公司整体合力，不断创新和充实企业文化内涵，积极营造集团公司核心价值观，加速培育现代制造文化；坚持集团公司所属企业的品牌整合，推行集团公司企业形象识别系统，精心铸造统一的品牌和形象，利用好企业文化和企业品牌这个能够创造巨大价值的无形资产，使企业在良好的文化氛围中持续快速健康发展。

二、认清形势，把握机遇，进一步确立集团公司发展新目标

贯彻落实党的十六大精神，结合南车集团实际，认真研究分析面临的形势和任务，提出既切合实际又立志高远、既振奋人心又鼓舞斗志的奋斗目标，激励集团公司全体员工与时俱进，开拓创新，昂扬向上，锐意进取，勇攀改革发展的新高峰。

*（一）全面建设小康社会为南车集团提出了发展新要求。*全面建设小康社会，对机车车辆工业带来非常深远的影响，为我们的改革发展提出了五个方面的要求。一是迫切要求南车集团寻求新的经济增长点，实现快速发展。必须牢牢把握住全面建设小康社会这个重要的战略机遇，认真进行国内基础市场、城轨地铁市场、非机车车辆产品市场和国际市场的细分和研究，稳固扩大既有市场，积极开拓新的市场，不断保持和推进集团公司持续快速健康发展的良好势头。二是全面提高产品和服务的质量，以市场为基点，以用户的需求为动力，提供更加舒适、安全、可靠的优良产品和快捷、热情、规范的优质服务。三是加快技术改造与升级，增强可持续发展能力。坚持以信息化带动工业化，努力实现技术和生产力的跨越式发展；大力发展效率高、能耗低、污染少的“绿色交通工具”和高新技术产品；走科技含量高、经济效益好、资源消耗低、环境污染少、人力资源优势得到充分发挥的新型工业化路子，推动集团公司走上生产发展、生活富裕、生态良好的文明发展道路。四是深化国有资产管理体制改革和国有企业主辅分离、改制分流，迫切要求南车集团适应外部环境变化，加大改革力度，完善内部机制，提高适应能力。五是弘扬企业文化，熔铸和

培育企业精神。进一步培育和弘扬能够融汇优秀传统与时代品格、凝聚力量、催人奋进的新时期南车文化和精神。

面对全面建设小康社会的新要求，我们目前的状况还很不适应。集团公司部分产品结构不尽合理，核心实力尚未形成，经济实力相对薄弱，整体合力有待加强，特别是大多数零部件专业化生产和规模化经营程度较低。这是制约我们快速发展的不利因素，如果不下定决心整合业务、重组结构、形成合力、做精做强，就会落后于时代，无法适应全面建设小康社会的发展要求。虽然我们的产品经过几十年乃至上百年的发展，“中华牌”机车车辆不断创新，但我们要清醒地看到，我们的设计基础薄弱，制造技术水平不高，创新能力不强，产品质量还存在或多或少的毛病。不下决心建立科技创新体系，提升制造水平，提高产品质量，就无法满足人民物质文化生活水平日益增长的需求。市场经济的发展，虽然促使我们的企业转机建制，不断提高管理水平，不断完善激励和约束机制，但是体制性障碍还没有完全破除，企业管理仍然粗放，现代化的总体水平较低，可持续发展能力不强。不下决心深化改革，创新管理，建立适应改革发展的市场新机制，就无法满足走新型工业化道路的现代化进程。因此，我们能不能抓住全面建设小康社会这个重要的战略机遇大有作为，关键要看我们能不能认真把握新的历史时期的各种变化，能不能正确应对改革发展的各种挑战，能不能适应社会先进生产力的发展要求。

（二）缩小国际差距、赶超世界同行的迫切需要使我们有了发展新动力。入世后，中国经济融入全球经济的速度越来越快。面对全球经济的冲击和国外企业的压力，唯有融入其中，参与竞争与合作，才能在竞争中发展，在合作中前进。在中国本土上的国际竞争已在逐步展开，我们必须从国际市场的大视野来思考南车集团的生存与发展问题。因此，必须认真研究“守得住”和“出得去”的问题，在牢固站稳既有市场的同时，放眼国际市场，加快发展国际业务，从全球市场配置资源，开展跨国经营。这就要求我们必须加快培育自身的国际竞争能力。与国外同行企业相比，集团公司虽然在生产规模、产品数量、产品价格、增长速度等方面有一定的优势，但在零部件规模实力、国际市场营销能力、劳动生产率、赢利能力、创新能力、制造水平、服务水平等诸多方面还存在着很大的差距。要紧紧抓住战略机遇，利用国家保护的有限时间，落实国家建设制造强国的战略部署，瞄准国际同行先进水平，在产品性能、制造工艺、可靠性、劳动生产率等技术经济指标上全方位与国际领先企业对标，充分发挥比较优势和后发优势，积极打造国际竞争力，不断缩小国际差距，努力赶超世界先进水平，加速融入全球制造体系和世界经济发展，力争用 3 年时间，也就是到 2005 年，使集团公司机客货车制造水平总体上与国际水平接轨。

（三）国民经济和铁路发展的良好态势带来了发展新机遇。铁道部初步安排今年的机车车辆购置费为 185 亿元，比上年实际增长 2.9 %；大修费比上年略有增长。新线、复线、客运专线的建设，“高速高原”双高铁路的发展，货运提速重载的实施，客运技术装备的更新换代，为机车车辆工业带来了新的市场需求。铁路发展与中国经济发展同步，机车车辆工业发展与铁路发展同步，集团公司面临良好的发展机遇。当前，城市轨道交通建设也进入了快速发展阶段，车辆需求潜力增大。“十五”期间，国家将投资 1300 亿元，修造 400 公里地铁和城市轨道交通，为我们提供了新的发展机遇。我们要抓住良机，积极拓展城市轨道车辆市场，努力创造集团公司新的经济增长点。

（四）迎接挑战，全面确立南车集团历史

性跨越的发展新目标。

根据十六大确定的全面建设小康社会的新形势和新要求，如何正确把握国际国内市场发展的机遇和挑战，适应二十年内国内生产总值“翻两番”的目标，如何增强集团公司的综合实力和国际竞争力，为用户提供质量更好、档次更高、更加舒适安全可靠的机车车辆，为全面建设小康社会作出历史性贡献，是摆在我们面前的重大任务。因此，我们要根据新形势新任务，不断调整集团公司的发展战略和发展目标，努力实现集团公司发展的历史性跨越。南车集团2010年的发展战略目标是建成国内一流，国际知名，具有国际竞争力的轨道交通装备企业。主要目标是：

1.机车车辆产品技术水平与国际水平全面接轨。三至五年内，按创一流品牌、创一流产品、创一流服务的战略思想，努力做到工艺精细、制造精湛、产品精良。机车车辆产品总体水平三年内达到欧美同类产品水平；修理服务企业走出国门，五年内基本达到国际较为先进的水平；科技创新体系建立完善，形成集团公司核心竞争力；重大部件通过国际合资合作和专业化生产，加快与国际先进水平接轨。

2.努力保持销售收入的快速增长。“十五”期间，国内机车车辆市场稳定提高，城轨地铁市场大步攀升；国际市场领域不断扩大，年签订合同金额保持在1亿美元以上。提前一年实现“十五”销售收入150亿元的目标，“十五”末力争突破160亿元，其中非机车车辆产品收入占总收入的15%。力争2010年销售收入达到230亿元。

3.劳动生产率达到国际同类企业先进水平。“十五”期间，完成集团公司主辅分离、辅业改制分流，精干强化主业；基本完成主要零部件的专业化生产、规模化经营。到2010年，机车车辆主产品实物劳动生产率达到国际同类企业先进水平。

4.全面建立现代企业制度。构筑企业利益共同体，所属企业全面完成现代企业制度改造；建立完成集团公司投融资体系，每年筹资10亿～15亿元进行企业技术改造，科研开发投入力争占到销售收入的5%，增强集团公司发展后劲。

5.建设形成具有南车特点的企业文化。倡导和培育南车集团企业文化，使集团公司与员工的价值观共同建设、共同发展。加强精神文明建设，倡导和培育南车集团共同理念和行为准则。整合建立南车品牌，为南车集团成为国内一流、国际知名企业奠定坚实基础。

未来几年，中国的市场格局必将发生更加深刻的变化。我们必须充分认识肩负的使命和重任，进一步增强危机感和责任感，切实做到发展要有新目标，改革要有新思路，开放要有新力度，工作要有新劲头，精心筹划，谋势布局，带领广大员工团结奋斗，与时俱进，在不断的开拓创新中谋求更大的发展，努力实现集团公司的战略目标，为我国轨道运输事业作出新的贡献。

三、与时俱进，迎难而上，全面完成集团公司改革发展新任务

集团公司2003年工作的总体思路是：以**党的十六大精神为指导，认真贯彻中央经济工作会议和中央企业工作会议精神，继续完善和大力实施集团公司“十五”发展战略，理顺管理体制，加快结构调整；转换经营机制，加速辅业改制；加大科技创新力度，精心培育核心能力；强化市场营销手段，拓宽经营发展领域；加强管理信息化建设，提高现代化水平，为建设具有国际竞争力的轨道交通装备企业而奋斗。**

2003年的主要经营目标是：

全年实现销售收入140亿元，力争达到145亿元；其中，非铁路机车车辆产品销售收入17亿元，出口项目签约超过1亿美元。亏

损企业亏损总额减少30%，集团公司实现利润超过1亿元。为实现集团公司今年的经营目标，要重点做好以下工作：

(一)巩固扩大市场优势，大力拓展经营领域。

1.稳固发展轨道移动装备产品市场。今年，机车车辆市场总体是增长的，要在搞好质量和服务的情况下，争取招议标中标金额和数量也相应增长。坚持以市场为导向，以效益为中心，以用户需求为宗旨，改进营销手段，推进集约经营，确保全年经营目标的实现。要积极构建集团公司的市场营销体系，利用有关厂所在路局的销售服务点，建立产品营销服务中心，健全市场信息网络和营销网络，采取灵活多样的营销手段，全力开拓市场营销领域。充分利用计算机网络，抓紧建立能与重点客户实现需求信息共享的商务平台，方便用户采购，减少库存。加强营销队伍建设，培养既懂技术又通市场的复合型营销人才。迅速扩大城市轨道交通车辆市场，争取在重点地区取得突破。弘扬诚信精神，信守企业承诺，满足用户需求，树立良好的企业形象和市场信誉。建立产品价格管理体系，改进厂协配件价格协调工作。各厂所都要从南车集团的大局出发，处理好集团总体利益与本企业的利益关系，抑制重复建设，避免集团公司内部不正当竞争，追求总体利益最大化。集团公司各部门要适应市场形势要求，切实加强对下属企业的业务管理，帮助、指导企业良性发展。集团公司和各厂所要加强协调，认真抓好关键紧缺件的技术攻关和生产组织，避免出现因关键部件的技术或生产问题而制约一个系列产品发展的不利局面。

2.努力实现多经发展规模化。完善多经投资机制，加大多经融资投资力度，建立一批投资主体多元化、产业发展规模化、经营管理规范化的多经企业，尽快培育集团公司新的经济增长点，形成新的支柱产业；同时要积极分流主业人员，为主业发展创造有利条件。要抓住专用汽车市场稳步增长的有利时机，采取多种措施，做强做大专用汽车项目，形成规模效益。利用技术装备优势，努力拓展空调产品市场，成为移动设备空调专业企业。对金刚石项目进行帮助扶持，开辟新的市场领域，提高经济效益。积极扶持和跟踪调研微硬盘、锂离子电池材料等具有高科技含量和高附加值的重点多经产品。加强多经管理，进一步清理整顿“散、小、乱”等效益不佳甚至长期亏损的多经企业；在清产核资、明晰产权的基础上，加快多经企业改制步伐，指导、督促多经企业尽快建立规范的现代企业制度。

3.不断加大对外开放与合作力度。一要大力开拓国际市场，积极扩大产品出口，全年出口签约力争突破1亿美元。加大南车集团在国际市场的宣传力度，扩大企业和产品的知名度，努力促进产品出口；采取多种方式，加强国际营销网络、外贸机制和外贸队伍建设，适应经济全球化的需要；要广泛收集国际市场需求信息，保持和扩展东南亚、非洲等发展中国家市场，拓展发达国家市场，力争有所突破；要在保持整机整车和配件出口的基础上，努力增加出口产品的品种，扩大出口领域；要严格履行已签订的出口合同，保质保量按期兑现合同，做好售后服务，树立良好的国际商誉。二要积极引进先进技术，引进外资，加强对外合资合作。要扩大零部件的国际合作合资力度，通过关键重点零部件的合资合作，提高整机整车产品的技术水平；要广泛引进国际先进技术和人才，提高集团公司的技术和管理水平；要创造条件，促进企业走出去合资办厂，加快进入国际市场步伐；集团公司要积极谋划拓展国际业务，大胆走出去，到市场潜力大的国家建立合资企业或外贸机构；要利用发达国家转移制造中心和扩大全球采购的有利时机，参与国际分工合作，增加外贸收入；要适应中国加入WTO的要求，积极探索与国外跨国公司结为战略联盟的国际化路子，借机融入跨国经营，迅速壮大发展实力，加快与国际接轨。此外，要认真研究外贸管理体制，适应集团公司增加出口和扩大开放的需要。

（二）加大技术创新力度，提升核心竞争能力。

1.认真搞好新产品研发工作。要尽快建立集团公司技术创新体系和标准化工作体系，进一步强化设计基础，加强产品试验验证手段。继续按照集团公司“十五”科技发展规划，充分发挥研究所和企业技术中心在产品开发中的核心作用，同时积极利用国际人才资源，推进与国外企业联合设计新思路，加强机客货车、城轨地铁车辆、动车组和高速列车以及关键技术的开发，努力与国际先进水平接轨。积极采用新材料、新工艺、新装备，提高产品的制造工艺水平。成立南车集团机车车辆材料工艺研发中心，加强材料工艺应用基础技术研究；成立南车集团客车电器研发中心，提升客车电器的档次与水平。完成“中华之星”、“奥星”和“西部之光”的运用考核和技术完善工作，争取实现产业化，投入小批量生产；“先锋号”完成扩编，实现产业化；青藏机车和公务车投入青藏线运用考核，改进完善技术，满足使用要求；根据有关部门的进度要求，抓紧青藏客车的研制；米轨机车完成试验，投入运用考核。抓紧动力分散摆动式动车组、交流传动客运机车、提速货运电力机车、引进技术的大功率径向转向架机车和地铁列车研制。开展客车降噪、环保技术研究，完成25K样板客车研制；追踪时速120公里货车的发展，开展货车减重技术的研究，完成25吨轴重的货车转向架研制。开展修理企业产品技术标准的研究与制订，建立南车集团统一的修理标准。

2.加快技术改造和进步。要根据新的发展形势和要求，围绕提高集团公司的核心竞争力和国际竞争力，积极开展技术改造、技术进步和产业升级工作。要建立多元化、社会化的投融资体系，加大技改资金的筹措力度，支持企业技术改造和产业发展。今年，要认真组织好去年批复的国债投资等项目的实施工作，力争新立项5~8个投资规模在1亿元左右的大型技改项目，整个集团全年技改投资规模力争超过10亿元。进一步完善机客货车检修工艺线建设工作，推动企业技术进步；继续采用高新技术和先进适用技术，搞好技术改造，为企业发展提供动力。积极筹建集团公司规划发展信息库，收集、分析、研究国家政策和产品发展动向，用好用活政策法规，提供投资决策参考。今年，要认真执行集团公司的《投资管理办法》，加强投资管理，落实项目责任制，重视投入产出分析和投资风险分析，科学规划、精心论证、审慎决策，杜绝盲目投资和低水平重复建设。集团公司的项目投资要有利于集团结构调整，有利于专业化生产，有利于提升技术实力，有利于核心能力发展。

3.不断提高产品质量。各厂所要认真做好集团公司“十五”质量攀登计划的落实工作，切实加强工艺设计，进一步提升工艺制造水平和产品质量。去年，集团公司有个别厂所因质量问题而失去市场、丢掉订单，直接影响到集团公司和企业的生产经营及经济效益。因此，我们一定要高度重视质量问题，正确评价自身在国际国内同行业中的地位，认清目前质量的现状和存在的危机，积极采用统计过程控制技术（SPC），仔细查找、分析产品质量和制造工艺水平方面存在的差距，潜下心来，扎实工作，脚踏实地地抓好质量管理和质量整改工作，不断改进质量形象，提高产品实物质量。围绕集团公司质量方针目标，争创质量效益型企业和国家质量管理奖，力争“十五”末产品质量与国际水平接轨。要真正改变重设计轻工艺的现状，不断完善工艺装备，努力解决工艺脱节问题；时刻加强质量跟踪，建立快速解决质量问题的有效机制，对出现的严重质量问题，要列出时间表，签订责任状，限期彻底解决。要切实做好铁路第五次提速的服务工作，确保铁路运输安全。进一步完善售后服务体系，加强和改进售后服务工作。要研究建立货车区域化服务体系，培养统一的货车售后服务品牌。加快进行ISO9000－2000质量体系、ISO14000环境管理体系认证和职业安全健康管理体系认证工作，严格按照体系内容和要求做好有关工作，保证体系的建立完善和长期有效。

（三）全面落实资产经营责任，深入转换经营机制。

1.进一步完善和发展资产经营责任制。集团公司“十五”后三年资产经营责任制经过反复修改，并征求了各厂所的意见，已经制定完成。新一轮资产经营责任制，在坚持和完善领导班子风险抵押、企业工效挂钩办法的基础上，保持了考核体系的稳定性、延续性和可操作性，注意与国家效绩评价指标体系接轨，注重对企业当期经济效益和长远发展能力的综合考评，激励企业开拓市场，开发产品，加强管理，不断提高资产运营效益和持续发展能力。新方案主要有以下几个方面的变化：一是将原考核利润总额变为考核净利润，与国家对企业的考核指标接轨；二是逐步统一企业综合折旧率考核，减少企业因折旧率因素对利润考核的影响，以增强企业发展后劲；三是增加总资产周转率和资产负债率考核，促进企业重视全部资产经营的质量、利用效率及偿债能力；四是调整利润分配比例，增加厂所自留部分，以激励厂所创利的积极性；五是突出上交资金的考核，保证集团公司集中资金的到位，引导企业重视集团的整体利益；六是提高2000年以来投资的收益标准，促进厂所树立EVA概念，适应国家清理国有资产产权、提高企业利润回报的要求；七是改进领导班子考核办法，注意与推行经营者年薪制配套，提高经营风险金标准，调动领导班子改革和经营的积极性，并增加“十好”班子和企业效绩评价结果两项考核内容。各厂所要认真总结前两年资产经营责任制的实施和完成情况，抓好新一轮资产经营责任制的实施，努力提高经营水平和整体效益，保证今年的经营目标全面实现。

2.深入推进三项制度改革。深化三项制度改革，是企业转换经营机制、提高经营水平的重要保证，是充分调动员工积极性、增强企业竞争力的关键因素。集团公司各厂所要真正认识到三项制度改革对企业发展的重要性，增强紧迫感，勇于改革，主动改革，按计划完成改革目标。实施修订后的劳动合同管理办法，进一步推进市场导向就业机制的形成，逐步建立劳动合同履约考核评价制度，重点做好劳动合同续签、重签的规范运作，实现用工机制市场化、用工制度科学化、用工形式多元化、用工管理现代化。要努力建立优秀人才脱颖而出的选人机制、“公开竞争，双向选择”的用人机制、“追求员工能力和价值提升”的育人机制、“目标管人，制度管人”的评价考核机制和“以绩效取酬”的分配激励机制。不断完善竞聘上岗、能上能下、有利于人才成长和流动的人事制度改革，实现人力资源的合理配置。深入推进收入能增能减、有效激励的分配制度改革，全面推行岗位工资，拉开收入分配差距，逐步实现与市场劳动力价格接轨，把工资分配与企业效益和个人劳动贡献结合起来，完善考核激励办法，积极探索劳动、资本、技术与管理等生产要素按贡献参与分配的有效方式。继续做好两个确保工作，保证企业和社会的稳定。

（四）积极推进结构重组，全面深化企业改制。

1.加快现代企业制度建设。加快改革改

制步伐,建立现代企业制度,推进结构调整,不断提高集团公司的竞争力。根据国务院批复精神,结合南车集团实际,我们将集团公司定位为M型公司,即市场型公司(marketting company)。主要功能是产权交易、投资决策、人事管理、统筹经营、战略管理等,集团公司总部的主要职能是资本经营和经营管理、公司长远发展规划和共享资源提供。按照这个定位,集团公司组织结构重组的任务是改革管理组织架构,建立事业部制。事业部作为集团公司战略协调、市场协调、研发协调的业务机构。要进一步理顺内部管理体制,确立科学、合理的管理层次,实现管理扁平化。产品结构重组的任务是整合、做强主营业务,逐步退出非主营业务(存续企业)。这就要求我们必须依照《公司法》对成员企业进行改建和规范,加快推进现代企业制度建设。今年,要制定"十五"后三年现代企业制度建设规划,对有条件的主营业务企业进行改制,实施资本结构重组。同时,根据市场法则,对于资不抵债、没有发展能力的企业要依法实行破产、兼并、重组,畅通退出渠道,减少效益黑洞。

2.加速进行主辅分离、改制分流工作。根据国家经贸委等八部委联合印发的国经贸企改〔2002〕859号文件精神,集团公司制定了具体实施的指导意见。主辅分离、改制分流是今年集团公司企业改制和结构调整的重点工作。集团公司和各厂所首先要界定主辅业范围、三类资产范围,制定改制分流三年规划。二是今年要基本实现生活后勤系统和部分辅助系统的改制分流。医院、中小学校要结合实际,继续加大分立分离力度,有条件的要改建为事业法人,创造条件移交地方管理;公安部门要按国家规定,完成分离、移交工作。三是做好员工的观念转变。辅业改制分流工作的难点是国有企业员工的身份置换。分离的改制企业与原主体企业除产权关系外,不再具有行政隶属关系,与原主体企业只保持业务合同关系。由于用工主体发生了变化,分流进入改制企业的人员,要相应变更劳动合同,由改制企业与其签订劳动合同,不再具有国企员工身份。进入非主业控股的改制企业人员,与主业解除劳动合同后将得到一部分经济补偿金,可以量化成为其在新企业的股金。这对习惯了国有企业身份的员工将是一个巨大的冲击。各厂所要认真做好政策解释和宣传工作,引导员工和分流人员增强改革意识和承受能力,转变就业观念,确保企业稳定。继续放开搞活非主业的中小企业,全面推进厂所小企业依法改制,有条件的中小企业可改制为股份制公司,实现国有企业员工身份置换,吸纳管理层、自然人和外来资本参股,实现投资主体多元化。

3.稳妥有力地进行产品结构调整。在市场经济条件下,产品结构调整是一项长期的经常性的任务。今年,产品结构调整的重点是将重大零部件高起点、高水准地整合成若干国际先进、国内一流的生产基地,其市场不仅面向国内,同时还要面向国外。要根据重点突出的原则,对零部件按专业化生产、规模化经营的方向进行调整。要巩固和加强现已形成的规模较大的机、客、货车零部件生产点,坚决清理自产自用、规模小的零部件生产点,更不允许重复投资,再建新的零部件生产点。今年,要在电机、电子电器、空调制冷设备、柴油机等项目整合上有所突破。货车零部件要在现有基础上,进一步加大集中度。非核心业务产品、竞争力不强的零部件,可作为辅业,通过改制分流、对外合资合作等形式运作,参与市场竞争,自主发展;主业部分可对其实行规定期限的保护。今年,要在清理年产3000吨以下的小铸造和年产1000吨以下的小锻造的基础上,对规模小、污染大、效益低的小铸造、小锻造、小电镀等,逐步实行停产关闭。

4.加快南车品牌整合。实施品牌战略,

是集团公司提高国际竞争力的重要举措。面对知识经济时代的到来,企业之间的竞争已不仅是产品层面的竞争,而是更高层面的品牌之间的竞争,品牌已成为帮助企业抵御市场风浪的最有价值的企业资产之一。集团公司成立以来,十分重视品牌建设,两年多来取得了一定成效。目前,集团公司品牌整合已具备了相当的基础,今年要加快推进步伐。各厂所、公司要按照集团公司品牌整合及建设纲要的要求,做好相关工作。今年要加大对"中国南车"标识和品牌的宣传力度,要统一整车和部分大部件产品铭牌,原则上不设副品牌,以提高客户的集中认知度。要统一广告宣传形式、统一参加大型展览和统一售后服务人员行为规范。只要我们集合集团公司及各厂所、公司之力量打造统一的品牌,二三年之后必见成效。

(五)强化企业经营管理,加快信息化建设。

1.进一步加大扭亏脱困力度。继续加强对困难企业扭亏工作的领导和支持,制订更加切实有效的扭亏脱困计划,落实扭亏措施,使困难企业尽早摆脱困境。困难企业要加强经营管理,开拓市场领域,努力增加效益;要放开手脚,大胆改革,积极做好主辅分离、精干主业的工作,轻装上阵,分块突围,重点突破,确保完成资产经营责任制目标,实现扭亏脱困。

2.积极做好实行新会计制度的准备工作。按照财政部要求,集团公司将在2004年实行新的企业会计制度。新会计制度实行后,企业必须按规定提取八项资产减值准备,企业的不良资产、不良债权等各项损失在准备金中列支,按规定程序列销,计入当期损益,不再核销企业的国家资本。今年,我们要认真做好实施新会计制度的各项准备工作,全面开展清产核资工作,争取财政部支持,按照国家政策,核销企业多年形成的不良资产,以减轻企业包袱。由于时间紧、任务重,各厂所主要领导对此要给予高度重视,精心组织,切实摸清家底。各厂所领导要切实转变"新官不理旧账"的错误心态和不良作风,不管当初投资渠道如何,投资决策者是谁,都要认真清查,实事求是上报。既要杜绝多报,造成国有资产流失;又要防止少报,影响企业发展。集团公司和各厂所要认真搞好各类人员新会计制度的培训工作,确保清产核资工作按时保质完成,保证新的会计制度顺利实施。

3.切实抓好企业基础管理工作。各厂所要苦练内功,认真加强企业基础管理,向管理要效益,让管理出效益,走内涵发展的道路。加强管理制度建设,清理完善集团公司规章制度,编印制度汇编。进一步加强战略管理,及时调整集团公司和厂所"十五"发展战略,确定科学合理、振奋人心的战略目标和发展措施。加强成本管理,努力在产品设计、生产过程和采购环节减少资金占用,降低成本,要通过管理创新、资源共享以及市场化方式来降低成本费用。提高设备利用率,实现资产的跨厂流动。以全面预算管理为突破口,进一步建立完善的企业财务计划和内控体系。继续规范集团公司投资、担保、产权、资产评估等方面的管理,防止国有资产流失。建立集团公司资金结算中心,加大集团公司资金调度力度,降低财务费用;广开融资渠道,利用优惠政策,保证生产经营资金供应。制定集团公司厂所货款清欠制度,加强集团内部清欠工作。加强厂所长任期审计、财务收支审计,开展多经企业审计,继续做好同级审计工作。巩固"三重一大"效能监察的成果,完善相关管理制度,提高管理效益。进一步搞好现场管理,不断强化安全生产管理,全面贯彻《安全生产法》,坚决落实安全生产责任制,防止重大伤亡和火灾事故的发生。

4.加速企业管理信息化建设。以信息化带动工业化,用高新技术改造和提升传统产业,是走新型工业化道路的重要内容,是提高企业管理水平和整体竞争能力的迫切需要。集团公司和各厂所的信息化建设硬件设施已具备一定基础,OA系统投入应用。但是必须看到,在信息化建设方面还存在一些不容忽视的问题:一是各单位普遍缺乏系统分析和整体规划,零敲碎打现象比较严重,造成投资浪费;二是软件选择各自为政,有的工厂的不同部门选择各自的软件,相互间无法衔接,难以实现信息共享;三是发展不够平衡,领导重视的企业相对较快,而有的单位仅处在起步的初级阶段。按照统筹规划、分步推进、重点突破的原则,今年,在信息化建设方面重点抓好以下工作:一是成立集团公司信息化建设推进工作组,由有关职能部门参加,对全集团公司的信息化建设进行统筹规划和管理。二是把好软件审查关,统一选择适合集团公司管理应用软件,已购买软件的单位首先要对各部门的软件进行清理,为搭建企业整体、全面、无缝联结的信息共享平台打下基础。今后,各企业选购管理应用软件,需报集团公司审批。三是加快电子商务和视频会议的建设步伐,降低物资采购成本,减少会议费用支出。四是认真做好OA系统应用过程中的控制和管理,做好集团公司对外网站的维护和信息更新,提高办公效率和水平。今年,要在建立集团公司统一的财务信息数据库和自动生成财务报告上实现突破。各厂所要力争实现财务流和物资流两个方面的信息共享,有条件的单位可实现包括生产流三方面的信息共享。信息化建设中的难点和关键是推行ERP(企业资源计划),而在推行ERP的过程中,要根据厂所的自身情况进行合理的投资,一味贪大求洋是难以产生效益的。信息化建设是“一把手”工程,各厂所主要领导一定要加强领导,果断行动,大胆而稳妥地推进这一工作。

(六)以人为本,突出重点,加强精神文明建设。

1.强化人力资源管理,谋求企业与员工共同发展。一要增强抓好人力资源管理的紧迫感。人才已经成为企业竞争力的核心,必须变传统的人事管理为现代的人力资源管理,把人才问题放到企业发展战略的高度来看待,树立人力资本的观念,切实加强人力资源管理,提高员工队伍素质。二要建立促进人才成长的培育体系。要建立起企业骨干人才体系,组建集团公司技术专家委员会,加大培育高素质管理人才、核心技术人才、国际经营型人才、高操作技能的技术工人的力度。要实施“工程师晋升通道”计划,加速培养教授级高级工程师等高层次科技人员,通过各种强化措施,争取“十五”末集团公司拥有100名左右在职的教授级高级工程师,构筑金字塔型科技人员队伍。抓好国家级实训基地和集团公司培训基地建设,加强技术工人特别是高技能人才的培训,“十五”末高级技师达到200名,并培养一批全国优秀技术能手。要建立健全激励和约束机制,实施“培训、考核、使用、待遇”一体化政策,调动员工学习技术的积极性。认真办好各种培训班,选派优秀员工到国外大企业学习、考察、培训。要把对企业的忠诚和为企业献身的精神贯穿于培训过程。三要搭建人才脱颖而出的舞台。要引入竞争机制,坚持推广公开竞聘、竞争上岗等制度,推行全员竞争上岗,加大培养和选拔优秀年轻干部的力度,为优秀人才的脱颖而出创造条件。各级领导要知人善任,用人所长,为各类人才施展才华提供机遇。要深入贯彻《中国南车集团公司创新奖励暂行办法》,激发科技人才的积极性、主动性和创造性,鼓励他们用有限的生命不停地去追求无穷的知识。要跨行业、面向全国和国外招聘优秀人才,充实企业经营管理和技术队伍,改善队伍结构。要努力办好株机厂、南车四方公司和株洲所三个博士后流动站,把博士后流动站办成企业培养高级研究人才的摇篮。四要营造人才施展才华的氛围。要认真贯彻党的十六大报告提出的“尊重劳动、尊重知识、尊重人才、尊重创造”的要求，营造有利于员工培养、成长和使用的良好氛围。要深化分配制度改革，重视个人价值的实现，实行重实绩、重贡献、向优秀人才和关键岗位倾斜的分配制度，把技术、管理要素等纳入分配范畴，实施管理激励、职业激励、创业激励和培训激励，稳定科技人员队伍。认真贯彻执行《中国南车集团公司关于加强专业技术人员管理的指导意见》，落实专业技术人员和高技能人才的待遇。

2.不断加强和改进思想政治工作，努力营造稳定环境。随着各企业改革力度的加大，尤其是主辅分离、改制分流和三项制度改革的推进和深化，加强和改进思想政治工作，营造稳定的发展环境，是摆在各级领导面前一项重大而紧迫的政治任务。一要紧紧围绕中心加强思想政治工作。要围绕南车集团加快经济发展，实施结构调整、推进改制分流、深化三项制度改革、努力打造具有国际竞争力的轨道交通装备企业等中心工作，做好员工的思想政治工作，在团结稳定和凝聚力量上下功夫，开展广泛深入的形势任务教育，引导广大员工关心支持企业的改革与发展，引导广大员工既要看到企业发展中的严峻形势，也要看到难得的发展机遇，积极支持和参与企业的改革与发展。二要抓好思想政治工作与现代管理的有机结合。在对人的管理上，现代企业管理与思想政治工作是一致的。我们必须把耐心细致的思想教育与制定规章制度、进行严格管理结合起来，创新思想政治工作的形式和方法，增强思想政治工作的感染力和说服力。三要认真做好维护稳定的工作。思想政治工作必须要与解决员工实际困难，维护员工合法权益紧密结合，为员工办实事、办好事，建立解决员工思想问题和化解矛盾的疏导机制和缓冲机制。要坚持“依靠”方针，加强民主管理，深化厂务公开工作。各级领导干部要提高认识，自觉把厂务公开摆到重要位置，纳入企业现代管理的体制、机制和制度之中。要充分调动广大员工参与民主管理、民主监督的积极性，从企业实际出发，增强思想政治工作的针对性、有效性，把解决思想认识问题同解决广大员工特别是困难员工的工作、生活中的实际问题有机结合起来，解疑释惑，理顺情绪，保证企业改革的顺利推进。四要昂扬员工斗志，增强为改革发展作贡献的劲头。在集团公司和各企业改革发展的关键时刻，在激烈的市场竞争中，每位领导干部都要振奋精神，昂扬斗志，廉洁勤政，率先垂范。要围绕生产经营开展形式多样、富有成效的各种活动，把广大员工的积极性、主动性和创造性调动起来，形成强大的力量，去夺取改革、发展和稳定的新成果。

3.突出增强企业凝聚力，大力培育和实践南车文化。建设具有鲜明中国南车特色的企业文化，是我们打造具有国际竞争力的轨道交通装备企业的一个重要组成部分，必须认真抓好抓实。要积极倡导、实践和培育南车集团“诚信、敬业、创新、超越”的企业精神和“求新、求快、求实、求优”的企业作风，进一步统一认识，统一行动，凝聚力量，努力构筑股东满意、企业满意、员工满意、社会满意的命运共同体，实现各种价值的共同增长、共同发展。要加大对外的宣传报道力度，加强对外的交流与合作，通过各种渠道宣传企业，提高企业的知名度。

同志们，全面建设小康社会的伟大目标已经确定，实现南车集团腾飞的宏伟蓝图已经展开。让我们乘党的十六大的强劲东风，高举邓小平理论伟大旗帜，努力实践“三个代表”重要思想，与时俱进，团结奋斗，加快推进集团公司的改革与发展，为建设国内一流、国际知名、具有国际竞争力的南车集团而努力奋斗！

加强和改进报纸工作 为推动南车集团跨越式发展作出新的贡献

——党委副书记杨荣林在中国南车集团公司报纸展示暨报社管理工作交流研讨会议上的讲话(摘要)

(2003年4月22日)

这次会议是集团公司专题研究报纸工作的会议。在全系统深入贯彻党的十六大和“两会”精神,全面落实年初召开的工作会议提出的任务目标的新形势下,集团公司宣传部召开这次会议具有重要意义。通过这次会议安排的报纸展示、经验交流和深入研讨,将进一步启发思路,统一认识,推动报纸工作整体水平的进一步提高,更好地完成企业各项中心工作贡献力量。

一、对两年来报纸工作的评价

集团公司组建两年多来,面对新的竞争格局,陆续出台了战略目标、体制改革、结构调整、制度创新等方面的重大部署,改革达到了前所未有的广度和深度,生产经营、技术开发硕果累累,走向市场的步伐明显加快。企业的创新发展和新的形势,对职工思想造成了强烈冲击,给宣传报道工作提出了新的课题和挑战,迫切需要报纸等宣传阵地和媒体,给予正确、及时、有力的引导。各企业报纸针对这些新情况,与时俱进地调整和创新工作思路,围绕重点,突出热点,不避难点,以大量真实、生动、贴切的图文报道,反映了企业发展进程的全貌,较好地发挥了舆论主渠道作用。对于企业报纸工作所取得的成绩,集团公司党委是充分肯定的。

回顾近两年来报纸工作发展的状况,我们欣喜地看到,全系统的企业报社不仅从过去的15家增加到现在的18家,而且报纸质量有了长足进步,老报纸呈出现新面孔,新报纸较快地走向成熟。具体有以下几个特点:

一是镜头不变。作为党政的“耳目喉舌”、企业的“消息总汇”,各报社在各级党委的领导下,牢牢把握正确的舆论导向,把镜头对准改革发展和生产经营的主战场,始终坚持团结稳定鼓劲和正面宣传为主的方针,力求全面、准确、及时地传播企业和职工的声音,自觉服从与服务大局。

二是角度常新。各报社遵循新闻规律,积极调整编辑思路,不断丰富报道形式和内容,力图多视点、多角度地展示报道对象。与过去相比,更加注重版面的策划编排和总体包装,报纸的风格得以凸显;更加注重深度报道、系列报道和全景报道,报道的重点得以强化;更加注重事件新闻、话题新闻、观点新闻等不同新闻品种的运用,导向的效力得以增强。

三是植根基层。在积极探索和改进新闻报道工作过程中,各报社清醒地认识到,创新之源就在广大干部职工的实践中。各报社建立起了比较完整的新闻信息采集和处理系统,脚踏实地深入基层,掌握了大量鲜活的一手素材,“跑”出了一批有血有肉、有思想深度、有分析见地、贴地职工需求的新闻报道和调研稿件,为干部职工喜闻乐见。

四是严字当头。严肃的工作态度、严谨的工作作风、严密的工作制度和严格的工作要求,这四个“严”保证了报社的正常运作、多出精品。一些报社根据多年实践经验,建立并完善了一系列报纸管理制度,如采编工作制度、采编人员岗位责任制、宣传质量量化评估考核制度、稿件审查制度、评好稿制度等,规范办报程序，提高办报水平；有的报社通过部长办公会、部务会、编前会等，自上而下指导研究新闻宣传方案，提出具体报道提纲，加强了对新闻报道的策划和组织。同时，这四个“严”还培养造就了一支素质较高的记者、通讯员和编辑工作队伍，成为新时期企业的新闻骨干。

宣传报道工作是“爬格子”的工作，是个需要淡泊名利、埋头耕耘的“苦差事”。但从事业角度说，又是个“美差”。这个差事“美”在白纸黑字的作品受到职工群众的喜爱，得到各级组织的肯定，能为企业创造特殊的经济效益和社会效益；“美”在需要从宏观和微观不同角度、兼具广度和深度来把握企业改革发展的全局，使个人的思考能力、分析能力、归纳能力得到提高，有利于个人的成长。希望你们珍惜这个任务光荣、造就人才的岗位，继续努力奋斗、开拓进取，创造出新的更大业绩。

在充分肯定成绩的同时，我们也要清醒地看到存在的不足。**一是各企业对报纸工作的重视程度和支持力度不一。**有的单位对报纸工作的领导不够有力；有的由于经营困难，对报纸的经费、设备、人力资源投入不足，增大了工作难度；有的内部制度建设还需加强。**二是全系统报纸的创新意识和创新水平发展不平衡。**有的报纸由于缺少整体策划和组织，难以推出有份量的精品力作；有的信息量不足，对两个文明建设，特别是经济活动的报道重点不够突出；有的对读者需求的变化不够敏感，版式设计、报道手法都较为陈旧和单一；经营困难企业的报纸如何挖掘新闻，更好地为企业扭亏脱困加油鼓劲，也成为一个需要解决的课题。**三是集团公司对各企业报纸工作的具体指导、服务协调仍有差距。**如怎样促进各报在关注本企业的同时，增强集团意识，服务于“南车”品牌的打造；怎样通过调研、考核、培训等手段促进全系统报纸质量的进一步提高，都值得我们研究。上述问题和不足，需要我们高度重视，采取措施，在今后的工作中认真改进。

二、报纸工作面临着新形势和新任务

党的十六大和“两会”提出全面建设小康社会的目标，未来20年国内生产总值将以每年7%的速度递增，铁路运输将以跨越式发展为目标，呈现快速扩充的良好态势，这将给机车车辆工业带来一个大好的发展机遇。集团公司和各企业必须紧紧抓住这个能够大有作为的重要战略机遇期，实现超常速的跨越式发展。但是随着发展步伐的加快，存在于企业深层的一些历史积累问题和潜在弱势日渐凸显，如体制不适应、结构不合理、机制不灵活、核心能力不强等问题，严重阻碍了我们的进步。解决之道唯有改革。为此，集团公司在今年年初的工作会议上，提出了实现销售收入140亿元，减亏30%，利润超过1亿元的主要经营目标，并将加快结构调整，加速辅业改制，实施品牌整合等重大改革举措列入今年的主要工作任务。我们必须看到，140亿的销售收入指标分解到各企业，经营责任和经营压力是相当大的；各项关系到集团公司生存发展的改革举措，势必对企业和职工的惯性思维、行为方式形成冲击，其实施推进具有相当大的难度。这些都迫切需要集团上下解放思想，转变观念，统一认识，形成合力。作为企业舆论主渠道的报纸，责无旁贷要主动介入、当好先行，要针对新形势和新任务，加强和改进宣传报道工作，使之在改革发展稳定中发挥更大的作用。

同时，我们还应当认识到，在变化的企业环境和社会条件下，阅读企业报纸的主体——广大职工群众也在发生变化。职工的知识结构在优化，审美趣味在提高，价值取向多元化，思想波动在加大，简单的说教灌输式的宣传报道已得不到职工的认可，他们需要的是信息容量更大，更具权威性、思想性、可读性的启发式报道。报纸的生命最终是由读者给予的，一份报纸失去了读者无异于失去存在的价值。作为舆论主渠道的报纸，有必要认真研究职工的新需要，加强和改进宣传报道工作，使企业报纸的宣传效用得到最大的发挥。

总之，用辩证的观点分析新形势和新任务，就是挑战与机遇并存。企业的变革与职工的变化既对企业报纸的工作方式和工作内容提出新挑战，也开阔了我们的视野，为报纸自身的改革创新带来了新机遇。关键是我们能否认清自己的优势和不足，抓住机遇，迎接挑战。这种时不我待的危机感、紧迫感、责任感，应当成为我们所有新闻工作者的共识。

三、关于加强和改进报纸工作的几点意见

集团公司党政十分重视企业的自办报纸，党委书记王泰文同志和总经理赵小刚同志多次就报纸工作做出指示，要求报纸应找准企业改革发展的主要矛盾，再贴近中心工作一些，对企业的发展现状不仅要正面肯定还要摆出问题，引导职工深刻认识改革的必要性，自觉拥护改革、投身改革，为推动集团的发展再作新的贡献。如何按照集团公司党政要求，做好下一步的报社管理和提高报纸质量的工作，葛部长还将提出具体的指导意见。借此机会，我想就加强和改进报纸工作再强调几点。

1. 增强责任意识，把握正确的舆论导向。我们的报纸是企业党政的喉舌耳目，是各单位工作业绩的光荣榜，是集团公司决策在各企业落实的反馈表，是基层干部职工创造性工作的记录簿，又是职工群众呼声的回音壁。报纸既是现实的传媒，又是历史的记录。一年下来的合订本，就是一本最详细、最纪实的年鉴，若干年后成为第一手的企业史料。所以，办报的任务光荣、责任重大，不可不慎，不可不竭尽全力。宣传领域一直有个提法：政治家办报，要求办报纸首先应具备政治意识、大局意识、责任意识，增强政治敏锐性和政治鉴别力。结合到企业实际，就是要求企业报纸以"三个代表"重要思想为指导，主要从正面来宣传企业贯彻落实党的方针政策的重大决策和具体措施，宣传企业物质与精神文明建设的进程和成效，唱响深化改革加速发展的主旋律，把职工的思想与行动统一到当前的生产经营和改革攻坚大局上来。泰文同志在集团公司工作会议上提出，要实施"疏导"工程，以思想政治工作的活力增强企业的凝聚力。一是紧密围绕企业深化改革，发挥思想政治工作的先导作用；二是紧密围绕生产经营，发挥思想政治工作的激励作用；三是紧密围绕企业稳定，发挥思想政治工作的保证作用。当前，集团公司体制改革、结构调整、改制分流、三项制度改革等新情况，生产经营的重点与难点，以及职工群众的思想实际，都需要我们有针对性地开展舆论宣传。我们的报纸只要切实抓好"疏导"工程，就能牢牢把握正确导向，振奋职工精神，凝聚集团力量，为改革发展提供有力的思想保证，在集团上下营造奋发有为的良好氛围。当然，坚持以正面宣传为主，并不排斥适当的问题报道和批评报道。这类报道如果运用得当，在一定程度上更能体现报纸的倾向性。

2. 弘扬创新精神，不断提高报纸质量。形势的变化、企业的发展、读者的成熟，要求企业报纸与时俱进，不断更新办报理念，调整工作思路，改进报道方式，提高报纸质量，从而稳住报纸的"市场"。这是我们的报纸发挥舆论主渠道作用的关键所在。如何实现创新？一要强化报纸的新闻性，追求最出色的新闻。要尊重新闻规律，讲究新闻艺术，为读者提供新信息和个性材料，避免公文式、简报式的工作报道。我们不能满足于上边布置了什么，就流水账报道下边面上做了什么，一定要通过深入采访，抓到有个性的、有创造性的、鲜活的东西,由“点”及“面”,挖掘并突出工作报道的新闻性。二要强化可读性,提高职工关注度。要切实解决文章过 长、信息量少、套话空话多、文采欠缺的问题,力求做到快、短、活、实、深。要加强新闻策划,根据周报的特点,合理调整稿件结构,在“深入”和“对路”上下功夫,探索观点新闻、话题新闻、视觉新闻等新的报道形式,采用新的报道方法,增强新闻报道的准确性、生动性,增强说服力、感染力。三要强化服务性,开拓新的报道领域。要将报道的触角及时延伸到培育新的经济增长点、构筑核心竞争力、企业文化建设、品牌整合等企业活动的新领域,为职工群众解读新词汇,及时提供有用的信息。四要强化可视性,创新版面形象。要注意学习现代版式设计,发挥版面的审美效应。对重点新闻和栏目从标题制作、导读设计、图片搭配等各方面进行总体包装,力争形成各个报纸的独特外观和鲜明风格。

3. **加强制度建设和科学管理**。实现管理的科学化和制度化,才能保证各报社在新形势下始终正确履行职能。我们要根据实际需要,学习借鉴先进的报社管理经验,对现有的规章制度进行修订和完善。对那些不适应报社发展的,要废旧立新;对那些不能完全适应新形势要求的部分,要抓紧修订;还没有管理制度的,要加快建立健全。同时继续规范宣传信息网络建设,充分利用集团公司和各企业局域网络,建立健全信息沟通、新闻发布、舆情分析、情况反馈等工作机制和相关制度。集团公司党委宣传部要加强调研、通气、协调,制定完善相关考核评比办法,并结合实际,制定培训计划,适时组织记者、通讯员、编辑培训活动,以提高宣传报道的整体水平。

各单位要牢牢把握宣传报道工作方向,在思想上、政治上和组织上切实加强对报纸工作的领导。要按照中央和集团公司的要求,针对一个时期的工作重点,认真研究部署宣传报道的总体思路和重点。党委主要领导要把好政治关,亲自审看重要稿件和评论文章。同时要将党群和行政各部门纳入报纸信息采编系统,充分调动他们的积极性,建设覆盖企业方方面面的宣传报道队伍和工作网络,共同关心和支持报纸工作。

4. **加强队伍建设,提高素质**。“事在人为”,有“人”才有“为”。各报社在长期的办报实践磨炼中,培养了一支德才兼备、热爱新闻事业、能打硬仗的队伍,成为企业宣传报道工作的主力军。新形势对企业的新闻队伍提出了新要求,我们的报道对象是企业与企业职工,所从事的是专业性较强的工业报道和经济报道,随着市场经济的深入发展,报纸工作的压力越来越大,对综合素质的要求越来越高,急需提高自身素质。各单位的宣传部要按照中央提出的打好“五个根底”,发扬“六种作风”的要求,加强现有新闻队伍的理论、政策法律、新闻业务、企业管理知识和职业道德的培训教育,建立效绩考核和奖优罚劣制度,不断提高队伍的整体素质;同时选拔政治强、业务精、纪律严、作风正的同志充实到宣传报道工作岗位上来,逐步形成结构合理、协调稳定的人才格局。各级领导要关心、支持他们的工作,主动帮助他们解决实际问题,营造事业留人、感情留人、待遇留人的良好氛围。从事报纸工作的同志一定要坚持正确的世界观、人生观、价值观,加强学习,勤于思考,丰富文化底蕴,提高专业素养,甘于奉献,恪尽职守,努力做一名人品与文品俱佳的合格的新闻工作者。

同志们,南车集团未来发展的宏伟蓝图已经绘就,建设国内一流、国际知名企业的目标,为我们提供了施展才华的广阔舞台。让我们高举邓小理理论伟大旗帜,以十六大精神和“三个代表”重要思想为指导,振奋精神,团结一心,为开创南车报纸工作的新局面作出新的更大贡献!

与时俱进　开拓创新
继续推进南车集团财务工作的规范和创新

——总会计师朱守礼在中国南车集团公司财务工作会议上的讲话(摘要)

(2003年3月31日)

会议的主要任务是,认真贯彻中央经济工作会议和集团公司工作会议精神,总结2002年南车集团财务会计工作,分析2003年南车集团财务会计工作面临的形势和任务,部署2003年南车集团财务会计重点工作。

一、开拓创新,取得辉煌成果的2002年

市场空间不断拓展,经营状况持续好转

2002年,集团公司实现销售收入131.0亿元,同比增长8.7%;收入的增长带动了经济效益的显著提高,集团公司在2001年仅初步实现税前盈利,税后净利润仍旧亏损3200万元的基础上,2002年一举实现净利润795万元,彻底实现了整体扭亏。去年面对国铁招标比例框定,市场份额难以突破的格局,集团公司和各厂所加强市场营销,不断拓展国铁以外的市场空间,在三个方面取得突破。

一是城轨地铁市场。经过集团公司及有关厂所的不懈努力,在城轨地铁市场上取得了重大突破,为下一步集团公司城轨地铁产品的发展奠定了基础。株机厂与西门子合作,成功中标上海明珠线二期车辆项目;浦镇厂与阿尔斯通合作,在南京地铁车辆招标中中标;株洲所在香港地铁辅助变流器项目中中标。2002年集团公司在国内城轨地铁车辆合同中标额达到28.2亿元。

二是国际市场。集团公司在稳固国内市场的同时,积极参与国际竞争,努力开拓国际市场,不断适应经济全球化的发展形势,不仅继续巩固了东南亚市场,而且拓展了中东、独联体市场,促进了出口贸易的快速增长。据统计,去年全公司出口成效额21142万美元,比上年增长2倍多;其中整车出口签约16167万美元,配件出口及其项目签约4975万美元。全年收汇额4140万美元。比较大的成交项目有出口乌兹别克斯坦和伊朗的电力机车、出口伊朗的铁路客车和发电车、出口越南的内燃机车,签约金额较大的单位是株机厂、南车四方公司、资阳厂等。

三是多经市场。集团公司和各厂所认真编制多经计划,分解落实多经指标,加快多经企业改制步伐,加强多经实体管理,加大多经项目扶持力度,集团公司多元经营规模化发展取得了实质性进展。集团公司牵头组建的武汉神骏和襄樊南车专用汽车股份有限公司,经过一年的运作,销售收入比上年分别增长338%和22%,取得了良好的经营成果。集团公司多元经营正逐步向规模化方向发展,全年非铁路机车车辆产品收入15.2亿元,比上年增长15%。

集团公司全年新造内燃机车18.3亿元、修理内燃机车11.8亿元,分别比上年同期增长12.3%和33.6%;新造电力机车17.7亿元、修理电力机车3300万元,同比增长34.1%和73.7%;新造客车21.5亿元、修理客车3.5亿元,同比减少12.6%和15.7%;新造货车28亿元,同比增长14%,修理货车10.5亿元,同比减少3.6%。其中,各厂所在铁路招议标外销售机、客、货车分别为5.3亿元、4.6亿元和1.9亿元。

经营考核效果明显,考核方法不断创新

自“九五”期间机车车辆工业实行资产经营责任制以来，由于引入资产经营责任指标与工效挂钩办法、领导班子风险抵押工资制度三位一体考核，将集团公司外部推动力与企业内部积极性相结合，加大了各企业主动开源增收、节支降耗的积极性，各企业纷纷争先超额完成利润，彻底改变以前不愿多实现利润的状况。集团公司“十五”前两年资产经营责任制考核则着重突出了净资产收益率指标，一方面充分体现了出资者追求利益最大化的根本要求，另一方面由于指标激励约束措施得力，充分调动起各厂所积极性。经过两年的实践，集团公司整体经济效益大幅度提高，产品销售收入由107亿元提高到130亿元，增幅21.50%，利润总额由－317万元提高到9000万元，净利润由－5326万元提高到800万元。

集团公司2002年推出了“十五”后三年资产经营责任制考核办法。新办法在三个方面有所创新：一是以净利润做为净资产收益率的计算依据，逐步与国家的考核体系接轨，通过考核机制，进一步引领企业注重经济效益；二是考虑资本性投入的时间价值，对盈利企业以近两年新的资本性投入适当提高投资回报率，遏制企业盲目投资行为，合理配置公司经济资源；三是考评指标中引进效绩评价中的三个指标：总资产周转率、资产负债率、销售增长率，三个指标的计算公式、考核标准值均以财政部效绩评价系统为基础，与企业效绩评价系统的结合更加紧密；引导企业不仅要注重经济效益的提高，还要在经营中注重企业的运行安全，规避经营风险，注重企业的可持续发展能力。

巩固扩大扭亏成果，扭转企业亏损一直是集团公司经营管理的重要任务。集团公司在2001、2002年不断加大对亏损企业的封闭贷款调剂，2002年继续减免了部分亏损企业的部分资金占用费。为配合亏损企业的减员增效，在2002年继续加大对亏损企业职工再就业和减员分流的资金支持力度。其中成都厂、铜陵厂实现了扭亏增盈的历史性跨越。

国有资本管理逐步完善，企业改制改组逐步推进

2002年南车集团已得到国务院授权资产经营和管理，并于7月2日办理正式的工商注册登记。根据国务院的批文和财政部出台的《企业国有资本与财务管理暂行办法》总体框架及基本思路，集团公司必须建立母子公司体制，塑造集团的投资主体地位。集团公司组织编写了《中国南车集团国有资本与财务管理暂行办法实施细则》。《实施细则》的目的就是改变集团公司“集”而不“团”的现象，从组织结构、生产经营、企业文化等多层次塑造集团整体形象，改变企业单兵作战模式，协调发挥各企业的优势，提高集团核心竞争力，使南车集团成为国际知名的跨国企业集团。

2002年，结合国有资产评估行政管理方式由财政部审批向监管备案的转变，集团公司将资产评估管理作为出资人的一项重要职责，认真组织了每项资产评估工作。为明晰企业产权归属、理顺企业各级产权关系、加强对国有资产与财务的监管、防止国有资产流失，集团公司为68户三级单位补办占有产权登记；组织全系统138户单位开展了2001年度产权登记年检工作；集团公司正式注册后，办理集团公司本部的占有产权登记和二级单位的产权变动登记；2002年，集团公司开展的企业产权登记工作得到财政部全国通报表扬。

资金管理收效明显，税收优惠成效显著

利用国家目前比较宽松的金融环境和银行之间的竞争，集团本部、株机、浦镇等单位，都获得了流动资金贷款利率下浮10%的优惠贷款，资阳、株辆等大多数企业也由原来的上浮贷款利率降到基准贷款利率。除了在贷

款方面作文章以外，浦镇、资阳、戚墅堰等工厂在支付方式上积极采取银行承兑汇票方式，在存10%到20%保证金的情况下，以银行承兑汇票进行采购结算，起到了花小钱办大事的结果，集团公司2002年末承兑汇票余额达11.4亿元。通过对资金的精心运作、合理调配，降低了各企业的资金成本，财务费用逐年相对下降，其中收效显著的企业有：株辆厂由1233万元降至486万元，眉山厂由1283万元降至481万元，浦镇厂由1196万元降至773万元。

内源融资不仅仅局限于一个企业内部的融资，在一个集团内部各企业之间的相互资金盈缺委托调剂也是一种内源融资方式。2002年全年协调办理集团内部企业之间的委托调剂共计1.4亿元，整体节约集团财务费用支出312万元。针对各机客车新造企业货款结算不畅的问题，在铁道部各级领导的关心和支持下，出台了《关于机车客车购置款滞付纠纷实行部级调解的通知》，对企业下一步解决车款拖欠问题奠定了良好的基础。

税收筹划是企业在最短时间、最大效率的提高经济效益的一个重要手段，集团公司最深有感受的就是统交所得税、货车修理免征增值税、地方税免征等3个税收优惠政策。所得税集中缴纳政策的好处不言而喻；货车修理免税为各货车修理企业减轻负担，弥补技术设备投入不足奠定了基础；通过研究国务院对机车车辆行业分立重组的批文，抓住批文中的有利批示，调动各方力量积极协调，终于得到国家税总同意2003年底前继续暂免征收土地税和房产税。

全面预算管理体制初见成效，报表体系不断完善

由财务计划管理过渡到财务预算管理，是财务管理质的飞跃。株机厂从2002年起全面实行财务预算管理，使各项费用均控制在预算范围内。工厂预算外资金实行“一支笔”审批制度，即未经总会计师（或总会计师授权他人）审批，一律不得进入预算外项目，坚决杜绝“先斩后奏”现象。戚墅堰厂结合实际情况，起草《工厂预算管理办法》，成立以厂长为主任的预算管理委员会，落实工厂预算归口管理部门，健全了工厂预算组织机构。

按照财政部对会计信息披露要求，结合集团公司和各企业经营管理对会计信息的需求，修订和完善了财务会计报告体系。在报表软件方面，针对2001年由于报表软件功能的局限性采集数据需要两套软件并行的问题，集团公司从功能和便于操作方面考虑，选用了与财政部统一版本的报表软件，并给三级企业统一配置了报表软件，提高了财务决算人员的工作效率，促进了会计信息质量的提高。

随着全球经济一体化进程的加快，企业的生存危机不仅仅体现在报表上的经营状况，在现金流量方面也日益显现出其重要性。因此我们建立了一套资金报表体表，为集团进行融资决策、委托调剂、授信担保等提供基础数据和风险控制。综合各企业的资金报表和分析来看，很多企业在融资策略方面都有很多创新之处，为企业节约了大量的财务费用。

财务信息化初见成果，财务物流整合试点成功

铁路工业系统原先都使用的是以唐山工厂软件开发小组为主编制的财务软件，但由于与铁道部的脱钩和南北公司分立，集团公司在2002年末各企业都已使用了商业软件，通过各企业的使用和对比，都纷纷意识到了商业软件的功能强大性和灵活性，并逐步扩大软件在财务领域的应用范围。长期以来，我们的财务和物资部门经常对不上数据，或者在每年的财产大清查中发展诸多账物不符的现象，就其原因来说就是缺乏一个无缝的信息共享平台。

眉山厂在这方面做了有益探索，经过综合平衡和多方考察，决定选用金蝶 K/3 软件，作为整合工厂财务流、物资流的突破口，推进企业信息化建设。实现了工厂物流系统与会计核算系统业务、集团财务系统的无缝连接和自动转账，并与原会计核算系统并行验证，运行数据完全相符；同时成功实施了 EIS 企业决策支持系统和企业财务集团控制系统。

回顾 2002 年完成的各项工作，获得的各项成绩，我认为最主要的感受体现为两个字“创新”。创新是一个民族进步的灵魂，是一个国家兴旺发达的不竭动力，也是现代经济和企业发展的主题。创新能力的高低决定着企业的生存发展状态。创新是一种升华，是一种突破，是一种“蓄势已久其发必速”的态势。首先，必须坚持观念创新，全方位更新财务管理观念。其次，必须坚持管理创新，适应企业体制改革。再次，必须坚持手段创新，积极利用现代信息技术。

二、冷静思考，进一步确定集团公司发展新思路

党的十六大提出了全面建设小康社会的奋斗目标。集团公司将遵循解放思想、实事求是、与时俱进的思想路线，力争 2010 年销售收入实现 230 亿元，“建成国内一流、国际知名、具有国际竞争力的轨道交通装备企业”的发展战略目标。

国民经济良性发展带来新的机遇

新的一年，围绕党的十六大提出的全面建设小康社会的奋斗目标，国家将继续实施积极的财政政策和稳健的货币政策。新的一年，铁路发展与中国经济发展同步，铁路全行业基本建设计划投资规模 580 ~ 610 亿元，其中铁道部计划投资 550 亿元。全年计划新线铺轨 1490 公里，投产 790 公里；复线铺轨 120 公里，投产 750 公里；电气化投产 610 公里。机车车辆工业发展将与铁路发展同步，新线、复线、客运专线的建设，“高速、高原”双高铁路的发展，货运提速重载的实施，客运技术装备的更新换代，为机车车辆工业带来了巨大的生机。铁道部初步安排今年的机车车辆购置费为 185 亿元，比上年实际增长 2.8%；大修费比上年略有增长。城轨地铁市场发展与城市发展同步，随着中国大中型城市范围的不断扩张，轿车进入家庭成为城市市民的代步工具所带来的交通拥挤和污染的加剧等诸多不利因素，将会不断迫使各大中城市大力发展准时、便捷、无污染的城市轨道交通和地铁。

但我们必须同时看到，中国机车车辆工业的年生产能力远远大于乐观的市场需求。机车车辆产品供大于求，从而导致激烈的竞争，是这个行业的基本状况。此外还有地铁市场方面，2002 年国内各大中城市均提出发展地铁的规划，为未来地铁市场的快速扩展规划了一幅美好的蓝图，与此相对应的是我们地铁生产能力的急速膨胀。但就在今年的年初国家计委却冻结了新上地铁城市项目的规划审批，对地铁投资的高投入、运营难、盈利难、还贷难提出了质疑，并将重新考虑大型城市新上地铁项目的必要性。这种由于政策的变化导致需求市场的急速变化，将会对我们快速扩展的地铁生产能力提出严峻的挑战。

随着中国加入 WTO，机车车辆企业的市场竞争参照系将发生急剧的变化。如果说过去竞争的压力只是来自国内的同行，那现在将变成强大的国际跨国公司。铁路运输改革进程加快，新的运行模式的实施，将促使铁路用户需求逐步向国际水平看齐。同时，集团公司提出了“机车车辆产品总体水平三年内达到欧美同类产品水平”的目标，将按专业生产、规模经营的方向对零部件进行产品结构调整。为此，南车集团的企业必须考虑面对国际化的因素，加速进行与同行业的跨国企业进行比较式的改革，更要积极实施国际化经营战略,不断提升集团的国际竞争力。

国有资产管理体制变革促进国有企业改革不断深化

国有资产管理体制改革是涉及国有企业产权制度的根本性变革。国资委将遵循市场经济规律,重视国有资产的收益回报,严格考核集团领导班子经营业绩,这将导致集团公司的经营压力加大。自从铁道部脱钩后,集团公司由于主要接受中企工委党政管理和国有企业监事会的监督管理,在财政部方面也基本不进行任何的考核,仅仅是每年进行一次的全国各中央所属集团的效绩评价的排序通报,可以说基本没有接受业绩方面的考核;因此我们在这两年的资产经营责任制考核中都对各企业的目标利润指标核定的比较低,其目的主要就是在这个空闲期内实现藏富于民,增强企业发展后劲。国有资产监督管理委员会的成立和其管理的不断深入,必将逐步加大对集团公司的经营考核力度;其结果也必将是集团加大对各企业的考核力度。我们各个企业应当尽快认识到这个问题,加大力度拓展市场空间、努力降低企业运营成本,以应对将来可能更加严格的经营考核。

企业信息化进程将推动现代企业管理模式不断创新

信息化的目的是革新企业管理模式、提高企业竞争力、提高企业业务质量和绩效、强化企业的实时管理。信息化必须由业务上的需要来驱动。实施企业信息化成功的前提是:有实时提供准确信息数据的一线工作作风,有信息共享的企业文化,有以业务流程为导向的组织结构,有整合性的企业内外流程。总之,必须从这个角度看待信息化,也只有通过变革,通过新的业务模式,信息化才能带来硕果。

近几年集团内的很多企业也投入资金推进企业信息化,但很多情况是我们各个业务部门各自开发独立或购买自己部门使用的软件,形成信息孤岛,难以实现共享,造成信息化效果不显著。就其缘其,就是没有理解信息化的真谛,没能把握企业信息化的灵魂所在——“共享”。

企业会计制度改革对会计管理提出新的挑战

近十年来我国会计领域的改革,尤其是会计核算制度的改革,其规模之大、内容之深入,都是前所未有的。1993 年《企业会计准则》、《企业财务通则》及行业财务制度与行业会计制度(以下简称“两则两制”)的发布与实施拉开了这次改革的序幕。而 2001 年发布实施的新企业会计制度,则将会计核算制度改革推向了又一个高潮。从我国现行的会计法规制度体系看,《会计法》和《企业财务会计报告条例》属于第一层次,《企业会计准则——基本准则》属于第二层次,而具体会计准则和会计制度属于第三层次。统一的会计制度的建立和完善,对于规范我国企业会计核算行为,真实、完整地反映企业的财务状况、经营成果和现金流量,进一步规范我国的资本市场,提高会计信息质量,建立和完善现代企业制度,促进社会主义市场经济的健康发展,必将发挥十分重要的作用。

新制度在许多方面给予了我们会计人员处理经济业务更多的自主权。例如,提取坏账准备的方法由企业自行确定;固定资产的折旧方法和折旧年限以及固定资产目录都由企业自行规定;存货、固定资产、无形资产、在建工程的减值准备也由企业来确定;存货和固定资产的盘盈、盘亏以前要由企业报经财政部门批准才能入账,现在则由企业董事会或经理会议批准后,即可在期末结账前处理完毕。这些规定也体现了与国际惯例的接轨。

下面我就今年的财务工作重点讲以下几个问题:

清产核资,为新会计制度的实施奠定基

础

按照财政部要求，集团公司将在2004年实行新的企业会计制度。实施《企业会计制度》，根据财政部的政策及制度规定，首先要对企业存量资产的有效性、真实性进行清查，确定损溢。新会计制度实行后，企业必须按规定提取8项资产减值准备，企业的不良资产、不良债权等各项损失在准备金中列支，按规定程序列销，计入当期损益，不再核销企业的国家资本。今年，我们要认真做好实施新会计制度的各项准备工作，全面开展资产清查工作，争取财政部支持，按照国家政策，核销企业多年形成的不良资产，以减轻企业包袱。

资产清查是一项重要的基础管理工作。全面摸清"家底"，既是执行新《企业会计制度》的前提条件，也是细化和全面提升管理的重要基础，我们计划在4月到10月期间完成整个工作。由于时间紧、任务重，各厂所主要领导对此要给予高度重视，精心组织，切实摸清家底。各厂所领导要切实转变"新官不理旧账"的错误心态和不良作风，不管当初投资渠道如何，投资决策者是谁，都要认真清查，实事求是上报。既要杜绝多报，造成国有资产流失；又要防止少报，影响企业发展。

自2002年起铁道部停止了对机车车辆工业企业的重点投入，但由于产品价格机制一时难以调整，机车车辆产品的低价、低利润将维持一段时间。因此企业只能通过负债融资扩大生产、开发新产品。投入的加大造成集团公司近两年的贷款总体规模扩大，资产负债率不断上升，部分企业甚至达到80%以上。负债经营增加了企业的财务风险，如果企业出现收不抵支或发生亏损，将降低偿债能力。目前集团内大部分企业的贷款担保单位是集团公司，而且基本都是按照授信额度的模式进行担保。部分企业利用授信额度内的流动资金贷款大量投入基本建设、固定资产等项目，流动资金固化现象严重。负债经营运用得当会给企业带来收益，但是，如果运用不当，则会使企业和集团陷入困境。因此，今年我们将会对各企业核定授信额度的上限，以建立有效的风险防范机制，使企业保持适度的负债数额、合理的负债比率。

2002年，集团公司财务部参与了8个国债贴息项目可行性分析的财务预测分析审核，从8个项目的财务分析来看，都是投资收益非常好的投资项目，但是这些分析预测都过于乐观。这说明一个问题，在企业投资这一方面，我们财务部门还需要做很多的工作。企业的投资项目领导决策可能是从战略意义上进行考虑的，在效益预测方面可能并不理想。但我想强调一点，我们的财务部门必须要考虑投资项目可能遇到的风险，在财务、资金方面及时建立投资风险防范机制，以避免因项目风险造成企业生存风险。

进一步推进全面预算管理，抓好内部财务制度建设

2001年集团公司下发了《中国南方机车车辆工业集团公司财务预算管理试行办法》，通过2002年的全面实施，大家对全面预算管理的认识、研究和推进在逐步深化。但在执行过程中，也发现部分企业的预算基础不全，没有严格执行预算的编制过程，这样的预算没有可信性，自然也不会促进企业的管理。今年的全年预算大家都已完成上报，但这并不代表预算工作已经完成，这只是预算工作的一个开始。预算工作应当随着企业决算工作的不断推进，进行深入的分析和对比，尽早发现决算与预算发生偏差的方面，进而找寻到企业管理中存在的弱项，通过加强管理提高企业管理水平。此外预算管理要与企业信息化相结合，只有建立规范化、制度化的内部信息保障体系，才能真正发挥全面预算管理的作用。

南车集团成立后，考虑到新旧会计制度

更替,没有制定集团内部统一的内部会计核算办法。执行《企业会计制度》后,会计标准具有实质性改革,它由过去的会计制度只是简单的记录和反映的规范,改变为涵盖会计要素的确认、计量、记录和报告全过程的规范,使会计要素的确认和计量从原来的财务制度中脱离出来,回归到会计制度中来。现行的行业会计制度及铁道部依据行业制度制定的内部财务管理办法显然不适用,制定集团内部统一的会计核算管理办法势在必行。今年集团公司将在部分企业抽调几位财务会计方面的专家,根据《会计法》、《企业会计准则》、《企业会计制度》及其他有关法规的规定,在不违背统一会计制度原则的前提下,结合集团公司行业特点和具体情况,组织制定集团内部会计核算办法,统一会计政策和会计核算标准。

强化会计基础工作,加强财会队伍建设

加强会计基础工作,是提高会计工作水平的需要,是规范会计工作秩序和经济秩序的需要,也是提高会计人员素质的需要。在2000年中车公司分立前,我们陆续对所有企业进行过会计基础工作标准化检查验收。近两年,各企业都陆续更换了功能完善的财务核算软件,在财务信息化建设方面迈出了重要的一步,同时也应在会计基础工作标准化方面更上一层楼。今年我们将会对部分企业的会计基础工作进行抽检,以继续推进各企业会计基础工作规范化。各企业也要按规定做好所属单位会计基础工作规范化的检查、考核等日常管理工作,加强对未达到规范化要求的单位的帮促工作。

经营企业,资源稀缺是永恒的,其中最为稀缺的是人才。加强财会队伍素质的培养和提高,是具有战略意义的大事。新会计制度实施后在实际工作中必然出现很多需要依靠经验和职业判断的标准,对会计人员及相关人员的执业水平提出了更高要求。各企业也要加强企业内部财务及相关人员的培训工作,适应新会计制度的实施。在网络财务的环境下,要培训、引导广大财会人员改变传统观念,不仅要关注会计信息的处理,而且要把注意力转向会计的管理职能上,充分参与企业的决策活动,为企业发展提供可靠的信息来源。从协助企业信息化建设来说,财会人员应当参与企业价值链分析、企业资源规划(ERP)、供应链管理(SCM)等工作,推动企业业务信息由部门内部协同共享向企业内部全面共享转变。

全面提升财务人员综合素质,必须积极发挥我们各级财会学会的作用。一是通过学会建立财会人员的后续教育体系,通过有效的教学手段对企业财会人员进行适时的知识更新,经常组织学习和培训,不断提高财务人员专业技能、外语及计算机操作能力,适时进行知识的更新。二是学会组织各类研讨,鼓励财务人员思考和创新,以征集论文的形式提高财务人员的思考能力和理论水平,在实践方面积极创造条件,使其参与企业的经营管理和决策。

让我们全体财务人员认真贯彻落实十六大精神,积极倡导和实践南车集团“诚信、敬业、创新、超越”的企业精神和“求新、求快、求实、求优”的企业作风,统一思想、坚定信心、与时俱进、开拓创新,不断推进南车集团财务工作的规范和创新,在未来全面建设小康社会的宏伟画册上画上我们美好的一页。

统一认识　明确目标
积极稳妥地推进主辅分离辅业改制工作

——副总经理郑昌泓在中国南车集团公司主辅分离改制分流工作会议上的讲话(摘要)

(2003年3月13日)

去年底,国家经贸委等八部委联合下发了《关于国有大中型企业主辅分离辅业改制分流安置富余人员的实施办法》(国经贸企改[2002]859号),今年1月,国家经贸委又在武钢组织召开了国有大中型企业改制分流、促进再就业工作的经验交流会。我们这次会议的主题是,研讨、部署如何贯彻落实八部委的859号文件精神和集团公司工作会议精神,推进企业主辅分离、辅业改制、促进做好再就业工作。

一、统一思想,提高认识,增强加快分离辅业、做强主业的紧迫性

国家经贸委等部委相继出台了《关于培育具有国际竞争力的企业集团的通知》、《关于进一步推进国有企业分离办社会职能工作的指导意见》、《关于国有大中型企业主辅分离辅业改制分流安置富余人员的实施办法》等文件,对国有企业深化改革、减员增效、分离企业办社会职能,全面参与国内外市场竞争,具有非常重要的指导意义。

*推进主辅分离辅业改制是国有企业深化改革的必然趋势。*几年来,国有经济的战略性调整重点按照"抓大放小"两个方面展开,已经取得了显著的成效。在"抓大"方面,整合了一批大型企业集团,由中央直接管理,在国民经济的发展中起到了主导、支柱作用。在"放小"方面,通过地方政府多年来的改革探索,从改革产权制度和调整劳动关系两个方面入手,采用多种形式放开搞活中小企业,国有小型企业的改革面已达到86.1%,地方中小企业改革改制取得了突破性进展。各厂所应抓住这次改革的机遇,认真做好企业内部的结构调整,精干主业、分离辅业、移交教卫、减员增效,做强做大做优主营业务,适应国有企业改革的新形势,也为集团公司加快建立现代企业制度,建设具有国际竞争力的轨道交通装备企业打好基础。

*推进主辅分离辅业改制是集团公司进行结构调整,建设具有国际竞争力的轨道交通装备企业的迫切需要。*企业主业不够精干、辅业后勤资产庞大、企业办社会负担沉重等问题,成为影响企业发展壮大和效益提高的重要问题。与国外同行企业相比,集团公司在人均实现销售收入、劳动生产率、企业有效资产比例、人均创造效益等多项指标上,都远远落后于其平均水平。优势企业和企业优势主业没有得到发展,许多企业处于发展停滞、盈亏平衡或亏损的状况,大量资产闲置或不能有效配置,成为制约企业健康快速发展的主要矛盾。尽管近几年来,我们在分离辅业、剥离后勤、减员增效等方面做了大量工作,也取得了成效,但从总体上看主业不精、剥而不离、人员臃肿的问题尚未根本解决。在年初的工作会议上,赵小刚总经理明确提出,到2010年要把南车集团建成国内一流、国际知名、具有国际竞争力的轨道交通装备企业。要完成这一目标,就必须不断加大产业结构、产品结构和组织结构调整力度,突出机车车辆主营业务和优势资产,推进主辅分离、辅业改制、分流人员的改革,从根本上解决辅业剥

而不离的问题。

推进主辅分离辅业改制是企业建立现代企业制度,进一步转换经营机制的基本要求。建立现代企业制度是国有企业改革的方向,是企业适应市场经济、实现与世界经济接轨的客观要求。按照“有进有退”、“有所为有所不为”的方针,做好主辅分离辅业改制工作,逐步实现国有经济在一般竞争性领域的退出或不控股,使辅业和后勤逐步改制为非国有控股的、完全市场化的规范公司制企业,不仅对企业精干主体,优化资产,提升核心竞争力,建立现代企业制度是必不可少的改革举措,而且对辅业在市场经济中转换机制,寻求新的发展机遇,也创造了有利条件。因此,实现主辅分离,对推进主体企业和辅业企业经营机制的转换,都是有益的。

国家出台配套改革的优惠政策,为推进主辅分离辅业改制创造了良好环境。国有企业的改革,经过多年来的逐步推进,已经进入攻坚阶段。在国企主辅分离辅业改制方面,国家已经制定了系列优惠政策,在企业税收、带资分流、身份置换、资产核销等方面,有了实质性突破。这是国有企业改革的“一次质的突破”,也是国有企业改革的“最后的晚餐”。如果不紧紧抓住当前有利时机,利用好国家出台的改革政策,在3年内创造性地完成主辅分离辅业改制工作,解决企业发展和改革中的问题,在精干主业、优化资产、做强做大主体经营的同时,让辅业尽快走向市场,真正成为自主经营、自负盈亏、自我发展、自我约束的市场竞争主体,就会丧失这次改革和发展的机遇和机会。

二、制定好主辅分离辅业改制的总体规划,积极稳妥地推进辅业改制工作

集团公司辅业改制工作的指导思想和总体目标是:认真贯彻执行八部委文件精神,积极推进主辅分离辅业改制工作,总体规划,分步实施,依法操作,逐步到位,力争在3年内完成集团公司所属企业主辅分离辅业改制工作,实现辅业企业与主体企业在资产、人员、隶属关系上的三分开,促进精干主体、优化资产、减员增效,为实现建设具有国际竞争力的轨道交通装备企业的战略目标创造条件。

为积极稳妥地推进辅业改制工作,集团公司要求各厂所认真制定主辅分离辅业改制的3年规划,报集团公司审核。在此基础上,集团公司将制定集团公司辅业改制总体规划,报经国家有关部门批准,以便核销资产和国有资本。按照“总体规划、分步实施”的原则,各厂所要制定辅业企业改制的实施方案,由集团公司逐个进行审核批复后,组织实施。集团公司同时分批报国家有关部门审核、认定和备案。

企业主辅分离辅业改制工作政策性强、时效性高、难度很大。关键是要妥善处理好改制分流中的各种关系。特别是要明确重点和难点,有针对性地解决、处理好三个关系,即:产权关系、劳动关系、市场关系。

界定辅业改制的三类资产,理顺处理好改制企业的产权关系。除集团公司纳入结构调整的主体经营业务外,在其他一般性竞争领域,包括企业非主要配件生产、辅助生产系统、多种经营企业及后勤服务系统,都可以界定为辅业经营。对拟分离的辅业,要通过规范的公司制改造,吸收各类投资者投资入股,国有资本能不控股的尽量不控股,能不参股的尽量不参股,真正实现投资主体的多元化和非国有化,建立起以产权清晰为基本特征的现代企业制度和规范的法人治理结构。

转变员工的劳动就业观念,理顺处理好改制企业的劳动关系。企业推行全员劳动合同制后,员工与企业依法签订劳动合同,从法律角度上已实现了人力资源的市场配置,转变了计划经济条件下形成的国有全民职工的身份。但是,由于传统计划经济观念的束缚,员工的 身份问题根深蒂固。国有企业分流安置富余人员的难度，已成为国有企业深化改革的重大障碍。在实施主辅分离辅业改制中，要充分利用好政策，尽量将辅业改制为非国有控股的企业，一方面，使改制企业的员工享受到与主体企业解除劳动合同的经济补偿或资产补偿，实现带资分流；另一方面，也从根本上转变改制企业员工的劳动就业观念，使他们在劳动观念、劳动管理、养老保险、医疗保险等各方面，彻底脱离对原主体企业的依靠和依赖。

建立以资产为纽带的母子公司关系，理顺处理好改制企业与原主体企业的市场关系。通过对辅业实施公司制改造，置换国有企业员工身份，彻底改变传统的、不符合市场经济规律的上下级关系的行政式管理方式，建立起新型的以资产关系为纽带的母子公司管理模式。对改制后的辅业企业，按照主体企业出资额的多少行使国有法人股权，通过公司法人治理结构进入企业经营管理，对改制企业只以出资额承担有限责任。无论是国有法人控股还是非控股，原主体企业与改制企业之间，只有出资人的产权关系和市场的经济关系，不再具有行政隶属关系。

三、对做好主辅分离辅业改制工作的几点具体意见

根据集团公司发展战略和结构调整的要求，今年，集团公司要利用国家出台的改革改制政策，以主辅分离、辅业改制为突破口，推动辅业企业产权关系、劳动关系、隶属关系等深层次问题的解决。从国家政策出台以后，各地方也纷纷出台政策，推动这项改革工作，大多数企业改革积极性较高。但是，我们也要清醒地认识到，主辅分离辅业改制政策性强、涉及面广、操作难度大，实施起来比较复杂，有些改革问题和工作环节还需要通过实践总结经验，不断完善。要充分认识这项改革工作的重要性、必要性和紧迫性，也要充分估计到改革和实施工作中的复杂性和艰巨性。对此。在具体工作中，要准确把握精神，统一认识，积极稳妥地推进主辅分离辅业改制工作。在这里，我提以下几点具体意见。

加强宣传教育，统一思想认识，促进观念转变。加强对文件政策的学习、宣传和教育，统一思想认识，促进观念转变，是做好辅业改制工作的基础。通过宣传教育，使广大员工充分理解，推进主辅分离辅业改制是国有企业适应市场经济，深化内部改革的必然趋势；充分理解，推进主辅分离辅业改制，是为了更好地利用好国家有关优惠政策，为企业员工谋得有关优惠待遇；充分理解，推进主辅分离辅业改制，将更紧密地使改制企业与分流人员结合成命运共同体，共同在市场经济的竞争中谋求改制企业的发展壮大。通过宣传教育，要使企业干部员工理解支持主辅分离的改革工作，积极参与和投身于辅业改制的改革中去。

组建辅业改制领导和工作班子，制定好辅业改制的总体规划。集团公司已经成立了以赵小刚总经理为组长的领导小组和常设在集团公司综合管理部的工作办公室，具体负责这项重大改革工作。各厂所要高度重视这项工作，成立辅业改制领导小组，由企业第一把手亲自负责，党委和工会都要参与；同时要尽快组织专门人员来具体负责开展这项改革工作。按照“总体规划，分步实施，三年完成”的总体要求，各厂所要尽快制定出企业总体改制方案，包括涉及的资产范围、数量、员工人数、需要核销的资产数额等，以便集团公司制定总体方案，报国家有关部委审核批复。在此基础上，各厂所按照总体规划的进度，制定好辅业企业具体的改制方案，报集团公司审核批准。

合理界定三类资产的范围，分类推进辅业企业的改制工作。为积极推进主辅分离辅业改制工作，一般来说，对以下五类企业或单位可以明确为集团公司及各厂所的辅业，有关资产可以相应界定为三类资产,企业可以分类进行改革、改制或移交。

一是非本企业主营业务,能相对独立的非机车车辆产品或部分非关键零配件的生产单位及资产。对这一类单位和资产,要根据集团公司结构调整的要求和各自企业主营业务的需要,严格政策界定和把握政策范围,各个企业的产品、经营和发展的不同,其界定范围和划分界限也可能不同。对此,集团公司和各厂所都要从严把关,有效防止国有资产的流失,防止企业主营业务和企业效益的流失。二是为企业主营业务服务的、能相对独立的、可同时面向市场经营的原企业辅助生产单位及资产,如:机修、电修、工模具、运输、建筑及生产规模很小的铸锻、动能等服务性单位。三是原企业生活后勤服务系统单位及资产,如:生活服务公司、房产部门、福利部门、商场商店等。对上述两类单位和资产,各厂所要创造条件,积极推进其改革改制或资产处置,与主体企业彻底分开,建立起完全的市场经济关系;极大地发挥辅业改制企业自主经营的积极性,面向市场,拓展经营业务和生存发展空间。四是非主体企业要发展的或不具有规模化发展的多经企业(或实体单位)和集体经济企业及资产。这类单位和资产,大多数都与主体企业分立或实行自主经营。对此类单位和资产,要加大其改革改制的力度,优先按照国家有关精神进行改制分流。其中,对集体经济企业的改制工作,企业可自主决定完全按照地方政策进行操作,对其中涉及厂派员工的,要稳妥地做好带资分流工作。五是企业中小学校、医院、公安武装等拟移交地方的单位及资产。对这类单位和资产,除企业认为具备条件,可发展为产业化经营的事业单位,按照国家政策进行改制外,集团公司要求各厂所加大对中小学校和医院的分立分离力度,加强与地方政府的联系,创造条件,力争尽早移交地方管理。

明晰改制企业的产权关系,改变改制企业的行政隶属关系,按现代企业制度规范改制企业的运作。过去,国有企业一般都是采用划小核算单位或由主办企业出资开办独资企业等办法,来推动“精干主业、分离辅助、剥离后勤”工作。但由于没有按照现代企业制度来规范分立单位,也没有改变分立分离企业的行政隶属关系和劳动关系,主办企业对分立分离企业不能承担有限责任,而承担无限责任,主体企业实质上承担着分离企业的经营风验,企业没有因分立分离而减轻负担和责任。这次主辅分离辅业改制的改革,最重要的是要明晰改制企业的产权关系,按公司制企业对辅业企业进行规范改制,彻底改变改制企业的行政隶属关系和劳动关系,实现主体企业与改制企业关系的根本转变,主体企业只以投资额承担有限责任,并按照《公司法》规定行使股东权利。改制企业按照工商登记的所属地方,实施属地化管理,享受所属地方优惠政策,向地方协调移交有关党工团关系、劳动关系和社会保险关系等。除产权关系和市场经济往来关系外,主体企业与改制企业之间的其他关系已被割断。这种改革才能达到了精干主体、优化资产、减员增效的目的。

认真处理好改制企业的劳动关系,分流安置好企业富余人员。一是,凡属改制范围的辅业企业,其相应员工的劳动关系必须改变并割断。按照集团公司《指导意见》,可采取退休、提前退养、解除劳动合同、变更劳动关系等多种方式进行。二是,掌握好用国有净资产支付解除劳动关系补偿金的政策界限,依法处理好国家、企业与员工三者利益关系。凡改制为主体企业控股的改制企业员工,只变更劳动关系,不再进行经济补偿,员工的工龄可以连续计算。对改制为主体企业不控股的辅业单位,对员工进行带资分流。三是,要按照国家有关规定搞好国有资产的评估、作价或出售,防止国有资产流失。对资产数额较大、员工无力购买的资产,可采取资产租赁办法处置。四是,对与企业解除劳动合同、自谋职业的人员,要严格执行国家、集团公司和地方有关补偿标准,对不明确的部分或各种政策有差异的部分,经集团公司同意,可以执行最高标准。同时,也要注意平衡好改制企业之间、企业与企业之间以及地方左邻右舍的关系,避免相互攀比和差距过大。五是,要充分考虑员工的承受能力,严格履行程序,辅业改制方案要经过企业职代会讨论,充分听取意见;对用经济补偿金入股的,要注意充分尊重员工意愿,不得强制入股。

*充分掌握地方政策,加强与地方有关部门的联系,协调好有关关系。*要积极与地方有关部门协调关系,取得他们的支持。要注意收集、研究地方有关主辅分离的政策,分析掌握对辅业改制有利的政策信息,为我所用和充分利用。要加强与地方有关部门的联系,注意做好工作衔接。要特别关注有关中央企业中小学校、职工医院移交的信息和政策,力争成为地方移交的试点单位,尽早实现中小学校、医院向地方的移交。

*选好改制试点,积极稳妥地推进辅业改制,确保企业生产经营的稳定和员工队伍的稳定。*推进辅业改制工作,必须因厂制宜、先易后难、先试点后铺开。一要加强对改制企业员工的宣传教育工作,形成有利于推进改革的氛围,取得广大员工的理解支持和积极参与。二要切实履行民主程序,有关改革方案要充分听取员工意见并经过民主决策程序,要坚持公开、公平和公正。三要通过改革试点,总结经验,逐步推开。四要对改革工作中出现的问题和员工意见大的事项,加强研究,及时沟通,及时处理。对暂时不具备改制条件或员工不能承受的单位,可以推后或采用分步到位的办法推进改革,不能简单地搞"一刀切"。同时,要坚决防止政策的多样化和"朝令夕改"问题的发生,确保企业正常的生产经营秩序和员工队伍的基本稳定。

*明确判断企业主辅分离辅业改制工作成败的标准。*企业主辅分离辅业改制的改革,直接关系着国有企业生存发展大计。判断这项改革工作成功与否,要有衡量标准。这个标准应该包括五个方面:一是,实施这项改革以后,集团公司及各厂所的主营业务、主体资产和主业员工是否实现了精干、优化和高效;二是,实施这项改革以后,是否有利于推动集团公司及各厂所现代企业制度的建立;三是,实施这项改革以后,是否有利于集团公司及各厂所主营业务做强做大做优,是否有利于改制企业的生存和发展;四是,实施这项改革以后,改制企业是否按照现代企业制度进行规范,改制企业是否按照公司制企业规范运作;五是,实施这项改革以后,包括改革的过程中,企业经营是否有新的发展,员工队伍是否基本稳定。对这些标准可以进行完善和细化。

同志们,推动企业主辅分离、辅业改制,分流安置富余人员,是深化国有企业改革的重要工作,关系到改革、发展和稳定的大局。各级领导干部责任重大,任务十分艰巨。我们要认真实践"三个代表"重要思想,以高度的政治责任感和求真务实的工作态度,转变观念,提高认识,解放思想,与时俱进,确保企业主辅分离辅业改制工作的顺利开展和稳步推进,为中国南车集团公司的改革和发展做出更大的贡献。

提升产品制造水平　确保产品质量 增强企业核心竞争力

——副总经理唐克林在中国南车集团公司经营管理座谈会议上的讲话(摘要)

(2002年6月20日)

脱离铁道部组建中国南车集团公司一年多以来,中国机车车辆产品市场的格局产生了重大变化。集团公司独立面对市场、参与竞争的态势已基本形成。认真、客观地分析和面对这一变化的市场,找出问题与差距,增加危机感、紧迫感,围绕集团公司科技发展“十五”计划纲要,改革弊端,扬长避短,增强集团公司核心竞争力,确保集团公司在日趋激烈的市场竞争中不断发展壮大,是我们肩负的历史使命。

什么是一个企业的核心竞争力,就是创新。而在科技创新中,又包含产品研发创新和不断提升产品制造水平及产品质量,集团公司成立一年多以来,我们在产品研发创新方面,取得了一些成绩,如:“中原之星”动力分散交流传动电动车组,在郑州局顺利投入商业运营,获得用户广泛好评。拥有自主知识产权的我国首台交流传动干线客运电力机车正式投入正线运用考核;时速270公里的高速动车组将在8月份落成出厂,引进美国技术的货车摆动式转向架已顺利投入批量生产。除此之外,我们还有多种新型机车车辆产品正在试制、试验或运用考核中。总体上说,一年来,我们在新产品研发方面还是取得一些成绩的,今天,我重点要讲一下关于科技创新中的另外一个方面,即关于大力提升产品制造水平及产品质量的问题。

一、产品制造水平的现状与差距

20年来,我们的机车车辆产品和自己比,应该说有了很大的变化和提高,取得了有目共睹的骄人成绩,20年前的产品在性能、质量等方面是无法和今天相比的。比如,机车的机破率是一个很重要的机车运用质量指标,现在全路机破率平均为每10万公里0.1件,也就是100万公里1件,而一台机车有成千上万个零部件。当然,机破率降低与全路机车检修部门保质量、保运用、努力工作分不开的,同时,也表明我们现在的产品质量的确有了很大提高。我们产品的制造水平和过去比也有了很大幅度的提高,产品的外观质量也比过去要好得多。比如说机车侧墙,过去我们机车侧墙坑洼不平,现在通过采取措施,侧墙平整度已有很大改观。去年到欧洲去,参观法国的一个制造城轨地铁、双层客车的工厂,该厂生产的双层客车的侧墙平整度比我们还差一些,这说明我们在产品制造水平方面通过采用新工艺、新材料、新技术,取得了很大进步。

在看到我们取得进步的同时,必须清醒地认识到,我们的机车车辆产品和国外发达国家的产品相比,总体上说无论是外观质量还是内在性能、可靠性、寿命等方面都有较大的差距。这种差距主要表现在:第一,一些主型产品在定型批量生产后,发生重大质量问题,如:客运电力机车转向架的批量改造;客车转向架旁承支撑的批量改造;近一年来,在装备部组织的货车新造大修质量评比中,我集团公司的一些工厂产品经常排名在倒数三名中。第二,产品外观质量与国际水平有较大差距。造成这些差距的主要原因有:

1. 轻视工艺。

轻视工艺设计,有些批量生产产品甚至没有经过严谨的工艺设计,工艺管理不规范、工艺纪律执行不力,在关键制造技术科研方面投入的人力、财力更是少的可怜。如:近期看了两份报告,1份是我集团公司某机车主机厂根据装备部要求上报的对某干线主型内燃机车质量整改计划,共七大类问题29项改进措施,其中24项都是工艺问题,主要是加工不符合图纸,组装不符合图纸,焊接不符合要求等。还有一份报告,是我集团公司某厂提出的新造货车质量整改计划,共13项整改内容,全是制造工艺问题。这些问题的发生,既有忽略工艺设计的原因,又有工艺管理失控的原因。

2. 不重视工艺装备的研发和制作。

我们在产品制造过程中的很多工序,甚至是重要工序没有为操作者提供能确保加工精度的工、卡、量、模,以至加工的零部件质量,因人而宜、因时间而宜。既使已有的一些工装、模具,由于管理失控,不定期检查测量,造成的加工废品多次发生。

3. 专业化生产程度差。

二、提升产品制造水平的重要性和紧迫性

提升产品制造水平的工作到底有多重要,和新产品开发工作相比又是一个怎样的关系,需要我们加深认识。我们党在抓两个文明建设,即精神文明和物质文明建设时,有一种提法,叫"两手都要抓,两手都要硬",作为企业来讲,新产品开发和提高产品制造水平这两手,也都要抓而且都要硬。抓新产品开发固然重要,是企业核心竞争力的重要组成部分,但是,一个新产品搞出来,若仅仅是几个性能指标提高,而产品制造水平不高,质量不稳定、可靠性差、寿命不长,这样的产品没有市场,这样的产品开发没有意义。只有一手抓新产品开发,一手抓产品制造水平的提高,才能使我们开发出的产品在市场上占住脚,扩大销售收入,创造财富,以致再开发、再发展。因此,提升产品制造水平工作至少要和新产品开发工作摆在同等重要的位置上。

同时,提升产品制造水平也是用户对我们的要求,今年5月份,铁道部装备部在株洲电力机车厂和株洲所召开了一次提升机车新造质量的座谈会。今天在座的机车厂厂长都参加会了。装备部领导在讲话中,对新造机车质量的要求是很高的,也很具体。我们必须大力提高机车车辆产品制造水平,才能满足铁路运输部门对我们产品的要求。

再者,中国已在2001年正式加入世贸组织,几年后,我们将直接面对外国跨国公司的竞争。如果今天我们不痛下决心利用几年时间,打一场机车车辆产品制造水平的翻身仗,我们将会在中国这块土地上,败给外国竞争对手,这是我们谁也不愿看到的结果。

三、提升产品制造水平的标准

过去我们经常争论一个命题,就是我们的产品质量相当于国外哪个年代的水平,我们的努力目标又应该定在国外哪个年代的水平。这种争论并不是没有意义,我们的产品质量毕竟在争论中取得了长足进步,但不可否认,我们从主观上总是希望给自己留有充分的余地,用中国国情、民情来解脱自己。但今天我们已经没有更多的时间让我们争论和一步步走了,前面讲过,几年后,我们将面对外国跨国公司的强力竞争。因此,我们只有背水一战,我们提升产品制造水平的标准就应该定位在代表国际先进水平的欧洲标准上。而且是整车各部分,全方位的以此为标准。为什么要定在这个标准呢?因为我们作这项工作不是为了给任何人看,是为我们自己,是为我们企业乃至整个集团公司明天的生存和发展。我们有近十几年不断提高的产品质量为基础,可能我们全力以赴,奋力拼搏，努力工作后，我们还不能全面达到欧洲标准，但我们一定会最大程度地逼近欧洲标准。因此，今天起点一定要高，标准一定要高。

什么是欧洲产品标准，具体形象地说，就是以今年进口的DJ1型交流传动电力机车和即将出厂的庞巴迪客车为蓝本，从每个紧固件、每个管卡子开始，不是简单照抄，而是学习这些车的设计、制造理念、清湛的制造文化。在产品质量、可靠性、可维修性、人性化等方面全面达标。

四、提升产品制造水平的切入点

做一项带有全局性的工作，必须要选准切入点。我们在提升产品制造水平这项工作的切入点在哪里，经过反复思考，要从两个方面切入。

第一，先喷面漆再组装。机车、客车，包括整车、转向架及需要喷漆的零件均要先喷完面漆，再组装。彻底改变我们现在这种粗放式制造习惯，这就要求设计、加工、组装每个环节都要精细、严谨，彻底取消现车配装。

第二，凡在机、客车上安装的配件，从一个卡子、一个支架开始，必须100%出零件图，有完整的工艺要求。

五、提升产品制造水平，近期需做好的几项具体工作

提升产品制造水平，是一项艰巨复杂的系统工程，涉及设计、工艺、制造、物资采购等各部门。一个高质量、高水平的产品是各部门优秀工作的结晶。一个没有工艺性的设计不是好设计，不能保证设计的工艺不是好工艺，粗制滥造会导致企业的灭亡。所以要请在坐的厂所主要领导切实负起责任，要有专职厂领导亲自组织，协调抓好此项工作。

工艺的管理体制、工艺设计、工艺技术的管理等方面问题比较多，一个企业，总厂有工艺处，分厂有工艺组，车间有技术组，都是搞工艺。他们的工作范围、职责、权限相互交叉，模糊不清，加上企业重设计、轻工艺，使得工艺人员的工作积极性不高，产品整体制造工艺工作水平不高。对不符合设计图纸要求的产品，经常在“不影响运用”的名义下签字出厂了，事实上给运用部门带来了非常大的麻烦，这样的产品怎能在市场上竞争？

什么是好的产品制造工艺？制造出的产品质量稳定，符合产品设计要求，就是好工艺。这个人干和那个人干是一样的，这就叫工业化生产，否则叫小作坊。工艺品是追求个性化，工业化生产就是要追求质量的稳定性。有句话，我觉得不错，即“工艺保设计，工装保质量”，没有工艺装备的强大基础，是生产不出高质量的机车车辆产品的。

1. 认真做好组织、宣传工作。

提高产品制造工艺水平是一项复杂的系统工程，需要企业全体员工的积极参与，各厂所要认真研究、贯彻、落实《中国南车集团公司“十五”科技发展计划纲要》的精神，广泛深入地做好组织、宣传工作，提高对提升机车车辆产品制造技术水平的认识，统一思想，增强市场经济环境下企业生存和发展的紧迫感与使命感。使全体员工特别是各级领导干部充分认识做好此项工作的必要性和重要性。厂所长要负全责，要全面组织、协调、推进此项工作。集团公司近几年主要技术工作就是要围绕提升机车车辆产品制造工艺水平开展，要将提高制造工艺水平提高到企业生命线的重要位置。要以设计制造两手抓、两手都要硬的态度对待制造水平的提高，使其贯穿于产品开发与制造的始终。

2. 全面、认真、细致地分析现状，提出具体的工作推进计划。

要认真研究、学习国外先进企业产品制造技术，从产品开发设计的源头抓起，从设计理念、规范、思想和设计结构上充分体现制造工艺的重要性、合理性。全面、细致分析与总结本单位现有产品制造工艺现状，找出自身存在的差距和不足，理出思路，以国际先进企业产品标准为目标，将产品制造过程进行严格的整顿和仔细的分类。要从体制、模式、方式方法、解决时间等方面找出问题、列出专题，实事求是地制定详细的、可操作的近期制造工艺技术改进措施和实施推进计划，组织、安排好时间进度。提升制造工艺技术的改进与推进计划的制定和实施，要充分体现高标准、高起点、严要求和符合实际情况。

3. 重视并强化制造工艺技术基础工作。

贯彻“十五”科技计划纲要精神，建立完整、严谨的工艺设计与工艺管理体系，全面整顿工艺图纸和工艺文件，加强制造工艺装备的研究、改进与开发，做到“工艺保设计，工装保质量”。认真解决产品实物与产品图纸不相符的问题，确保所有零部件都要有图纸，所有工序都有工艺文件，且严格执行。要加强工艺技术的研究、验证工作，不断改进、优化工艺参数，提高工艺文件的准确性和适用性。

4. 建立严格的全过程控制体系。

加强对生产现场的质量管理。严格执行ISO9000质量标准，坚决杜绝执行、贯彻质量标准中的“两张皮”现象。不断完善工序质量自控、互控、他控，对自检、互检和专检要有明确的检查范围和责任，并有相应的考核、奖惩措施。

5. 加强标准化工作。

标准化工作是提高企业技术工艺管理水平，确保产品质量稳定提高的重要工作环节，各单位要高度重视。要配备高素质的专业人员负责标准化工作，研究、学习国际先进的机车车辆产品与制造技术标准，提升企业技术创新的标准化水平。同时，还应保证有足够的标准化专项活动经费，解决好标准化工作人员的研究、试验等工作。集团公司将组织、主持制定集团企业标准，督促、指导各厂所的执行。

6. 积极进行制造工艺装备的改造。

积极筹措、投入必要的资金进行制造工艺合理性的调整和工艺装备的充实与改造，解决工艺设计、工艺手段落后的问题。改造的重点应放在提高专业化、标准化作业和控制水平方面，充分发挥工艺装备的保障作用，尽可能地消除人为影响因素，消灭“现场装配”等非标准化的落后工艺方式。集团公司将在近几年集中力量从科技立项和资金费用方面给予企业必要的支持。

7. 充分发挥专业工艺研究所的作用。

戚墅堰研究所要重点进行机车关键、基础零部件的制造工艺、可靠性、试验与寿命研究。充分发挥研究所在研究、试验装备及制造工艺人才等资源优势，使制造工艺成果集团共享，以成为集团制造工艺研究的基地。

大事记

集团公司2003年大事记

集团公司 2003年大事记

1 月

3日　集团公司党委下发《关于表彰2002年度“十好”领导班子的决定》，对获得“十好”领导班子称号的株洲所等8个单位进行表彰和奖励。

9~10日　集团公司工作会议在北京二七车辆厂召开。集团公司领导班子全体成员，所属各厂所、公司的厂所长、董事长、总经理、党委书记、工会主席，集团公司总部各部室负责人共100余人参加了会议。国有重点大型企业监事会主席段瑞春，铁道部总经济师王奎中等应邀出席会议。集团公司总经理赵小刚作了题为《全面贯彻落实十六大精神，建设具有国际竞争力的轨道交通装备企业》的工作报告。党委书记王泰文作了题为《与时俱进，开拓创新，为做大做强做优南车集团提供供政治保证》的重要讲话。总经理赵小刚代表集团公司与各厂所公司法人代表签订“十五”后3年资产经营责任书。

9日　集团公司工会第一届全委会在北京召开。集团公司党委副书记、工会主席杨荣林作了题为《深入学习贯彻党的十六大精神，团结动员广大职工为加快集团公司改革与发展建功立业》的工作报告，集团公司工会副主席钱毅作了经费审查工作报告。

9~18日　由铁道部运输局装备部组织的新造机车制造质量展示会在二七机车厂举行。戚墅堰厂东风$_{11}$型内燃机车获得内燃机车系列第1名。南车四方公司东风$_{7G}$型内燃调机获得管路单项第1名。

15日　南方汇通公司投资控股的高科技企业—南方汇通微硬盘科技股份有限公司在贵阳举行新厂落成剪彩仪式暨成果发布会。贵州省委副书记、省长石秀诗，集团公司总经理赵小刚等出席新厂落成剪彩仪式及1英寸2.4G微硬盘成果发布会。

22日　集团公司党委下发《中国南车集团公司领导干部绩效考核管理办法》(试行)的通知。

2 月

10日　集团公司党政工团联合下发《关于评选集团公司“青年岗位能手”和“青年文明岗”》的通知。

11日　眉山厂向巴基斯坦出口1300辆货车合同在北京人民大会堂正式签订。巴基斯坦国铁道部部长马哈尔，中国铁道部副部长彭开宙、外经贸部副部长魏建国、中企工委副书记吴晓华、中国银行副行长孙昌基、集团公司总经理赵小刚等出席签字仪式。

18日　由南车四方公司向北京地铁八通线提供96辆地铁车辆(2动2拖24个编组，签约总金额约3.9亿元)项目合同，在北京正式签字。该项目标志着南车四方公司从此步入城市地铁车辆的制造领域。

20日　铁道部副部长孙永福在铁道部有关司局领导和集团公司总经理赵小刚、副总工程师王松文陪同下，到南车四方公司视察工作。

21日　铁道部运输局装备部在石家庄厂召开铁道部2003年铁路既有货车转8AG改造工作会议。来自南、北车集团公司的12家企业与中铁建设开发中心签订了2003年转8AG改造合同。集团公司副总经理郑昌泓出席会议。

22日　青藏铁路所需的铁路公务动车，在南车四方公司研制成功。该台目前世界上首列高原高寒动车经过线路运用试验后，将正式上线运营。

24日　集团公司党委下发《关于在基层党支部和全体党员中开展“实践三个代表重

要思想，保持党员先进性”的学习教育活动指导意见》的通知。

25日　由集团公司主办的“南车株机杯”易地采访活动在株机厂举行。来自《人民铁道报》和全路30余名新闻记者参加了活动。

26~27日　铁道部科技司在戚墅堰厂召开4410千瓦交流传动客运内燃机车技术设计评审会。戚墅堰厂开发的4410千瓦交流传动客运内燃机车通过了铁道部技术设计评审。

26~27日　共青团南车集团公司一届四次全委(扩大)会议在襄樊厂召开。集团公司党委副书记杨荣林、团委书记牛卫东和集团公司各厂所、公司团委负责人出席会议。

27日　中国铁道学会公布2002年度科学技术奖获奖项目。其中南车四方公司研制的NJ_1交流传动内燃机车荣获一等奖，资阳厂研制的GK1C型内燃机车荣获三等奖。

27日~3月2日　铁道部运输局在襄樊厂召开铁道部东风$_{8B}$型内燃机车大修规程、大修技术改造方案审定会。

3　月

3~4日　铁道部运输局装备部在资阳厂召开内燃机车柴油机空气滤清系统设计改进研讨会。

11日　集团公司纪检监察工作会议在重庆召开。集团公司党委书记王泰文作了题为《与时俱进，勇于创新，推动党风廉政建设深入健康发展》的讲话，集团公司纪委副书记李建国作了题为《紧扣第一要务，坚持标本兼治，为实现发展战略目标提供政治保证》的报告。

11日　资阳厂生产的韶山$_{3B}$型电力机车通过铁道部技术方案验证。

12~13日　根据2002年集团公司科技计划(第一批)，由武昌厂等单位承担的时速120公里特种货车焊接构架转向架方案设计评审会在武昌厂召开。

14日　铁道部运输局装备部在南京组织召开PW200型无摇枕转向架技术评审会。

17日　由荷兰铁路集团企业发展部经理Tjeerd Enzing等一行4人组成的荷兰铁路集团代表团，到四方厂参观访问。

20日　来自德国焊接与培训研究所(SLV)和哈尔滨焊接培训中心的2名专家，对四方厂所属的青岛四机车辆构件加工厂进行DIN6700的焊接认证。据悉，该厂是国内首家通过DIN6700 C_1级部件焊接认证的企业。

26日　集团公司党委下发《中国南车集团公司党风廉政建设责任制实施办法》、《中国南车集团公司党风廉政建设责任制责任追究实施办法》、《中国南车集团公司党风廉政建设考核实施办法》的通知。

27日　国资委副主任吴晓华、监事会主席段瑞春一行7人在集团公司总经理赵小刚陪同下，到资阳厂、眉山厂视察工作。

30日　铁道部新造机车质量阶段工作总结会议在青岛召开。铁道部运输局副局长、装备部主任陈国芳，运输局装备部助理巡视员孙景斌，集团公司副总经理唐克林以及有关部门和单位的领导共80余人参加会议。

31日　由襄樊厂和武汉瑞尔威工程机械公司联合开发生产的首台XBH60-210型集装箱式轨道焊机，通过轨道焊接试验和评审验收。

31日~4月2日　集团公司2003年度财务工作会议在眉山厂召开。集团公司所属厂所、公司的总会计师、财务处长等共计50余人参加会议。集团公司总会计师朱守礼作了题为《与时俱进，开拓创新，继续推进南车集团公司财务工作的规范和创新》的工作报告。

本月　中国质量管理协会向资阳厂颁发

了《质量管理体系认证证书》、《环境管理体系认证证书》和《职业安全健康管理体系认证证书》。

本月 戚墅堰厂开始进行国际先进水平的大功率客运内燃机车—4410千瓦交流传动客运内燃机车的施工设计。

本月 由株辆厂设计生产出口蒙古国的PG1520型铺轨机完工出厂，在二连浩特换轨后将直接发往蒙古国。

4 月

1日 石家庄南车铁龙电子有限公司举行揭牌仪式。集团公司副总经济师白继文及有关部门领导参加揭牌仪式。

1日 石家庄厂委托国祥公司管理国铁分厂签字仪式在石家庄举行。标志着石家庄厂制冷空调设备产业向着资源整合和全力打造中国交通运输设备制冷空调研发制造基地的方向迈出可喜的一步。

3日 中共中央委员、国务院新闻办主任赵启正到南方汇通公司视察工作。

10日 在由中纪委、中组部、监察部、国资委和全国总工会联合召开的全国厂务公开电视电话会议上，浦镇厂被授予“全国厂务公开先进单位”称号。

14日 集团公司组织部长培训班在北京举办。集团公司党委书记王泰文就党务工作者队伍建设授课。

15日 集团公司2003年度安全生产工作会在洛阳厂召开。集团公司副总经理郑昌泓、副总经济师林世甲及各厂所主管安全生产工作的领导40余人参加了会议。

17日 集团公司党政工团联合下发《关于表彰中国南车集团公司劳动模范和先进集体的决定》。授予范新玲等105人南车集团公司劳动模范称号，授予株机厂组装分厂等39个单位南车集团公司先进集体称号。

18日 集团公司党政工团联合下发《关于表彰中国南车集团公司青年岗位能手和青年文明岗的决定》。决定授予株机厂康惠军等26人“青年岗位能手”称号，授予资阳厂技术中心车体设计室等24个青年集体“青年文明岗”称号。

22日 集团公司报纸展示暨报社管理工作交流会议在铜陵厂召开。集团公司党委副书记杨荣林等出席会议并讲话。

28日 四川丰田公司终止与其他锻造厂的业务合同，正式将丰田柯斯达汽车配件6种锻件毛坯切换到资阳厂锻压分厂生产，并签订了2000余套年供货合同，价值180多万元。

30日 根据铁道部运输局运装管验电〔2003〕563号电报，运输局装备部紧急通知上半年向株辆、眉山、铜陵、南方汇通公司、二七车辆、戚墅堰和江岸厂增加货车订单。

5 月

13日 湖南省副省长郑茂清到株机厂视察工作。

14日 襄牵公司首台东风$_{8B}$机车配套电机修竣出厂。

18日 西门子股份公司交通技术集团副总裁、财务首席执行官Bott到株机厂参观访问。西门子(中国)有限公司总裁兼首席执行官Behrens、副总裁兼交通技术集团总经理Berg、交通技术集团商务总经理Ulbricht一同到访。

24日 湖南省委副书记、代省长周伯华到株机厂视察工作。

25日 铁道部党组书记、部长刘志军专程到南车四方公司视察工作。在认真察看了高档客车研制生产情况后，刘志军发表重要讲话，要求采用先进、成熟、经济、实用、可靠的技术，大力发展中国铁路机车车辆现代化装备，实现中国铁路的跨越式发展。

25日 由浦镇厂研制的中国首列160

公里/小时内燃摆式客车竣工下线，到铁科院环行线编组联挂进行运行试验。中国首列摆式列车由浦镇厂、北车集团唐山厂和大连厂共同承担。

本月 株辆厂研制的D26型290吨落下孔车通过部级技术审查。

6 月

12日 美国通用电气运输系统（中国）有限公司总经理付波一行3人到成都厂考察。

16日 国务院国有资产监督管理委员会副主任邵宁率调研组一行8人到集团公司调研。集团公司党委书记王泰文、总经理赵小刚和领导班子全体成员及驻集团公司监事会主席段瑞春等参加了座谈会。

25日 四川省委书记张学忠等一行到资阳厂视察工作。

25日 由常州铁路机械学校承办的集团公司首期高级铸工培训班，经过3个月的培训圆满结束。来自集团公司14个工厂的26位学员参加了培训。

26日 江岸厂ISO9000及ISO14000体系通过中国船级社的年度审核。

27日 中国方圆标志认证中心向石家庄厂颁发了质量/环境/职业健康安全管理体系一体化认证证书。

29日 中国船级社重庆分社向资阳厂铸造分厂颁发《工厂认可证书》，取得进入船舶工业领域的通行证。

本月 石家庄与北京冶金设备研究院联合研制的，可以替代国外进口的高新技术产品—气动开铁口机，继打入上海宝钢后，又获得天津钢厂、福建三明钢铁厂、石家庄铁厂等单位的订单。

本月 阿尔斯通（中国）投资有限公司运输部高级副总裁白诗德和代理高级副总裁马艾一行到戚墅堰厂考察。

7 月

1日 中共中央政治局委员、湖北省委书记俞正声到武昌厂视察工作。

12日 科技部副部长马颂德到株机厂视察工作。

14～16日 集团公司在成都召开2003年经营管理座谈会。集团公司总经理赵小刚作了题为《加快与国际水平接轨，努力实现集团公司战略发展的新目标》的主题讲话。集团公司党委书记王泰文作了题为《认清当前形势，抓住历史机遇，努力开创南车集团改革发展稳定的新局面》的重要讲话。监事会主席段瑞春作了企业知识产权保护专题讲座。

18日 泰国风凰公司总经理MR.CHERDKIAT VIPASSAKULSUKGK、泰国交通部助理MR.SURAPHONG MONTHIENVICHIENCHAI等一行8人到成都厂考察。

30日 眉山厂与克诺尔远东有限公司签订《合资意向书》。

8 月

2日 湖南省委副书记、常务副省长于幼军一行4人到株机厂考察调研。

3～22日 根据铁道部科教司455号电报批复精神，“雪域神舟”号机车在青藏线进行高原性能试验。铁道部部长孙永福专程到试验现场了解情况。

7～8日 集团公司多经工作会议暨商务洽谈会在贵阳召开。集团公司总会计师朱守礼出席会议并发表讲话，副总经济师白继文作多经工作报告。集团公司所属各厂所、公司主管多经工作的领导和负责人共60余人参加了会议。

12日 国资委驻中国南车集团公司监事会主席段瑞春到南方汇通公司视察工作。

12日 洛阳厂举行首台韶山$_8$型电力机车大修竣工仪式。

13日 湖南省委副书记文选德等一行7人到株机厂视察工作。

13日 贵州省政协副主席相小青到南方汇通公司调研。

18日 浦镇厂举行上海明珠线项目第三阶段首列国产化地铁车车辆下线仪式。国资委监事会主席段瑞春、铁道部副总工程师宋凤书、集团公司党委书记王泰文等参加了下线仪式。

28日 铁道部副总工程师宋凤书在集团公司党委书记王泰文陪同下，到南车四方公司、BSP公司和四方有限公司客修公司指导工作。

本月 资阳厂2台GK_{1C}型机车在河北开滦矿业公司正式投入运营，从而结束了开滦矿区125年来单一使用蒸汽机车的历史。

本月 在由中国企业联合会和国家统计局联合主办的中国企业500强评比活动中，集团公司位居第103位。

9 月

1~4日 株辆厂通过华信技术检验有限公司对工厂环境管理体系覆盖的产品—敞车、平车、罐车、漏斗车、长大货车、铁路铺架养护设备及其零配件生产过程和管理所涉及环境的现场认证审核，并颁发环境管理体系认证书。

13日 中国南车集团机车车辆材料工艺研发中心在戚墅堰所挂牌成立。

15~17日 襄牵公司通过ISO9000:2000换版认证。

20日 越南青年干部高级研修班一行49人到南方汇通公司参观。

20日 武昌厂武威装饰建材超市全面开业。超市经营面积8万平方米，仓储面积5万平方米，集采购、设计、施工为一体。

26日 科技部副部长马颂德到南方汇通公司视察工作。

本月 铜陵厂生产的RE车轴经铁道部同意，获准生产。

本月 株辆厂研制的25吨轴重新型运煤敞车通过铁道部技术审查。

10 月

11日 中共中央政治局委员、国务院副总理吴仪在参观全国第五届深圳高交会时，称赞由株机厂、南车四方公司等单位联合研制的高速动车组“中华之星”值得推广。

16日 越南铁路总公司与资阳厂正式签订第三批20台“革新号”米轨机车采购合同，合同金额1400多万美元。至此。资阳厂已超过美国、比利时、澳大利亚等国家成为越南最大的铁路干线机车供应商。

20日 铁道部部长刘志军在湖南省副省长郑茂清等陪同下，到株机厂视察工作。

20日 集团公司2003年组织部长会议在铜陵召开。集团公司党委副书记杨荣林作了题为《与时俱进，开拓创新，扎实工作，为南车集团的改革发挥稳定提供组织保证》的讲话。

20日 老挝铁路总经理克姆森等5位东盟铁路总经理会议代表应邀到资阳厂参观考察。

23日 资阳厂研制的首台HTCR径向转向架构架发送到中国铁道科学研究院进行疲劳试验。

24日 铁道部运输局专家认证组在江岸厂召开K4型转向架部级认证会，同意通过生产质量认证，建议投入批量生产。

24日 巴基斯坦铁路代表团一行5人到眉山厂参观考察。

25日 中共中央政治局常委、全国政协主席贾庆林在中央统战部副部长胡德平、贵州省委书记钱运录、省长石秀诗等陪同下，视察南方汇通公司。

26日 中共中央政治局委员、国务院副总理曾培炎在中直机关工委书记伍绍祖，湖南省委书记杨正午，省委副书记、代省长周伯华，省委副书记、常务副省长于幼军等陪同下，到株机厂视察工作。

26日　集团公司第一届运动会在眉山厂隆重举行。全国总工会、国家体育总局、国资委、全国铁路总工会为大会发来贺信。本届运动会共设11个大类比赛项目，集团公司所属企业和总部机关共22个代表团的1021名运动员参加了比赛。运动会期间，表彰了株机厂等7个职工体育先进单位，戚墅堰厂等14个单位受到表扬，196人被评为职工体育先进个人。

26日　二七车辆厂生产的25吨轴重新型运煤敞车（配装25吨轴重下交叉支撑转向架和25吨轴重摆式转向架）、C64H型敞车和25吨轴重下交叉支撑转向架通过铁道部的生产质量认证。

27日　铁道部在武昌厂召开转K4型转向架生产质量认证评审会。专家组认为该厂试制的转K4转向架符合产品图样及设计要求，基本具备批量生产。

31日~11月9日　铁道部档案史志中心和中国铁道学会铁道文秘档委员会史志学组在重庆铁路分局举办全国铁路年鉴质量评审会。有57个单位参评。经过评审，集团公司荣获综合一等奖、编校质量一等奖和版式装帧一等奖，戚墅堰厂荣获综合二等奖、编校质量一等奖和版式装帧一等奖，南车四方公司荣获综合二等奖、编校质量一等奖和版式装帧一等奖，株机厂荣获综合二等奖、编校质量一等奖和版式装帧一等奖，眉山厂和石家庄厂分别荣获综合二等奖。

本月　在国家信息化测评中心举办的2003年度“中国企业信息化500强”评选活动中，中国南车集团公司被做为第16位入选企业，集团公司总经理赵小刚荣获优秀信息化主管奖。

11　月

3日　江岸厂生产的铁路相关配件产品通过铁道部装备部质量整改复查。

5~7日　在由信息产业部、国家发展和改革委员会、科技部、商务部、国务院信息化工作办公室联合主办的2003第七届中国国际软件博览会上，株洲所参展产品受到好评。原国务院副总理李岚清、原全国政协副主席胡启立、信息产业部部长王旭东、副部长苟仲文等领导参观株洲所展台。

12日　由铁道部科技司、运输局装备部共同主持的铁道部NS100G型全液压伸缩臂铁路起重机技术审查会在成都召开。来自西南交通大学、全国13个铁路局和集团公司的9位专家评委及20余名代表，对成都厂的NS100G型全液压伸缩臂铁路起重机进行审查，同意通过审查。成都厂是通过铁道部NS100G型铁路起重机生产改造资格审查的首家企业，NS100G型铁路起重机已被定型为“NS100G-5型”。

15日　戚墅堰厂的提速机车东风$_{11G}$0001、0002号到北京环行线进行各项性能试验，这是提速机车首次公开亮相。

18日　成都厂首家改制企业——爱普利锻造有限责任公司正式挂牌成立。

18日　全国总工会副主席、书记处第一书记张俊九在贵州省委副书记、省长石秀诗陪同下，到南方汇通公司视察工作。

19日　国资委驻中国南车集团公司监事会主席段瑞春到武昌厂考察调研。

20日　由株机厂研制的中国首台出口交流传动电力机车O'ZBEKISO－0001号竣工下线。乌兹别克斯坦国家铁路公司董事会主席拉马托夫、湖南省副省长郑茂清、铁道部运输局装备部副主任孙景斌和集团公司总经理赵小刚出席下线典礼，并为机车剪彩。

21日　铁道部副部长陆东福在铁科院

北京环行道试验基地，视察了戚墅堰厂为铁路第五次大提速专门研制的东风$_{11G}$型提速机车，并给予高度评价。。

21日　国家质量监督检验检疫总局党组书记、副局长李传卿到南方汇通公司视察工作。

21日　成都厂通过ISO 9001:2000版质量管理体系转版认证，正式取得认证证书。

23日　铁道部副总工程师宋凤书到眉山厂指导工作。

24日　集团公司厂务公开会议在株洲召开。国资委群工局副局长李学东出席会议并讲话。集团公司党委书记王泰文发表《落实“三个代表”，加大工作力度，推动南车集团厂务公开工作深入健康开展》的讲话。集团公司党委副书记杨荣林作了题为《总结经验、明确任务、规范运作，把集团公司厂务公开工作不断引向深入》的报告。

25日　四方厂的整体改制工作结束，完成工商注册。改制后，四方机车车辆厂更名为四方机车车辆有限责任公司，将按照公司化管理模式运作。

27日　江苏省委副书记冯敏刚到浦镇厂视察工作。

28日　眉山厂职工健康安全体系暨环境管理体系通过中联认证中心审核。

28日　南车四方公司举行北京八通线首批城轨列车剪彩仪式。集团公司总经理赵小刚、青岛市副市长吴经建出席剪彩仪式。

29日　以株洲研究所为依托的变流技术国家工程研究中心，通过了由国家发展和改革委员会委托铁道部组织的竣工验收。

本月　株辆厂研制的25吨轴重摆式转向架被铁道部正式定型为转K5型转向架。

本月　国家统计局以国统办字[2003]21号文件授予全国1237个单位为2002年全国投入产出调查先进集体，资阳厂获此殊荣，资阳厂龚卫平获先进个人称号。

12　月

4日　由越南铁路总公司总经理阮友朋率领的越南高级代表团一行14人到成都厂参观考察。

4日　中央企业党建思想政治工作研究会第四课题组交流会议在集团公司总部召开。

5日　集团公司总经理赵小刚代表集团公司和国资委主任李荣融签订《2004～2005资产业绩责任书》。

5日　越南铁路高级代表团一行10余人到资阳厂访问。

10日　国资委副主任邵宁到株机厂视察工作。

18日　戚墅堰厂东风$_{11G}$提速机车牵引19节客车及试验车等在京杭线试验，取得圆满成功。随车参加试验的铁道部部长刘志军对东风$_{11G}$提速内燃机车表示满意。

20～21日　由株辆厂和中铁四局组织的CPG500型长轨条铺轨机组技术设计(内部)评审会在株辆厂举行。

21日　由株洲所研制的湖南省首台纯电动公交车正式在株洲与世人见面。

24日　南方汇通公司董事长、党委书记、贵州省人大常委会财经委员会副主任委员、贵州省政治协商委员会委员、全国劳动模范惠金根，在贵阳因车祸不幸逝世。

27日　北京地铁八通线开通试运营仪式在北京隆重举行。中共中央政治局委员、北京市委书记刘淇，北京市代市长王岐山，铁道部副部长孙永福及国务院有关部委、北京市有关部门领导出席开通仪式。通车仪式结束后，刘淇、王岐山、孙永福等领导登上新型地铁列车察看运行情况，作为研制单位的代表，南车集团公司总经理赵小刚、南车四方公司总经理江靖向领导介绍了列车的详细情况。刘淇、王岐山等对列车运行情况表示满意,并表示要加强合作,促进首都的发展。

28~31日 二七车辆厂生产的双层集装箱平车,在京广线进行试验圆满成功。

30日 浦镇厂为上海明珠线项目一期工程生产的第21列地铁车辆交付上海业主,至此,圆满完成上海明珠线项目21列地铁车辆生产任务。

12月 株洲所与上海电气集团联盟中标"90MW整流电源"国防建设项目,一期合同总额600万元。

概况

行政工作概述

党群工作概述

集团公司总部机关行政机构设置

集团公司总部机关党群机构设置

中国南车集团公司领导干部名单

中国南车集团公司工会副主席、纪委副书记、副总经济师、副总工程师名单

中国南车集团公司总部机关各部门负责人名单

行政工作概述

【综述】 2003年，机车车辆市场发生变化，部分产品采购计划削减，原材料价格大幅度上涨，实现全年生产经营目标的难度不断加大。集团公司面对市场竞争加剧，改革发展任务繁重，以及突如其来的非典疫情的严峻形势，一手抓非典防治不放松，一手抓生产经营不动摇，努力开拓市场，强化内部管理，加大成本控制力度，化解非典影响，各项工作取得了新的进展，绝大部分企业完成了2003年资产经营责任指标。全年完成机车制造627台，同比增长0.2%。其中内燃机车416台，同比增长8.6%；电力机车210台，同比减少13.6%。完成客车制造600辆，同比减少51.6%；完成货车制造12328辆，同比增长2.4%。完成机车修理836台，同比减少3.5%。其中内燃机车794台，同比减少6.3%；电力机车42台，同比增长121.1%。完成客车修理1576辆，同比增长3.3%；完成货车修理27227辆，同比增长3.9%。2003年实现销售收入142.0亿元，同比增长6.8%。全员劳动生产率为118696元/人·年，同比增长14.6%。集团公司在消化钢材涨价、产品技术标准提升和客户欠款严重等造成成本增加的不利因素后，仍实现利润总额4936万元。2003年，继铜陵厂、成都厂继续扭亏后，长期亏损的北京机械厂实现了扭亏为盈；全年集团公司亏损企业9个，与上年持平，有5个工厂完成了减亏30%的目标；亏损企业亏损额18609.3万元，比上年增加7495.2万元，增幅67.4%。

【城轨地铁】 密切关注城轨地铁发展态势，积极收集市场需求信息，加大市场开拓力度，城轨地铁市场开发取得新的进展。南车四方公司向北京地铁八通线提供96辆地铁车辆项目签约，首批车辆已投入运行；株机厂在广州地铁三号线车辆采购中夺标，株洲所在地面整流设备，戚墅堰所在齿轮箱、联轴节、风缸等配件项目中也取得订单。2003年，集团公司国内城轨地铁车辆中标合同金额达18.2亿元，实现销售收入1.23亿元。至此，浦镇厂、南车四方公司和株机厂3家企业在城轨地铁方面均取得了订单，呈现良好的发展势头。

【对外贸易】 集团公司适应经济全球化发展形势，充分利用国际国内两个市场，积极参与国际竞争，有计划、有步骤地开展国际化经营，拓展了企业发展空间。下大力气开拓国际市场，进一步巩固了东南亚市场，发展了中东、中亚、非洲市场，首次进入南美市场，出口贸易保持稳步增长态势。全年集团公司出口成交额达21413.3万美元，比2002年有所增长；其中整车出口签约15008.7万美元，配件及其他项目出口签约6404.6万美元。全年收汇额8448.2万美元，比2002年翻一番。比较大的签约项目有资阳厂出口越南干线机车、株辆厂出口巴西货车、眉山厂出口巴基斯坦货车、南车四方公司和资阳厂出口非洲动车组、内燃机车等。扩大对外开放力度，加强国际合资合作，积极引进国外先进技术，组织进行多项国际合作交流和国外市场调研，加快了集团公司“引进来”和“走出去”步伐。株机厂、戚墅堰厂、南车四方公司、眉山厂和株辆厂等企业的一批国外合作项目正在洽谈过程中。

【多元经营】 各厂所、公司普遍加大多经市场开拓力度，积极开发新产品，一批多经产品展示了良好的发展前景。南方汇通公司的微硬盘、锂电池等具有高科技含量和高附加值的多经项目势头较好，专用汽车、地铁空调等多经项目稳步发展，金刚石项目当期扭亏为盈。强化多经实体管理，继续清理整顿多经公司。加大投融资力度，集团公司多经发展基金全年累计周转借款8600万元。全年,集团公司非铁路机车车辆产品销售收入19.5亿元,比上年增长23.8%,多元经营继续保持健康快速发展的好势头。

【结构调整】 年内,集团公司进一步加大结构调整力度,提出了主机产品集约化、重大零部件专业化、一般零部件市场化和后勤辅助社会化的工作思路;加强内部产业链的整合与调整,积极推进电机、空调制冷设备、制动产品、电子电器等产品的整合与发展。资阳厂传动分厂完成公司化改造,走出了专业化经营的第一步;石家庄厂制冷车间与国祥公司完成了整合;株洲电机业务整合进入实质性阶段;制定了小铸造、小锻造清理整顿方案,部分工厂已经开始制定实施方案。株洲所与株洲电机厂的整合已基本完成,新的经济增长点开始形成;四方厂存续业务整合成效明显,四方机车车辆有限责任公司已完成工商登记。加快推进主辅分离、改制分流工作,各厂所、公司分别制定了改制分流工作规划与实施方案。集团公司主辅分离改制分流总体规划已经国资委批准,集团公司对部分厂所、公司的改制分流方案进行了批复,16家试点单位改制分流进展顺利,成都厂、四方厂中小学实现了移交。

【电机业务重组】 株洲电机业务重组主要将株机厂和株洲所的电机生产与株洲电机厂的生产业务进行整合并进行资产重组,全面提升电机制造工艺水平。2003年3月,按照集团公司关于对株洲电机厂资产实施重组的要求,由株洲所派出工作组进驻株洲电机厂开展重组工作。年内基本完成株洲所对株洲电机厂的兼并重组和业务整合。至年底,株洲电机业务整合基本完成,经重组的株洲南车电机股份有限公司组建完成,新的经济增长点开始形成。

【三项制度改革】 继续推进劳动用工制度改革,建立了员工劳动合同履约考核机制,劳动合同实行短期化和有期限化;指导改制企业调整劳动关系,积极推进减员增效,全面完成了集团公司年初下达的减员计划,全年净减员3251人。分配制度改革深入推进,以岗位工资制为基础的分配制度在集团公司基本确立,18个厂所、公司实行了这一分配制度。加快推进经营者年薪制,修订下发了《中国南车集团企业经营管理者年薪制暂行办法》,新批准南车四方公司、株机厂等11家企业试行经营者年薪制。人事制度改革取得突破,公开竞聘制度引向深入,铜陵厂实行厂级行政副职全员竞聘,反映良好;17个厂所、公司通过公开竞聘机制选拔使用中层管理人员。加强人力资源管理,重视员工培训,加大骨干人员激励力度,组织高层管理人员、专业技术人员和业务骨干进行各类培训。实施"工程师晋升通道"计划,为专业技术人才成长开辟了新的途径。抓好职业技能培训和鉴定,成立了集团公司和企业两级职业技能考评委员会,建立了集团公司考评专家人才库。两个确保工作稳妥扎实,积极推进企业退休人员社会化管理服务,下岗员工基本生活费和离退休人员养老金按时足额发放,维护了社会和企业的稳定。

【新产品开发】 年内,集团公司为适应铁路跨越式发展新构想,加强科技管理,加大科技投入,强化设计基础,加快了产品与国际接轨步伐。全年试制新品种机客货车和动车组共11项,研发重要零部件和关键技术58项。中华之星动车组安全试运行30万公里,顺利进入A1修程;先锋号动车组顺利完成A2修程,并进一步接受运用考核;东风$_{11G}$提速内燃机车圆满完成提速试验,得到铁道部领导的肯定;我国出口乌兹别克斯坦的首台交流传动电力机车竣工,走出了一条自主创新与引进技术相结合的成功路子，为集团公司加速产品与国际接轨积累了宝贵经验。国产高原内燃机车和公务车在青藏线投入运用考核，取得了良好效果；韶山$_{3B}$重联电力机车试制成功，投入正线运用；4410千瓦交流传动客运内燃机车通过铁道部技术评审，得到好评；时速200公里无摇枕客车转向架研制成功并投入批量生产，时速160公里货车转向架、25吨轴重通用平车和敞车、双层集装箱平车、铝合金和钢浴盆敞车等新产品项目研制取得阶段性成果。具有自主知识产权的地铁列车研制取得突破，已完成一个单元整车的总装。技术创新体系正在逐步完善，成立了集团公司机车车辆材料工艺研发中心。

【技术改造】 重点技改项目稳步实施，原国家经贸委立项的8个项目7.5亿元的国债投资，进入全面实施阶段，大部分关键设备开始或完成采购。原国家计委批复的株机厂地铁项目进展顺利。继续利用外国政府贷款进行技改工作，南车四方公司、眉山厂、戚墅堰厂利用西班牙政府贷款项目已获批准，正式实施。全年实施重点技改项目12个，涉及10个厂所、公司，完成技改投资约8亿元。各厂所、公司加大科技投入，自筹资金进行技术改造和技术创新，有力地促进了企业工艺设计水平和产品质量的提升。加强了“九五”重点投入项目的总结验收与审计，确保项目发挥效益。

【产品质量】 各厂所、公司认真贯彻落实南车集团“十五”质量攀登计划，立足用户需求，强化整改措施，提升工艺制造水平和产品质量，主要质量指标稳中有升。加强管理体系建设，全面推行ISO9000—2000质量体系贯标工作，目前已有16个厂所、公司通过了认证评审。ISO14000环境管理体系认证取得较大进展，今年又有5家企业通过认证。至此，集团公司共有13家企业通过了ISO14000认证。株机厂、资阳厂、石家庄厂等单位通过了质量、环境、安全三位一体评审。

【企业管理】 集团公司以“突出核心竞争力、突出主业、突出企业和集团公司整体优势”的原则，对“十五”发展战略进行了修改，提出了2010年把南车集团建成国内一流、国际知名、具有国际竞争力的轨道交通装备企业的奋斗目标，确定了科学合理、振奋人心的战略目标和发展措施。实施品牌战略取得初步成效，所有整机整车产品已统一了铭牌。加强产业发展研究，对轨道交通装备制造产业的战略定位、发展方向进行了初步研究。

强化企业基础管理。集团公司和各厂所、公司苦练内功，深挖潜力，坚持向管理要效率、要效益，产生了一批新的企业管理创新成果。加强成本管理和费用控制，加大人工成本控制力度，全面开展物资采购招议标工作。加强财务预算管理，集团公司和各厂所、公司都编制了年度财务预算。开展清产核资工作，全集团公司清理资产损失共计15亿元，清产核资结果已上报国资委待批；年内开始执行新的企业会计制度。强化审计监督，积极探索经济效益审计等管理审计的路子，促进企业规范经营与管理，取得了积极效果。2003年，集团公司及各厂所、公司共完成审计项目4338项，查出问题金额10230万元，审计确定调账金额2044万元；审计合同28765份，送审标的金额61.9亿元，审减金额958万元。继续深化“三重一大”效能监察，完善监察制度。加强安全生产工作，深入贯彻《安全生产法》，推行安全生产责任制，狠抓安全生产大检查和安全隐患整改，降低了事故发生频率。全年发生重伤事故2起，未发生死亡事故，取得了近年来安全生产的最好成绩。

信息化建设进程加快。集团公司加快以

财务为突破口的信息化建设步伐，完善信息网络建设，取得了较好成绩。集团公司成立了由总部有关职能部门参加的信息化建设推进工作组，对信息化建设进行统筹规划和管理，实现了信息化建设情况通报制度。在眉山厂财务信息化建设试点的基础上，集团公司实现了5个工厂同总部的财务数据链接。一些厂所、公司开始推进企业资源计划(ERP)系统建设，部分制造企业初步建立了产品数据库(PDM)。办公自动化(OA)系统运用向深度和广度推进，信息共享进程加快，提高了工作质量和效率。

【精神文明建设】 围绕企业深化三项制度改革、主辅分离、改制分流等重点和难点工作，以建设先进企业文化为重点，增强思想政治工作的针对性和实效性，稳定员工队伍。积极实践“诚信、敬业、创新、超越”的企业精神和“求新、求快、求实、求优”的企业作风，在塑造南车集团良好形象上下功夫，有力地促进了南车集团凝聚力和向心力的增强。坚持“依靠”方针，厂务公开工作被评为全国推行先进单位。加强党风廉政建设，完善了廉政建设制度。继续深入开展“送温暖”活动，落实对定点的广西那坡、靖西两县帮扶脱贫措施。成功举办集团公司第一届运动会，起到了展示形象、振奋精神、凝聚队伍的作用。广泛开展各种有效的精神文明创建活动，工会、共青团、各协会、老干部等各方面工作都取得新进展，为推动集团公司改革发展，发挥了积极的促进作用。（办公室　供稿）

党群工作概述

【综述】 2003年，集团公司党委坚持以邓小平理论和“三个代表”重要思想为指导，紧密围绕生产经营中心开展工作，不断加强和改进党的建设和思想政治工作，团结带领广大员工，与时俱进，开拓创新，团结拼搏，为全面完成生产经营任务提供了强有力的政治保证。

【理论学习和宣传思想工作】 坚持党委中心组学习制度。各厂所、公司认真贯彻《中国南方机车车辆工业集团公司加强和改进党委中心组学习的意见》，把党委中心组学习作为大事来抓，不断完善制度，增强学习的自觉性和严肃性，确保学习和教育质量。把学习“三个代表”重要思想作为首要的政治任务，摆在重要议事日程，认真学习邓小平理论、“七一”重要讲话、党的十五届六中全会和十六大精神。通过学习，领导班子和领导干部的思想作风、工作作风和精神面貌发生了可喜的变化，驾驭和解决问题的能力明显提高，凝聚力和战斗力得到增强。对内宣传和思想政治工作得到加强。集团公司党委下发了《关于开展“与时俱进、创新发展”思想大解放、观念大转变学习教育活动的指导意见》的通知。各厂所、公司积极组织员工认真学习“三个代表”重要思想和十六大报告，学习各种新的经营管理知识和经营理念，有力地促进了员工的思想解放和观念转变。各单位还紧紧围绕体制改革、企业改制、结构调整，有针对性地开展思想政治工作。特别在重大改革方案出台之时，及时向员工答疑解惑，引导员工解放思想、转变观念，树立与市场经济相适应的思想意识，并结合企业产品开发、市场开拓、技术进步等开展各具特色的宣传活动。对外宣传成效显著。各厂所、公司有计划、有针对性地开展对外宣传报道，扩大企业影响，提升企业知名度。全年全系统共有70多篇稿件被《人民铁道》报、中央电视台等多家媒体采用。其中有3篇作品在全路新闻奖评选中获得一等奖，2篇二等奖，29篇获三等奖，记录片《中国火车》获特别奖。企业文化建设进一步增强。一是完成了集团公司“十五”发展规划的起草和修改工作，对“十五”期间企业文化建设作了具体部署。二是对南车集团“经营理念”和“广告词”进行广泛征集，形成初步方案。三是加强对南车精神和企业作风的对外宣传，企业精神和企业作风已成为广大员工开拓进取、努力拼搏的精神动力。四是组织14个铁路局和人民铁道报社编辑对株机厂进行异地现场新闻采访，编发了采访专集——《这里星光灿烂》。“法轮功”教育转化工作收到成效。各厂所、公司认真贯彻集团公司党委《关于进一步做好“法轮功”痴迷者教育转化工作的通知》精神，加大防范监控力度，教育转化工作取得显著成绩。2000年底前，“法轮功”练习者667人，到2003年底已全部转化。

【领导班子建设工作】 一是继续深入开展创建“十好”领导班子活动。各厂所、公司按照集团公司党委《关于开展创建“十好”领导班子活动的通知》要求，在总结经验的基础上，继续深入开展“十好”领导班子创建活动。活动坚持以“八个坚持、八个反对”和“廉政、勤政、优政”的原则，以解决思想作风、工作作风、领导作风和干部生活作风为重点，与企业绩效评价结果考察班子相结合。通过活动，领导班子的作风建设有所加强，党群、干群关系有所改善，凝聚力、战斗力和创造力有新的提高。二是加大领导班子考察力度。全年对14个厂所、公司领导班子进行考察，占厂级领导班子的66.7%，对53人进行调整，调整任免人数占厂级领导的31.2%。按照提高素质、优化结构、增强整体功能的要求，培养选拔了一批政治素质好，开拓精神强，善于决策，精于管理的干部进入领导岗位，新进领导班子6人。三是继续推进干部选拔任用机制。在铜陵厂、二七厂、洛阳厂、戚墅堰所进行厂级行政副职的公开选拔，30人参加竞聘，有7人走上了副厂级领导岗位。有17个厂所、公司施行了公开竞聘中层领导干部，673人参加竞聘，238人通过竞争走上了中层领导岗位。四是加强对干部选拔任用的监督。结合“三重一大”，强化了对干部选拔任用全过程的监督，逐步建立健全了干部推荐、考核考察、选拔任用决策责任制和用人考察失误责任追究制。五是加强干部培训。在国内培训上，先后在国家行政学院举办中青年干部培训班，在湖南铁道职业技术学院举办专业技术人员外语培训班，在北京语言大学举办高级英语培训班，在西南交大举办总工程师培训班，共培训144人；在赴港培训上，与香港生产力促进局合办了高级管理人员培训班4期，组织赴香港专业技术人员培训班1期，组织技术人员参加香港蒋氏基金机械工业设计研修班1期，共培训322人。在国外培训方面，组织4期有98名高层管理人员参加的赴澳大利亚工商管理培训，组织27人分别赴英国、美国、德国、加拿大等国家参加高级管理培训口试、面试，有12人被录取。

【党的基层组织建设】 一是民主生活会制度进一步落实。按照集团公司党委《关于召开领导班子专题民主生活会的通知》要求，集团公司党委和所属企业党委普遍召开了民主生活会。通过民主生活会达到了查找问题、改进工作、增进团结的目的。二是在基层党支部和党员中开展“三个代表”重要思想学习教育活动。集团公司党委下发了《关于在基层党支部和全体党员中开展“三个代表”重要思想，保持党员先进性学习教育活动的指导意见》。各厂所、公司按照集团公司党委要求，在党支部和全体党员中深入开展“三个代表”重要思想学习教育活动。活动坚持以十六大精神为指导，以“三个代表”重要思想为主要内容。通过活动，党员的素质有所提高，党支部的战斗力进一步增强。三是搞好换届选举工作。以实施《党支部建设纲要》为主线，认真抓好《党支部工作细则》的落实，按期进行了党支部换届选举。根据企业改制、结构调整和新经济组织的建立，调整了党支部设置，理顺了党组织的隶属关系，健全了工作制度，加强了多经企业、集体企业和离退休党支部的建设，解决了部分单位党组织不健全、党内生活质量不高、作用不明显的问题。四是加大党支部建设考核力度。运用"考核排序、优升劣降、整顿队伍"的要求，加强了对党支部工作的考核，促进了党支部建设的全面加强。五是加强党支部书记队伍建设。狠抓了党支部书记培训，尤其对兼职党支部书记突出抓了党的基本知识的培训。六是加强党员队伍建设。重视党员发展工作，特别注重在生产一线和知识分子中发展党员，全年全系统共发展新党员 1105 人。集团公司党委制定了《中共中国南方机车车辆工业集团公司委员会民主评议不合格党员工作细则》，提出了不合格党员的具体标准和处理不合格党员的政策措施，畅通了出口，保证了党员队伍的先进性和纯洁性。七是深入开展党支部"达、创、争"和"创岗建区"活动。围绕企业改革，深入开展党支部"达标准、创先进、争红旗"和"创岗建区"活动，深化和拓宽活动内容，完善检查考核办法，使活动成为加强党支部建设，发挥党支部战斗堡垒作用和党员先锋模范作用的有效载体。

【党风廉政建设工作】 一是深入贯彻集团公司《关于加强和改进党的作风建设的实施意见》。按照中央纪委五次会议提出的领导干部廉洁从政六条 规定和国有企业领导干部廉洁自律"五不准"的要求，加强对各级领导干部廉洁自律教育。同时，结合近几年的工作实践，集团公司党委进一步制定和完善了《中国南车集团公司党风廉政建设责任制实施办法》、《中国南车集团公司党风廉政建设责任制责任追究实施办法》、《党风廉政建设责任制考核实施办法》等 15 项工作制度，明确集团公司总部所属企业的职责范围；落实责任分工，细化工作职能，使党风廉政建设和纪检监察工作进一步制度化、规范化。二是加强检查巡视制度。在全系统认真实施《党风廉政建设检查制度》和《党风廉政建设巡视制度》，由集团公司领导带队，对 10 个所属企业党风廉政建设和责任制落实等情况进行综合检查，对没有列入检查的企业有重点地进行巡视。三是在全系统开展"三重一大"效能监察工作。首先，加强了干部选拔任用的监督。年内，全系统各级领导干部和经营管理人员竞争上岗 3209 人，通过竞聘演讲、民主评议、民主测评、任前公示等形式，形成了监督制约机制。其次，加强了资金使用的监督管理。全年清查清理小金库 32 个，资金 254.64 万元。再次，加强了物资购销的监控。各级纪检监察组织加强对物资、设备购销招议标和基建工程招标工作的全过程监督，源头防范治理取得了成效。四是加强对重要问题的调查了解和重大案件的办案力度。全年共受理信访举报 204 件，立案查处案件 24 件，查结案件 19 件，结案率为 100%；处分违法违纪 44 人，其中给予党纪处分 16 人，政纪处分 14 人，党政纪双重处分 14 人；移交司法机关 7 人，保证了办案的良好势头，有力地遏制了经济犯罪。

【工会、共青团工作】一是厂务公开制度建设进一步完善。各厂所、公司继续深入贯彻集团公司《关于深化厂务公开工作的意见》，厂务公开的机制和组织逐步健全，内容不断拓宽，制度不断完善，形成了以职代会为基本形式，以厂务公开栏、厂情发布会、民主议事会、微机网络等相配套的多层次、多渠道的厂务公开运作机制，以及"四个结合、六个公开"的工作套路。各厂所、公司三级公开网络基本形成，所属 21 个企业 100%实行了厂务公开。2003 年，在中央企业工委召开的厂务公开表彰大会上，南车集团公司被授予中央企业厂务公开先进单位，洛阳厂受通报表扬；在中纪委、中组部、监察部、国资委和全总联合召开的全国厂务公开工作电视会议上，南车集团公司被授予“全国推行厂务公开工作先进单位”，浦镇厂、眉山厂被授予“全国厂务公开工作先进单位”；株辆厂被授予“中央企业厂务公开先进单位”。二是大力开展群众性经济技术创新工程。为深入开展“开拓发展、振兴南车”群众性经济技术创新工程，集团公司工会制定了《中国南车集团员工创新示范岗、创新能手评选办法》，所属企业开展了多形式、多层次、多内容的经济技术创新活动。三是开展形式多样的“创新杯”立功竞赛活动。各级工会积极开展以增强市场竞争力为目标，以解决产品质量、生产关键、开发新产品为重点，以实现集团公司确立的科技开发目标和12项工艺技术课题为主攻方向的“创新杯”立功竞赛活动，取得了较好成绩。四是认真开展评先推荐活动。年内，集团公司评选表彰了105名集团公司劳动模范、39个先进单位；株机厂、资阳厂、眉山厂荣获全国“五一”劳动奖状，浦镇厂楚永萍荣获全国“五一”劳动奖章。五是积极开展“送温暖”活动。集团公司党委下发了《关于“两节”期间开展送温暖活动的通知》。集团公司总部和各厂所、公司3000多名党政工各级干部深入基层，走访慰问困难职工家庭2万多户，送慰问金、慰问品总计金额844.6万元，保证了困难员工过上一个祥和、快乐的节日，密切了党群、干群关系。六是通过强化岗位培训、普及导师带徒、开展青工技能竞赛活动，提升了青年职业文明。年内，新增师徒结对子758对，组织各类青工技能竞赛492场。集团公司团委、工会等部门共同组织了集团公司第二届职业技能竞赛，80名参赛选手中，35岁以下达63名；获得钳工前八名的选手全部为35岁以下青工，获得车工前八名的选手有5名为35岁以下青工。通过“双岗”活动，全系统青年员工的技能和文明素养有了明显提升。七是涌现出一批青年岗位能手的青年文明岗。通过实施青年文明岗（号）公示制、“青年文明岗（号）服务卡”、“青年文明（号）信用建设示范行动”和“创建青年安全生产示范活动”等，一批在科技、质量、安全、效益方面作出贡献的青年个人和集体脱颖而出，26名青年和24个青年集体分别荣获集团公司“青年岗位能手”和“青年文明岗”称号，1名青年和1个青年集体分别荣获中央企业“青年岗位能手”和“青年文明岗”称号，10个青年集体被继续认定为“全国青年文明号”，2个青年集体被新认定为“全国青年文明号”，7个青年班组荣获集团公司“青年安全生产示范岗”称号，2个青年班组荣获“全国青年安全生产示范岗”称号。八是坚持开展青年科技攻关活动。集团公司各级团组织围绕企业生产经营、新品开发和产品“三上”，在青年科技人员和青年技术工人中深入开展“四个一”活动。结合“双岗”活动组织青年大力开展科技攻关活动，进一步增强了青年科技创新意识。针对提高产品质量，改进工艺和装备，在青年中广泛开展了“双五小”（“小发明、小革新、小攻关、小设计、小创造和小节约、小回收、小维修、小改造、小建议”）活动。全年共组织青年科技攻关1535项，开展“双五小”攻关1306项。九是基层团组织建设得到加强。各级团组织认真贯彻集团公司党委《关于进一步加强基层党建带团建工作的若干意见》，重视机构调整和新建组织中的团组织建设，合理设置基层团组织。以创建“五四”红旗团委和团支部争先创优活动为载体，积极推进团建工作创新，增强了基层团组织的活力，涌现出一批先进基层团组织。全年有14个厂所、公司团委和25个基层团组织受到集团公司表彰。株辆厂、成都厂、株洲所、襄牵公司等单位团组织被评为中央企业“五四”红旗团委创建单位,武昌厂团委获中央企业“五四”红旗团委称号,贵阳厂团委荣获贵州省先进团组织称号,眉山厂货车公司货一车间团支部荣获全国“五四”红旗团支部称号。（党办 供稿）

集团公司总部机关行政机构设置

（2003年）

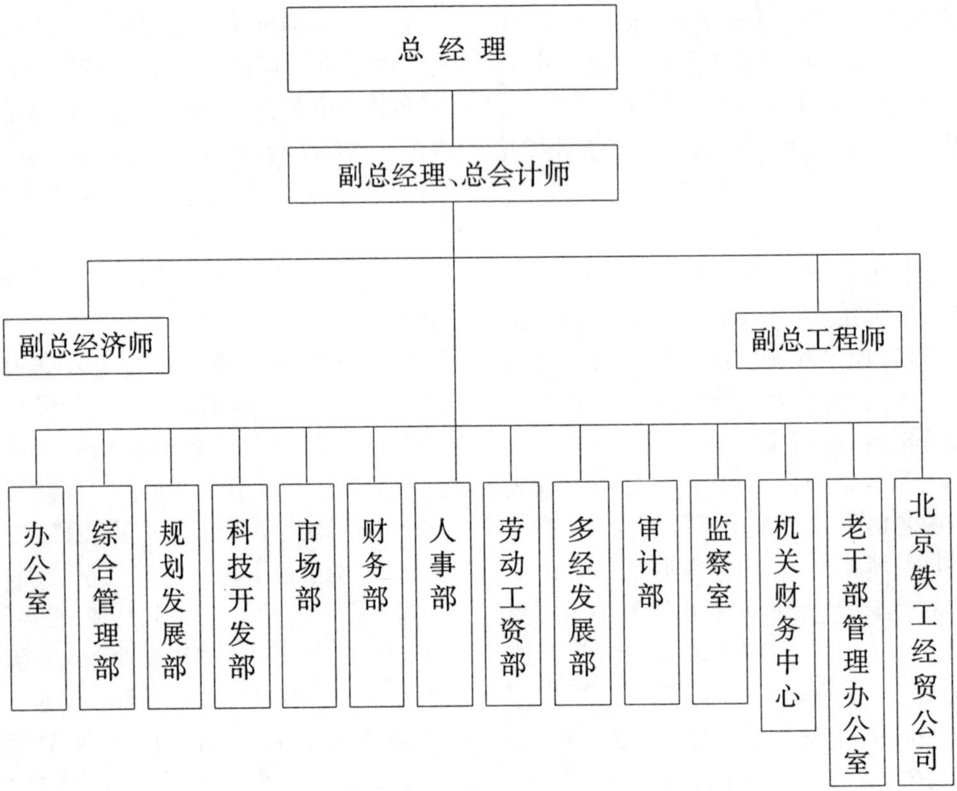

集团公司总部机关党群机构设置

（2003年）

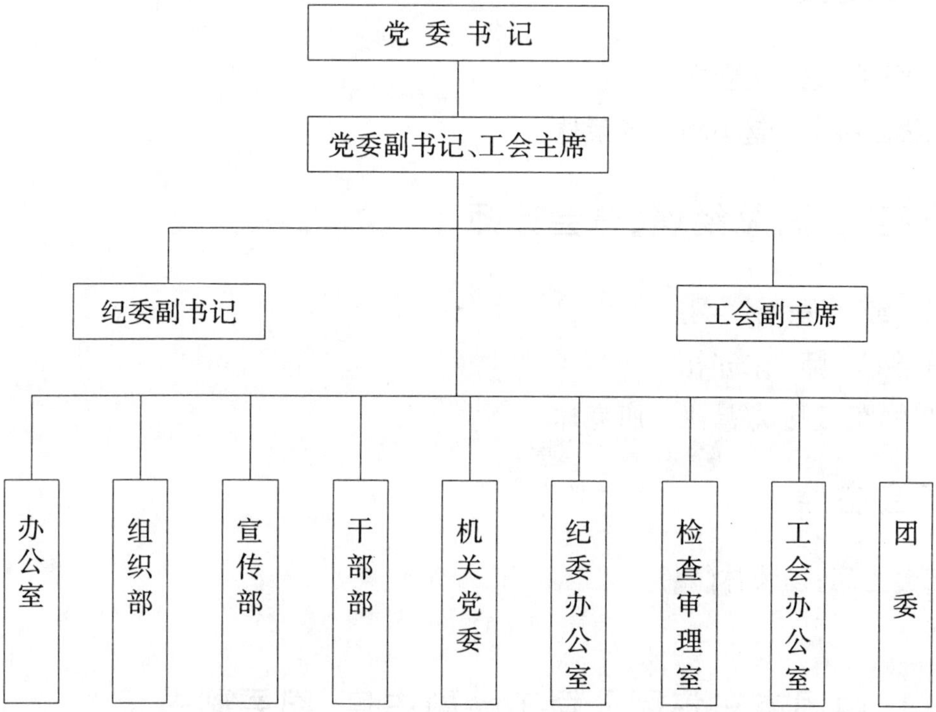

中国南车集团公司领导干部名单

(2003年)

一、党委成员

党 委 书 记: 王泰文

党委副书记: 赵小刚　杨荣林

二、总经理、副总经理、总会计师

总　经　理: 赵小刚

总 会 计 师: 朱守礼

副 总 经 理: 郑昌泓　唐克林

三、工会主席

工会主席: 杨荣林(兼)

中国南车集团公司工会副主席、纪委副书记、副总经济师、副总工程师名单

(2003年)

工会副主席: 钱　毅

纪委副书记: 李建国

副总经济师: 林世甲　白继文

副总工程师: 张新宁　王松文

中国南车集团公司总部机关各部门负责人名单

（2003年）

行　政　系　统

办公室

主　　　　任:曹子章
综合处处长:邱　伟
秘书处副处长:何树高
行管处处长:邱　伟(兼)
信访办副主任:邱　伟(兼)

综合管理部

部　　　　长:林世甲(兼)
企管处处长:冯大明
企管处副处长:张慈宏
　　　　　　阴明月光
信息中心副主任:李万程
法律事务室主任:冯大明(兼)

规划发展部

部　长:孙学军

科技开发部

部　　　　长:符　刚
综合技术处处长:符　刚(兼)
综合技术处副处长:张　涛
机车技术处处长:李国强
车辆技术处副处长:王全乐

市场部

部　　　　长:肖孝州
副　部　　长:王　宪
经营销售处处长:肖孝州(兼)
经营销售处副处长:李　果
物资配件处处长:宋凤城
物资配件处副处长:杨燕安
外贸处处长:王　宪(兼)
外贸处副处长:沈家骏　王国军

财务部

部　　　　长:王　研
会计信息处处长:王　研(兼)
会计信息处副处长:蔡　蕾
财务综合处副处长:刘　江

人事部

部　　　　长:谷大存
领导干部处处长:谷大存(兼)
领导干部处副处长:薛　松
技术干部处处长:牛宝安

劳动工资部

部　　　　长:杨洪兴
劳动工资处处长:林　田
劳动组织处副处长:刘惠云
教育培训处处长:张汉增

多经发展部

部　　　　长:白继文(兼)
实业处副处长:王国靖

审计部

副部长:陈　雄

监察室

主　任:李建国(兼)

机关财务中心

主　任:冯秋生

老干部管理办公室

主　任:沙金红

北京铁工经贸公司

总经理:孙　克

综 合 部 部 长:顾建勇

综合部副部长:郝　颖

实业部副部长:吴广军

物业部副部长:何小民

财务部副部长:朱晓玲

党　群　系　统

党委办公室

主　任:孔岳军

党委组织部

部　长:陈吉贤

党委宣传部

部　长: 葛铁夫

副部长: 王义明

纪委办公室

主　任:海宝庆

纪委检查审理室

主　任:海宝庆(兼)

工会办公室

主　任:周　戎

副主任:许争平

团　委

书　记:牛卫东

副书记:郑　胜

机关党委

副书记:张　力

(人事部　供稿)

经营与销售

企业管理

销售工作

规划与投资

财务管理

审计工作

多元经营

企业管理

【概述】 年内，集团公司以推进企业改制、建立现代企业制度和主辅分离、辅业改制为主线，不断创新和加强企业管理，以适应集团公司快速发展的要求。根据国务院颁布的《合理化建议和技术改进奖励条例》、《全国企业管理现代化创新成果审定和发布办法》及《中国南车集团公司创新奖励暂行办法》(南车人［2002］20号）的有关规定，集团公司制定和下发了《企业管理现代化创新成果审定和发布办法》（南车综［2003］189号)。集团公司组织开展了第一届（2002年度）企业管理创新成果的评审工作。经集团公司企业管理现代化创新成果审定委员会审定，评出第一届（2002年度）企业管理现代化创新成果一等奖4项、二等奖6项、三等奖6项。其中，一等奖——集团公司的《集团母子公司资产经营责任制体系的建立和实施》成果，荣获全国第十届企业管理创新成果二等奖。 （阴明月光　供稿）

【商标注册】 集团公司分别以“南车”和“CSR”注册的22类商标，已有18类商标进入了商标公告期。根据国务院的有关批复，各企业在地方工商局办理了在厂（公司）名前加冠“中国南车集团”的字样。

（冯大明　张慈宏　供稿）

【企业改制、建立现代化企业制度】 按照集团公司加快推进企业改制、建立现代企业制度的总体要求，南车四方机车车辆股份有限公司继完成登记注册、挂牌经营后，于8月通过上市辅导期，于12月通过中介机构向中国证监会提出首次公开发行股票的申请，预计2004年初证监会将提出反馈意见。为解决南车四方公司土地使用权问题，充分利用国土资源部批复的原四方厂国有划拨土地按工业用途、以国家作价方式转增国家资本金的政策，10月，集团公司以南车综［2003］261号文件批复了中国南车集团四方机车车辆厂改制方案，四方机车车辆有限责任公司于11月正式登记注册、挂牌经营。

4月，经过充分调研和可行性论证，集团公司启动了株洲三厂所电机重组的结构调整工作。先后以南车综［2003］57、58号文件批复了发起设立株洲电机公司的方案和重组株洲电机厂方案。截止年底，株洲电机公司已完成购置土地、名称预核准等工作，预计将于2004年4月挂牌经营。株洲所重组株洲电机厂工作已于年内基本完成。

为探索集团公司子企业改制、建立现代企业制度的有效形式，浦镇厂正在探讨引进民营资本进行企业改制的方案，资阳厂也与新疆德隆集团进行有关接触。

（冯大明　阴明月光　供稿）

【主辅分离、改制分流】 按照国家八部委859号文件精神，经过充分调研，集团公司制定了贯彻执行859号文件的《指导意见》(南车综［2002］347号)。2003年2月，集团公司在株洲召开主辅分离、改制分流工作会议，进行改制分流工作动员和工作安排，正式启动改制分流工作。4月，以南车综［2003］114号文件向国资委、劳动和社会保障部、财政部上报了集团公司主辅分离、改制分流《总体规划》。按照三部委的审核反馈意见，于8月以南车［2003］209号文件上报《总体规划》的补充材料和第一批改制分流企业《改制方案》。11月，国资委、劳动和社会保障部、财政部以国资分配函［2003］382号文件正式批复了集团公司改制分流《总体方案》和第一批改制分流企业《改制方案》，标志着集团公司主辅分离、改制分流工作进入正式实施阶段。截止年底，集团公司批复了16家改制分流试点企业的改制方案。此外，成都厂、四方有限公司完成企业办中、小学校移交地方的工作。

（冯大明　阴明月光　供稿）

【资产经营责任制】 年内，按照国资委《中央企业负责人经营业绩考核暂行办法》的要求，集团公司以南车综［2003］298号文件，向国资委上报《2004年度经营业绩考核目标建议计划》。12月12日，在国资委中央企业工作会议上，中国南车集团公司作为20户企业之一，由总经理赵小刚代表集团公司领导班子，正式与国资委李荣融主任签订了2004年度中国南车集团公司《经营责任书》。

集团公司制定了《“十五”后三年企业资产经营责任制实施办法》（南车综［2002］346号）。在年初工作会议上，各厂所、公司的厂所长、总经理与总经理赵小刚签订了“十五”后3年《企业资产经营责任书》。2003年底，经过集团公司对各厂所、公司资产经营责任制完成情况进行指标考核和综合考评，考核为优秀的（91～100分）13个，分别为株机厂、资阳厂、戚墅堰厂、株辆厂、眉山厂、铜陵厂、成都厂、二七厂、石家庄厂、贵阳厂及株洲所、戚墅堰所、襄牵公司；考核为良好的（81～90分）3个，分别为洛阳厂、江岸厂、北京机械厂；考核为合格的（60～79分）4个，分别为四方有限公司（包括南车四方公司）、浦镇厂、武昌厂；考核为不合格的1个，为襄樊厂。

根据《“十五”后三年企业资产经营责任制实施办法》及各厂所、公司综合考核和考评结果，兑现各企业领导班子风险工资奖励共175.08万元，超利（减亏）奖励总金额为22.517万元，“十好”班子及表扬单位奖励33.016万元，2002年度企业效绩评价奖励3.63万元。2003年度奖励总额为234.243万元，另有13个单位按照“年薪制”办法兑现有关奖励。

（阴明月光　张慈宏　供稿）

【企业效绩评价】 根据国家有关部委关于开展企业绩效评价的要求，集团公司在总结两年来开展企业效绩评价工作的基础上，制定下发了《中国南方机车车辆工业集团公司企业效绩评价实施办法》（南车综［2003］110号）。按照集团公司《企业效绩评价实施办法》的要求，集团公司组织开展了2002年度企业效绩评价工作。

经过综合评价，集团公司最终得分为70.90分，评价结果为PR B^-—良。集团公司所属企业25个，评价结果分别为：得分85分以上，被评为PR A—优的企业1个，与2001年持平，占4%；得分70～85分，被评为PR B^+—良、PR B—良、PR B^-—良的企业10个，比2001年增加2个，占40%；得分50～70分，被评为PR C—中、PR C^-—中的企业5个，占20%；得分40～50分，被评为PR D—低的企业6个，占24%；得分40以下，被评为PR E—差的企业3个，占12%。

其中：戚墅堰所、株机厂、株洲所等保持排序领先；株辆厂、眉山厂、铜陵厂排序提高较快；株洲所、二七厂、南车四方公司等排序下降较多。

参照集团公司《“十五”后三年企业资产经营责任制实施办法》（南车综［2002］346号）的有关规定，集团公司拟对2002年度企业效绩评价结果排序名次提升的戚墅堰所、株辆厂、眉山厂、铜陵厂进行奖励，并在2003年企业资产经营责任制考核中兑现。

由于新的《企业资产经营责任制》从2003年开始执行，对在2002年度企业效绩评价中排序名次下降的单位，不进行考核扣罚。

（阴明月光　张慈宏　供稿）

【安全生产管理】 2003年安全生产工作会议在洛阳召开，副总经理郑昌泓作了题为《全面贯彻落实安全生产法，开创中国南车集团安全生产新局面》的工作报告，提出2003年安全生产工作的总要求和总目标。总要求是：以党的十六大精神为指导，认真贯彻国家安全生产工作会议和南车集团工作会议精神，围绕“十五”安全生产的总目标和总要求，坚持“安全第一，预防为主”的方针，立足防范和实施关口前移，深入学习《安全生产法》，继续推进职业安全健康管理体系的建设，突出重点抓住关键，在完善和创新上狠下功夫，确保安全生产持续稳定。总目标是：杜绝重大伤亡事故、重大火灾和爆炸事故、重大交通事故。严防死亡和重伤事故，力争全年伤亡事故不超过2002年，力争3~5个企业通过职业安全健康体系认证。

一年来，按照集团公司“十五”安全生产总体规划和2003年总体工作思路，坚持“安全第一、预防为主”的指导方针，着眼于建立安全生产的长效机制，健全安全生产的自我完善和约束机制，重点围绕抓好“三件大事”、完善“五大支撑体系”、处理好“一个关系”、推进“五项创新”，通过加强对安全生产工作的领导，认真开展安全检查和隐患整改，强化培训教育，强力推进职业安全健康体系建设，创造了全年“零死亡”的安全生产新纪录，取得集团公司成立以来，也是中国机车车辆工业有史以来的最好成绩。

安全生产目标全面实现。集团公司连续多年杜绝了重大伤亡事故（1次死亡3人以上）、重大火灾事故、重大交通事故的发生。全年没有发生死亡事故；重伤事故2起，重伤2人；轻伤事故125起，轻伤125人。

集团公司全资和控股的25个企业，重伤事故和轻伤事故率均在控制指标范围之内。

安全生产周期持续延长。继资阳厂和洛阳厂安全生产分别超过20周年和10周年之后，2003年又有江岸厂和成都厂实现了安全生产10周年。

通过职业安全健康体系认证的企业继续增多。自株机厂和资阳厂通过职业安全健康体系认证后，又有石家庄厂、戚墅堰厂、南车四方公司、浦镇厂、眉山厂等企业通过认证，实现了年初确定的目标。

（张慈宏　向　欣　供稿）

销售工作

【概述】 年内，在市场变化加剧、竞争压力增大、结构调整迫切、改革发展任务艰巨的形势下，集团公司及各厂所、公司，一手抓非典防治不放松，一手抓生产经营不动摇，加强市场营销，积极开拓经营，巩固和扩大市场，取得良好成绩。全年实现销售收入142.0亿元，同比增长6.8%；实现利润总额4936万元。

【营销方针与策略】 年内，集团公司的市场环境和经营形势发生了重大变化，部分产品采购计划削减，原材料价格大幅度上涨，实现全年生产经营目标的难度加大。集团公司和各厂所、公司客观地分析面临的市场形势，积极应对，努力开拓市场，强化内部管理，化解非典影响，正确制定营销方针和策略，不断改造和培育更强的核心竞争力。一是搞好招投标的组织和指导，巩固和扩大现有市场份额；二是把握产品发展前景，不断拓宽新的市场领域；三是建立快速的营销反应机制，为用户提供优质完善的服务；四是大力开发科技含量高的新产品，提高市场竞争力；五是建立有效的激励机制，充分发挥营销人员的潜能；六是建立营销网络和信息网络，加强营销队伍建设。

【机车车辆招议标情况】 集团公司所属企业共完成国铁招议标机车433台，同比减少44台，减幅为9.2%，其中内燃机车257台，同比减少18台，减幅为6.5%；电力机车176台，同比减少26台，减幅为12.9%；完成招议标采购客车517辆，同比减少310辆，减幅为37.5%；完成招议标采购货车10877辆，同比增加522辆，增幅为5.0%。

【生产完成情况】 年内，完成机车制造627台，同比增加1台，增幅为0.2%。其中内燃机车416台，同比增加34台，增幅为8.6%；电力机车210台，同比减少33台，减幅为13.6%；完成客车制造600辆，同比减少639辆，减幅为51.6%；完成货车制造12328辆，同比增加291辆，增幅为2.4%；完成机车修理836台，同比减少30台，减幅为3.5%，其中内燃机车794台，同比减少53台，减幅为6.3%；电力机车42台，同比增加23台，增幅为121.1%；完成客车修理1576辆，同比增加51辆，增幅为3.3%；完成货车修理27227辆，同比增加1021辆，增幅为3.9%。

【市场产品销售】 年内，集团公司十分注重与地方铁路、大型工矿企业的沟通，及时掌握市场需求信息，努力协助各厂开拓市场。各企业也积极主动承揽市场产品，取得了一定的成效。除铁道部招议标外，完成市场销售机车194台，同比增加45台，增幅为30.2%，其中内燃机车160台，同比增加52台，增幅为48.1%；电力机车34台，同比减少7台，减幅为17%；完成市场销售客车115辆，同比减少297辆，减幅为72.1%；完成市场销售货车1451辆，同比下降231辆，减幅为14.3%。

【配件营销管理】 机车车辆工业与铁道部脱钩以后，随着企业经营自主权的逐步落实，在机车车辆配件生产配套和营销管理体制上发生了很大变化。为了适应这一变化，集团公司于2001年下发了《中国南车集团公司配件管理暂行办法》。集团公司的配件营销管理逐步走入正轨，规章制度也逐步得到完善。对部分配件的采购，集团公司统一协调，实行统一分配，最大限度地维护了集团公司的整体利益，保证了所属困难企业的稳定。2003年集团公司机车车辆配件实现销售收入9.5亿元（不含集团公司内部厂协配件），同比增加21.3%。并修订出版发行了《中国南车集团公司机车车辆配件营销目录》。

但是，由于企业体制改革与政府职能转变的不同步，以及受到配件市场不规范等外部环境的影响，铁道部给予企业的权责尚未完全落实，企业对机车车辆配件采购自主权和对配套企业的配套资格审查还未落到实处。由于对主机厂的配套厂家（包括代理商）以及配套数量的限定，集团公司在配件协调的数量和力度上受到一定限制。

【物资管理】 年内，集团公司物资采购供应认真贯彻《中国南车集团公司物资管理暂行办法》，坚持专业归口、分类管理、分级负责的原则，全年集中统一采购冷弯型钢11911吨，碾钢轮20218吨，实现销售收入6000万元；集中委托采购钢材121098吨，其中轮箍5166吨，轴坯4340吨，齿圈和齿轮坯1778吨，耐候钢板55451吨，耐候型钢9292吨，乙字钢10095吨，H型钢2847吨，做到了质量优良，价格合理，供货及时，保证了机车车辆新造和厂修的生产需要。

【出口贸易】 年内，集团公司努力开拓国际市场，积极捕捉国际市场的需求信息，不仅继续巩固了东南亚市场，而且拓展了南非、南美市场，先后与巴西、纳米比亚、伊朗、越南、马来西亚、巴基斯坦等近十个国家进行业务联系和商务谈判，组织工厂参加了越南、巴西、巴基斯坦、伊朗等国家采购机车车辆的投标工作。接待了伊朗、越南等十几个国家和地区的铁路代表团。组团出访了伊朗、泰国、巴西等国家和地区，与用户建立了长期的合作关系。经过努力，加深了与外国客商之间的了解，互通了情况，增进了友谊，密切了合作，进出口工作取得了一定成效。全年集团公司出口成交额达 21413.3 万美元，比 2002 年有所增加；其中整车出口签约 15008.7 万美元，配件及其他项目出口签约 6404.6 万美元。全年收汇额 8448.2 万美元，比 2002 年翻一番。比较大的签约项目有资阳厂出口越南干线机车、株辆厂出口巴西货车、眉山厂出口巴基斯坦货车、南车四方公司和资阳厂出口非洲动车组、内燃机车等。

【重要会议】 4 月在昆明召开中国南车集团公司营销工作会议；4 月下旬在南昌举办物资处长、生产处长培训班；7 月在重庆和长春分别召开 2003 年下半年钢材订货会和厂协配件订货会；12 月在桂林和南宁分别召开了 2004 年上半年钢材订货会和厂协配件订货会。

（市场部　供稿）

规划与投资

【概述】 年内，集团公司规划发展工作的核心是：继续实施和不断完善以建立国际知名轨道交通运输装备企业为目标的集团发展战略，集团公司规划发展部门按照年初行政工作会议确定的目标，认真贯彻把集团公司做精做强的发展理念，针对外部经营环境的变化，完成了发展战略的修订，继续大力推进技术改造、合资合作和环境保护工作，促进企业技术进步和产业升级。

【发展战略】 2003 年，中国确立了全面建设小康社会的奋斗目标，新的国有资产管理体制已初步建立，铁路现代化建设步伐加快，国家对轨道交通装备产业发展高度重视。加入 WTO 后的中国经济外向型程度进一步加深，脱钩重组后集团公司生产经营快速发展，使得集团公司内、外部经营环境发生了巨大变化。集团公司审时度势，在年初行政工作会议上明确提出要及时修订发展战略。历经近一年时间，《中国南方机车车辆工业集团公司发展战略》（南车划［2003］337 号）修订下发。修订后的发展战略主要特点是视野提高、内容精炼、覆盖期长、措施明确。战略目标分 2005 年、2010 年、2020 年三个阶段，确定了把中国南车集团公司建成国内一流、国际知名、具有国际竞争力的轨道交通装备企业的战略宗旨，并从市场营销、科技发展、结构调整、财务、人力资源和企业文化等方面制定了明确、具体、操作性强的战略措施。

【年度专业计划】 根据集团公司年度经营发展目标，组织编制、下达了年度销售收入目标、科技、基本建设、劳动工资、教育事业、培训、审计工作、环境保护等专项计划。根据国家发改委和国资委要求，编制、上报了集团公司 2004 年经营发展和投资计划。

【技术改造】 年内，技改工作重点是实施 8 个工厂的国债项目。分别是：株机厂《交流传动电力机车和电动车组产业化项目》、资阳厂《提高内燃、电力机车制造质量及工艺水平技术改造项目》、戚墅堰厂《提高大功率内燃机车关键件制造水平技术改造项目》、南车四方公司《高速、高档及青藏铁路客车技术改造项目》、株辆厂《铁路货车关键件制造技术改造项目》、眉山厂《铁路货车及制动机关键技术改造项目》、二七厂《车辆底漆、面漆及 MT-3 型缓冲器组装技术改造项目》、戚墅堰所《轨道交通传动齿轮箱及联轴节制造技术改造项目》。对上述项目的可研报告和初步设计文件进行审查和批复，并报国家发改委备案。对国债项目中的设备公开招标，并进行公开、公平、公正的评标，选择性价比好的设备签定合同。为了充分利用国债项目的优惠条件，正在办理进口设备的免税确认书和国产设备抵扣所得税的确认书，以争取工厂进行技改时应享受的优惠政策。

利用西班牙政府贷款技改工作由于南车四方公司原一个 500 万美元项目执行起来有困难，调整为 2 个项目各 250 万美元，内容基本未变。眉山厂利用西班牙政府贷款项目的可研报告经审查后已批复下达。戚墅堰厂利用西班牙政府贷款项目，已经国家发改委、财政部同意纳入利用外资计划中。

对武昌厂下达“九五”重点投入项目《表面处理项目设备和资金调整使用批复》，工厂据此批复在抓紧执行。资阳厂、株机厂、四方有限公司等对“九五”重点投入项目正在抓紧进行收尾销号工作。

【“九五”重点技术改造项目】 株机厂电机项目中电机试验台仍在建设中，其他项目全部完成。资阳厂进口高级螺旋压力机安装、调试完成并已入固，进口曲轴加热电炉已运抵国内，准备调试。武昌厂表面处理项目调整中购置侧墙用高压发泡机和灌缝用高压发泡机，新增一条薄板机械抛丸预处理线。

【“九五”投资项目竣工验收】 10 月，集团公司技术改造竣工验收委员会对戚墅堰厂的铸铁车间柴油机机体技术改造项目进行竣工验收。该项目经过几年的生产实践，证明能够达到设计生产纲领，工艺设计先进、工艺布局合理、工程质量良好、新增设备性能可靠。整个项目体现了先进、实用、可靠、经济的原则。10 月，集团公司技术改造竣工验收委员会对戚墅堰所“九五”重点投入的两个技术改造项目进行竣工验收。该项目经过运行使用证明已达到设计要求。工艺设计先进、布局合理、项目质量良好、新增设备和仪器性能可靠，能够满足科研、试验、检测的需要，较大地提高了戚墅堰所对机车车辆产品材料的研究水平和关键零部件制造方面的技术开发能力。

【集团公司立项批复项目】 2002 年集团公司立项批复的技术改造项目中，成都厂客车修理项目、电力机车修理及工序再造项目，洛阳厂电力机车修理项目、机车修理及工序再造等项目，已全部完成并投入使用。2003 年，集团公司未进行新开工项目批复。

【国债项目】 对原国家经贸委批准的 8 个（第七批、批八批）国债专项资金项目，集团公司受原国家经贸委授权委托，完成全部项目的可行性研究报告的批复，概算总投资 74998 万元，其中利用银行贷款 54786 万元，企业自筹资金 20212 万元。本年度项目进入全面实施阶段，截至年底累计完成投资 15453 万元，其中南车四方公司《高速、高档及青藏铁路客车技术改造项目》总投资 16497 万元，累计完成 5734 万元；株机厂《交流传动电力机车和电动车组产业化项目》总投资 14384 万元，累计完成 3416 万元；资阳厂《提高内燃、电力机车制造质量及工艺水平技术改造项目》总投资 6570 万元，累计完成 416 万元；株辆厂《铁路货车关键件制造技术改造项目》总投资 10439 万元，累计完成 1465 万元；戚墅堰厂《提高大功率内燃机车关键件制造水平技术改造项目》

总投资7757万元，累计完成2855万元；眉山厂《铁道货车及制动机关键技术改造项目》总投资13680万元，累计完成756万元；戚墅堰所《轨道交通齿轮箱制造技术改造项目》总投资2988万元，累计完成1761万元；二七厂《车辆底漆、面漆及MT-3缓冲器组装技术改造项目》总投资2603万元，累计完成811万元。国家财政部已将8个项目的8510万元国债专项资金补助，全部拨付到位。

原国家计委批准的浦镇厂《城市轨道交通车辆国产化项目》、株机厂《城市轨道交通车辆建设项目》等国债项目已基本完成并投产使用，贵阳厂《引进复合反渗透膜成套装置国产化项目》、《棕纤维弹性材料项目》、《片式电感器项目》等国债项目也部分建成投入使用，并已发挥投资效益。

【设备招标采购】 按照国家发改委对重点技术改造项目设备采购的有关规定，以及集团公司固定资产投资项目设备采购管理办法，第七、第八批国债项目中，本年度实施投资在100万元人民币（或10万美元）以上的80余台设备，委托中化、中国国际等招标公司进行公开招标采购。

【合资合作】 石家庄厂与台湾国祥冷冻机械股份有限公司，在石家庄市高新技术产业开发区注册成立了石家庄国祥运输设备有限公司，主要从事设计、制造和销售制冷、空调通用、采暖设备、运输设备、电子仪器、零配件以及售后服务，中央空调系统施工、安装、维修服务，项目总投资2500万美元。眉山厂与克诺尔远东有限公司开展成立合资公司会谈，签署了《谅解备忘录》和《合资意向书》。株辆厂和南车四方公司与巴西和伊朗有关企业进行交流，探讨在海外共同设立合资企业的可行性。日本大联合技术考察组到集团公司总部、南车四方公司、戚墅堰所和株机厂进行了访问和考察。

【环境保护】 根据集团公司实际情况，修订了原《中车公司环境保护管理办法》，发布了《中国南车集团公司环境保护管理办法》。截止年底，共有株机厂、眉山厂、戚墅堰厂、资阳厂、贵阳厂、江岸厂、南方汇通公司、浦镇厂、南车四方公司、株辆厂、石家庄厂、铜陵厂、株洲所、戚墅堰所等15家企业通过了ISO14001认证。2003年开展了认证工作尚未进行认证审核的有：洛阳厂、二七车辆厂、成都厂、襄樊厂、武昌厂、四方有限公司等6家企业。督促二七车辆厂和眉山厂污水处理工程验收工作。

全年工业用水总量5532万吨，其中工业用新鲜水量2267万吨，重复用水量3265万吨，重复利用率59%。工业废水排放总量1731万吨，其中排放达标量1714万吨，排放达标率99%。工业废水中石油类排放量63吨，化学耗氧量排放量714吨。全年工业废气排放总量3995万标立方米，工业废气中二氧化硫排放量1804吨，工业烟尘排放量1025吨，工业粉尘排放量247吨。一蒸吨以上锅炉总数100台/939蒸吨，其中，烟尘排放达标的100台/939蒸吨。工业炉窑总数274座，其中烟尘排放达标的266座。全年工业固体废物产生量188406吨，经综合利用和处置的162459吨。“三废”综合利用产品产值1679万元。

当年建设项目数21项，已执行环境影响评价项目数21项，“三同时”的建设项目环保工程投资2110万元。当年应完成限期治理项目5项，实际完成5项。环保系统有工作人员138人。全年交纳排污费461万元，其中污水费174万元，废气费128万元。全年全系统无污染事故发生。

（规划部　供稿）

财务管理

【概述】 年内，财务工作围绕集团公司经营目标，健全预决算体系，完善财务管理制度，强化财务基础管理，完成集团公司跨越式发展财务方面的调研工作，经济运行质量进一步提高，全面完成2003年生产经营计划。集团公司全年实现销售收入142亿元，同比增加9亿元，增长6.77%，实现净利润－3123万元，比上年－11334万元增长8211万元，亏损企业8户，总共亏损15983万元，比上年增亏4869万元。管理费用239430万元，比上年增加6143万元；财务费用13482万元，比上年减少1445万元；产品销售费用22872万元，比上年增加3364万元。

【清产核资】 摸清集团公司“家底”，核实资产质量，推动集团公司整体执行《企业会计制度》和做好企业业绩考核、绩效评价以及国有资本保值增值工作。按照财政部相关文件规定，集团公司经财政部同意，决定2003年有步骤地组织所属企业开展清产核资工作。集团公司和各二级单位分别成立了资产损失鉴定小组，组织开展资产损失认定工作。防止虚报或多报损失，切实保护国有资产不流失，集团公司清理资产损失共计14.7亿元。

【主辅分离】 年内，在经营困难的状况下，集团公司加快推进主辅分离、改制分流工作，各厂所、公司分别制定了改制分流工作规划与实施方案。集团公司主辅分离、改制分流总体规划已经国资委批准。集团公司对部分厂所、公司的改制分流方案进行批复，16家试点单位改制分流进展顺利，成都厂、四方有限公司中小学实现了移交。

【财务制度】 主要完善2个制度文件。一是制定集团公司内部执行《企业会计制度》补充规定。集团公司在部分企业中抽调财务会计方面的专家，根据《会计法》、《企业会计制度》、具体会计准则及国家其他有关法规规定，结合集团公司行业特点和具体情况，组织起草了《执行〈企业会计制度〉若干问题的暂行规定》，作为执行《企业会计制度》的补充规定，统一了集团公司会计政策。二是制定了集团公司担保管理办法。为避免或减少可能发生的损失，集团公司制定并下发了《中国南车集团公司担保管理办法》（南车财［2003］171号）。办法明确担保条件和种类，以及担保责任等相关内容，对内和对外担保采取不同的管理模式。明确对外担保全部要经集团公司审批，目的是保护投资者利益，严格控制担保行为；对内担保则采取预算管理模式。

【国资管理】 年内，完成集团公司2003年度产权登记工作，通过财政部集中汇审。报送国资委资产评估分析报告、产权登记分析报告、上市公司国有股情况报告。办理深交所的南方汇通过户手续。配合规划部对厂所国债项目的可研报告进行辅导；拨付2003年一、二批国债资金补助及二、三季度财政拨付的下岗补助资金。

【资金筹集、融通与预算管理】 年内，集团公司继续使用招商银行和民生银行各10000万元的综合授信，大大提高了资金使用效率。此外，各厂所通过从严掌握财务预算，大力压缩可控费用和外购外协件价格，扩大招议标采购范围，建立质量损失赔偿考核制度，在确保产品质量和使用寿命的前提下努力降低设计成本。根据市场变化，大力压缩工资及相关费用，大量采取票据支付、短期调剂流动贷款等手段，降低资金成本。

【会计信息化及会计基础工作】 年内，所有具备网络硬件条件的厂所、公司启动财务、物流信息共享整合，管理信息化的一期工程全面铺开。集团公司实行信息化建设情况通报制度。集团公司及各单位自行组织参加各地区的继续教育培训工作，本年度继续教育工作顺利完成。

【重要会议】 3月，在眉山召开财务工作会议，全面落实“十五”后三年资产经营责任制，做好执行新会计制度的前期准备工作；加大资金管理力度，全面提升会计工作水平。8月，在青岛召开执行《企业会计制度》研讨会，组织起草了《执行〈企业会计制度〉若干问题的暂行规定》，细化《企业会计制度》中一些原则性的规定，明确相关事项的审批权限。10月，在洛阳、铜陵召开清产核资会议，对工厂清产核资工作进行指导，安排会计师事务所对部分工厂进行审计，并对初步审查结果进行汇总。完成清产核资报告上报国资委。12月，在石家庄召开2003年度财务决算布置会议，部署2003年度财务决算工作。

（财务部　供稿）

审计工作

【概述】 年内，审计部门围绕落实资产经营责任制和转换经营机制，强化审计监督，规范财务收支行为和内控制度，促进企业在管理上出效益。审计工作以观念创新为前提，以方式创新为保证，初步实现从查错纠弊向参谋助手职能转变；由事后审计向事前审计转变；以财务收支为主向内控管理和风险管理为主转变。集团公司及所属各单位全年共完成审计项目4338项，查出问题金额10230万元，审计确定调账金额2044万元，直接审减金额2591万元；审计合同28765份，送审标的金额61.9亿元，审减金额958万元。

【任期经济责任审计】 根据经济责任审计制度，集团公司审计部于9月、10月组织了对江岸厂和株洲电机厂厂长离任审计；受南车营销租赁公司董事长委托，于8月由审计部、多经发展部和会计师事务所会计师组成审计组，对广州铁工电气绝缘材料有限公司总经理离任审计。各级审计部门开展经济责任审计，为各单位加强经营管理，选拔和任用干部提供了依据。

在经济责任审计中，就如何健全完善审计监督工作进行了探索，对离任厂长任职期间的主要经营责任指标完成情况、国有资产保值增值情况、债权债务和长期投资、多种经营等情况进行真实性审核，对经营业绩作出效益性评价，及时发现苗头性、倾向性、普遍性问题，找出原因，提出审计建议。对任期经济责任实行离任、接任双方确认，对审计报告中提出的不同意见，再进行逐项落实，直到本人确认，根本上解决责任不清等问题。

【经济合同审计】 各级审计部门在开展经济合同审计中，研究审计方法，坚持客观公开、质量与价格统一的原则，在询价、比价、核价等审计方法上有所突破，有效地控制了采购成本。对品种少、金额大，采购次数少的物质，采用招标采购；对品种多、金额不大，采购次数频繁的物质，采取对比上期采购价格的下降率；对单项物资，根据不同情况进行价格咨询，实行比价审计；对不能采取询价的物资，如委外协作件，实行采购部门提供资料，审核价格的合理性。

物资采购招标是各厂所、公司近几年开展的一项重要工作，各级审计部门积极介入。审计人员在招标过程中，不断调整招标项目的审计内容，向有关部门咨询招标程序，对草拟的招标采购办法，严格按程序审计，并充分发表意见。2003年，物资采购价格变化较大，给各单位确定招标结果带来困难，但多数厂所、公司仍能坚持按招标原则进行，通过招标方式进行优质低价竞标，最大限度地维护企业利益。购置大宗物资、大型设备等，在采取公开招标竞价采购过程中，审计人员重点审核招标定价过程的客观公正性和执行有关规定的力度。

合同审计的重点在于价格审计，但这不等于经过审计程序就是只认低价。审计人员依据审计制度，积极深入审计现场，在采购单位购前做好调研。在确定合理的需求方案中，共同保证工艺方案和产品质量，帮助审计单位共同把好采购关。

【工程项目审计】 集团公司继续加强“九五”技改投资项目的审计。10月、11月组织对株机厂和武昌厂工程项目审计。审计从每个项目的投资入手，对项目实施情况、项目完工交付情况、发挥效益概况进行审查，对实际发生投资额以及项目资金现有余额等进行核实，对发现的问题提出审计意见及建议。

各级审计部门将工程项目审计纳入日常工作，重点审计工程造价和投资效益。株机厂针对本年度工程项目多、面广的特点，经过分析调研，将工厂重点项目和分厂自营项目确定为审计重点。审计人员先后参与10个工程项目招标，与业务部门一起编制招标文件、审查标底、审核投标方案，保证招标工作公开、公平、公正。眉山厂在实行《工程项目审计实施细则》后，将后勤系统、文教系统、控股公司以及工会经费列支的工程项目全部纳入审计范围，加大审计力度。四方有限公司还为客修基地建设提供审计咨询服务，审计人员紧紧围绕该项目，提供审计咨询，作好审计监督，促使尽快形成生产能力并达到预期的投资效果。二七厂根据钢材涨价、运输费用增加的实际情况，对投资大的、急需采购、定货的工程物资，审计人员采用既审又帮的办法，利用掌握的市场信息向发包单位进行宣传，对工程价格、合同条款及双方责任进行审价和审核，减少投资损失。

【财务内控制度和财务收支审计】 5月，对南车集团公司总部机关财务中心的内控制度和财务收支进行审计，了解集团总部费用管理的内控制度建设和执行情况、会计政策执行、财务状况和财务报告程序等会计信息，通过审计监督，加强内部控制，弥补漏洞，改善工作程序和方法，进一步规范同级审计。

各级审计部门开展同级财务内控制度审计，并形成制度。在强化同级审计监督的同时，针对政策性强、资金流量大，涉及员工切身利益的热点问题，开展了住房公积金、住房基金、职工教育经费、退休养老金基金、失业基金、医保基金、生育和工伤保险基金等项目审计，通过调整拨款时间和加强集中管理，节约了资金成本。各级审计部门还结合上年内控制度审计结论进行跟踪审计并取得积极成效。

【多经企业经营与管理审计】 对四方有限公司直接投资的46个单位和眉山厂多企业经营管理情况进行审计。审计中，对被投资单位性质、经营范围、投资层次、经营状况进行核实，对亏损严重的企业进行重点剖析，并分析由于决策失误带来的风险及企业目前的资产质量状况，提出存在的问题和整改意见。同时，集团公司审计部在多经、财务、综合和监察部门的配合下，督促和指导四方有限公司、眉山厂落实审计意见。四方有限公司将三级单位归并或重组到二级单位，二级单位在清理的基础上大部分进行了改制。

眉山厂也积极制定清理工作计划并组织实施，取得阶段性进展。

各厂所审计部门结合清产核资工作，积极开展对所属多经单位资产情况审计调查，积极参与主辅分离、辅业改制工作，保证国有资本安全完整，维护经济责任的权威性。四方有限公司对资产进行真实性审计，促进了清产核资工作的规范开展，同时对下属公司遗留事项及评估等审计，为企业进行撤销、合并、出让及重组提供决策依据。

【健全内部审计制度】 审计工作要有完善的审计制度，制定规范的审计程序。集团公司审计部在贯彻和落实《审计署关于内部审计工作的规定》、《内部审计基本准则》等文件中，为了更好地发挥审计在企业管理中的服务作用，提高审计效能，规范审计行为，结合集团公司实际，组织编写《内部审计工作底稿编制暂行规定》、《内部审计方案编制暂行规定》、《内部审计计划管理暂行办法》、《内部审计人员职业道德规范》、《内部审计人员后续教育实施办法》、《内部审计人员岗位资格证书实施办法》等制度，并以集团公司文件形式下发执行。各级审计部门进一步加强审计基础建设和规范审计行为，结合实际，制定和完善有关规章制度。

【审计工作会议】 8月，集团公司召开内部审计工作会议。集团公司总会计师朱守礼作了“开拓思路，深化审计监督，进一步健全企业内部控制机制”的工作报告；集团公司总经理赵小刚参加会议并作重要讲话。赵小刚在讲话中详细分析了目前机车车辆行业面临的国际国内形势，结合集团公司的发展战略及近期审计工作，提出审计工作一是“堵漏”。财务收支审计、领导干部任期经济责任审计、工程项目审计、合同审计、经济效益审计都是为了堵塞漏洞。二是“防范风险”。管理审计、项目投资审计、专项审计等是从防范风险的角度为经营者提供参考。三是关于审计诚信和审计队伍建设。要制定详细的审计规章制度，并严格执行；被审单位要对审计资料实行承诺制；要提高审计人员素质水平。朱守礼在会议总结中提出审计工作的重点：一是同级财务审计中发现问题的跟踪审计；二是清产核资中资料的真实性审计；三是主辅分流中国有资产的保值审计；四是投入大、争议大、问题大的多经企业的专题审计；五是自管资金收支的审计调查。各厂所、公司在会议中交流了审计工作经验。

（审计部　供稿）

多元经营

【概述】 年内，按照集团公司“十五”多经发展战略，落实多经发展对策措施，建立了一批投资主体多元化、产业发展规模化、经营管理规范化的多经企业，开发研制了一批科技含量高、附加值大、市场前景看好的多经项目和产品，寻求建立集团公司新的经济增长点和支柱产业。

集团公司全年实现多经销售收入403017.69万元，完成年度计划的122.6%，同比增长15%；其中非机车车辆产品收入为194816.57万元，完成年度计划的114.6%，同比增长23.8%；实现多经利润10787.8万元，完成年度计划的180%，同比增长21.5%；多经从业人数20652人，与上年同期基本持平。

集团公司多经发展基金累计借款8600万元，支持21个企业的31个科技含量高、发展潜力较大的多经项目启动和正常运行。

【多经企业经营发展情况】 截止2003年底，集团公司各厂所、公司共有多经企业168家，其中：有限公司88家，股份公司55

家，其他75家。注册资本总计11.59亿元，总资产38.48亿元。

注册资本在100万元以下的有60家，占35.7%；100～500万元的有60家，占35.7%；500～1000万元的有19家，占11.3%，1000～3000万元的有18家，占10.7%；3000～5000万元的有6家，占3.57%；5000～10000万元的有4家，占2.4%；10000万元以上的有1家。

营业收入在100万元以下的有23家，占13.7%；100～500万元的有47家，占28%；500～1000万元的有27家，占16.1%；1000～2000万元的有31家，占18.5%；2000～5000万元的有28家，占16.7%；5000～10000万元的有8家，占4.8%；10000万元以上有4家，占2.4%。营业收入超过亿元的分别是：南方汇通微硬盘科技有限公司，株洲时代新材料科技股份有限公司，株洲时代电子技术有限公司，石家庄国祥制冷设备有限公司。

实现盈利的企业有121家，占72%；亏损的47家，占28%。利润在50万元以下的有78家，占46.4%；利润在50～200万元的有27家，占16.1%；利润超过200万元的有16家，占9.5%；亏损额在50万元以内的有29家，占17.3%；亏损额在50～100万元的有10家，占6%；亏损额超过100万元的有8家，占4.8%。

【集团公司总部控股的多经实体】 南车营销租赁公司出资组建的公司共计16家，总计出资4387.9万元，其中控股企业5家，分别是杭州三利电器电缆有限公司、广州铁工绝缘有限公司、上海铁工经贸有限公司、广州保捷电动工具有限公司和深圳国铁贸易有限公司。

5月，由襄牵公司、南车营销租赁公司和两个自然人共同出资组建了襄樊中铁宏吉预应力设备有限公司，注册资本625万元。

原中车公司组建的南方铁路机车（集团）有限责任公司（公司已注销）设在常州市新北区河海中路91号（地号为：553021）的综合楼，其资产已划归南车营销租赁公司。经中国南车集团公司总经理办公会研究决定，同意将综合楼的产权进行转让，受让方是常州市新北区人民检察院。截止年底，相关手续已经办妥，所有款项全部到位，产权转让事宜结束。

【多经工作会议】 8月7日，集团公司多经工作会议在贵阳召开。集团公司总会计师朱守礼到会并作了重要讲话。副总经济师白继文在会上作了题为《加快改革发展，勇于开拓创新，努力推动多经工作迈上新的台阶》工作报告。贵阳厂、武昌厂、襄樊南车专用汽车股份公司和株洲联诚集团在会上分别作了多经工作和企业改制等方面的经验交流。各厂所利用展板形式在会议期间展示了近年来的多经成果。

白继文在工作报告中强调指出：第一，铁路跨越式发展的新形势，对多经工作提出了新要求，加快多经发展的任务很重。第二，集团公司经营的新态势，对多经工作提出了新要求，培育多经新的经济增长点的任务很重。第三，实施主辅分离、辅业改制的新任务，对多经工作提出了新要求，实施多经企业改制的任务很重。2003年乃至今后一段时期多经工作的总体要求是：紧紧围绕多经发展的战略目标，解放思想，与时俱进，振奋精神，开拓创新，加快推进企业的改革改制，大力推进产品结构的优化升级，加大市场开发和新产品开发的力度，不断提高规范化管理水平，创造新的业绩，开拓新的局面。

朱守礼在总结讲话中高度评价了南方汇通公司（贵阳厂）多元经营发展壮大的光辉

历程。经过多年的奋斗，贵阳厂实现了三个跨越：由机车车辆产品为主到非机车车辆产品为主的跨越，由传统产业到高新技术产业的跨越，由传统的产品经营到现代的资本经营的跨越，是集团公司多经发展的一面旗帜。朱守礼对多经工作提出四点要求：第一，抓住机遇，加快多经发展；第二，加强多经管理，消灭亏损企业；第三，强化多经企业的审计工作；第四，处理好多经企业改制分流工作中出现的问题。

【集体经济管理】 4 月 17 日，集团公司在株洲召开中国南车集团集经企业协会第一届第二次会议。这次会议的中心议题是：贯彻国家经贸委等八部委联合下发的《关于国有大中型企业主辅分离辅业改制分流安置富余人员的实施办法》（国经贸企改［2002］859 号），落实集团公司主辅分离、改制分流的工作会议精神，动员集经企业在主辅分离、辅业改制中加快步伐，率先推进。集团公司副总经济师白继文到会并作重要讲话，着重强调三点：第一，认清形势，提高认识，增强加快集经企业改制的紧迫性；第二，明确目标，突出重点，积极稳妥地推进改制工作；第三，对做好集经企业改制工作提出几点具体意见：一是加强引导，统一思想，在促进观念转变上下功夫。二是明确进度，主动配合，在认真实施上下功夫。三是明晰关系，加大力度，在按现代企业制度规范改制企业上下功夫。四是掌握政策，有序操作，在维护员工合法权益上下功夫。

10 月 30 日，在青岛举行由部分集经企业领导参加的研讨会，会议简要回顾了前阶段集经企业协会的工作，认真分析集经企业目前所面临的形势，着重研讨集经企业如何深化改革，正确处理改革、发展、稳定的关系，积极稳妥地推进企业改制分流工作。

（多经发展部　供稿）

技术管理

科技发展与管理

质量管理

机车生产与技术开发

车辆生产与技术开发

节能管理

科技发展与管理

【概述】 年内，集团公司为适应铁路跨越式发展新构想，加强科技管理，加大科技投入，强化设计基础，加快了产品与国际接轨步伐，全年试制新品种机客货车和动车组共11项，研发重要零部件和关键技术58项。认真贯彻落实集团公司“十五”质量攀登计划，提升工艺制造水平和产品质量，主要质量指标稳中有升。

【科技计划管理】 集团公司2003年科技计划按照铁道部项目和集团公司项目两部分编制并组织实施。其中列入铁道部科技研究开发计划的项目共8项，列入集团科技计划项目的共74项。铁道部项目主要有：300公里/小时高速列车的研究——300公里/小时动力分散高速列车交流传动系统的设计；300公里/小时高速列车的研究——300公里/小时电动车组齿轮箱及联轴的试验研究；120公里/小时货运交直交电力机车的研制；200公里/小时动力分散交流传动电动摆式列车组的研制；铝合金通用棚车方案的研究；90吨凹底平车的研制；通用内燃/电力/机车/客车/模块化通信与控制系统平台的研究；交流传动整体集成驱动系统的研究。集团公司项目主要有：韶山$_{3B}$型电力机车径向转向架的研制；高压IGBT牵引变流器的研究；干线大功率客运内燃机车交直交传动系统研制；高速铝合金车体设计制造；双层集装箱专用车的研制；浴盆式铝合金运煤敞车的研制；150吨凹底平车研制；25吨轴重新型通用敞车开发研制；铝合金通用棚车的研制；B型地铁车辆研制；低地板轻轨车辆研究；整车滚动试验研究；企业焊接规范性研究等。

集团公司获2003年度中国铁道学会科学技术奖3项，其中一等奖1项，二等奖2项。一等奖项目是“NJ1型交流传动内燃机车”；二等奖项目是“NZJ1型准高速内燃动车组”和“LKJ—2000型列车运行监控记录装置”。

2003年申请结题的集团公司项目20项。

【标准化工作】 集团公司归口制定铁道行业标准7项，协调国家标准4项，参加起草国家标准1项，复审铁道行业标准130余项。年内，对各厂所进行了技术标准查询系统的安装和使用培训。该系统中收录国标569条（文本253项）；行标2011条（文本1474项）；国际及国外标准3638条；集团标准2条，并挂在公司OA网和各厂所局域网上。制定铁道行业标准7项，分别是《13号车钩样板》、《13号车钩段修样板》、《常用金属电刷镀通用技术条件》、《机车车辆油压减振器技术条件》、《机车车辆油压减振器试验台技术条件》、《铁路应用机车车辆直流断路器规则》、《干线机车车辆受电弓》。协调国家标准4项，分别是：《电力机车制成后投入使用前的试验方法》、《内燃机车制成后投入使用前的试验方法》、《电力机车通用技术条件》、《内燃机车通用技术条件》。参加起草国家标准1项：《地铁车辆通用技术条件》。制定集团公司标准1项：《客车检修手册》。　　（科技发展部　供稿）

【信息化建设】 按照《中国南车集团信息建设实施方案》，本着“效益驱动、总体规划、重点突破、分步实施”的原则，建成南车集团网络系统（Intranet），为集团公司及下属企业统一配备了服务器和网络设备，将整个集团公司及下属企业通过宽带互联网络技术联接成一个Intranet网络系统，保证了信息的高速传递和安全畅通，全面应用办公自动化OA系统，实现了无纸化办公。集团公司及下属各企业均建立自己的国际互联网网站，以集团公司网站（www. csrgc.com.cn）为核心建立链接，提高了集团公司的行业知名度。在集团公司网站及办公自动化系统应用的基础上，集团公司团委、财务部、市场部、规划发展部、综合管理部、多经部、审计部等先后开发了适合自己部门应用的管理系统，并结合集团公司 OA 系统和网站进行信息发布、业务管理，提高了业务处理能力。株辆厂、戚墅堰厂、株机厂、眉山厂、资阳厂、南车四方公司的 PDM 系统已经全部或部分投入运行并带来较大效益，株洲所、铜陵厂的 PDM 也正在实施中。南车集团计算机信息化建设项目是“九五”重点技术改造项目，不但要精心设计与实施，实现设计目标，达到预期效果，还要按技改工程的要求，进行严格的工程验收。各单位在集团公司验收中均以优异成绩通过验收，平均分达到 95 分。2003 年，洛阳厂车间制造执行系统（MES）一期工程通过验收。集团公司以眉山厂作为试点企业，在企业中实施财务集中管理，实现财务物流一体化管理，加强了管理的力度。株洲所采购电子商务系统投入应用，使得采购业务人员的日常业务操作、信息获取更加方便，显著提高工作效率与管理水平；同时与供应商的交流更加方便快捷，提升企业形象。系统自投入正式运行以来，系统累计完成采购金额 4500 万元，通过对比分析，节约采购资金 200 多万元。

（科技发展部　供稿）

质　量　管　理

【概述】 年内，各厂所、公司认真贯彻落实集团公司“十五”质量攀登计划，牢固树立“一丝不苟，精益求精”的精细制造理念，提升工艺制造水平和产品质量。加强供应商管理，狠抓源头控制，进一步规范和完善供方评价系统，提高采购质量。立足用户需求，认真组织质量攻关和质量整改，一批主要、惯性质量问题得到有效解决，整改的及时性和效果受到用户好评。进一步完善售后服务管理制度，认真开展用户走访，实行春运领导值班制度，增强了用户满意度，保证了铁路运输安全稳定。全面推进 ISO 9000—2000 质量体系贯标工作，有 16 个厂所通过认证评审。ISO 14000 环境管理体系认证取得较大进展，年内又有 5 家企业通过认证。截止年底，集团公司共有 13 家企业通过 ISO 14000 认证。株机厂、资阳厂、石家庄厂等通过质量、环境、安全三位一体评审。

按照集团公司年度培训计划，集团公司组织了有各厂所、公司主管总工程师、质量管理部门负责人参加的质量管理培训班，围绕怎样做好 ISO 9000 质量管理体系、ISO 14000 环境管理体系和 OHSAS 职业健康管理体系的一体化工作、卓越绩效模式、六西格玛管理、SPC 技术等，进行了培训和交流。

【无损检测工作会议】 8 月 1 ~ 4 日，机车车辆工业系统无损检测考核委员会在无锡培训基地举办无损检测人员技术资格鉴定考核管理细则研讨会，通过了《机车车辆工业系统无损检测人员技术资格鉴定考核管理细则（试行）》，进一步强化机车车辆工业系统无损检测考核委员会的工作职责，规范无损检测人员的技术培训和考核，提高无损检测人员技术水平，确保机车车辆零部件无损检测质量。会议还讨论确定了机车车辆工业系统无损检测工艺教材的编写内容及编写人员。

【超声波探伤技术培训】 3 月 31 日 ~ 4 月 24 日，机车车辆工业系统无损检测人员技术资格鉴定考核委员会在无锡培训基地举办了 2003 年春季超声波探伤培训班。本期培训班共有学员 133 人，来自铁路系统 36 个单位。本期培训班顺利地完成了各项教学任务，124名学员取得Ⅱ级超声波探伤技术资格证书，9名学员取得了Ⅰ级超声波探伤技术资格证书。9月1～25日，在无锡培训基地举办了2003年秋季超声波探伤培训班。本期培训班共有学员83人，分别来自路内、外系统35个单位。其中机车车辆工业系统39人，机务系统19人，车辆系统23人，路外单位2人。本次培训班完成了TB/T 3078—2003《高磷闸瓦超声波检验》标准宣贯。经部考委会考核，81名学员取得了Ⅱ级超声波探伤技术资格证书，2名学员取得了Ⅰ级超声波探伤技术资格证书。

【磁粉、渗透探伤技术培训】 8月18日～9月11日，考委会在太原厂举办了磁粉、渗透探伤培训班。本次培训班共有310名学员参加，288人次参加磁粉探伤培训，95人次参加渗透培训。经部考委会考核，240名学员取得了Ⅱ级磁粉探伤技术资格证书，48名学员取得了Ⅰ级磁粉探伤技术资格证书；90名学员取得了Ⅱ级渗透探伤技术资格证书，5名学员取得了Ⅰ级渗透探伤技术资格证书。10月12日至11月6日，考委会在无锡培训基地举办了2003年秋季磁粉探伤培训班。本期培训班共有学员145人。经部考委会考核，133名学员取得了Ⅱ级磁粉探伤技术资格证书，12名学员取得了Ⅰ级磁粉探伤技术资格证书。

【计量工作】 年内，集团公司将计量工作重点放在加强、完善和提高三个方面。组织和实施统一的计量制度。根据国家新颁布的计量标准建标规范，部分工厂对有关标准器编制了运行核查作业指导书，运行核查计划，建立了运行核查制度。建立、完善计量管理体系。各厂采用多种形式自查计量管理体系，包括组织机构建设、计量器具台账管理、计量设备配备管理、计量周检执行及标识管理，及时解决存在的问题。积极开展实验室认可活动。集团公司全面采用ISO 17025，努力做好技术基础工作，从法律地位、组织管理、设备、人员、环境、质量保证体系等方面进行规范，促进自身体系的完善和发展，准确提供测量准确性和适用性的依据，进行国际互认和各实验室的对比，积极申请实验室认可（Lab）。戚墅堰所试验检测中心（部质检中心机车车辆配件检验站）、四方厂试验检测中心均已通过了国家实验室认可，戚墅堰厂通过了国家认可委专家的现场评审。资阳厂检测中心等单位完成了ISO 10012《测量设备的质量保证要求第1部分测量设备的计量确认体系》的日常管理和内部审核工作。同时，一些企业还完成了省机械工程计量测试实验室管理复审等工作。为配合各企业内ISO 9001认证复审，AAR复审，ISO 18000安全体系认证，ISO 14001体系认证，各计量部门积极根据标准的要求，对程序文件进行了修订，确立了部门的质量目标，制定了相应的管理措施和反馈程序，保证指标的实现。生产服务职能进一步强化。完成多项新产品计量测试，主要有：提速车整体轮样板，280轮轴，转K4样板，美国摇枕侧架专用样板，锡兰W_{32}机进排气管、气阀等。开发研制了北京八通地铁、高速车专用测量装置19项，为新产品开发解决了检测难题。对热处理工控系统进行了技术升级改造，采用工控机实现集、散测控多炉多温区控温工艺微机处理的方式，实现炉温的集中监控和自动调节，提高自动化程度和效率，保证热加工质量。完成机车仪表计量上车整改措施制定、实施及完成情况检查，各型称量秤非法定计量单位的增砣更换。出口机车用电工、压力、温度仪表的检测工作；柴油机100小时试验用各类仪表的检测工作；立式构架加工中心的检测验收工作；配合做好了B型柴油机100小时试验各类仪表的检定、调试，测量参数、资料汇总工作。完成机车称重、电力机车检测和轴承检测项目的调研和技术准备工作，三坐标测量机等大型检测设备的大修工作。对引进设备圆度仪进行了升级改造，实现微机控制自动检测，保证检测精度和生产进度的要求。配合做好了引进项目三坐标测量机的招标工作10项。加强计量技术培训力度。组织参加各种专业培训班、技术交流和展示会。组织参加所在省市技术监督局举办的“完善计量检测体系”内审员培训班、计量标准考核培训班；参加工厂ISO 9001质量管理体系2000版标准贯标学习班。采取多种形式进行测量不确定度评定和新标准规程的宣贯。组织南、北车集团公司计量检定员培训考核班，各厂所31人参加培训和取证。

【《低合金铸钢冶炼操作技术规范》发布实施】 集团公司组织制定《低合金铸钢冶炼操作技术规范》，并于3月5日发布实施，为促进集团公司铸钢件冶炼技术水平的整体提高搭建了技术平台，为集团公司实施标准化管理提供了有力保障，为集团公司制造水平与国际先进水平接轨打下坚实的基础，对提高集团公司产品竞争力的提高将产生深远的影响。

【质量攻关和质量整改】 年内，各厂针对产品质量问题进行质量攻关和质量整改，取得了明显效果。二七车辆厂针对制动梁的支柱裂的惯性质量问题，组织了攻关小组，采取了增加支柱探伤工序、采用富氩焊，消除支柱杠杆孔应力集中点等措施，保证了检修制动梁的实物质量。成立了ST缓冲器、MT—3缓冲器质量攻关小组，攻克了ST缓冲器落锤试验不合格及MT—3型缓冲器体生产中存在的难题。组织了2次新造货车厂内质量观摩活动，以部对规车的考核标准和方法，对整车及部件进行了认真的检测，有效提高了整车质量水平。株机厂针对产品制造和运用过程中出现的主要质量问题，制定了年度质量改进计划，对在段运用的韶山$_8$、韶山$_9$、韶山$_{6B}$、韶山$_{4G}$型等机车进行了技术改进，共改进涉及主断路器活塞、一系圆簧、一系油压减振器座等19个项目。根据铁道部督察组提出的韶山$_9$改机车制造过程质量问题，组织制定了相应的纠正、预防措施和专题改进计划，改进涉及机车电器线路、空气管路、车体、转向架、司机室等系统和部件，取得了良好效果。针对韶山$_9$改机车因辅助司控器控制线磨损造成连续性机破的情况，质保部门及时组织力量，对在厂的韶山$_9$改、韶山$_{3B}$固定重联机车辅助司控器的布线状况进行全面检查，查明了原因，通过制定实施整改措施使机破的现象得到有效遏制，整改的及时性和效果得到了用户的高度评价。

【供应商控制】 各厂按照集团公司的要求，在狠抓源头控制，进一步规范和完善供方评价系统，采购控制程序和供方评价管理等方面做了大量的工作，取得明显效果。一是强化控制职能，增加了入厂检验人员和供应商管理人员。二是推行入厂检验标准化作业，从检验文件编制规范化、检验装备配置完备化、检验项点设置合理化、检验人员行为规范化、检验职责分配具体化等方面，提高产品入厂检验水平。三是改进供应商控制方法，根据供应商供货业绩和质量状况，实施有针对性的、动态的重点控制，并对存在问题或问题整改不力的供应商采取通报、削减供货份额、取消供货资格等措施，促使供应商增强质量危机意识，主动改进质量。四是提高供应商评审水平，在评价策划、方法、内容和实施等方面不断改进评审质量，提高供应商准入门槛，对上年供方供货业绩进行统计分析，公布业绩排名，对质量保证能力不能满足工厂产品质量要求的供方提出不列入供方的建议，为确保供货质量，减少工厂损失起到了较大的作用。

【产品质量监督抽查】 年内，铁道部共发布4期监督抽查通报，集团公司所属企业共受检41厂项，合格29厂项，不合格12厂项，合格率为70.72%；复查9厂项，全部合格，合格率为100%。

2003年度铁道部产品质量监督抽查情况表

单　位	2003年抽查数	不合格数	2002年抽查数	不合格数
二七车辆厂	2	1	1	0
北京机械厂	2	0	0	0
石家庄厂	1	0	1	0
四　方	1	0	2	1
浦镇厂	0	0	2	1
戚墅堰厂	3	0	3	1
铜陵厂	1	0	1	0
江岸厂	5	2	0	0
武昌厂	0	0	1	0
株机厂	0	0	1	0
襄牵公司	1	0	0	0
株辆厂	3	2	5	1
洛阳厂	0	0	1	1
成都厂	1	0	0	0
资阳厂	6	2	3	2
眉山厂	8	1	2	0
贵阳厂	3	1	1	0
襄樊厂	0	0	0	0
戚墅堰所	1	1	3	0
株洲所	3	2	4	0

【售后服务工作】 年内，各厂所在规范售后服务，提高售后服务质量，增强用户满意度方面做了大量工作：一是进一步完善售后服务管理制度，修订完善了机车车辆运用信息、三包配件控制、服务人员管理等方面的管理制度，形成了覆盖售后服务各个专项领域和各项工作流程的管理程序和标准，并将信息处理作为售后服务工作的主线。株机厂按机车配属区域划分，对每一条信息的来源、流程和处理实施计算机动态管理，根据信息类别，建立相应的警示等级制度，信息的处理责任落实到人，每一条信息处理完毕由责任主管签认。由于加强了信息处理的全程控制，株机厂用户信息当月处理完成率逐月递升，由年初的53.6%上升到6月的80.5%，同时加快用户信息的厂内处理速度，针对用户反馈的不同信息，严格规定处理时效，形成以售后服务部门为源头，设计、质保、工艺、制造部门协调动作、合力处理的用户信息处理系统。二是认真开展用户走访，提高售前服务水平。江岸厂组织售后服务人员对全路14个铁路局（集团）的91个车辆段进行了走访，走访覆盖率达到86.7%。售后服务人员深入检修现场，了解车辆的运用状态和常见易发质量故障，及时准确地收集第一手资料，并将运用部门的意见，向技术部门进行信息反馈，使各项反馈意见得到及时、有效的处理。眉山厂9月份组织售后服务人员对哈密车辆段、西安厂、郑州机务段等厂家、站段进行了走访服务，用户方普遍表示满意。三是各厂所按照集团公司的要求，把保证铁路运输安全稳定，作为认真贯彻十六大精神，全面落实“三个代表”重要思想的重大政治任务，采取了有力措施，加强组织领导、强化安全控制，严格监督检查，确保了春运和重要节日期间的安全稳定，为维护集团公司的良好形象，保证铁路运输安全，支持铁路改革和发展作出新的贡献。春运期间，集团公司实行了全系统领导值班制度，并设春运售后服务联系电话，由专人负责。各单位主要领导亲自部署本单位春运售后服务组织工作和技术准备，积极利用节前的时间协助有关局段整备机车车辆，尤其重视检查、消除客运机车、客车

隐患，加强各售后服务站点的力量，提前做好了配件的发送、储备等工作，圆满完成了春运期间的售后服务任务。

【质量指标完成情况考核】 根据南车综［2001］81号文件精神及2002年各厂所质量指标完成情况，对有关厂所进行考核：

扣减二七车辆厂领导班子责任制考核分3分（铁道部监督抽查1项不合格）；

扣减眉山厂领导班子责任制考核分3分（铁道部监督抽查1项不合格）；

扣减南方汇通公司领导班子责任制考核分3分（铁道部监督抽查1项不合格）；

扣减戚墅堰所领导班子责任制考核分3分（铁道部监督抽查1项不合格）；

扣减江岸厂领导班子责任制考核分6分（铁道部监督抽查2项不合格）；

扣减株辆厂领导班子责任制考核分6分（铁道部监督抽查2项不合格）；

扣减资阳厂领导班子责任制考核分6分（铁道部监督抽查2项不合格）；

扣减株洲所领导班子责任制考核分6分（铁道部监督抽查2项不合格）。

【优秀质量管理小组】 7月9～11日，集团公司2003年度质量管理小组成果评审会在二七车辆厂召开，对各厂所上报的49个基层优秀质量管理小组成果进行评审。经评审会评选、集团公司批准，确定石家庄厂铜冶分厂精铸QC小组等44个QC小组为2003年“中国南车集团公司优秀质量管理小组”。集团公司还从中择优选定了部分小组报部参评国优QC小组、部优QC小组。石家庄厂铜冶分厂精铸QC小组获全国优秀质量管理小组，戚墅堰所锻热技术工程部齿轮热处理QC小组等21个小组获铁道部优秀质量管理小组。集团公司对获得2003年度全国优秀质量管理小组、铁道部优秀质量管理小组和集团公司优秀质量管理小组荣誉称号的QC小组，分别给予4000元、1500元和1000元的一次性奖励。

2003年集团公司优秀质量管理小组名单

序号	单位	小组名称	课题名称	级别
1	石家庄厂	铜冶分厂精铸QC小组	改进工艺，提高支柱一次交检合格率	国优
2	戚墅堰所	锻热技术工程部齿轮热处理QC小组	提高DF_{11}主动齿轮渗碳淬火合格率	部优
3	戚墅堰所	活塞环技术工程部活塞环质量攻关QC小组	提高240锥面环成品合格率	部优
4	眉山厂	货车公司备料车间技术组QC小组	改进工艺，提高带吊60公升副风缸焊接质量	部优
5	襄樊厂	利材车间QC小组	轴箱大弹簧节距差超差修复攻关	部优
6	石家庄厂	质量保证部计量QC小组	研制低压压力表检定装置	部优
7	眉山厂	铸锻公司铸钢车间联合技术攻关QC小组	加强工艺过程控制，降低摇枕、侧架掉砂废品率	部优
8	石家庄厂	铸造分厂炼钢QC小组	降低B级钢摇枕侧架废品率	部优
9	洛阳厂	柴油机车间质量攻关QC小组	开展QC活动，降低DF_4机车柴油机碾瓦率	部优
10	戚墅堰厂	机械三车间气缸套加工QC小组	降低240B型软氮化气缸套装配氮后珩磨率	部优

续表

序号	单　　位	小　组　名　称	课　题　名　称	级别
11	襄樊厂	工具公司气门导管班 QC 小组	气门导管内孔光洁度的保证	部优
12	株辆厂	组装分厂小门 QC 小组	攻克下侧门自动焊质量关	部优
13	戚墅堰厂	工具公司技术 QC 小组	提高焊接刀制作质量	部优
14	南方汇通公司	铸工车间摇枕侧架 QC 小组	稳定树脂砂加强型钩尾框关键的 30 尺寸	部优
15	浦镇厂	动力车间锅炉 QC 小组	降低炉渣含碳量，节约燃煤	部优
16	眉山厂	技术中心转向架设计 QC 小组	14T 轴重越南米轨转向架研制	部优
17	襄樊厂	机车车间机车制动系统 QC 小组	提高机车制动系统一次交检合格率	部优
18	戚墅堰厂	工业公司冷却装置 QC 小组	冷却装置泄漏质量攻关	部优
19	资阳厂	机车分厂转向架车间轮对注油压装 QC 小组	提高轮对注油压装曲线合格率	部优
20	二七车辆厂	铸造分厂电炉班 QC 小组	降低钢水耗电量	部优
21	二七车辆厂	机械车间备品二班 QC 小组	提高产品质量，降低端头废品率	部优
22	株州所	质量服务部顾客满意度改善 QC 小组	努力提升顾客满意度	部优
23	襄樊厂	部件车间泵滤班 QC 小组	降低机车滑油压力不稳定故障发生率	公司优
24	成都厂	交车检查 QC 小组	实行规范化检验作业，减少出厂机车整备返工活	公司优
25	株机厂	转向架分厂构架焊接 QC 小组	提高转向架构架焊接质量，确保机车重载提速及安全运营	公司优
26	洛阳厂	机车车间大件班 QC 小组	开展 QC 活动，降低机车风泵机组的故障率	公司优
27	资阳厂	传动分厂元件车间超长防振刀杆研制工艺试验 QC 小组	超长防振刀杆设计研制工艺试验	公司优
28	成都厂	电机数控加工 QC 小组	完善数控设备的过程控制，提高产品加工质量	公司优
29	浦镇厂	客车车间技术 QC 小组	新造车车内电线布置工艺改进	公司优
30	株辆厂	综合技术部不锈钢加工质量攻关 QC 小组	提高不锈钢制动配件加工合格率	公司优
31	戚墅堰厂	内机分厂机车管路攻关 QC 小组	机车管路设计制作规范化的研究与探索	公司优
32	南方汇通公司	台车车间转向架落成 QC 小组	加强质量管理，提高落成一次交验合格率	公司优
33	南方汇通公司	机具车间加工 QC 小组	提高转 8AG、转 8G 旁承座批量加工质量	公司优
34	株机厂	变压器分厂试验 QC 小组	变压器试验工艺提升	公司优
35	株机厂	备米分厂薄三班 QC 小组	SS_4 机车面板攻丝孔质量攻关	公司优
36	株洲所	制造中心母线折弯压型模具的改进 QC 小组	母线折弯模具的改进	公司优
37	江岸厂	锻造分厂锻四 QC 小组	加强工序控制，提高下拉杆锻造、焊接质量	公司优

续表

序号	单　位	小 组 名 称	课 题 名 称	级别
38	铜陵厂	铸钢分厂电炉班 QC 小组	提高铸钢件内在质量	公司优
39	浦镇厂	铸工车间电炉 QC 小组	解决 5T 电炉炼钢翻炉底质量关键	公司优
40	江岸厂	环境管理体系认证 QC 小组	宣贯 ISO 14001 标准，通过环境管理体系认证审核	公司优
41	襄樊厂	柴油机车间机体裂纹焊修 QC 小组	铸焊结构机体裂纹焊修	公司优
42	襄牵公司	电机一分厂 QC 小组	厂修牵引电动机电枢绝缘故障原因分析及改进措施	公司优
43	襄牵公司	群锚夹片质量优化 QC 小组	群锚夹片质量优化方案	公司优
44	武昌厂	冷藏保温结构分厂 P64GT 油漆 QC 小组	搞好 P64GT 油漆外观质量，提高一次交验合格率	公司优

（科技发展部　供稿）

机车生产与技术开发

【概述】 年内，各厂所、公司认真贯彻落实集团公司《“十五”质量攀登计划》和有关要求，质量意识明显增强，机车产品制造质量稳步提高。立足用户需求，强化实施措施，提升工艺制造水平和产品质量。以集团公司提出的“先喷漆后组装”为切入点带动产品制造工艺水平全面提升。株机厂研制的出口乌兹别克斯坦电力机车，戚墅堰厂制造的东风$_{11G}$型内燃机车，南车四方公司制造的东风$_5$、东风$_{7G}$等产品，在内在质量和外观质量方面较过去有了质的飞跃，提升了集团公司在制造工艺技术水平方面的整体形象，标志着集团公司产品在与世界先进接轨方面取得了新的突破。

【东风$_{11G}$型准高速客运内燃机车研制】 该机车是戚墅堰厂为铁路第五次大提速研制的新型内燃机车。机车采用双机重联，每单节机车装用一台 16V280ZJA 型柴油机，机车总装车功率为 2×3610 千瓦，牵引 20 节客车时速达到 160 公里仍有较大剩余加速度。机车装有辅助柴油机发电机组，可向列车供380 伏交流电，最大供电功率为 2×400 千瓦。机车采用微机网络控制技术，具有完全的机车逻辑控制、网络重联控制、机车故障诊断功能和远程监控诊断功能。该机车充分借鉴了东风$_{11}$型、东风$_{11Z}$型内燃机车成熟、可靠的先进技术。为适应铁路乘务特长交路和单司机操纵等特点采用了大容量承载式燃油箱、火灾报警灭火装置并将操纵控制集中于司机室内。机车整体设计精良，采用流线型车体，管路排列规范。机车最大运行速度 170 公里/小时，通过最小曲线半径为 145 米。机车在铁科院北京环形铁道线完成各项性能试验后，于 12 月在北京至杭州、西安、长沙、南昌间进行牵引试验和向列车供电试验。机车运行情况和供电性能良好，获铁道部领导的充分肯定。

【出口乌兹别克斯坦六轴交流传动电力机车】

该机车是株机厂参与国际市场竞争中标的国际项目，该车设计周期短、要求高、难度大。第一台机车于 11 月 20 日顺利落车，并完成机车部件和整车的例行试验和部分型式试验项目。

【出口哈萨克斯坦交流传动电力机车】 该机

车是株机厂参与国际市场竞争中标的国际项目，合同于4月2日正式生效。5月初完成方案设计及设计评审，6月底前完成技术设计评审，7月中旬完成施工图纸设计。该机车部件和整车的例行试验和型式试验的试验大纲及有关准备工作于年底完成。

【GK_{2C}液力传动调车机车研制】 该机车是戚墅堰厂为满足冶金、石化等工矿企业对运输和调车作业需求研制的新型内燃机车。机车主传动为液力传动，装用6280ZJ型柴油机，装车功率为1470千瓦，采用微机控制、板式液力油热交换器、单元制动器等新技术。机车最大运行时速为80公里，通过最小曲线半径为80米。

【GK_{0D}型内燃调车机车研制】 该机车由资阳厂研制，是继GK_{0C}机车开发后的又一种地铁和城市轻轨车辆用调车机车。该车装用英国CUMMINS QSK19—L750型柴油机，装车功率为522千瓦，轴式B—B，轴重14吨，具有恒低速功能和环保特点。机车电气系统采用微机控制，具有重联功能。机车适用于地铁和城市轻轨铁路车辆的调车及救援作业。

【GKD_{3B}型电传动调车机车研制】 该机车是由资阳厂研制的具有低排放特点的新型交直流电传动调车内燃机车，装用12V240ZJ型柴油机。装车功率为1800～2000千瓦，分电喷和非电喷两种。轴式为C_0—C_0，轴重23或25吨，机车最大速度为100公里/小时。机车采用微机控制系统，具有油耗低、污染小、性能优、可靠性高、外形美观、司乘条件舒适等特点，适用于调车和小运转作业。

【时速270公里“中华之星”电动车组运行考核】 该电动车组年内主要完成了综合联调试验和30万公里试运行：1月12日进行从北京站到沈阳站的全程拉通试验。8：28从北京站出发，13：28到达沈阳北站，全程5小时。综合联调试验于3月底结束。从4月份开始进行列车试运行。为了做好试验和试运行工作，期间多次召开会议进行研究。1月22日，铁道部科技司主持召开了“中华之星”试验总结会；3月16日由总体组长召集各专题单位对需整改项目的技术方案和实施计划进行了研究；10月28日，召开了研制单位联席会议，对前几个月的运行情况进行总结，对试运行30万公里后进行A1修进行了安排。到12月13日，“中华之星”电动车组试运行超过30万公里，15日开始进行A1修，历时1个月完成电动车组的A1修工作。

（科技发展部　供稿）

车辆生产与技术开发

【概述】 年内，客车产品设计开发任务较重。南车四方公司全年共完成27个新车型的设计开发和17个车型的加改、整图工作，国内市场有系列高档公务车，主型车有25B、25G型部备车等，特种车有广州局接触网检测车、红外线检测车等，军工车有二炮勤务保障车、生活保障车等；海外市场有伊朗、朝鲜、土库曼斯坦等国家的客车项目。这些项目的研制开发，促进了一批新技术的应用，如：客车车体减震降噪技术、内装无木结构、车内屏蔽结构、模块化内装结构、稳压自动给水装置、集成化电空制动系统、制动系统管排吊装技术等，进一步提高了客车制造水平和产品档次。浦镇厂在2002年有关项目研制的基础上对“先锋号”、摆式列车、国产化地铁列车、无摇枕转向架等继续进行研究、试验、改进和完善。根据铁道部装备部的安排，完成了K

型样板车的设计和22型翻新车的设计及其样板车的试制。根据用户的需要，完成了兰州局双层轨检车和乌鲁木齐局红外线检测车的设计和车辆的研制。在22型翻新车、K型样板车、“先锋号”扩编车的设计中，对车体钢结构、车内各部件及内装结构全面推行模块化设计，内部结构取消木结构，大大简化了安装工艺，确保了组装质量。PW200无摇枕转向架完成试制、试验，并于3月通过铁道部鉴定。该转向架分别装于济南局1辆硬卧车、铁科院1辆双层试验车、兰州局1辆双层轨检车和昆明局3辆发电车上进行运用考核。完成K型样板车（硬座车、餐车、硬卧车、软卧车和发电车）的设计及其实物模型制作，并按样板车的型式为昆明局生产了3辆发电车。完成22型翻新车（硬座车、硬卧车和餐车）的设计和样车的试制工作。抓好货车重载工作，3月3日组织眉山厂、株辆厂、二七厂参加了装备部组织的“大秦线扩能货车技术研讨会”，确定了大秦线开行2万吨列车车辆的使用条件、车辆主要性能及结构要求。株辆厂从美国引进、并完成了25吨轴重摆动式转向架的国产化，研制了80吨载重铝浴盆运煤专用车；二七厂研制了80吨载重铝浴盆运煤专用车、25吨轴重两用平车、25吨轴重双层集装箱平车。

【200公里/小时电动车组引进和国产化】 南车四方公司积极参与铁道部200公里/小时（动力分散或动力集中式）电动车组、高速列车等技术引进项目。南车四方公司作为200公里/小时动车组技术引进项目的牵头单位，根据中国铁路的特殊运用环境和条件，确定技术方案、制定技术规范。“先锋号”至年底安全运行15万公里，返厂进行A2修程修理，针对运行状况，浦镇厂加强了边梁、减振器座、吊梁的强度，加大了整车的防尘、防水能力，顺利完成了A2修理。还完成了“先锋号”电动车组的硬座车和酒吧车的扩编设计施工图样和新造车设计方案，加强了对防尘、防雪、减振性能进行充分研究，实现了9项重大技术改进。

【高档客车设计开发】 160公里/小时内燃摆式客车项目为铁道部重点科技攻关项目，浦镇厂3月完成客车的总装并进行单车调试，4月送唐山厂进行编组调试，该车在内部造型、卷帘结构、转向架等方面进一步创新，充分体现人性化设计，富有时代气息。南车四方公司完成25K样板车的设计，25K样板车是继铁道部25B、25G样板车实物招标之后推出的新车型，采用电气化厨房设备、AC380V/DC600V兼容供电技术、车体减震降噪技术、内装无木结构、制动系统管排吊装技术、隐形光源、卫生间、洗脸间及内部设施布局一体化等新技术，提高客车档次，采用先油漆后组装工艺，提高客车制造水平等。后因铁道部采购政策变化，未能完成整车试制生产。随后完成的25K郑州局硬卧车就是参照25K样板车设计制造的，并完成25K北京、郑州局行李车的设计制造。年内，浦镇厂针对提速、安全、新颖的要求，按照人性化需要，提高客车档次，设计开发了5个富有时代气息的K型样车，并为提高设计效果、提高设计质量，制作了餐车、硬座车的实物模型。完成25K型发电车的研制生产。该车采用了PW200型无摇枕客车转向架，构造速度达160公里/小时。

【特种车辆设计开发】 南车四方公司先后完成昆明局接触网检测车、广州局接触网检测车及红外线检测车3个品种3辆高难度、全天候的综合性客车，其中，广州局接触网检测车构造速度200公里/小时，主要用于电气化铁路接触网参数检测，红外线检测车则是用于自动检测红外线地面探测装置的测量精度、探头的方位偏移程度。为积极支援国家国防建设，南车四方公司先后设计完成航天部四院产品押运车、25K型通讯指挥车和生活保障车等3个军工客车品种，其中通讯指挥车根据部队提供的布线、供配电、电磁屏蔽等要求，对整车的电气布线、供配电进行特殊处理，车内设计有专门的电磁屏蔽区域，确保通讯安全，经过线路运行考验，各项性能指标满足军方要求。为满足市场需求，浦镇厂为乌鲁木齐局设计生产了远红外线检测车，为兰州局设计生产了160公里/小时的双层轨检车。两车均采用了PW200K无摇枕客车转向架，并在远红外线检测车上首次采用了在车顶设置太阳能电池板。

【22型车翻新改造】 完成22型硬座车、硬座茶炉车、硬卧车、硬卧茶炉车、软卧车及23型餐车等6个品种的设计工作，并试制完成22型硬卧和硬座、餐车3个品种的翻新改造样板车，进京展示效果较好，为实现铁道部在2～3年内完成近7200辆22型客车的批量翻新改造工作打下坚实基础。

【城轨地铁车辆】 集团公司在城轨地铁研究开发制造上已经形成规模，2003年国内招标采购地铁车辆316辆，集团公司中标216辆，占68%，签订订单18.4亿元。

南车四方公司2月18日签订北京八通线96辆车订单，11月28日第一列车下线，12月27日在北京八通线剪彩通车。株机厂继2002年中标上海明珠二期车辆项目后，2003年再接再厉于5月19日又签订技术要求更高的广州地铁3号线120辆车订单，合同金额14.1亿元。浦镇厂交付上海明珠线16列车96辆，累计交付21列车126辆。浦镇车辆厂担负的自主知识产权地铁列车研制项目中的3辆车已完成总装。集团公司还参与了国标《地铁车辆通用技术条件》、《轨道车辆结构用铝合金挤压型材》的编制。

为提高集团公司地铁车辆的系统设计和系统集成技术能力，下发《关于实施提升城轨车辆系统设计能力计划的通知》，谋求在城轨地铁车辆领域实现可持续发展。

【客车设计加改】 南车四方公司为满足用户个性化要求，首次在25G型部备车上采用DC600V供电技术，并采用真空保持式集便器和双管供风等新技术，先后完成25B型部备硬座车、硬卧车、宿营车、行李车、餐车、25G型部备硬座车、软卧车、硬卧车、行李车等9个品种的客车加改设计。完成25G硬座车、硬卧车、软卧车、餐车及发电车的整图工作，确保生产用图的准确性。对25G硬卧车进行改造，试制完成了2辆地铁回送车。

【出口客车设计开发】 出口车辆前景广阔，南车四方公司研制完成25K朝鲜软卧车、硬卧车2个品种，设计完成伊朗系列客车和土库曼斯坦客车，试制完成伊朗软卧、餐车2个品种的样车。

【客车大部件研制】 PW200型无摇枕客车转向架通过部级鉴定。该转向架由浦镇厂研制生产，并完成了装车型式试验。3月在南京经过专家组评审，通过部级鉴定。该转向架采用了3U型结构的焊接构架，分体式转臂轴定位，大变位空气弹簧中央悬挂，“Z”型双牵拉杆，盘形制动装置和上、下体联结模板，简化了车体与转向架联结，结构合理，通用性强。该转向架已装在轨检车、硬卧车、K型发电车上运用，并经一年的运行跟踪考核，运用状况良好。

结合客车的运行特点，进行了电气化厨房设备、内装无木结构、车体屏蔽结构、模块化内装结构、稳压自动给水装置、集成化电空制动系统、气路控制箱、电气网络监控系统及VOD系统等大部件的研制，提高了客车档次，缩小了同国际先进水平之间的差距。并研制完成帽型梁结构，提高车体钢结构刚度和外观平整度。

【客车新技术推广应用】 积极推广应用新技术、新工艺，促进了车体减震降噪技术，AC380V/DC600V兼容供电技术和制动系统管排吊装技术在客车上的应用，进行了高档车温水供给系统的出水均匀性的研究，扩大了集便系统和DC600V供电系统在列车上的应用范围，并采用先油漆后组装工艺，提高客车制造水平。在高档客车上批量采用氟碳涂料，提高了外表油漆的质量和使用寿命。在公务车转向架上应用橘纹漆，提高了转向架的外观质量。通过进行环保胶粘剂粘贴车内防寒材工艺试验和无有机溶剂环保清洗剂的筛选及车内清洗试验，在生产中积极采用环保材料，降低了车内有害气体的排放。进行了客车铝骨架及地板安装工艺试验，为今后在客车上采用无木结构，奠定了工艺基础。同时降低了车内噪声水平。在地铁生产中，为降噪减震采用新型水乳化阻尼涂料和陶粒砂地面铺打新技术。

【25吨轴重新型通用敞车完成动力学试验】 25吨轴重新型通用敞车于10月完成样车试制并进行了车体静强度和刚度试验，11月底完成样车动力学试验。

【C80H型铝合金运煤敞车样车通过技术审查】 C80H型铝合金运煤敞车9月13日提出设计任务建议书，在秦皇岛通过铁道部运输局会同科技司组织的技术审查。9月～12月，二七厂完成样车试制、静强度试验、冲击试验、线路动力学性能试验及翻车机性能匹配试验等。11月18日，运输局装备部下达了《关于新造C80运煤专用车的通知》，其中二七厂新造C80H型铝合金运煤敞车48辆，进口散件组装51辆。

【90吨凹底平车样车开始试制】 90吨凹底平车是铁道部科技司立项的科技项目，8月完成了方案设计并通过了铁道部组织的设计评审，10月完成了工作图的设计工作，11月开始样车的试制。

【25吨轴重钢质运煤专用敞车通过厂级鉴定】 25吨轴重钢质运煤专用敞车，9月完成设计，同月完成样机试制及车体静强度试验并通过厂级鉴定。

【双层集装箱车完成线路运行试验】 4月，双层集装箱车设计任务建议书及设计方案通过了运输局装备部组织的技术评审，5月完成了车体强度、车辆动力学、空气动力学的仿真计算及工作图设计，8月完成样机试制，11月通过了铁道部科技司组织的技术审查，12月完成了6辆车的试生产并完成了在京广线的线路运行试验。

【25吨轴重共用车通过动力学试验】 4月，25吨轴重共用车设计任务建议书和方案设计通过了由运输局装备部组织的评审，6月完成了工作图设计，10月完成了样车试制，12月完成车体静强度、冲击试验和配装转K5转向架的车辆动力学的试验。

【铝合金运煤敞车通过试验】 根据铁道部运输局运装货车电［2003］593号电报安排，5月开始研制铝合金运煤敞车，7月完成设计，8月分别由大连铁道学院和西南交通大学完成该车的强度计算和动力学性能计算，9月通过运输局装备部组织的方案审查，10月完成3辆样车的试制（其中2辆车装用转K6型转向架，1辆装用转K5型转向架），12月样车先后通过翻车机匹配试验、车辆静强度试验、冲击试验和动力学试验。

【N型平车通过新产品鉴定】 N型平车主要用于运输特种装备，是国内首次研制的一种具有升降功能，以解决货物超限装载的新型铁路货车。3月11日，N型平车通过河北省新产品鉴定。

【1CC30GSP型罐式集装箱获认可】 1CC30GSP型罐式集装箱按国际标准集装箱进行设计和制造，罐体为不锈钢材料，主要用于麦芽糖、啤酒等液态食品的散装运输，适合水路、公路及铁路联运。8月完成研制经过中国船级社“集装箱检验规范和国际集装箱安全公约”检验并得到认可。

【米轨棚车、敞车试运行】 米轨棚车、敞车，3月完成设计，4月完成样车试制及车体静强度试验并通过厂级鉴定，6月样车出厂在昆明投入运用考验。

【巴西GDE、GDT型敞车试运行】 为巴西CVRD提供的486辆GDE型敞车和414辆GDT型敞车，在签订合同后的3个月内完成了设计和一系列型式和常规试验，9月30日，首批62辆GDE型敞车和62辆GDT型敞车完成向巴西CVRD代表的交验后发往巴西。12月18日，在巴西CVRD完成首批车的最终交验，投入试运行。

【巴基斯坦宽轨平车按时发运】 巴基斯坦宽轨平车，于10月完成设计，12月完成样车试制及有关试验并通过厂级鉴定。

【越南米轨矿粉敞车按时发运】 越南米轨矿粉敞车，于8月完成设计，10月完成样车试制及有关试验并通过厂级鉴定，11月7辆车包装发运。

【25吨轴重新型转向架研制成功】 在转K4型转向架研制成功的基础上和美国联合设计的轴重25吨的新型转向架，2月完成设计工作，8月完成关键零部件摇枕、侧架、摇动座、弹簧托板、弹簧等相关的试验研究和检测工作及试制工作，并装于C76H型运煤专用敞车上通过了线路动力学性能试验和翻车机匹配试验；9月通过铁道部组织的技术审查，并定型为转K5型转向架。10月图样和技术条件通过了铁道部审批；11月又装于C80H型铝合金浴盆敞车上通过了线路动力学性能试验和翻车机匹配试验，同时批量生产45辆份装于C76H型运煤专用敞车上，并完成了向5个工厂的技术转让及维修手册和用户培训资料的编制。12月8辆份分别装于C76H型运煤专用敞车和C80H型铝合金运煤专用浴盆敞车上到铁道科学院环形线进行可靠性试验。

【25吨轴重轴箱悬挂摆动式转向架进行试验】 株辆厂自主研制的25吨轴重轴箱悬挂摆动式转向架，3月完成设计工作，8月完成关键零部件摇枕、侧架、液力弹簧等相关的试验研究和检测工作，同时完成样机的试制并装于C76型运煤专用敞车上通过了线路动力学性能试验和翻车机匹配试验；10月对液力弹簧进行改进设计和试验，11月又装于C76型运煤专用敞车上进行了线路动力学性能试验。

【RE_{2A}型LZ50钢车轴通过生产认证审查】 9月1日，运输局装备部在铜陵厂召开RE_{2A}型LZ50钢车轴生产、质量认证会。通过现场考察、资料评审，同意通过审查。并以运装货车来电［2003］1241号批复同意铜陵厂生产RE型车轴。

RE_{2A}型LZ50钢车轴是为适应铁道车辆“高速、重载”需要而发展起来的轴重25吨的新产品，是C76、C80货车的重要走行部件，也是铁道车辆重载用主导车轴产品。铜陵厂在原50钢D轴的基础上补缺50钢E轴重要产品，于11月试制成功并通过厂级鉴定。

RE_{2A}型 LZ50 钢车轴的主要性能指标为：

抗拉强度≥610 MPa

屈服强度≥345 MPa

延伸率（δ）≥20%

断面收缩率 ≥37%

车轴晶粒度应为均匀的细晶粒组织，晶粒度不低于 6 级。

其主要技术指标符合 SYST61—00—00—00A 图纸和 TB/T 2945—1999 技术要求。

【售后服务】 针对转 K4 转向架弹簧托板裂纹问题，组织了专家技术研讨，确定了解决方案，目前未发现新的裂纹问题。组织了眉山厂制造的 240 辆 C64A 运用故障分析会及改进方案技术研讨，现 240 辆 C64A 已改造完成并投入运用。

（科技发展部　供稿）

节　能　管　理

【概述】 年内，各厂所、公司贯彻落实党的十六大精神，围绕“走新型工业化道路和实施可持续发展战略”的要求，结合集团公司发展战略和“十五”节能规划，依法开展节能工作，加强基础管理，依靠技术进步，开展节能宣传周活动，全面完成集团公司制定的年度节能节水工作目标。集团公司各厂所、公司全年完成工业总产值 968689.5 万元（1990 年不变价），综合能源消费量 471294 吨标准煤，万元产值综合能耗由 2002 年的 0.503 吨标准煤，下降到 0.487 吨标准煤，节能率为 3.3%，节约和少用能源 15957 吨标准煤，价值约 1300 万元，相当于减排灰渣 4276 吨、粉尘 239 吨、二氧化碳 7005 吨、二氧化硫 319 吨。工业取水量 3091 万立方米，与2002年持平，万元工业增加值取水量下降率为 10.2%，节水量 352 万立方米，价值约 700 万元。

【能源信息化管理】 根据集团公司推进信息化工作要求，为使集团公司和各企业及时、全面、准确掌握能源消耗使用情况，实现能源信息共享，提高集团公司能源管理水平，推进集团公司现代化、信息化管理，有效降低能源消耗成本，对用能过程进行动态、全过程管理和控制，组织开发编制了集团公司能源综合管理、能源消耗统计电子报表应用软件，并举办企业能源统计培训班，集团及所属企业共 27 人参加了学习培训。

【节能宣传周活动】 集团公司以［2003］235 号文件转发了国家发改委等 6 部委有关全年全国节能宣传周工作的通知，积极开展“节能宣传周”活动。节能宣传周期间，各企业动员和组织宣传力量，利用广播、电视、报刊、黑板报等各种舆论宣传工具进行节能宣传，共悬挂大幅标语 256 幅，张贴节能宣传画 1300 张，展出专题黑板报 322 面，广播、刊登节能稿件 528 篇，分发节能宣传手册 500 份，提出节能合理化建议 225 条，使节能意识和参与意识深入人心，形成良好的节约风尚。

【铁路专用柴油供应】 做好铁路专项用柴油的计划供应工作。向各厂所、公司及时通报有关成品油的价格预报和调价信息，协调物资总公司和工厂的供需关系。戚墅堰厂、浦镇厂、成都厂、资阳厂、洛阳厂、襄樊厂、二七车辆厂、株辆厂和南车四方公司，共获得铁路专项用柴油 2.06 万吨，由于实行优惠价格，共为各单位节约采购成本约 600 万元。

（市场部　供稿）

人事劳资与教育管理

人事管理

劳动工资管理

教育管理

老干部管理

人 事 管 理

【概述】 年内，人事干部工作以邓小平理论和“三个代表”重要思想为指导，认真贯彻集团公司工作会议精神，遵循“创新观念、强基固本、重点推进、力求超越”的工作思路，推进完善了以“公平竞争、有序流动、人尽其才、有效激励”为核心的用人机制，人事制度改革继续深化；不断探索企业领导人员新的管理框架模式和专业核心人才新的成长框架模式，努力在企业核心人才建设，特别是科技核心人才建设上实现新的突破。优化领导班子年龄、知识和专业结构，继续开展公开选拔行政副职的工作；加快核心人才培养，实施打造“百名教授级高级工程师”工程；继续加大培训力度，增强培训效果，努力培养集团公司急需短缺人才；为实现集团公司“十五”发展战略，为集团公司在铁路跨越式发展进程中争取竞争有利地位，提供必要的人才保证和智力支持，在人才数量和质量上不断积累优势。

【领导班子建设】 按照“把最合适的人才用到最好的发展机会当中”的用人理念，不断加强领导班子建设。年初，对集团公司所属21个厂所、公司的185名现职厂级领导人员，逐个进行分析，确立继续消除班子“年龄平台”和“职数偏多”问题的工作方向。一年来，依次对眉山厂、成都厂、二七车辆厂、浦镇厂、四方有限公司、南车四方公司、资阳厂、江岸厂、洛阳厂、铜陵厂、戚墅堰厂、戚墅堰所、襄樊厂、襄牵公司共14个厂所、公司的领导班子进行了考察，占全部厂所、公司的66.7%。其间还在株机厂、株洲所、武昌厂、江岸厂、石家庄厂进行工作调研。一年中，任免调整53人次，任免调整的人数占集团公司管理的厂所、公司领导人员的31.2%。其中：提拔为正职的2人，平均年龄43.5岁，全部具有大学学历，1人具有硕士学位。新提拔进班子6人，平均年龄40岁，5人具有大学学历，占83.3%；5人是1982年以后毕业的正规院校本科生，占83.3%。改任调研员12人。

截至年底，集团公司所属企业领导班子成员的平均年龄为46.86岁，正职平均年龄为48.1岁。全体班子成员中，50岁及以上的有58人，49岁及以下的有112人。大学本科及以上学历132人，达77.6%；全部具有中级以上职称，其中高级职称139人，达81.7%；教授级高工7人，研究生7人。厂所、公司领导班子的平均年龄有所降低，专业和知识结构进一步得到优化。

在领导班子建设中，加大了对经营不善、效益不佳的企业领导班子考察调整。及时对襄樊厂领导班子进行重点考察，并对班子主要负责人进行调整。妥善安置株洲电机厂重组后的领导人员，对6名原厂领导进行妥善安排。

【公平选拔】 年内，继续采取公开选拔的方式选拔任用集团公司下属企业行政副职，相继在铜陵厂、二七车辆厂、洛阳厂、戚墅堰所进行公开选拔厂所行政副职工作。4个厂所共有30人参加竞聘，有7人通过公开选拔方式走上厂所行政副职岗位。7人中，平均年龄41.1岁，最小的只有35岁，全部具有大学学历，有6人是1982年后毕业的全日制大学生。2月，在铜陵厂行政副职中实现了“先免后聘”的新的领导班子调整方案，进行了一次厂级行政副职领导人员全员竞争上岗的全新尝试。先免去原4位行政副职领导人员职务，同时在全厂范围内通过竞聘方式公开选拔3位行政副职。从12名竞聘者中产生了3位行政副职。其中，2名是原行政副职，1名是新提拔的。有2名原行政副职改任其他工作。

各厂所、公司继续在中层管理者使用上采用公开竞聘的方式，铜陵厂、眉山厂工作力度较大。据不完全统计,各厂所、公司一年中共组织公开选拔23次,有673人参加竞聘,238人通过竞聘走上中层管理者岗位。

在公开选拔工作实践中,形成并完善了对竞聘者的评价方法。在甄选测评过程中,采用权重法,一般组织四个层面的人员,即本单位党组织、集团公司考察组、有关专家、本单位中层管理者,权重为2:2:2:4,对参聘人员的能力和品质进行评价。8月份,戚墅堰所选拔副所长时,按照这种评价方法,采取了当场画票、当场计票、当场宣布副所长候选人的做法。

【领导班子绩效考核】 根据企业领导人员的任期目标和资产经营责任目标,建立健全以目标考核为核心内容的科学的考核评价体系,突出了对企业经营业绩和领导人员综合素质的考核。年内,制定了新的领导干部年度考核办法,并按新办法对各厂所、公司领导班子成员全年的工作进行考核。新办法抓住关键行为目标和工作业绩目标两个主要考核要素,能够及时准确地反映领导人员一年的工作目标完成情况和工作能力改善情况,工作实绩做到了量化描述。在对企业领导人员的能力和品质进行评价时,把民主推荐、民主测评、民主评议制度有机地融合到绩效考核中来,依据权重大小,有机统一上级部门、本单位党组织、有关专家和本单位员工骨干的意见,做出客观、公正、准确的评价。在绩效考核中,加强对新提拔的党政正职领导人员试用期管理和考核,对新提拔的党政正职领导人员在一年试用期满后,都安排进行转正考察。年内,对7位厂长试用期满的工作进行考核。加强对公开选拔的行政副职工作情况的追踪考察,召开了5个座谈会,听取部分行政副职的工作情况和建议。

【后备干部管理】 一年来,各厂所、公司认真执行《中国南车集团公司关于领导班子后备干部工作的暂行规定》,按照高起点、复合型的要求,重视后备干部的日常管理,落实培养锻炼措施,加强跟踪考察,实行滚动管理,适时调整,为公开选拔工作建立了一个高质量的人才库。截至年底,有后备干部166人,平均年龄39.5岁,其中30岁以下的有4人。大学及以上学历149人,占89.7%,其中研究生8人。全部具有中级以上技术职称,其中高级职称112人,占67.5%。

(人事部　供稿)

【技术干部管理】 根据集团公司发展需要,不断探索专业核心人才新的成长框架模式,加强专业技术队伍建设。工作重点是以打造百名教授级高级工程师为突破口,培养造就一批具有国际、国内科学技术先进水平的学科技术带头人和中青年科技专家,建立一支高素质的专家队伍,推动专业技术队伍的整体发展。工作中,充分发挥集团公司技术专家委员会的作用,逐步形成以专家为中心的学术技术梯队。努力发挥科技专家特别是青年科技拔尖人才在发展知识经济、知识产业中的积极性和创造性,不断推动企业的产品开发、技术创新和高新技术成果的开发与应用。目前,有68位国家、省部级以上中青年专家活跃在科研第一线。大胆提拔优秀青年科技拔尖人才进入各层次、各专业技术领域的关键领导岗位,优先安排业务进修、研修、国内外考察和参加学术交流活动,支持他们独立承担科研课题、新产品开发、技术攻关任务;建立专业技术骨干重点培养制度,实施"工程师晋升通道计划",建立金字塔式人才的合理结构,年内,有16人评聘为教授级高级工程师。

2003年是中国工程院院士增选年,按照有关要求,开展了增选院士人选的筛选推荐工作,确定戚墅堰厂葛来薰作为推荐人选。组织开展詹天佑铁道科学技术奖、茅以升铁道工程师奖、光华工程奖的申报推荐工作。周桂法等5人获得詹天佑铁道科学技术奖，肖颖等4人获得茅以升铁道工程师奖。

【"百名教授级高工"打造工程】 为加快专业核心人才的成长，实施以打造"百名教授级高工"为核心内容的"工程师晋升通道"计划。一是构筑金字塔式人才结构模型。在企业里形成双向发展、双向选择的机制，通过专家委员会委员、教授级高工评聘等方式，拓展工程技术人员发展空间，激励科技人员成为专家型人才。二是为科技创新人才营造成长的良好环境。年内，制定了《南车集团中青年专家和拔尖人才选拔管理办法》、《南车集团打造百名教授级高工实施方案》，指导各厂所、公司合理配置科技人才资源，加强专家骨干队伍的基础建设工作。三是指导各厂所、公司对有潜力的科技人员，具体从专业成果、外语水平、工作环境、工作和生活待遇等方面进行精心打造，并制定具体的工作进度表认真实施。

【机关干部管理】 为提高集团公司总部工作效率，保证总部各项管理职能的充分发挥，一年来在总部员工管理上做了大量基础性工作。一是完成总部人员的工资改革。按照总部有关部室的各项管理职能，对总部所有岗位组织编写岗位描述书，初步确定各部门岗位的绩效考评要素，进行分析与评价，完成岗位归级。在此基础上进行以岗位工资制为主体的工资制度改革，建立具有较强激励和约束作用的薪酬体系。二是组织总部员工签订劳动合同。制定总部员工劳动合同管理实施办法，并组织总部员工签订劳动合同。三是制定新的总部员工年度考核办法。一年来，按照北京市社保等部门的要求，完成养老、工伤、失业保险缴费基数采集以及上报工作。进行总部统计和劳动年检工作。办理退休、调入员工以及助勤人员的相关手续。积极争取进京户口指标，办理9人的进京户口全部事宜，解除这部分员工的后顾之忧。

【培训教育】 年内，把培训教育作为人力资源开发的核心内容，进一步加大工作力度。集团公司培训的重点，一是高层次的海外培训，建立比较适合集团公司特点的海外培训模式。一年中，组织集团公司高层管理人员赴澳大利亚进行工商管理培训，共4期98人；组织各方面业务骨干赴香港参加高级管理人员培训，共6期242人次；组织开办德国、香港专业技术人员培训班，共2期60人；组织技术人员参加香港蒋氏基金机械工业设计研修班1期计20人。同时加强与中国国际人才协会的合作，争取蒋氏基金资助海外培训项目，全年共组织27人参加了赴英国、美国、德国、加拿大等高级管理培训的口试、面试工作，录取12人。二是提管理人员和专业技术人员的业务能力。全年在国内共组织举办5个培训班，参加培训144人，其中国家行政学院中青年干部培训班42人，湖南铁道职业技术学院工程技术人员外语班30人，北京语言大学高级英语培训班18人，北京语言大学中级英语培训班16人，西南交通大学高级工程师培训班38人。

【职称评审】 年内，职评工作坚持标准，严格程序，继续把贡献大、能力强、水平高、素质好的各类专业技术骨干作为职称评审的重点。根据国家有关规定，结合集团公司的实际，组织了职评计算机考试，对外语资格考试等一些新问题做出明确规定，保证职评工作的连续性和稳定性。这一年，集团公司争取到高级政工师的审批权，至此拥有了完整的评聘政工系列专业职务资格。在职评工作中，认真组织各厂所、公司按要求准备职评相关材料。组建工程、政工等7个高级评审委员会并召开评委会议。各单位共上报技术干部职称评审材料363份，经分类整理、审核，提交各系列评委会330份。通过评审，有264人获得高级专业技术职务资格(其中教授级高工16人),中级专业技术资格24人,评审通过率为87.3%。政工系列通过评审,有19人获得高级政工师任职资格,36人获得政工师任职资格,评审通过率为81%。

【领导干部工资管理】 继续执行企业领导人员收入申报制度。会同财务、劳资、综合管理等有关部门,办理厂所、公司领导人员资产经营风险抵押金缴纳和奖惩兑现的相关手续,以及领导人员异地交流工资审核等事宜。根据国家有关规定,制定并落实总部机关工资总额计划,办理月度、季度、年度工资和奖金计发审核等事宜。完成2003年总部劳资月、季、年度报表。

【出国审批及政审】 按照国家外交部严格出国管理的有关要求,结合集团公司出国团组管理的具体情况,制定了《集团公司因公出国(境)和邀请外国人员来华事项审批暂行办法》,对出国审批工作进一步作了规范。全年出国(境)培训人员人数、频次,与往年相比有所增加,涉及美、英、法、瑞典、瑞士、日本、香港等30多个国家和地区,主要以项目洽谈、产品出口、联合设计、技术交流及赴外学习培训任务为主。全年共为163个团组的960人次进行政审,及时办理了有关手续。对每一个团组进行了出国前教育。

【干部统计】 按照中组部和人事部干部统计工作的有关要求,认真组织各厂所、公司进行2003年度干部统计工作。截至年底,全公司管理人员及专业技术人员总数27296人。专业技术人员为18302人,其中:工程技术人员10474人,卫生技术人员1806人,教学人员2434人,其他专业技术人员3586人。专业技术人员中,高级职务2463人,其中教授级高级工程师46人,中级职务6892人,初级职务8240人。

(人事部　供稿)

劳动工资管理

【概述】 年内,劳动工资工作紧紧围绕集团公司工作目标和劳动工资工作要点的要求,继续深化用工制度改革,稳步做好主辅分离、改制分流富余人员劳动关系的调整,继续实行用工总量控制,建立以市场为导向、企业自主用工、员工能进能出的用工机制;完善企业工资总额调控机制,推进以岗位工资制为基础的分配制度改革,扩大经营者年薪制试点,建立健全薪酬分配的激励和约束机制;开展竞赛,加快高技能人才培养;完善制度,夯实基础,规范开展技能鉴定试点工作;继续做好“两个确保”和下岗再就业工作,确保企业在稳定中发展。

【劳动用工制度改革】 企业围绕修订后的劳动合同管理办法,建立劳动合同履约考核机制,通过对劳动合同到期人员有条件续签,以及在改制和分配制度改革中与员工重签、变更劳动合同等做法,强化劳动合同的约束和激励作用。自2001年深化劳动用工制度改革以来,企业和员工劳动合同意识得到进一步增强,劳动合同期限结构已发生明显变化。集团公司企业员工目前签订无固定期限劳动合同的平均比例已由2000年末的53.26%降为47.84%,下降5.42%;长期劳动合同比例(6年期及以上)由33.34%降为30.41%,下降了2.93%。

指导企业做好主辅分离、辅业改制中调整劳动关系工作,按改制分流安置富余人员劳动关系处理办法和规定,对四方有限公司、株辆厂、成都厂、石家庄厂等单位涉及资产重组和改制方案中调整劳动关系的内容提出了修改建议,对主辅分离、改制分流中员工解除和重签劳动合同工作的进展情况及时进行督促和指导,提出相关工作要求。

【分配制度改革】 深入推进分配制度改革，以岗位工资制为基础的分配制度在集团公司基本确立。至年末，株机厂、株辆厂、资阳厂、石家庄厂、浦镇厂、戚墅堰厂、二七车辆厂、眉山厂、成都厂、四方股份公司、武昌厂、铜陵厂、株洲所和戚墅堰所等14家企业已经实施了分配制度改革，建立了以岗位工资制为基础的分配制度。襄牵公司、四方有限公司、襄樊厂、洛阳厂等4家企业基本完成或即将完成以岗位工资制为基础的分配制度改革。通过以岗位工资制为基础的分配制度改革，初步建立了个人收入随企业效益浮动和与个人业绩挂钩的机制。浦镇厂、武昌厂和南车四方公司根据企业生产经营的变化情况，按岗位工资制的办法浮动岗位工资，适时调整岗位工资基额，真正实现员工工资随企业生产经营和效益浮动。

【经营者年薪制】 根据2002年资产经营责任制考核结果，对南方汇通公司(贵阳厂)和株洲所两个试点企业2002年企业经营管理者年薪进行了清算和批复。在总结企业经营者年薪制试点经验的基础上，对经营者年薪制办法进行修订和完善，印发了《中国南车集团企业经营管理者年薪制暂行办法》(南车劳[2003]45号)

加快推进试行企业经营者年薪制的步伐。分别在株机厂、贵阳厂召开扩大试行企业经营者年薪制工作座谈会。就扩大企业经营者年薪制试点工作作了安排和部署，提出了明确要求；并对扩大企业经营者年薪制试点工作的有关问题进行了研讨。年内，集团公司批准南车四方公司、四方有限公司、襄牵公司、株机厂、株辆厂、石家庄厂、眉山厂、二七车辆厂、资阳厂、戚墅堰厂、戚墅堰所等11家企业试行企业经营者年薪制，至年末，共有13家企业试行企业经营者年薪制。

【工效挂钩与工资计划】 做好各企业2002年挂钩工资结算。2月17日在武昌厂召开集团公司工效挂钩工资结算审核会议，对各企业2002年工效挂钩结算工资总额进行审核。

根据劳动和社会保障部、财政部对集团公司2002年工效挂钩方案和挂钩指标基数的批复，按照国资委国资分配[2003]79号文的要求，向国资委汇报了集团公司遇到外部环境重大变化等经营困难，上报了集团公司2003年工效挂钩方案和挂钩指标基数核定的请示，提出集团公司继续实行工资总额与销售收入和实现利润双挂钩，总挂总提方案。

按照国资委的要求，向国资委上报了《关于中国南车集团公司收入分配有关情况的报告》(南车劳函[2003]62号)，将集团公司工资总额计划的执行情况、企业内部工资分配制度、管理模式及改革意见、企业负责人薪酬情况等作了报告。

根据"十五"后三年资产经营责任制办法及责任目标，修订并下发了"十五"后三年各企业工效挂钩办法。根据各企业提报的挂钩范围内和划出挂钩范围下属法人企业，及其人数和工资汇总情况，核定各企业年度工效挂钩指标基数。

及时提出和编制了集团公司年度工资计划报劳动和社会保障部。并审核、编制和下达了各企业年度劳动工资计划，指导企业安排好工资的发放。

【实发工资总额与工资管理】 全年集团公司企业实际发放员工工资总额193226万元，比上年增长0.2%；员工人均工资17375元，比上年增长4.4%。工业增加值劳动生产率43038元/人·年，比上年增长7.2%。实际发放工资总额和员工人均工资的增幅均低于工业增加值劳动生产率的增幅。

对集团公司劳动模范和先进集体颁发奖励46.5万元。在春节前，对9家困难企业给予工资补贴 675 万元。对困难企业与员工解除劳动合同发生的经济补偿金给予适当补贴,分别给成都厂、北京机械厂、襄樊厂、武昌厂、江岸厂等困难企业补贴共计 717.2 万元。

【员工总量控制】 严格控制员工总量,继续实行节奖超罚政策,鼓励企业减员分流。按集团公司"十五"减人目标和企业的实际情况,对各企业下达了年度员工人数计划和员工人数限额,对年末员工人数超过最高限额的,按规定扣罚工资总额,较下达计划减少的,相应核增工效挂钩结算工资总额。年末,集团公司企业共有员工 109755 人,同比减少 3242 人。年末共有其他从业人员 8353 人,同比增加 2010 人。

全年新增员工 2725 人,其中接收复员、转业军人 221 人,录用大学毕业生 1015 人、中专毕业生 51 人、技校毕业生 162 人。全年减少员工 5967 人,其中离休、退休、退职 2216 人,死亡 159 人,除名、开除、辞退 109 人,解除合同 1769 人,终止合同 158 人。

年初,对 2002 年减员增效方面成绩突出,完成集团公司下达的减员计划的单位和劳动生产率在集团公司处于领先的单位分等给予奖励。

【员工构成】 年末,集团公司企业共有员工 109755 人,其中女员工 32304 人,占员工总数的 29.4%。

按员工所从事的岗位分:在岗员工 99129 人,占全部员工的 90.3%,其中生产人员 66281 人,占在岗员工的 66.9%;技术人员 14772 人,占在岗员工的 14.9%;管理人员 11626 人,占在岗员工的 11.7%;服务人员 5500 人,占在岗员工的 5.5%;其他人员 950 人,占在岗员工的 1%。非在岗员工 10626 人,占全部员工的 9.7%,其中下岗人员 482 人,内部退养人员 9543 人,因病因伤长期休假人员 377 人,集体外出劳务人员 224 人。

按员工文化程度分:博士生 8 人,硕士生 193 人,比上年末增加 43 人;本科学历 10414 人,比上年末增加 438 人,占全部员工的 9.5%;大专学历 16734 人,占 15.2%;中专学历 10434 人,占 9.5%;高中技校学历 39910 人,占 36.4%;初中及以下学历 32062 人,占 29.2%。

按员工年龄分:25 岁及以下的员工共有 8593 名,占全部员工的 7.8%;26~35 岁的员工 34005 人,占 31.0%;36~45 岁的 35638 人,占 32.5%;46~50 岁的 16239 人,占 14.8%;51~55 岁的 10507 人,占 9.6%;56 岁以上的 4773 人,占 4.3%。

厂所、公司本体员工 97819 人,占全部员工总数的 89.1%;下属子公司 11936 人,占全部员工的 10.9%。

【"两个确保"工作】 转发中共中央办公厅转发的劳动和社会保障部等部门《关于积极推进企业退休人员社会化管理服务工作的意见》,积极推进企业退休人员社会化管理工作。对部分退休人员反映的待遇等有关问题,及时上报劳动和社会保障部及国资委,并指导企业认真执行国家有关政策,积极做好政策解释和思想工作,维护企业的稳定。年末,集团公司企业共有离退休退职的人员 47935 人,其中离休 1038 人,退休 46587 人,退职 310 人。

继续做好下岗人员基本生活保障中央财政补助资金的清算和申请工作。按财政部 2002 年财政补助资金清算工作的要求,完成对武昌厂、成都厂、洛阳厂、北京机械厂 4 家企业 2002 年度下岗人员基本生活保障财政补助资金的清算。经财政部财社[2003]120 号文件核定,2002 年四家企业享受财政补助资金 146.11 万元。

4 家企业享受中央财政补助资金的下岗人员,年初为 440 人,企业通过主业安置、自谋职业等形式，至年末已全部出中心。中央财政全年预拨补助资金245.61万元(含2002年清算结余转2003年使用185.61万元)，企业通过社会保障部门筹集资金19.64万元。

(劳资部 供稿)

【职业技能鉴定】 围绕集团公司“十五”技能鉴定目标，按国家职业技能鉴定试点工作要求，全面实施技能鉴定工作。

根据技能鉴定计划安排和企业申请，集团公司技能鉴定中心，共安排了5批技能鉴定理论知识考试，20个单位4184人报名参加47个工种的初、中、高级技能和技师、高级技师的鉴定，2730人通过鉴定的考试考核，取得相应等级的职业资格，其中取得高级技师职业资格53人，技师职业资格193人。有14个单位5413人参加了企业通用工种鉴定所组织的初、中、高级技能鉴定，有2880人取得相应等级的职业资格。

在总结2002年经验和听取部分工厂反馈意见的基础上，技师和高级技师理论考试命题在题量及配分上作了较大的调整，并增加了“四新”知识内容，旨在全面提高对高技能人才的素质要求。

根据劳动和社会保障部技师社会化考评的规定精神，重新制定了《中国南车集团公司技师考评管理办法》(南车劳[2003]198号)。新办法取消了技师聘任制限额比例，对技师考评范围、方法、管理等内容作出新规定。按技师社会化考评的要求，成立了集团公司和企业两级职业技能考评委员会，建立由46人组成的集团公司考评专家人才库，并于11月17~21日在铜陵厂召开了年度职业技能考评工作会议，对参评高级技师和(破格)技师职业资格的人员进行综合评审。

按职业技能鉴定试点工作要求，制定下发《中国南车集团公司模范职业技能考核站和优秀考评员、管理员评比暂行办法》(南车劳[2003]52号)和《关于做好职业技能鉴定考评员聘任工作的通知》。5月，集团公司鉴定中心，根据各考核站的建议，从取得考评员资格的604名考评人员中，首次聘任467名考评员，并签订为期三年的聘任合同，明确了双方聘任期间的权力和义务。11月，经劳动和社会保障部鉴定中心批准，举办了考评员和管理员培训班，有17个单位286人报名参加了培训。

加强和规范企业人力资源管理和职业技能鉴定基础工作，参考国家《职业分类大典》和《工种分类目录》，结合集团企业产品制造中岗位分工的实际情况，在对各企业现使用的工种名称进行整理、规范和归类的基础上，编制了《中国南车集团生产和服务岗位主要职业(工种)名称对照表》。纳入《工种名称对照表》工种159个，涉及国家职业分类中114个细类职业。

截止11月末，集团公司企业生产和服务岗位在岗员工中：已取得职业资格证书的人员为32965人，在技术工人中所占比重为57.33%。其中，高级技师169人，占0.29%；技师1430人，占2.49%；高级工14251人，占24.78%；中级工14821人，占25.78%；初级工2294人，占3.99%。高级技术工人达技术工人总数的27.56%。

【职业技能竞赛】 按国家二类技能竞赛办法要求，制定了《中国南车集团公司职业技能竞赛管理办法》(南车劳[2003]33号)，就竞赛的原则、命题、奖励、组织领导等内容作出详细的规定。

2月，集团公司党政工团联合下发《关于举办中国南车集团公司第二届职业技能竞赛的通知》，开展第二届职业技能竞赛活动。10月18~22日在浦镇厂举办了集团公司第二届职业技能竞赛，21个企业推荐的78名选手参加了钳工和车工两个工种的激烈角逐。

经过主赛工种、二技能操作和理论知识的三场考试，两个工种各产生 8 名优胜选手。对前两名选手授予“中国南车集团公司技术标兵”荣誉称号，同时参照国家二类竞赛表彰办法，向劳动和社会保障部申报授予“全国技术能手”荣誉称号，认定高一等级的职业资格；第三名至第八名选手授予“中国南车集团公司技术能手”荣誉称号，免试参加集团公司下一年度高一等级职业资格的评审。本届竞赛增设了团体优胜奖，洛阳厂、戚墅堰厂、浦镇厂分获技能竞赛团体前三名。劳动和社会保障部鉴定中心副主任张亚男和竞赛处处长贾伟一亲临指导，对竞赛工作给予充分肯定。

【劳动定额】 为加强和推进集团公司企业劳动定额管理工作，集团公司组织企业部分劳动定额专家，分别在华东、华中、西南对所属 17 个企业的劳动定额管理体制、管理制度、管理方法、管理手段、管理标准及管理队伍建设等方面的情况进行调研，对劳动定额管理工作的现状、难点等问题进行全面分析，就下一步如何加强劳动定额管理工作提出初步建议。

【岗位培训】 11 月 12～17 日，集团公司在石家庄厂举办了人力资源管理培训班。各厂所、公司劳资处长(人力资源部部长)及有关劳资人员参加了培训。邀请劳动和社会保障部劳动工资司汪志洪副司长介绍了全国劳动工资宏观情况，阐述国企分配制度改革的趋势和中长期选择，以及对推行岗位工资制改革的思考等问题。聘请首都经贸大学安鸿章教授和人力资源咨询和培训专家崔翔博士讲授现代企业人力资源管理基本理论，特别就企业关注的绩效管理的有关内容重点进行了系统的讲解。学员与专家就企业推行三项制度改革中存在的问题进行了交流和现场咨询。

12 月 20～23 日，在二七车辆厂举办集团公司劳动定额管理人员培训班，21 个单位 60 人参加了培训。聘请国内劳动定额标准化领域著名专家孙义敏教授系统讲授“方法研究和作业测定”等劳动定额管理知识，并解答了学员们提出的问题；培训期间召开部分人员参加的座谈会，交流劳动定额管理工作开展情况，征集对集团公司加强劳动定额管理工作的建议。

【变更企业名称】 根据集团公司改制工作的整体要求，将“中国南车集团四方机车车辆厂”更名为“四方机车车辆有限责任公司”。

（劳资部　供稿）

教　育　管　理

【概述】 年内，按照集团公司工作会议精神和教育工作要点总体部署，全面贯彻落实党的十六大和全国职业教育工作会议精神，努力完成集团公司“十五”员工教育培训规划，进一步推动落实国家高技能人才培训工程，强化高技能人才培训，加强培训基地建设，广泛开展教育理论研究工作，努力创建学习型企业集团。

全年开展的各类岗位培训共计 95779 人次，其中规范化培训 15127 人次，适应性培训 74625 人次，继续教育培训 8053 人次。学历教育毕业 9567 人，其中研究生 205 人，本科 1582 人，专科 2653 人，中技教育和文化教育 5127 人。

【国家高技能人才培训工程】 为筹备高技能人才培训与开展推动工作会议，于 2 月底组织有关人员分别对上海宝钢集团公司、上海市劳动局、上海汽车工业(集团)总公司 3 个培训中心进行学习调研，同时进行了大量相关政策调研、材料数据的收集整理，起草并根据领导指示要求对全套会议文件进行了修改。会议因非典等原因未能如期召开，但为2004年相关会议的召开奠定了良好的基础。根据《关于做好国家高技能人才培训工程项目阶段性工作总结的通知》(劳社培就司函[2003]116号)要求，对集团公司国家高技能人才3个企业培训基地和4个学校培训基地高技能人才培训情况进行了调查、汇总、上报劳动和社会保障部，并对各企业贯彻落实《国家高技能人才培训工程》——机电高级技工培训项目工作进行阶段性总结。11月22日，以《为打造具有国际竞争力的"中国南车"，全力推动实施高技能人才培训工程》为题的经验材料，参加劳动和社会保障部召开的高技能人才培训工程推动大会交流。

【创建学习型企业】 根据教育部《关于进一步推进学习型企业创建工作暨推荐创建学习型企业成绩突出单位的通知》(教职成司函[2003]25号)的要求，集团公司组织推荐了6家企业，其中戚墅堰厂和浦镇厂，于10月14日被教育部确定为创建学习型企业成绩突出单位。

【高级技术工人培训】 继续组织编写制定集团公司高级技术工人培训计划、大纲。2月20日～24日在常州铁路机械学校召开集团公司高级技术工人培训计划、大纲终审会，对电工、冷作工(铆工)、铸造工、锻造工、天车工、汽车修理工、木油工等七大类工种高级技术工人培训计划、大纲进行了终审，提出了各工种培训教材建设的初步安排及实施意见；组织编辑并试出版印刷了400本机床工、焊工、钳工、电工、冷作工、铸造工、锻造工、天车工、汽车修理工、木油工等十大类工种培训计划、大纲，为集团公司举办高级技术工人培训班提供了教学依据。

继续举办为期3个月的集团公司高级技术工人培训班。于1月初顺利结束分别在湖南铁道职业技术学院、洛阳机车高级技校、浦镇车辆厂技校等集团公司3个培训中心举办的首届机床工、钳工、焊工3大类工种高级技术工人培训班，共计培训102人；分别于3月和10月在湖南铁道职业技术学院、常州铁路机械学校、洛阳机车高级技校、浦镇车辆厂技校等集团公司4个培训中心举办了第二届、第三届机床工、电工、铸造工、钳工、焊工、天车工、锻造工、汽修修理工等8大类工种11个高级技术工人培训班，共计培训274人。

【国家课题】 参加国家教育部全国教育科学"十五"规划课题《新时期企业教育的改革与发展》中《企业教育的国家政策研究》子课题的研究工作，于2月11日承办第一次开题会议；于5月19日完成教育部全国教育科学"十五"规划课题《新时期企业教育的改革与发展》子课题《企业教育的国家政策研究》的框架修改；6月25日参加教育部"十五"规划课题《企业教育的国家政策研究》子课题《国家推动企业职工培训的政策研究》框架研讨和内容分工会议。11月按进度要求完成子课题《调动和保护企业职工学习积极性的政策问题》的提纲和初稿。

【教育研究会】 年初，下发了《中国南车集团公司教育研究会2002年工作总结》、《中国南车集团公司教育研究会2003年工作计划要点》等5个文件。编辑出版了4期《铁路工业教育》杂志；参加中国职工教育与职业培训协会秘书长年度会议，对职教、教育研究会的工作进行了总结汇报。

下发《关于开展优秀论文征集、评审、奖励活动的办法》(南车教研[2003]4号)的通知，10月份成立了由13人组成的论文评审委员会，制定了论文评审打分的具体办法。截至11月末，共收到各基层研究会选送的参评论文61篇，按照研究会工作计划，开展优秀论文征集、评审、奖励活动。

【组织抗击非典】 4月初，针对全国突发非典型肺炎疫情的状况，及时与集团公司各职业学院(校)联系，了解疫情及预防措施，并要求各校成立预防非典型肺炎疫情领导小组，提报应急预案；同时，密切关注集团公司企业所属教育单位的非典型肺炎疫情的发展和防预情况，随时了解掌握株洲、常州、洛阳、浦镇4个培训中心举办的电工、机床工、铸造工、焊工、钳工类高级技术工人培训班教学及生活情况，至非典疫情结束，集团公司所属教育单位未出现任何险情。

【职业教育】 按照教育部要求，为把湖南铁道职业技术学院实训基地建成国内一流、国际知名、服务行业并具有示范和辐射作用的中南五省唯一的国家级实训基地，于7月14日，学院组织召开了《国家高职高专先进制造技术学生实训(师资培训)基地建设规划方案》论证咨询会。出席会议的有中国轨道牵引技术首席专家、中国工程院院士刘友梅，教育部人才培养委员会委员李滨孙、湖南省教育厅职成处处长葛建中及集团公司劳资部教培处等高职教育界、企业界和政府等方面专家29人，刘友梅等与会代表就《方案》提出了很多有价值的建设性意见，9月实训基地正式启用。10月9日，浦镇车辆厂技校通过了ISO9000教育质量管理体系认证和国家级高级技校的评估。11月，常州铁路机械学校通过了国家级重点中专的复评，这对树立教育培训品牌，具有重要意义。

【第二届技能大赛】 组织集团公司第二届技能比赛，8月11～13日，组织召开技能大赛试卷研讨会，并请有关专家走访原劳动和社会保障部直属天津职业技术(师范)学院，调研、交流目前国际、国内技能大赛试题方面最前沿的有关信息，参观了学院实训基地；组织技能大赛出题专家完成8套试卷命题，编辑标准大赛试卷，完成技能大赛全部试卷的印刷、检查、密封、收存、安全携带等。组织裁判组对各工种实作赛场、理论考场、竞赛工件材料等逐一进行检查，并封闭；组织完成监考、阅卷、考件编码、实作裁判、分数统计等工作。

【基础教育分离工作】 继续贯彻《关于进一步推进国有企业分离社会职能工作的意见》的文件精神，努力推进集团公司所属中小学移交工作。7月，成都厂自办中小学移交地方政府的协议合同签定，9月29日，集团公司正式批复同意整体移交，并就移交过程中的有关问题提出了要求。

年末，集团公司下属企业自办的中小学有28所，其中完全中学9所，小学13所，九年一贯制中小学合一6所。现有教职工2069所，其中中学教职工1200人，小学教职工869人。在校生总计31898人，其中中学在校生15953人(含企业员工子弟8705人)，小学在校生15945人(含企业员工子弟9850人)。中小学固定资产总计14828.4万元，其中中学约为9755.84万元，小学约5072.53万元；中小学占地总面积约525544.8平方米，其中中学约为303690.6平方米，小学约为221854平方米，中小学建筑总面积约为227710.17平方米，其中中学为146106.69平方米，小学为81603.48平方米。

【教育扶贫工作】 按照集团公司定点扶贫工作领导小组要求，3月由集团公司劳资部组织有对口支援任务的资阳、贵阳两厂及有师资培训任务的湖南铁道职业技术学院有关负责人一行7人，前往广西靖西、那坡两县对其有关教育的扶贫项目进行了逐一落实；对靖西、那坡两县教育局起草的《南车集团公司在靖西县开设宏志班方案》提出了部分修改意见，方案得到集团公司定点扶贫工作领导小组批准；受集团公司定点扶贫工作领导小组委派，集团公司规划部和劳资部教培处的人员于6月20～25日参加那坡县城厢镇初级中学"南车教学综合楼"工程开工奠基仪式，同时对集团公司2002年、2003年在靖西、那坡两县已经完成和正在实施的扶贫项目进行了考察；8月圆满完成在湖南铁道职业技术学院为靖西、那坡两县举办的40人英语师资培训班培训，受到两县有关领导高度评价。

【招生计划】 年初，参加了铁道部在天津召开的2003年全路普通中专、技工学校招生工作会议，落实集团公司所属各厂、所、校招生计划；2月18日下发《关于下达2003年职业技术学院、普通中专、技工学校招生计划的通知》(南车劳[2003]38号)，集团公司所属各厂所招生计划为289人，其中：成人高职26人、普通高职2人、普遍中专57人、普通技工204人。截止9月底，集团公司所属高职学院、中专学校、技工学校实际各类招生共计7370人，其中：普通高招三年制大专2524人；五年制大专470人；普通中专862人；四年制高级技工613人；普通技工2706人；成人高招本专科预招195人。招生总数比2002年超出1971人，多招36.5%；在校生总数达到16813人，其中：普通高招三年制大专4958人；五年制大专1804人；普通中专1997人；四年制高级技工871人；普通技工6207人；成人专科976人。在校生总数比2002年超出3746人，增加28.7%。为做好下一年度招生计划工作，12月3日下发《关于提报2004年普通高职、中专、技工学校招生需求计划的通知》(南车劳[2003]303号)。

(劳资部　供稿)

老 干 部 管 理

【学习教育活动】 按照中组部、国资委要求和集团公司党委部署，在离退休干部中兴起学习贯彻"三个代表"重要思想的新高潮。广大离退休干部把思想和行动进一步统一到"三个代表"重要思想和十六大精神上来，积极参与社会主义物质文明、精神文明和政治文明建设，在社会公益事业活动、关心下一代健康成长、全面建设小康社会等方面作出了积极的贡献。同时，认真组织老干部工作部门开展以公道正派为主要内容的"树组工干部形象"集中学习教育活动，在提高工作人员素质、解决突出问题、转变工作作风等方面有了新的进步。

【落实"两费"工作】 根据中组部、财政部、劳动和社会保障部关于《离休干部"两费"保障工作的基本要求》通知精神，在集团范围内展开离休干部"两费"保障工作自查。2个因情况特殊存在拖欠少量医药费现象的企业，当即采取措施，予以妥善解决。各企业自觉以此次"自查"为契机，进一步加强老干部工作，建立健全老干部工作领导小组和各项规章制度，特别是对离休干部"两费"保障工作实行主要领导负责制，确保了党的老干部政策的落实。

【加强管理服务】 面对改革改制和不同人员的思想反映，依靠老干部党组织做深入细致的思想工作，加大管理服务力度，是年内集团公司老干部工作的一个明显特点。现有100个离退休干部党支部(总支)普遍建有较为完善的管理服务措施和设施，较好地满足了离退休干部特殊群体的需求。老干部工作部门在人手少的情况下，发挥主观能动性和奉献精神，坚持上门服务，征求意见，送去温暖，赢得了离退休干部的普遍好评，也为企业经营发展打造了和谐环境。

(老干办　供稿)

党群工作

组织工作

宣传工作

纪检监察工作

工会工作

共青团工作

机关党务工作

组织工作

【概述】 中共中国南方机车车辆工业集团公司委员会,有党委委员 6 人,设党委书记 1 人,党委副书记 2 人。集团公司下属 22 个党委,其中工厂党委 15 个、公司党委 4 个、研究所党委 2 个,总部机关党委 1 个。集团公司共有党员 42365 人。其中,正式党员 40933 人,预备党员 1432 人;在岗职工党员 29434 人,离退休党员 12931 人;在岗党员占职工总数的 25.6%;女党员 8141 人。厂所、公司属二级机构基层党组织 1226 个,其中分党委 42 个、党总支部 68 个、党支部 1116 个;党小组 4310 个。

2003 年,集团公司各级党组织认真贯彻党的十六大和十六届三中全会精神,积极实践"三个代表"重要思想,贯彻落实集团公司工作会议精神,紧紧围绕企业改革改制、主辅分离和生产经营活动中心,全面加强领导班子建设、基层党组织建设和党员队伍建设,充分发挥党组织的政治核心作用、党支部的战斗堡垒作用和党员的先锋模范作用,与时俱进,开拓创新,为集团公司的改革、发展和稳定,提供强有力的组织保证。

【党委换届选举】 2003 年任期届满的 6 个厂所、公司(四方有限公司、铜陵厂、成都厂、洛阳厂、江岸厂、戚墅堰所)和 1 个新组建企业(南车四方公司)党委,按时召开了党员代表大会,完成了换届选举工作。召开党代会进行换届选举的党委,认真贯彻执行《中国共产党基层组织选举工作暂行条例》和集团公司党委印发的《党代表大会换届选举工作程序规定》,代表选举、"两委"候选人提名、"两委"工作报告起草、会议召开等各环节的工作都严格按照有关规定和程序进行,党代会质量高,达到预期的效果。

浦镇厂经集团公司党委同意延期召开党代会和换届选举。

【民主生活会】 根据国资委党委的要求和集团公司党委的安排,2003 年集团公司领导班子民主生活会于 9 月 28 日召开。这次民主生活会的主题是:贯彻落实党的十六大精神,以"三个代表"重要思想为指导,以学习贯彻胡锦涛总书记"七一"重要讲话为主线,解放思想,开拓创新,为企业改革、发展和稳定服务。明确民主生活会三个方面主要内容:一是着重检查领导班子及成员对民主集中制、民主管理和民主监督等制度的执行情况;二是着重检查领导班子及成员的创新意识、创新观念、创新行为方面的问题;三是着重检查领导班子及成员党风廉政建设责任制落实情况。这次民主生活会突出解决两个问题:一是总结和分析 2002 年民主生活会整改措施落实情况,推动经营机制的转换,促进技术改造步伐加快,新技术、新产品不断涌现,市场和经营开发有了突破性的进展。二是通过开展批评与自我评批,查找自身和领导班子的不足,制定整改措施,明确今后的努力方向,为贯彻民主集中制,提高创新本领,加强党风廉政建设,理清了思路,增强了信心。

国资委党委委派企业领导人员管理二局张明明调研员、纪委罗景一处长、康牛虎副处长、监事会赵立正监事到会指导。

集团公司所属 21 个厂所、公司和集团公司总部机关党委分别在 4 月至 11 月间先后召开领导班子民主生活会。这次民主生活会的主要内容是:学习贯彻落实十六大精神,以"三个代表"重要思想为指导,结合本单位实际,着重检查领导班子及班子成员三个方面的问题:一是民主集中制、民主管理和民主监督等制度的执行情况;二是创新意识、创新观念、创新行为方面的情况;三是党风廉政建设责任制的落实情况。各单位领导班子民主生活会开的质量是好的，是成功的。其一，会议准备充分。各单位党委高度重视，事先把通知要求印发给每个领导班子成员，通过开展民主测评、座谈会等方式，广泛征求意见，并反馈给每个成员。班子成员间互相谈心，每个人都撰写了发言提纲。其二，态度认真，主题突出。会议紧扣集团公司党委要求的主题，回顾工作联系思想实际，分析问题实实在在，检查自己不怕丑、不怕疼，互相批评尖锐、客观，实事求实。其三，"一把手"表率作用好。党政"一把手"带头解剖自己，开展认真的自我批评与批评，起到了很好的表率作用。2003年，集团公司党委第一次在民主生活会前调阅襄樊厂领导班子成员的发言提纲并进行指导。各单位民主生活会后，及时进行总结并向集团公司党委写出《情况通报》。

【贯彻执行中办发16号文件】 按照中央办公厅、国务院办公厅中办发[2003]16号文件关于"加强党组织建设和思想政治工作"及"企业退休人员中党员的组织关系要转入居住地党组织"的要求，各单位根据实际情况主动向所在省、市委请示汇报，加强领导，积极推进该项工作。2003年，四方有限公司和铜陵厂转入居住地党组织的退休人员有1390人。

【党支部建设】 集团公司党委把加强基层党组织建设，着力夯实党建基础工作作为大事来抓，促进了基层党组织整体功能的发挥。一是基层组织建设进一步加强。认真贯彻落实《党支部建设纲要》，按期进行党支部换届选举。根据企业改制、结构调整和新经济组织的建立，及时调整了党支部设置，理顺了党组织的隶属关系，健全了工作制度。加强了多经企业、集体企业和离退休党支部的建设，解决了部分单位党组织不健全、党内生活质量不高、作用不明显的问题。二是加大党支部建设的考核力度。按照《党支部建设纲要》要求，集团公司和各厂所、公司党委定期分析党支部建设情况，运用"考核排序、优升劣降、整顿队伍"的要求，加强对党支部工作的考核，突出重点抓先进，促进了党支部建设全面发展。三是重视和加强党支部书记队伍建设，继续抓好党支部书记培训，加强对生产经营、技术开发工作和党建工作的全面考核，增强了"两手抓"的能力。四是开展党支部"达标准、创先进、争红旗"和"创岗建区"活动。集团公司和各厂所、公司围绕企业改革和生产经营中心，努力在增强实效上下功夫，不断改进和创新活动形式，深化和拓展活动内容，完善检查考核办法，使"达、创、争"和"创岗建区"活动成为加强党支部建设，发挥党支部战斗堡垒作用和党员先锋模范作用的有效载体。

【党员发展】 集团公司各级党组织认真贯彻执行"坚持标准、保证质量、改善结构、慎重发展"的方针，注重在生产经营工作一线和青年职工、知识分子中发展党员。全年发展新党员1105名，其中生产和经营工作一线党员755名，占发展总数的68.3%；35岁以下青年党员753名，占发展总数的68.1%；高中以上文化的党员1015名，占发展总数的91.9%。发展优秀团员入党228名，其中经团组织"推优"的211名，"推优"率为92.5%。发展的新党员中各类先进模范人物658名，占发展总数的63.09%。

通过发展和调整，党员队伍的年龄结构、文化知识结构和分布上的"两低一高"状况进一步改善。年末，集团公司在岗职工党员29434名，占在岗职工总数的25.6%；工人中的党员比例为18.5%。共有生产班组4618个，其中无党员班组627个，无党员班组比例为13.6%；党员班组长2693名，占班组长总数的57.9%。

建立了一支高素质的入党积极分子队伍，各级党组织加强对入党积极分子的培养。集团公司申请入党人数占非党职工人数15.8%，入党积极分子占申请入党职工的49.2%，提高了党组织的凝聚力和吸引力。

【党员教育管理】 各级党组织认真进行党员教育管理工作，党员素质得到提高，先锋模范作用进一步加强。

一是集团公司党委印发了《关于在基层党支部和全体党员中开展“实践‘三个代表’重要思想，保持党员先进性”的学习教育活动指导意见》。按照意见要求，各厂所、公司在基层党支部和全体党员中普遍开展了“三个代表”重要思想学习教育活动。这次学习教育活动分学习教育、自我评议、岗位实践、总结提高四个阶段进行。通过学习教育活动，各级党组织和广大共产党员进一步认清了形势，解放了思想，更新了观念。基层党组织建设有创新，党员思想观念有更新。进一步深化了企业党建工作，积极推动了企业改革发展，形成了工作合力。

二是突出主题，深化“创党员先锋岗、建红旗责任区”活动，坚持“提高素质、服务中心、发挥作用”的指导思想，调动广大党员的积极性和创造性，充分发挥党员在生产经营和各项社会活动中的先锋模范作用。

【创先争优】 集团公司各级党组织、广大共产党员和党务工作者以邓小平理论和“三个代表”重要思想为指导，紧密围绕企业改革发展和生产经营中心，充分发挥党组织政治核心作用、党支部战斗堡垒作用和共产党员先锋模范作用，在企业改革改制、主辅分离等各项工作中，作出了突出贡献。集团公司所属各单位认真开展了“创先争优”活动。七一前夕，各厂所、公司表彰先进基层党组织243个、优秀共产党员2468名、优秀党务工作者148名。在此基础上集团公司党委评选表彰了先进基层党组织47个，优秀共产党员89名，优秀党务工作者42名。通过“创先争优”活动，在党内形成了学先进、赶先进、做贡献、当表率的良好风气。

【组织部长培训班】 4月15~25日，在铁道部党校举办了以学习贯彻党的十六大精神和“三个代表”重要思想，做好新形势下组织工作为主要内容的集团公司组织部长培训班。21个厂所、公司的组织部长参加了培训。集团公司党委书记王泰文和铁道部党校常务副校长孙浅、副校长巩联军出席开班式。王泰文作题为《解决思想转观念，与时俱进求创新，努力锻炼成为新时期的优秀党务工作者》的重要讲话；党委副书记、工会主席杨荣林出席结业式，为培训班作总结讲话，并向学员颁发了结业证书。

【组织部长会议】 10月20~21日，集团公司组织部长会议在铜陵厂召开。21个厂所、公司的组织部长参加了会议。会议在认真总结2003年组织工作的基础上，提出了2004年组织工作的目标任务，并对《中国南车集团党委关于加强改制企业党建工作的意见》进行了讨论修改。

【党内统计工作】 由于中组部对党内统计报表和统计软件作了较大修改，集团公司党委在专题研究、派人参加中组部系统培训的基础上，于11月24~26日在株机厂举办了党内统计工作培训班，对集团公司所属各厂所、公司和总部机关党委22名负责党内统计工作的人员，进行了更新后的党内统计软件和报表的学习培训。各单位按照新规定的要求，准确按时上报了本单位党内统计数据。

（组织部　供稿）

宣 传 工 作

【概述】 2003年是南车集团积极推进企业改革、加速发展的重要一年。全系统宣传思想工作在“把握一条主线,结合两个实际,抓好三项重点,增强四个意识,实现五个提高”的总体工作思路指导下,以深入学习贯彻党的十六大精神和全面实践“三个代表”重要思想为主线,紧密围绕企业改革发展稳定的大局和铁路跨越式发展的新形势、新任务、新要求,努力贴近实际,贴近职工,贴近生活,不断提高宣传思想工作的前瞻性、针对性和实效性,较好地完成年度宣传思想工作的各项目标任务,为推动南车集团改革发展稳定,提供了有力的思想保证和精神动力。

【理论学习】 按照集团公司党委和国资委的要求,把贯彻落实“三个代表”重要思想和十六大、十六届三中全会精神,作为集团公司宣传思想工作的首要任务和工作主线,起草并转发了《关于学习贯彻十六大精神,掀起贯彻落实“三个代表”重要思想新高潮的通知》,对全集团公司深入贯彻十六大精神,作出具体安排。协助党委作好中心组学习的组织工作,全年组织集中学习13次,做到计划、资料、人员、时间“四落实”,草拟并转发学习简报12期,有5期被国资委采用。坚持定期抽查、汇总基层学习情况,及时总结经验,并向国资委推荐株辆厂、戚墅堰所、戚墅堰厂等学习经验材料。按照国资委党委要求,完成学习实践“三个代表”重要思想经验材料的上报,《实践“三个代表”,在推进思想解放和观念转变中增强企业创新力》一文被收入国资委党委编撰的《学习实践“三个代表”,推进中央企业改革与发展》专辑。

【形势任务教育】 充分运用《中国南车》这一主渠道,紧密配合集团公司党政中心工作及开展的各项重要活动,广泛深入地开展舆论宣传。按照集团公司党委要求,组织推进“与时俱进、创新发展”思想大解放、观念大转变学习教育活动。完成通知起草、协调指导、情况汇总和总结调研工作。由于各单位普遍重视和坚持“六抓”:即抓好策划、抓好发动、抓好组织、抓好协调、抓好检查督促、抓好总结,从而收到了促进观念转变,促进企业深化改革,促进扭亏和各项任务完成,促进企业稳定,促进班子和队伍建设,促进思想政治工作“三贴近”的实效。这项工作得到国资委的充分肯定,拟进一步总结经验。

【报纸工作】 在铜陵厂召开集团公司报纸展示暨报社管理工作交流研讨会议,17家报社进行了展示,评选出眉山厂、戚墅堰厂、株机厂、南车四方公司、浦镇厂、资阳厂、株辆厂等8个优秀报社,进行经验交流,明确了加强报社管理,提高报纸工作水平的思路和目标。在会议的推动下,四方有限公司建立报社、洛阳厂恢复了厂报,全集团公司报社已达19家。集团公司党委宣传部在各单位的支持下,按期编发《中国南车》报,努力提高编发质量。先后组织关于“深入学习贯彻十六大精神”、“贯彻工作会议和经营管理座谈会精神”、“推进主辅分离”、“加快与国际接轨步伐,提高铁路装备水平”、“加强职业技能教育”、“产品开发及招标”、“质量工作”、“抗击非典”、“安全生产”、“与时俱进、创新发展学习教育活动”、“表彰劳动模范和先进集体”、“首届运动会”等专题报道50多组,全年编发《中国南车》报24期。

【对外报道】 配合株机厂、眉山厂、戚墅堰厂、浦镇厂、株辆厂、南车四方公司等企业新产品开发和产品出口做好对外宣传报道工作,有关新闻3次在中央电视台《新闻联播》节目播出。加强与国资委以及《人民铁道》报、《工人日报》、《经济日报》、《科技日报》、

《铁道知识》等新闻单位的联系，做好有计划、有针对性的专题报道，全年全集团公司被中央报刊和电视台采用的新闻稿达120多篇。与办公室、科技开发部、综合管理部、市场部等配合，完成了展示集团公司形象宣传画册的设计组稿工作。与科协配合，创刊了《南车科协》报。在全路新闻奖评选活动中再一次取得好成绩，全集团公司有3篇作品获一等奖，2篇作品获二等奖，29篇作品获三等奖，纪录片《中国火车》荣获特别奖。

【易地采访】 组织了集团公司的首次易地采访活动。协助全国铁路记者协会，对株机厂进行采访，《人民铁道报》和14个铁路局(公司)参加了采访活动。全国铁路记协主席郭安智出席采访活动并讲话。株机厂厂长李志轩介绍了工厂改革发展情况和取得的成果；全路记协副主席锁斌、王铁柱等出席并主持采访活动。会后，编发了易地采访专集——《这里星光灿烂》，向全国、全路介绍这次采访活动的实况。

【政研会工作】 坚持开展政研会课题研究活动，及时汇总研究成果，全年编发《南车政工研究》5期，加强对会刊的栏目设计和编辑发行工作，进一步提高编发质量。完成反映全系统思想政治工作风采的专辑《创新——思想政治工作研究成果汇集》。按照国资委党委通知要求，组织思想政治工作课题研究论文的撰写，组织起草了《实践“三个代表”重要思想，在推进思想解放观念转变中增强企业创新力》、《以“三个代表”重要思想为指导，推进新时期企业党风廉政建设的思考》和《建设学习型企业，提高企业核心竞争力》3篇论文，全部被国资委采用。加强与中国政研会以及铁路政研会的联合，认真作好经验总结和申报。配合全国政研会和国资委政研会组织召开的专题会议，介绍南车集团政研会工作成果，进一步扩大了集团公司的影响。

【企业文化建设】 参与集团公司《“十五”发展规划》的起草，完成有关企业文化建设规划的初稿。充分运用各种媒体，广泛宣传集团公司的企业形象、企业精神和企业作风，对南车集团“经营理念”和“广告词”进行征集。参与全集团公司品牌建设情况检查，牵头组织CI工作检查小组，对戚墅堰厂、浦镇厂、株机厂、株辆厂和戚墅堰所、株洲所进行了检查，积极推进企业文化目标的落实。以推进建设学习型企业为重点，开展了“加强企业文化建设，增强企业核心竞争力”的研究。组织起草的南车集团加强企业文化建设的课题成果，被中国企业文化研究会主编的《企业文化教程》一书采用并作为成功案例推广。新闻纪录片《中国火车》和《创建学习型企业，提高企业核心竞争力》论文，分别被中国企业文化研究会评为中国企业文化建设二十年优秀“设计案例奖”和优秀“理论成果奖”。

【“法轮功”教育转化工作】 督促基层单位贯彻落实《关于进一步做好“法轮功”痴迷者教育转化工作的通知》精神，坚持定期做好排查摸底工作，全集团公司“法轮功”痴迷者经教育后已全部转化，达到了国资委提出的要求。召开了“法轮功”教育活动情况通报会，资阳厂、江岸厂、成都厂做了经验介绍，得到广泛好评。各单位结合贯彻实施《公民道德建设实施纲要》和“四五”普法教育活动，运用各种媒体，对广大员工群众进行遵纪守法、反对迷信、崇尚科学的教育，取得很好效果，促进了企业的发展和稳定。

【统战工作】 认真贯彻党中央、国务院和国资委制定的统战工作方针，按照集团公司总体部署，集团公司和各单位加强机构建设，认真落实政策，抓住工作重点，努力促进稳定。结合南车集团工作实际，转发了中央企业工委2003年统战工作要点，对全集团公司统战工作提出新的要求；坚持定期了解、汇总全集团公司工作情况，做到底数清楚，并加强信息反馈工作；组织起草工作简报，总结转发了戚墅堰厂开展统战工作的经验，被国资委采用。

（宣传部　供稿）

纪检监察工作

【概述】 年内，深入学习贯彻邓小平理论和“三个代表”重要思想，认真落实党的十六大、中纪委二次全会和中央企业纪检监察工作会议精神，牢牢把握发展这个第一要务，围绕领导干部廉洁自律、查办案件和效能监察三项重要工作，坚持“摆龙头，促规范，抓苗头，疏源头”的工作思路，坚持标本兼治、源头治理的工作方针，与时俱进，开拓创新，扎实工作，奋发有为，全面履行纪检监察职能，使党风廉政建设和纪检监察工作取得明显成效，为企业改革、发展和稳定，发挥了重要保证作用。

【纪检监察工作会议】 3月11～12日，集团公司在重庆召开纪检监察工作会议，总结上年党风廉政建设和纪检监察工作，安排部署2003年的主要任务。集团公司党委书记王泰文作了《与时俱进，勇于创新，推动企业党风廉政建设深入健康发展》的重要讲话，纪委副书记、监察室主任李建国作了《紧扣第一要务，坚持标本廉治，为实现南车集团发展战略目标提供政治保证》的工作报告。党委副书记、工会主席杨荣林就贯彻会议精神作了重要讲话，提出了具体要求。会议期间，株机厂、戚墅堰厂、浦镇厂、戚墅堰所、眉山厂、株洲所、洛阳厂、江岸厂、资阳厂等9个企业交流了党风廉政建设和纪检监察工作经验；讨论修订了集团公司《党风廉政建设责任制实施办法》、《党风廉政建设工作考核实施办法》、《党风廉政建设责任制责任追究实施办法》；播放了洛阳厂党委摄制的录像教育片《权力的启示》。集团公司所属22个企业的纪委书记、监察处长和集团公司总部有关部门负责人出席了会议。广州铁路集团公司广州铁道车辆厂和柳州铁路局柳州机车车辆厂的有关负责人也应邀出席了会议。

【反腐倡廉教育】 坚持把党风廉政教育作为抓根治本、源头防范的战略措施，积极采取多种形式，突出重点地在领导干部、党员干部和“六管人员”中广泛开展思想作风和群众路线教育，大力加强全局意识和纪律观念教育，深入进行党纪政纪和法律法规教育，不断强化廉洁从政和预防职务犯罪教育。据不完全统计，全集团公司开展党风廉政主题教育158场次，举办党风廉政学习（培训）班84期，组织廉政报告、案例教育、电化教育和监狱服刑人员现身教育483场次，录制和播放专题教育片244部，组织廉洁自律法规学习测试和参加知识竞赛44次，参加学习、培训、教育人数达252341人次。这些教育活动对增强企业领导人员和党员干部的廉洁自律意识和拒腐防变能力，起到了积极作用。

【领导干部廉洁自律】 集团公司党委坚持把领导干部的廉洁自律和廉政建设摆在突出位置来抓。一是落实“五不准”新要求，规范了领导干部从政行为。全集团公司以落实中纪委二次全会对国有企业领导人员廉洁自律提出的“五不准”新要求为重点，普遍制定或修订完善了领导干部廉洁自律规定等制度187项，签订承诺书201个，推进了按程序办事和靠制度管人的机制建设，促进了权力的规范动作。加强了对制度落实的监督检查，查出违反制度的问题29件，纠正了25件；查处违规人员26人，其中纪律处分15人，组织处理13人。维护了制度的严肃性，强化了对领导人员用权行为的制约。二是深入实施廉政制度，强化了领导干部动态监督。实施了《集团公司领导与企业党政主要领导谈话制度》。集团公司6名党政领导先后与21个所属企业的党政主要领导推心置腹地进行谈话，沟通了思想，交换了意见，了解了工作和生活中的困难，并对群众有反映的企业党政主要领导进行了警示谈话；实施了《企业领导干部廉洁自律报告制度》。21个所属企业180名领导干部，以书面形式向集团公司党委和纪委报告了个人重大事项及廉洁自律情况；实施了《党风廉政建设巡视制度》。集团公司纪委定期或不定期地派出巡视组，加强对所属企业领导干部遵守党风廉政建设制度、执行廉洁自律有关规定情况的督查；实施了《民主评议领导干部制度》。坚持把廉洁自律、勤政优政纳入领导干部民主生活会和向职代会述职的重要内容，广泛开展民主评议、民主测评领导干部活动。三是全面推行述责述廉，加大民主公开监督力度。全集团公司各级领导干部有2240人次分别在职工代表大会、专题述责述廉会、领导班子民主生活会上，就个人履行党风廉政建设责任和廉洁自律情况进行述责述廉。同时，采取公开评议和组织考核相结合的方式，对领导干部进行评廉考廉，进一步强化了民主监督作用，有效地促进了领导干部廉洁自律。全集团公司领导干部拒收礼金(礼品)59人次，合计金额85450元，上交现金、有价证券和支付凭证52人次，合计金额179202元。有273名领导干部被集团公司或所在地方党政组织授予“党风廉政建设先进个人”荣誉称号。

【党风廉政建设责任制】 全集团公司各级党委和行政组织高度重视党风廉政建设，坚持把落实责任制作为加强党风廉政建设的“龙头”和控制性工程来抓。一是完善实施办法，健全了工作制度。进一步完善和制定实施了《党风廉政建设责任制实施办法》和《党风廉政建设责任制责任追究实施办法》等15项制度，基本健全和完善了党风廉政建设制度体系。二是强化领导责任，完善了责任体系。各级党委和行政主要领导自觉把落实责任制作为“一把手工程”，将“党政齐抓共管”原则贯彻到责任目标体系之中，按照“一岗双责”和“谁主管、谁负责”的要求，将党风廉政建设目标和任务细化分解，层层落实到各级领导干部和相关业务职能部门，层层签订责任书，形成一级抓一级、一级带一级的良好机制。三是加强检查巡视，促进了工作落实。认真实施党风廉政建设检查和巡视制度，坚持由集团公司党政领导带队，分别对株机厂、资阳厂、南车四方公司、四方有限公司、武昌厂、洛阳厂、石家庄厂、贵阳厂、戚墅堰所、襄牵公司等10个所属企业的党风廉政建设和纪检监察工作进行综合检查，对未列入重点检查的部分企业进行了巡视。大多数企业由党政主要领导和分管领导带队，对所属基层单位的党风廉政建设进行认真检查。四是建立考评机制，强化责任追究。全面推行了党风廉政建设考核评比，有14个企业和42个基层单位分别被评为党风廉政建设先进企业、先进单位。进一步加大了责任追究力度，对违反党风廉政建设责任制规定，不履行或不认真履行责任的115名责任人实施了责任追究，其中诫勉谈话26人，通报批评54人，经济处罚24人，党纪政纪处分11人。

【源头防范治理】 全集团公司认真落实中央部署，坚持贯彻标本兼治方针，采取积极措施加强源头防范治理。一是着力完善制度建设，构建源头治本制度体系。注重研究市场经济条件下企业违纪违法案件的特点、规律和原因，深入分析容易诱发不廉洁行为和违纪违法问题的部位和环节，针对企业管理和制度建设上存在的漏洞和薄弱环节，在对原有规章制度进行清理、整顿、修订和完善的同时，从教育、管理、监督、体制、机制等方面建章立制234项，初步建立起适应社会主义市场经济发展的抓源治本制度防范机制。二是积极引入市场机制，深化干部人事制度改革。继续深入实施《干部人事制度改革意见》，积极引入市场机制，实行竞争上岗和重要岗位转换等制度，加大了选人用人的改革和监督力度。全集团公司各级领导干部和经营管理人员竞争上岗 4341 人，其中中层以上领导干部 591 人，一般管理人员 3750 人；关键岗位转换 475 人，“六管”人员岗位交流 633 人。三是完善资金内控制度，加大财务资金监管力度。很多企业通过完善财务制度，建立结算中心，实行集中管理，加强财务检查和审计等措施，强化了资金的管理和使用，加大了资金内控和监管力度。按照规范来源、集中管理、健全制度、合理支出、严格监督的原则，强化了对自管资金管理和使用的监管，清查清理“小金库”32 个，涉及资金 254.64 万元，减少了资金失控的风险和滋生违纪违法问题的条件。四是加强物资工程管理，深化公开招标议标制度。深入贯彻实施《物资、设备购销招议标管理办法》和《基本建设工程项目招投标管理办法》，对大宗物资、设备购销和基建工程，基本上实行了招议(投)标。全集团公司物资设备采购招标 4137 项 147048.76 万元，降低采购成本 9594.9 万元；废旧物资设备处理招标 229 项，节约资金 1802.1 万元；基建工程招标 296 项 33819.42 万元，降低工程造价 2938.9 万元。各级纪检监察部门加强对物资、设备购销招议标和基建工程招投标的全过程监督，进一步促进了企业经营管理，对防止违纪违法问题的发生，起到了有效的防范作用。

【案件检查与审理】 集团公司各级党委和行政高度重视信访举报和案件查处，党政主要领导大力支持纪检监察组织履行职权并亲自指导办案工作。纪检监察组织的领导坚持一线指挥，协调办案力量，办案人员勇于排除阻力，努力克服困难，查办了一批比较重要的违纪违法案件。在查办案件中，各级纪检监察部门坚持依纪依法办案，严格把握政策界限，加强审理工作，提高了办案质量。通过查办案件，既严厉惩治了违纪违法行为，教育了广大党员、干部和职工，又保护了企业经营管理人员锐意改革的积极性。一些企业还注重研究新形势下企业违纪违法案件的特点和规律，剖析重大典型案例的发案原因，从中发现机制、体制和制度及管理上存在的漏洞和薄弱环节，及时提出强化管理、综合治理和超前预防的措施及建议，为企业避免和挽回了经济损失，有力地维护了企业的改革、发展和稳定。全年受理来信来访 204 件次，初查核实案件线索 24 件；立案查处违纪案件 19 件，查结案件 19 件，查结率为 100%；处理违法违纪人员 44 人，其中给予党纪处分 16 人，政纪处分 14 人，党政纪双重处分 14 人；移交司法机关处理 7 人。

【效能监察】 根据集团公司的决定和部署，深入开展了“三重一大”效能监察“整改年”工作。全集团公司在摸清底数，掌握情况的基础上，针对突出问题采取积极的措施，加大了整改力度，取得了阶段性成果。围绕重大事项决策、重要干部任免、重大项目安排和大额度资金的使用，进一步建立健全和制定完善了《重大事项决策制度》、《企业对外投资管理制度》、《企业债权管理制度》等相关配套的管理制度 142 项，推进了“三重一大”效能监察的制度化和规范化；清理撤并所辖法人实体 16 个；清理乱投资乱担保乱借款问题 8 个，涉及金额 255.8 万元；应收账款已清理收回 21091.26 万元；对外担保已完结无赔付金额 15921 万元。与此同时，集团公司所属企业紧密结合本单位生产经营管理实际实施效能监察 201 项；举办效能监察培训班 22 期，培训人员 820 人次；建章立制 142 项。通过效能监察，发现案件线索 11 个，其中立案 2 件；

处理人员37人，其中党政纪律处分15人，经济处罚23人，移送司法机关2人；查出违纪金额179.05万元，挽回经济损失1175.03万元，节约资金5074万元。

【纪检基础建设】 组织深入学习邓小平理论、“三个代表”重要思想和党的十六届三中全会《决定》、中纪委二、三次全会精神，广泛开展以“‘三个代表’重要思想指导反腐倡廉新实践”为主题的理论研讨活动。共举办理论研讨会32个，撰写理论文章76篇，推荐上报论文39篇，其中评出一等奖7篇、二等奖13篇、三等奖19篇，有5个企业获得组织奖。举办了纪检监察业务知识培训班，对54名纪检监察干部进行案件检查和审理、财务制度和查账方法及技巧、物资管理和效能监察、纪检监察调研与信息等业务理论和知识培训。全集团公司共举办或参加地方纪检监察业务培训班47期，390余人次参加了培训。围绕“深化企业效能监察，实现国有资产保值增值”这一重点课题，深入开展调查研究，共撰写调研报告和经验材料89篇，其中《企业效能监察工作的难点及对策》的调研报告受到国资委纪委的高度重视。纪检监察队伍建设不断加强，有效地促进了纪检监察工作，在推进企业改革、发展和稳定中发挥了重要作用，先后有19个(次)纪检监察组织、36人(次)被集团公司或所在地方党政组织分别授予“纪检监察工作先进集体”、“纪检监察工作先进个人”荣誉称号。

(赵跃洲　供稿)

工 会 工 作

【概述】 年内，集团公司所属各厂所、公司工会以邓小平理论和“三个代表”重要思想为指导，深入学习贯彻党的十六大、十六届三中全会和工会十四大精神，认真贯彻落实集团公司工会全委会一届四次会议提出的各项任务，坚持为企业改革发展服务，为生产经营服务，为员工群众服务的基本原则，充分发挥自身优势，切实履行维护员工合法权益的基本职责，为全面完成企业生产经营和精神文明建设的各项任务，实现集团公司发展目标作出了积极贡献。

【群众生产活动】 各厂所、公司工会把实施“开拓发展、振兴南车”群众性经济技术创新工程，作为促进企业改革发展的主渠道，突出重点，创新载体，完善机制，注重实效，深入持久地开展多形式、多层次、多内容的经济技术创新活动。集团公司工会制定出竞赛和评比标准，在全集团公司组织开展“创新杯”立功竞赛活动。各厂所、公司工会全年组织开展“创新杯”专项劳动竞赛534次，开展技术比武、岗位练兵595次，评选表彰技术能手665名，组织推广先进操作法225项，员工提合理化建议11872条，采纳实施3450条。株机厂、株辆厂等企业围绕各个时期生产经营的重点和难点，以“安全、质量、进度、管理、效益”为主题，广泛开展形式多样的劳动竞赛，促进了企业发展。集团公司工会把广泛开展学技练功活动作为提高员工队伍素质的有效途径，与劳资部、团委共同组织并举办了南车集团第二届职工技能大赛，进一步掀起群众性学技术、练本领、提素质的热潮。集团公司工会高度重视员工劳动保护工作，认真落实劳动保护监督检查条例，在抓好试点的基础上，在全集团公司推行应用“岗位安全作业标准”。全年各厂所、公司工会劳动保护监督检查委员会组织和配合行政开展安全生产大检查302次，检查出安全隐患4065项，使用“红、黄、白”通知书477次，监督整改3663项，促进了企业的安全生产。集团公司工会加强对劳模的培养和选树工作，评选表彰了105名集团公司劳动模范和39个先进集体，并组织部分劳动模范出国考察学习。2003

年，株机、资阳和眉山厂获全国“五一”劳动奖状，浦镇厂楚永萍获全国“五一”劳动奖章，全集团公司有3个集体获火车头奖杯，18名员工获火车头奖章。

【民主管理】 各厂所、公司坚持和完善职工代表大会制度，结合企业改革改制的实施情况，不断充实调整职代会内容，认真行使对企业重大决策的审议、审查和决定权，促进了各项决策的科学化、民主化，员工的民主参与、民主监督、民主决策作用得到充分发挥。各厂所、公司工会坚持职工代表大会制度，加强源头参与，通过推行“职代会半年质询制度”、“工会主席与职工代表恳谈日制度”、“职工代表巡视活动日制度”，进一步完善了民主管理的组织制度和动作程序，促进了企业民主政治建设。在加强职代会工作的基础上，坚持职代会民主评议领导干部制度，把评议结果作为干部考核、奖惩、任免的重要依据。各厂所、公司积极推行平等协商集体合同制度，及时调整充实合同内容，加强对集体合同履行情况的检查。加强劳动争议调解工作，认真处理职工来信来访，把矛盾解决在萌芽状态，促进了企业劳动关系的和谐稳定，为企业深化改革创造了良好环境。11月，集团公司在株洲召开厂务公开工作会议，党委副书记、工会主席杨荣林代表集团公司厂务公开领导小组作了题为《总结经验，明确目标，规范运作，把集团公司厂务公开工作不断引向深入》工作报告，党委书记王泰文作了题为《落实“三个代表”，加大工作力度，推动南车集团厂务公开工作深入健康发展》重要讲话。国资委群工局副局长李学东到会并讲话。株辆厂、石家庄厂、二七车辆厂、眉山厂、株机厂、浦镇厂、戚墅堰厂、资阳厂、南方汇通公司，分别从不同角度介绍开展厂务公开工作的经验。各厂所、公司认真贯彻落实集团公司厂务公开工作会议精神，不断充实公开内容，拓宽公开渠道，规范公开程序，强化监督考核，有力地推动了集团公司厂务公开工作的深入发展。2003年，集团公司荣获“全国推行厂务公开先进单位”称号，浦镇厂和眉山厂荣获“全国厂务公开先进单位”称号；株辆厂荣获“中央企业厂务公开先进单位”称号，洛阳厂受到通报表扬。

【生活保障工作】 各级工会情系困难员工，履行困难员工第一知情人、第一报告人、第一帮助人的职责，认真组织开展送温暖活动，千方百计为员工解难，为企业分忧。年初，集团公司工作会议结束后，党委书记王泰文，总经理赵小刚，党委副书记、工会主席杨荣林，总会计师朱守礼，副总经理郑昌泓，分赴铜陵厂、江岸厂、武昌厂、北京机械厂、成都厂和二七厂，看望了20余户困难员工家庭和劳动模范家庭。集团公司工会副主席钱毅专程到襄樊厂检查指导工会生活保障工作，慰问特困员工。据统计，“两节”期间，集团公司总部和各厂所、公司党政工各级干部深入基层，共走访慰问困难员工家庭2万多户，送去慰问金、慰问品总计844.6万元。武昌厂、江岸厂、襄樊厂通过建立困难员工档案，实行动态管理，定期调整，坚持领导干部联系员工困难户制度，加强对特困员工的帮扶力度，并积极协助困难员工申办“低保”，稳定了员工队伍。集团公司工会加强员工互助合作保障体系建设，开展建立互助保障体系工作调研，并形成调研报告。11月，集团公司工会专门召开生活保障工作会议，全面总结集团公司建立员工互助合作保障体系工作，交流工作经验，并对今后的保障工作进行安排部署。目前，集团公司各级工会互助合作保障金结余共计2083万元，2003年理赔使用285.27万元，受益员工4983人，资助员工子女上学277名，提取困难补助费337.78万元，救济困难员工14731人。南车集团员工互助合作保障体系已基本形成行政资助、员工互助、工会补充的“逐年投入、滚动发展、良性循环”发展格局，进一步提高了员工抵御风险的能力。在防治非典型肺炎的工作中，集团公司工会和厂所、公司工会拨出专项资金，发放防非典药品，慰问抗非人员，积极配合党政做好防治非典工作。

【文化建设】 各级工会加强员工素质教育，认真落实《公民道德建设实施纲要》，深入开展文明班组、文明岗位、文明员工、文明家庭创建活动，培育了良好的企业风尚。集团公司成功举办首届员工运动会，展示了集团公司员工蓬勃向上的精神风貌。集团公司工会编辑出版的员工美术、书法摄影集《南车春意》，集中反映了集团公司两个文明建设的丰硕成果，树立了良好的企业形象。集团公司工会在铁总第三届火车头文艺群星奖大赛中荣获优秀组织奖，并有10幅员工美术、书法作品入围展出。各厂所、公司工会通过举办艺术节、文化周、运动会、文艺大赛等缤纷多彩的群众文体活动，积极传播先进文化，活跃员工精神生活。

【工会自身建设】 集团公司工会高度重视领导班子和工会专兼职干部的思想建设，把学习贯彻党的十六大和工会十四大精神作为首要任务，8月，集团公司工会专门召开部分厂所、公司工会主席参加的学习“三个代表”重要思想座谈会，交流学习体会，深刻领会精神实质。各厂所、公司工会通过举办培训班、报告会和辅导讲座等形式，组织工会干部认真学习、深刻领会“三个代表”重要思想的内涵。为进一步加强自身建设，完善工作机制，拓宽工作领域，集团公司工会开展了创建工会好班子评选表彰活动，浦镇厂、资阳厂、株机厂、戚墅堰厂、株辆厂、武昌厂、石家庄厂、眉山厂等8个工会班子被评为“工会好班子”，成都厂、铜陵厂工会班子得到表扬，并受到嘉奖。通过开展创建工会好班子活动，广大工会干部的政治素质、理论水平和工作能力不断提高，适应了企业改革发展的要求。集团公司工会选举出11名代表出席了中国铁路工会第十二次全国代表大会。集团公司党委副书记、工会主席杨荣林、株机厂工会主席李萍当选为铁路总工会第十二届执行委员，工会副主席钱毅当选为十二届经审委员并出席了全国总工会第十四次全国代表大会。指导四方有限公司、石家庄厂、戚墅堰所、株洲所等4家单位的工会成功地进行换届选举工作。组织开展新时期加强工会自身建设的调研，形成调研报告。各厂所、公司工会深化职工之家建设，根据实际情况，及时调整和完善建家内容，加大经费投入，“建家就是建企业”的理念得到集团公司广大干部职工的认同。襄樊厂工会、戚墅堰所工会荣获“全路模范职工之家”称号，武昌厂机保分厂配件一组等4个工会小组荣获“全国模范职工小家”称号。

【女职工工作】 集团公司工会女职工委员会召开一届二次委员扩大会议，总结交流各厂所、公司女职工委员会围绕企业生产经营，积极开展巾帼双文明立功竞赛和女员工素质达标活动的经验，表彰奖励在女工工作中涌现出来的先进集体和个人。编印女工工作经验和先进女员工事迹选集，使广大女员工学有榜样，赶有目标。各厂所、公司女工委员会认真落实《中国妇女发展纲要》，努力提高女员工素质，加强“四自”教育，努力为女员工说话办事，大力维护女员工合法权益和特殊利益，女工工作水平得到不断提高。2003年，集团公司女工委员会被铁总评为先进女工集体。

【财务工作】 集团公司工会财务工作始终坚持为工会重点工作、为基层工会服务、为基层职工服务的方向，完善工会财务管理办法，加大工会经费收缴力度，经费收入稳步增长，保证工会各项重点工作的经费需要。工会经审工作发挥监督审计职能,严格执行经审工作制度,在促进收、管、用好工会经费上发挥了重要作用。年内,集团公司工会经审会对资阳厂、石家庄厂工会财务、资产管理情况进行财务检查和审计,对贵阳厂离任工会主席进行任期经济责任审计。集团公司工会分别召开财务工作和经审工作座谈会,并对2002年度财务工作竞赛进行评比表彰。洛阳厂工会经审会被评为"全路工会经审工作先进单位",王继荣等3人被评为"全路工会经审工作先进工作者"。

【信息工作】 集团公司和各厂所、公司工会高度重视工会信息工作,及时反馈有关重要信息,为领导决策提供依据。年内,各厂所、公司工会共报送信息、经验材料和调研报告486篇,集团公司工会编发了46期对全局工作有指导意义的工会信息。浦镇厂工会荣获全路工会宣传报道先进集体,廖继祥等3人荣获全路优秀信息员称号。工会办公现代化水平进一步改善,工作效率逐步提高。

(周戎　曲涛　供稿)

共青团工作

【概述】 2003年,集团公司各级团组织全面贯彻落实党的十六大和共青团十五大精神,以服务企业改革发展稳定和服务青年成长成才为宗旨,加强青年思想政治教育,扎实推进青年创新创效活动,夯实团的自身建设,完善机制,开拓创新,带领广大团员青年积极投身抗击非典斗争,为实现集团公司各项奋斗目标,发挥了生力军作用。

【青年理论学习】 各级团组织始终把用邓小平理论武装全团、教育青年作为首要任务来抓。以迎接共青团十五大为契机,把学习邓小平理论同党的十六大、共青团十五大精神和"三个代表"重要思想相结合,同集团公司改革发展、结构调整和青年思想、团的工作实际相结合。共青团十五大召开后,集团公司团委迅速作出部署,把组织团员青年深入学习贯彻大会精神,团结带领广大团员青年为实现集团公司"十五"战略目标而奋斗,作为各级团组织的首要政治任务,并依托中央团校于9月份举办了集团公司第一期团干部理论培训班,30名专职团干部系统学习了共青团十五大精神。各厂所、公司团委利用团委中心学习组、二级中心学习组、青年理论学习小组等团内学习组织,抓好基层团干部和广大团员青年的学习,通过集中学习、业余自学、主题座谈会、"共青团工作与时俱进,创新发展"大讨论、"十五大宣讲团"等形式,在广大团员青年中掀起了学习共青团十五大精神的高潮。

【青年思想道德建设】 集团公司各级团组织在青年中深入进行党的基本理论和"三个代表"重要思想的宣传教育,引导青年树立正确的世界观、人生观和价值观。认真贯彻《公民道德建设实施纲要》,弘扬爱国主义精神,加强社会公德、家庭美德教育,大力宣传和积极实践集团公司的企业精神和企业作风。各厂所、公司团委结合"五四"、国庆、迎接团的十五大等重大纪念日和社会活动,加强青年爱党、爱国、爱企教育。围绕企业改革、发展、稳定大局和生产经营中心,积极开展职业理想、职业道德、职业纪律教育。洛阳厂团委举办"青年与理想"主题座谈会和"青春的真谛"大讨论、江岸厂团委开展"二七"英烈凭悼周活动、襄牵公司团委开展"缅怀革命先烈,继承革命传统"再教育活动、株机厂团委开展"雷锋故居行"、二七厂团委开展参观"二七"纪念馆等活动,唱响了青年思想道德建设的主旋律。

【形势任务教育】 各级团组织围绕集团公司

改革发展和企业生产经营形势，加强青年形势任务教育，帮助青年转变观念，提高认识，引导青年正确认识改革，积极支持改革，做推动改革的生力军。江岸厂团委举办的“我与江车同成长”知识竞赛、洛阳厂团委举办的“青年与改革”对话、浦镇厂团委开展的“一个思想、两个行动、三种意识”宣传教育、成都厂团委开展的“我为工厂提升形象设计名片”活动、襄牵公司团委举行的“与时俱进、创新发展”主题座谈，都很好地贴近了企业改革发展实际。在企业生产经营遇到困难的特殊时期，襄樊厂团委召开共青团系统为减亏扭亏作贡献动员大会，南车四方公司团委实施“三个一”青年修身计划，浦镇厂团委开展“学政策、明形势、练技能、促发展”主题教育活动，来教育青年、凝聚青年、激励青年，引导团员青年团结拼搏，与时俱进，与企业同呼吸、共命运，共渡难关。针对铁路实施跨越式发展战略和集团公司加快机车车辆装备与国际水平接轨的新形势，集团公司各级团组织及时组织广大团员青年认真学习，举办专题报告，引导青年认清形势，抓住机遇，迎接挑战。

【青年文明创建活动】 集团公司团委以毛泽东等老一辈革命家号召“向雷锋同志学习”40周年为契机，在集团公司团员青年中大力弘扬雷锋精神，推动学雷锋活动和青年志愿服务活动深入发展。各厂所、公司团委坚持“服务企业、奉献社会”的宗旨，以青年志愿者行动为基本形式，组织了义务生产突击活动和义务为民奉献活动，开展了“学雷锋服务一条街”、“学雷锋月”、“青年志愿者义务奉献周”、“雷锋精神与当代青年”征文，“市场经济条件下如何发扬雷锋精神”大讨论。眉山厂团委、资阳厂团委招募培训青年志愿者服务集团公司首届运动会，特别是眉山厂组织的100名青年志愿者以主动、热情、周到的服务和良好的素质给来宾留下深刻的印象，受到各代表团和运动会组委会的高度赞扬。株洲所和眉山厂团委开展了“1+1”希望工程助学活动，筹集3万余元资金救助了58名面临失学的中小学生，增强了团员青年的社会责任感。

【青年读书活动】 各级团组织结合企业发展实际，抓好新世纪青年读书活动，加快青年读书屋、读书点、读书架、读书小组的建设，激发青年读书兴趣和热情，帮助青年树立学习是生存和发展需要的理念、终身学习的理念和不断创新的理念。株机厂团委和株洲所团委开展的《把信送给加西亚》读书讨论活动，株辆厂团委举办的“走进IT”计算机前沿科技知识专家讲座和“崇智杯”千人读书活动，二七厂团委筹建的青年计算机爱好者读书架，洛阳厂团委和铜陵厂团委举办的青年计算机基础知识普及班，眉山厂团委举办的青年英语强化培训班，株机厂团委举办的“青年英语全能竞赛”活动，在青年中营造出良好的学习氛围，进一步推动了读书活动的开展。

【青年文化活动】 各厂所、公司团委把青年文化活动作为企业文化建设的重要内容。各级团组织充分发挥自身优势，利用企业广播、电视、网络开办了青年园地，开展了头脑运动会、技能对抗赛、技术研讨等活动，为青年成长成才搭建舞台。铜陵厂团委成立的青年电脑爱好者协会，二七厂团委创立的青年网页兴趣小组，为青年展示才华提供了舞台。资阳厂团委通过在全厂召募青年志愿者创建“晨风青年”和企业网站的形式，为企业发掘了一批科技人才。在青年文化活动、恋爱婚姻、人际关系、社会服务、技能培训等方面，各级团组织也为青年提供了实实在在的服务。集团公司团委配合工会、体协组织了集团公司第一届运动会。

【青年创新创效活动】 各级团组织从集团公司和企业实际出发，深化青年科技攻关和管理创新活动，针对提高产品质量、改进工艺和装备，以青年科技人员为主体开展科技创新"五小"活动，以青年工人为主体开展成本效益"五小"活动。全年共组织青年科技攻关1535项，开展"双五小"攻关1306项。

集团公司团委联合科协、企协开展了第一届青年优秀科技论文、管理论文征集评选活动。活动从3月份开始至11月份结束，分为各单位征集及初评、论文申报、集团公司初评和评审委员会终评四个阶段。有的厂所、公司团委还邀请专家撰写相关学术报告，组织报告会和青年科技论坛。各厂所、公司共征集论文1406篇，向集团公司推荐优秀青年科技论文66篇、管理论文28篇。经集团公司青年科技论文评审委员会和青年管理论文评审委员会评定，评出优秀青年科技论文一等奖4篇、二等奖10篇、三等奖21篇、优秀奖25篇；优秀青年管理论文一等奖3篇、二等奖3篇、三等奖8篇、优秀奖12篇。株机厂团委、资阳厂团委、戚墅堰厂团委、南车四方公司团委、眉山厂团委、株洲所团委等6家单位荣获优秀组织奖称号。

【"双岗"活动】 各级团组织以提升职业文明和优化班组管理为主题，继续深化"双岗"活动。通过强化岗位培训、普及导师带徒、开展青工技能竞赛等，深化青年学技练功活动，提升青年职业文明。全年新增师徒结对758对，组织各类青工技能竞赛492场。资阳厂和戚墅堰厂团委开展的青工技能月活动、洛阳厂团委开展的"学习工艺，每周一题"活动、贵阳厂团委开展的小工种青工技术培训比武活动，对青年学技练功起到推动作用。10月份，集团公司团委与劳资部、工会共同组织了第二届职业技能竞赛。80名参赛选手中，35岁以下青工63名，获得钳工前八名的选手全部为35岁以下青工，获得车工前八名的选手有5名为35岁以下青工。

通过实施青年文明岗(号)公示制、"青年文明岗(号)服务卡"、"青年文明岗(号)信用建设示范行动"和创建青年安全生产示范岗活动，倡导诚实守信、文明从业的良好风尚。一批在科技、质量、安全、效益方面作出突出贡献的青年个人和集体脱颖而出，26名青年和24个青年集体分别荣获集团公司"青年岗位能手"和"青年文明岗"称号，1名青年和1个青年集体分别荣获中央企业"青年岗位能手"和"青年文明岗"称号，10个青年集体被继续认定为"全国青年文明号"，2个青年集体被新认定为"全国青年文明号"，7个青年班组荣获集团公司"青年安全生产示范岗"称号，2个青年班组荣获"全国青年安全生产示范岗"称号。

【青年岗位创优】 集团公司团委结合贯彻落实集团公司年度工作会议精神和"十五"质量攀登计划，围绕提高产品质量，倡导精益求精的制造文化，推出"南车青年兴质量"主题活动，广泛开展青年岗位创优活动。各厂所、公司团委按照集团公司团委统一部署，纷纷开展争当青年质量标兵、"金点子"征集评选、青年安全优质生产示范岗创建、青年质量监督岗创建、质量信得过青年班组建设、质量信用承诺、青年质量攻关、青年优质示范工程等活动，动员和组织广大团员青年积极参与质量管理和质量整改工作，进一步提升工艺制造水平和产品质量，受到各厂所、公司党政领导的一致好评。

【全力抗击非典】 集团公司各级团组织在抗击非典斗争中发挥了生力军和突击队作用。集团公司团委专门下发文件，对各厂所、公司团委协助本企业做好非典预防和控制工作提出具体要求，做出专门部署。各厂所、公司团委把抗击非典作为事关青年员工身体健康和生命安全，事关企业和社会稳定的大事，高度重视，积极参与，主动服务。一是紧紧围绕企业的生产经营，加强形势任务教育，使青年们保持昂扬向上的斗志，确保完成各项生产经营任务。二是积极参与爱国卫生月活动，消除疾病滋生源。组织团干部和广大团员青年加强现场管理，做好卫生清扫和消毒工作，杜绝疾病滋生源。三是积极开展非典防治知识主题宣传活动。石家庄厂团委开展了“摒弃顽疾陋习，牵手健康文明”主题活动，成都厂团委开展了“讲文明、除陋习，共建健康美好家园”青年志愿者与您同行系列活动，北京机械厂团委以帮助并慰问防治非典一线医务人员及家属为主要内容开展了“与你同心”主题活动，资阳厂团委开展了“青春在行动——志愿抗非典”义务献血活动。

【团的组织建设】 各级团组织认真贯彻落实集团公司党委《关于进一步加强基层党建带团建工作的若干意见》，重视机构调整和新建单位中的团组织建设，合理设置基层团组织。以创建“五四”红旗团委和团支部争先创优活动为载体，积极推进团建工作创新，增强了基层团组织的活力。重视团的信息交流和网络建设，建立并开通了“南车共青团”网站，构建起以《南车团讯》和“南车共青团”网站为中枢的网络体系。有 14 个厂所、公司团委和 25 个基层团组织受到集团公司表彰，株洲所、株辆厂、成都厂、襄牵公司等 4 个单位团委被认定为中央企业“五四”红旗团委创建单位，武昌厂团委荣获中央企业“五四”红旗团委称号，贵阳厂团委荣获贵州省先进团组织称号，眉山厂货车公司货一车间团支部和戚墅堰厂内机分厂机车二车间团总支荣获全国“五四”红旗团(总)支部称号，资阳厂团委荣获全国“五四”红旗团委称号。

集团公司团委以思想作风建设为重点，抓好团干部队伍建设。年内，指导 8 家厂所、公司团委召开团代会，完成换届改选工作。在团干部中倡导“以办事业的精神经营团的工作”的理念，教育团干部发扬实事求是、朝气蓬勃的优良传统，养成脚踏实地、求真务实、吃苦耐劳、服务基层的工作作风。加强团干部协管工作力度，关心团干部的学习和生活，积极为团干部成长成才和转岗创造条件。有 5 名团委书记转岗，新任团委书记 5 名、副书记 4 名。10 名团委书记和 27 名基层团干部受到集团公司表彰，2 名团干部荣获中央企业优秀团干部称号。

各厂所、公司团委通过开展主题团日活动和落实“三会两制一课”制度，加强对团员的教育和管理。通过健全团的活动制度，创新团的活动方式，规范新团员入团宣誓，完善离团仪式，增强团员的组织观念，发挥了团员的模范带头作用。深化推荐优秀团员作党的发展对象和推荐优秀青年作生产与工作骨干的工作，源源不断地向党组织推荐发展对象。各厂所、公司团委共发展团员 1931 名，向党组织推荐 582 名优秀团员作党的发展对象，发展 315 名。28 名团员受到集团公司表彰，1 名团员荣获中央企业优秀共青团员称号。

【共青团工作创新】 集团公司各级团组织以竭诚服务青年，发挥好党联系青年的桥梁纽带作用为重点，努力实现青年工作的多样化。集团公司团委组织开展青年员工状况与企业改革改制调研，写出了详实的调研报告。各厂所、公司团委也结合企业实际开展了多种主题的调查，了解青年在深化改革和结构调整中出现的新情况、新思想、新问题，使共青团工作更能有的放矢、突出重点和富有针对性。同时，通过向党组织反馈，为党组织掌握青年动态提供了信息，为做好青年的思想引导和疏通工作、维护青年的正当利益和合法权益创造了条件。各厂所、公司团委积极为有特殊困难的青年排忧解难，加强对特殊困难青年群体的服务，让他们感受到团组织的关心。通过开展希望工程、手拉手捐资助学活动，向特殊困难员工子女提供学习和生活方面的帮助，促使顺利完成学业，健康成长。紧密结合集团公司建立现代企业制度的要求，积极探索新形势下团干部管理模式。株机厂进一步规范了团干部选拔、任用和管理工作，坚持做到团干部"高进、严管、优出"，通过实施公开选拔、专兼结合、兼职津贴、挂职锻炼、目标管理等方法和措施，保持了共青团工作对青年员工的吸引力。南车四方公司对基层兼职团总支、团支部书记分别给予职务补贴，充分体现了对共青团工作的重视和支持，极大地鼓舞了广大团干部的士气和干劲。铜陵厂团委建立起"赛场选马"的团干部选拔机制，在部分基层团支部中试行了支部书记竞选制度，真正把热情高、素质好、能力强的团员青年选拔到基层团的领导岗位上来。

（团委　供稿）

机关党务工作

【概述】　年内，集团公司机关党委工作的指导思想是：以邓小平理论和"三个代表"重要思想为指导，深入学习十六大精神，紧紧围绕集团公司生产经营和改革发展中心，与时俱进，开拓创新。按照集团公司党委要求，全面加强政治理论学习，加强总部基层党组织建设和党员队伍建设，加强和改进总部作风建设，为增强创新力、竞争力、战斗力和凝聚力贡献力量。

【干部理论学习】　学习中以"高举邓小平理论伟大旗帜，全面贯彻'三个代表'重要思想，继往开来，与时俱进，全面建设小康社会，加快推进社会主义现代化，为开创中国特色社会主义事业新局面而奋斗"为主题，把握"三个代表"重要思想的内涵，掌握"解放思想，实事求是，与时俱进"的精髓，把思想和行动统一到十六大精神上来。组织员工认真学习，不断提高学习效果，共举办3期处以上干部学习班。

【思想作风建设】　按照集团公司党委提出关于加强总部作风建设的要求，组织各部室认真学习领会，促进机关干部思想作风、工作作风的转变，精神面貌发生可喜变化。召开党支部民主生活会，检查总部机关党员干部在廉政建设方面存在的问题，提出整改措施。大力宣扬集团公司领导强调的树立"为基层服务、为基层解忧"的服务意识，下发了《关于加强和改进集团公司总部作风建设的意见》，制定了总部机关廉政建设的有关规定。征求厂所对总部机关党委和总部员工在作风建设上存在的问题和不足。通过学习教育活动，进一步提高了员工加强作风建设的自觉性。

【先进表彰】　财务审计、劳动工资部和组宣工团党支部被评为先进党支部，林世甲等19人被评为优秀共产党员，李建国、钱毅被评为优秀党务工作者。

人事部、规划发展部、党委办公室等3个部室被评为先进单位，张新宁等20名员工被评为先进工作者；林世甲被评为集团公司劳动模范。

综合管理部被评为党风廉政建设先进集体，陈吉贤被评为党风廉政建设先进个人，海宝庆被评为纪检监察工作先进个人，李昕被评为先进女职工，李敏被评为青年岗位能手。

（机关党委　供稿）

下属企业单位

中国南车集团株洲电力机车厂
中国南车集团资阳机车厂
中国南车集团戚墅堰机车车辆厂
南车四方机车车辆股份有限公司
四方机车车辆有限责任公司
中国南车集团南京浦镇车辆厂
中国南车集团株洲车辆厂
中国南车集团眉山车辆厂
中国南车集团武昌车辆厂
中国南车集团铜陵车辆厂
中国南车集团成都机车车辆厂
中国南车集团洛阳机车厂
中国南车集团襄樊内燃机车厂
中国南车集团北京二七车辆厂
中国南车集团石家庄车辆厂
中国南车集团武汉江岸车辆厂
南方汇通股份有限公司(中国南车集团贵阳车辆厂)
中国南车集团北京机车车辆机械厂
中国南车集团株洲电力机车研究所
中国南车集团戚墅堰机车车辆工艺研究所
中国南车集团襄樊牵引电机有限公司
北京铁工经贸公司
南车营销租赁有限公司

CSR

中国南方机车车辆工业集团公司

CHINA SOUTH LOCOMOTIVE AND ROLLING STOCK INDUSTRY (GROUP) CORPORATION

企业精神：

诚信、敬业、创新、超越

企业作风：

求新、求快、求实、求优

中国南车集团

株洲电力机车厂

改建一新的厂区外景

10月26日，中共中央政治局委员、国务院副总理曾培炎到厂视察。

10月20日，铁道部部长刘志军到厂视察。

11月24日，集团公司党委书记王泰文到厂检查工作。

① 10月12日，中国南车集团公司主辅分离改制分流工作会议在工厂召开。
② 2月26日，中国南车集团公司扩大试行企业经营年薪制座谈会在厂召开。
③ 6月30日，德国西门子公司副总裁古方兹博士一行到厂参观考察。
④ 新建的机车面漆库
⑤ 最新引进的电机冲槽机

11月20日，首台出口乌兹别克斯坦3Bo交流传动电力机车竣工。

中国南车集团

资阳机车厂

新研制GK1C型改进机车

地铁调车机车

引进的高能螺旋压力机

引进的冲床

四川省委书记、省人大主任张学忠视察工厂。

集团公司党委书记王泰文到厂检查工作。

11月12日，工厂与越南签订第三批出口机车合同。

工厂生产的各型机车

中国南车集团

戚墅堰机车车辆厂

铁道部副部长孙永福在集团公司总经理赵小刚等陪同下到厂视察。

铁道部运输局装备部副主任孙景斌在集团公司领导陪同下到戚墅堰厂指导工作。

铁路机车车辆装备现代化座谈会在工厂召开。

美国GE构架

7月14日，全国职工职业技能大赛江苏省选拔赛在厂举行。

法国 ALSTON 摇枕

工厂举办第24届运动会

10月28日，工厂近万名员工参加了第五次大提速机车攻坚战誓师大会，以确保大提速顺利实施。

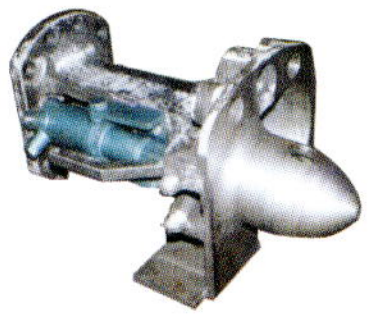

密接式车钩

首批评聘的8位戚厂首席技术工人

东风11G型内燃机车

南车四方

机车车辆股份有限公司

铁道部部长刘志军到公司视察。

铁道部副部长孙永福到公司视察。

铁道部副总工程师宋凤书考察南车四方公司。

2月18日，由公司向北京地铁八通线提供96辆地铁车辆项目合同签字仪式在北京举行。

11月18日，公司举行北京八通线首批城轨列车竣工剪彩仪式。

现代化的技术中心办公楼

中国南车集团

南京浦镇车辆厂

工厂制造的地铁列车运行在上海莘闵线上。

江苏省委副书记冯敏刚考察工厂城轨车辆项目。

8月18日，铁道部副总工程师宋凤书到厂视察。

9月15日，集团公司总经理赵小刚到厂检查指导工作。

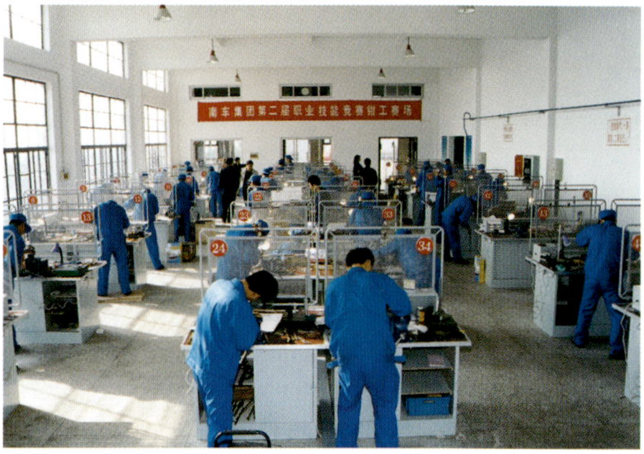

中国南车集团第二届职工职业技能竞赛在浦镇厂举行。

CSR Nanjing Puzhen Rolling Stock Works

工厂举办第12届职工运动会

工厂职工文艺演出

ISO14001认证证书

证书编号：11-2003-096

兹证明

南京浦镇车辆厂

中国 江苏省南京市浦镇龙虎巷5号 210031

建立的环境管理体系符合标准：

GB/T-24001~ISO14001:1996

通过认证范围如下：

铁路客车、城市轨道交通车辆的设计、制造、修理服务；

铁路客车配件的制造，服务及相关管理活动。

发证日期：2003年01月10日

有效期至：2006年01月09日

签发人：沙嘉祥

工厂通过ISO14001认证

改建的工厂大门

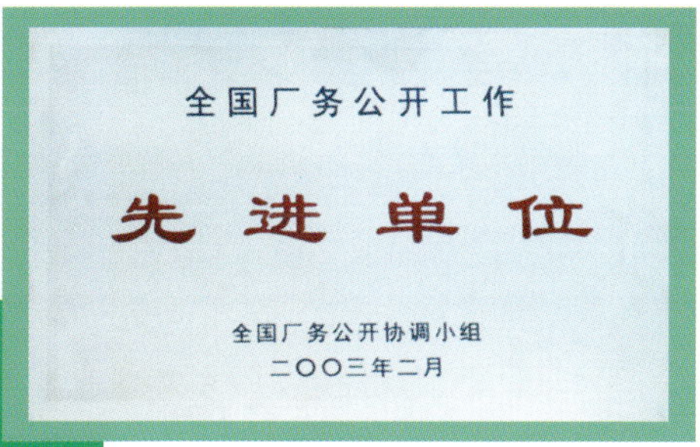

南京浦镇车辆厂

EMS
VTI
REGISTRATION
中国 · 北京

华信技术检验有限公司

ISO14001认证证书

证书编号：　30-2003-014

兹证明

中国南车集团株洲车辆厂

建立的环境管理体系符合标准：

GB/T-24001~ISO14001:1996

通过认证范围如下：

位于湖南省株洲市荷塘区宋家桥中国南车集团株洲车辆厂敞车、平车、罐车、漏斗车和长大货车、铁路铺架养护设备及其零配件有关的生产过程和管理所涉及的环境管理活动和场所。

发证日期：　2003-10-21

有效期至：　2006-10-21

签发人：

工厂获得ISO14001环境管理体系认证证书

RTI 2000焊接机械手

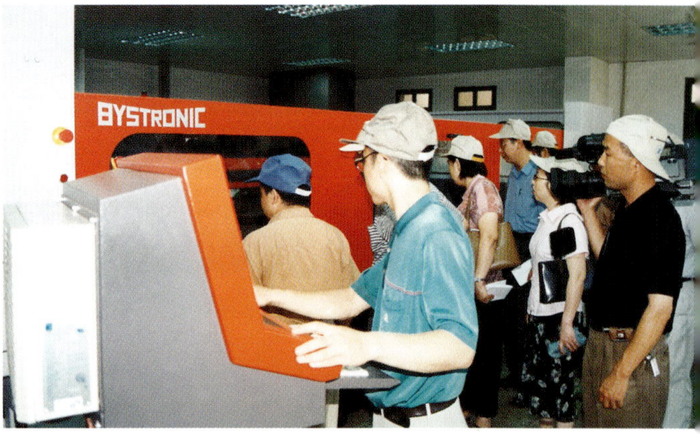

BYSTAR4020激光切割机

中国南车集团

株洲车辆厂

C76H型敞车

出口巴西的GDE型米轨敞车

C80H型铝合金双浴盆运煤敞车

出口巴西的GDT型宽轨敞车

中共中央政治局委员、湖北省委书记俞正声到厂视察。

中国南车集团

武昌车辆厂

湖北省委副书记、武汉市委书记陈训秋到厂视察。

国企监事会领导到厂检查指导工作。

P64GK型棚车通过部级技术鉴定。

宽畅整洁的客车生产厂房

检修的东风7C内燃机车

工厂改造的NS100G全液压伸缩臂铁路起重机

中国南车集团

新造ZQDR—310(A)直流牵引电动机

技术中心办公楼

新造ZD109F直流牵引电动机

新造JF201无刷励磁主发电机

仓储公司物流货场

首台东风7C内燃机车厂修竣工典礼。

成都机车车辆厂

3月26日，集团公司总经理赵小刚到厂检查指导工作。

越南铁路代表团来厂访问

30m—70t无坑车辆移车台

机车文化广场夜景

集团公司副总经理郑昌泓到厂检查指导。

中国南车集团 洛阳

郑州铁路局局长徐宜发、党委书记张军邦到厂指导工作。

中国南车集团清产核资会审工作会议在厂召开。

工厂召开2003年机车检修质量用户座谈会。

首台SS8型电力机车大修竣工仪式。

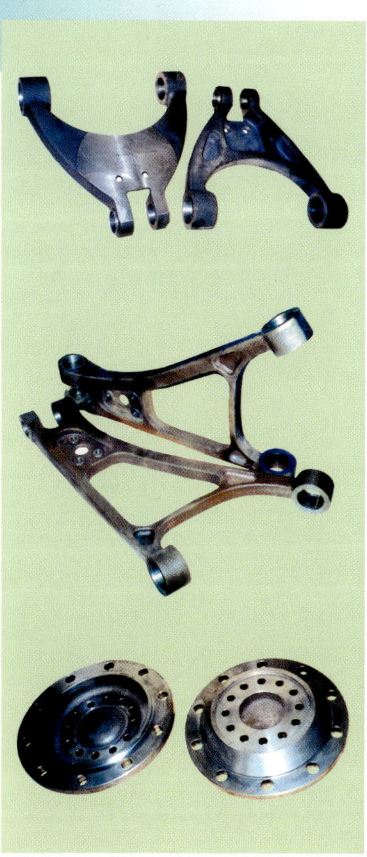

出口汽车配件

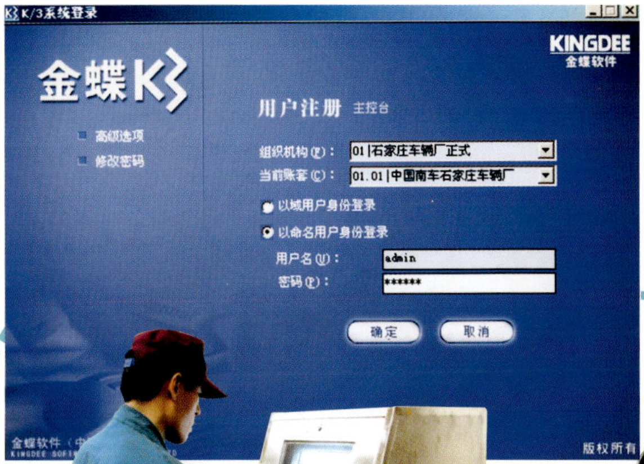

应用金蝶ERP管理软件，实现财务、物流统一管理。

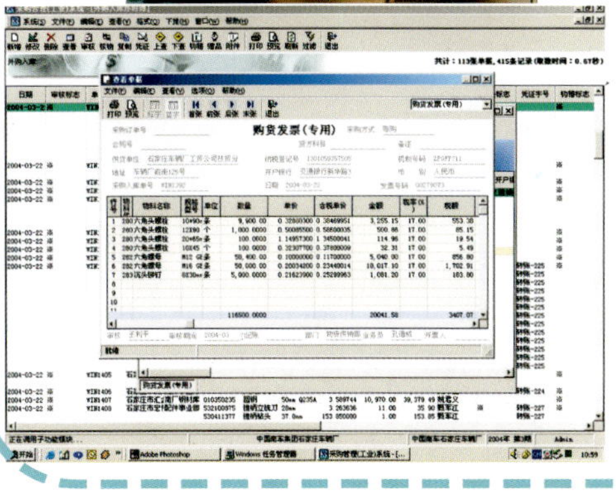

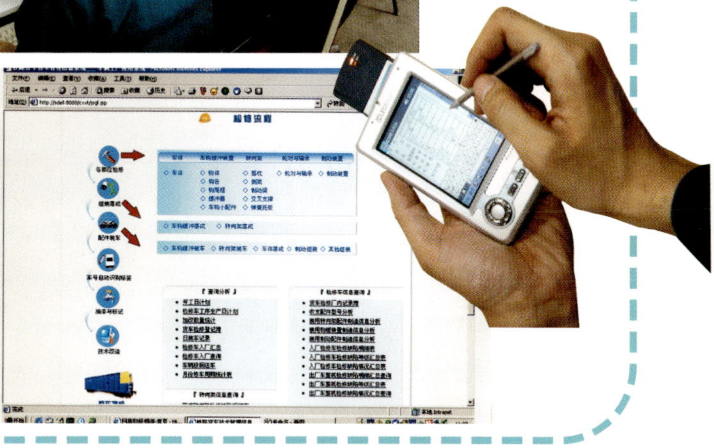

试修成功东风8B型内燃机车

中国南车集团

襄樊内燃机车厂

花园式厂区

开发制造16V280气缸套

工厂制造的DPK32型铺轨机在朔黄铁路肃黄复线上铺轨

工厂制造的XDH集装箱式移动轨道焊接机

研制的新型浮动式举升自卸车

柴油机组装线

中国南车集团

铜陵车辆厂

CSR TONGLING ROLLING STOCK WORKS

ISO9000

中国船级社质量认证公司

CHINA CLASSIFICATION SOCIETY QUALITY ASSURANCE LTD.(CSQA)

QUALITY MANAGEMENT SYSTEM CERTIFICATE

No.00503Q10749R2L

This is to certify that the Quality Management System of

CSR TONGLING ROLLING STOCK WORKS

(Add: YECUN VILLAGE, FENGHUANGSHAN ROAD, TONGLING CITY, ANHUI PROVINCE, 244142, P.R.CHINA)

has been found to conform to Quality Management System Standard:

GB/T19001-2000 - ISO9001:2000

This certificate is valid to the following product(s)/service(s):

***DESIGN, MANUFACTURE, REPAIR AND SERVICE OF THE RAILWAY FREIGHT WAGONS AND PARTS OF LOCOMOTIVE AND ROLLING STOCK*.**

This certificate is valid until 29 October 2006.

CNAB

Registration Number : CNAB005-Q

Accredited by Member of the IAF & PAC MLA for QMS

Issued on 30 October 2003.

General Manager
(Li Siqiang)

ISO14000

中国船级社质量认证公司

CHINA CLASSIFICATION SOCIETY QUALITY ASSURANCE LTD.(CSQA)

ISO14001 认证证书

ISO14001 CERTIFICATE

编号：No.13-2003-087

兹证明 中国南车集团铜陵车辆厂

（含厂科协实验中心、开元铁配公司、清源高科技公司、南车铜业公司）

（地址：安徽省铜陵市凤凰山街道叶村 邮编：244142）

We hereby certify that

CSR TONGLING ROLLING STOCK WORKS (INCLUDING TONGLING ROLLING STOCK WORKS EXPERIMENTAL CENTER OF SCIENTIFIC & TECHNOLOGICAL ASSOCIATION, TONGLING KAIYUAN RAILWAY PARTS COMPANY, TONGLING QINGYUAN HI-TECH COMPANY AND TONGLING NANCHE COPPER PRODUCT COMPANY)

(Add: YECUN VILLAGE, FENGHUANGSHAN ROAD, TONGLING CITY, ANHUI PROVINCE, 244142, P.R.CHINA)

建立的环境管理体系符合标准：GB/T24001-1996 - ISO14001:1996。

By reason of its Environmental Management System has been awarded this certificate for compliance with the standard GB/T24001-1996 - ISO14001:1996.

通过认证范围如下：*位于安徽省铜陵市狮子山区凤凰山街道叶村范围内铁路货车及铁路机车车辆配件的设计、开发、制造、修理和服务，滚动轴承压装、拆卸设备的制造，中空纤维超滤膜及组件、纯水机的制造，电磁线、电工用铜线材的制造以及相关的环境管理*。

The Environmental Management System applies in the following area: *DESIGN, MANUFACTURE, REPAIR AND SERVICE OF THE RAILWAY FREIGHT WAGONS AND PARTS OF LOCOMOTIVE AND ROLLING STOCK, MANUFACTURE OF ROLLING BEARING MOUNTING & DISMANTLING EQUIPMENT, INNER-HOLLOW FIBER ULTRA-FILTRATION MEMBRANES & ASSEMBLY, PURE WATER MACHINE, MAGNET WIRE AND COPPER WIRE USED FOR ELECTRICAL INDUSTRY, AS WELL AS THE RELATED ENVIRONMENTAL MANAGEMENT WITHIN THE AREA OF YECUN VILLAGE, FENGHUANGSHAN ROAD, SHIZISHAN DISTRICT, TONGLING CITY, ANHUI PROVINCE, P.R.CHINA*.

本证书有效期至：2006年10月29日。

This certificate is valid until 29 October 2006.

发证日期：2003年10月30日。

Issued on 30 October 2003.

总经理：

General Manager Li Siqiang

认可注册号：HR13

No 2002-010520

全国守合同重信用企业

公示证书

中国南车集团铜陵车辆厂

荣获全国守合同重信用企业

特予公示。

国家工商行政管理总局

二零零三年一月

IC6GK型敞车

出口越南11m³电动渣罐车

自动焊接机车间

工厂选手在中国南车集团公司职工技能大赛中取得好成绩。

机车厂

引进的YCM—H800B型卧式加工中心

缸头检修流水线

连杆检修流水线

工厂首届职工文化艺术节

工厂建设的工艺基础线

改建的钢结构工艺线

敞棚货车通用调端机

货车移动龙门检修架

中国南车集团

石家庄车辆厂

工厂举行第18届运动会

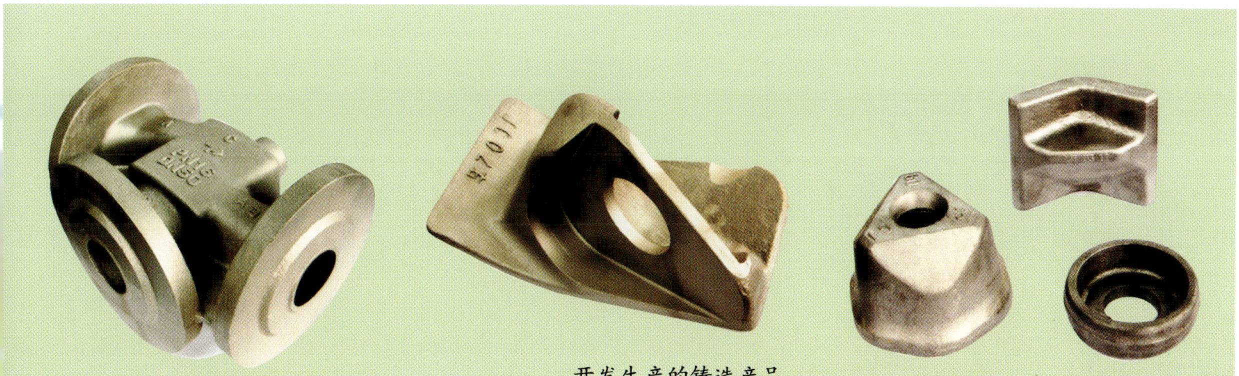

开发生产的铸造产品

中国南车集团 **北京二七车辆厂**

CSR BEIJING FEB.7TH ROLLING STOCK WORKS

X2H型双层集装箱平车

MT—2型缓冲器

C_{76}型敞车

L—B型新型货车制动梁

25t轴重下交叉支撑转向架

磨耗板

中国南车集团 江岸车辆厂

CSR JIANG'AN ROLLING STOCK WORKS

C64K型敞车

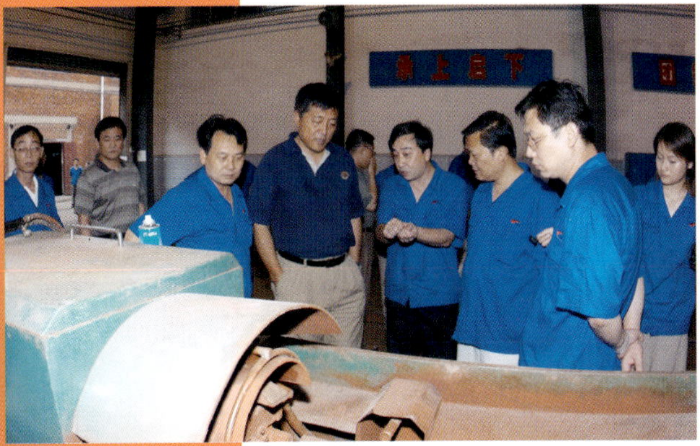

8月15日，集团公司副总经理唐克林一行到厂检查指导工作。

1月28日，武汉市“二七”革命斗争80周年纪念活动在工厂举行。

6月10日，C64K型敞车通过铁道部技术鉴定。

11月20日，工厂召开第十三次党代会。

6月2日，贵州省委书记钱运录到公司调研。

1月15日，集团公司总经理赵小刚在南方汇通微硬盘科技股份有限公司新厂落成仪式上讲话。

1月15日，贵州省委副书记、省长石秀诗参加南方汇通微硬盘科技股份有限公司新厂落成仪式。

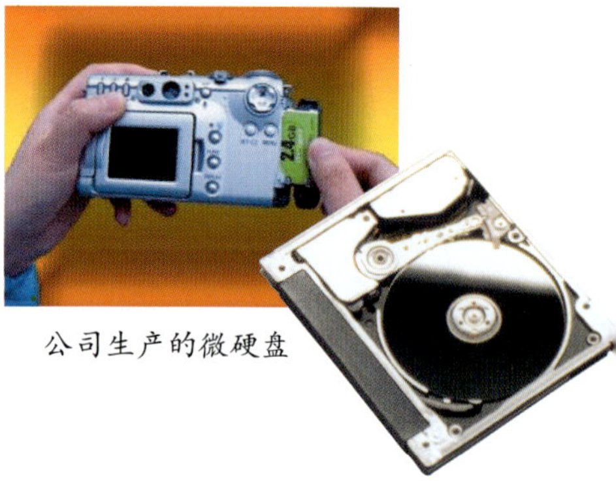

公司生产的微硬盘

南方汇通股份有限公司（贵阳车辆厂）

南方汇通科技工业园内复合反渗碳项目厂房

SOUTH HUITONG

SOUTH HUITONG CO.,LTD.

南方汇通科技工业园内纳米材料生产线

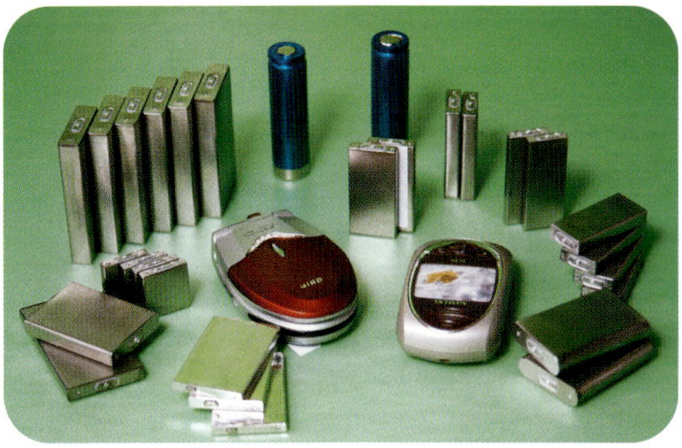

锂离子电池产品

GDT摇枕

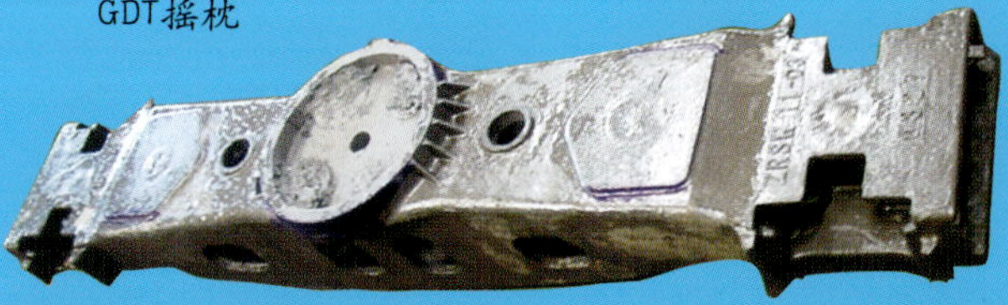

公司研制的出口铸件、弹簧。

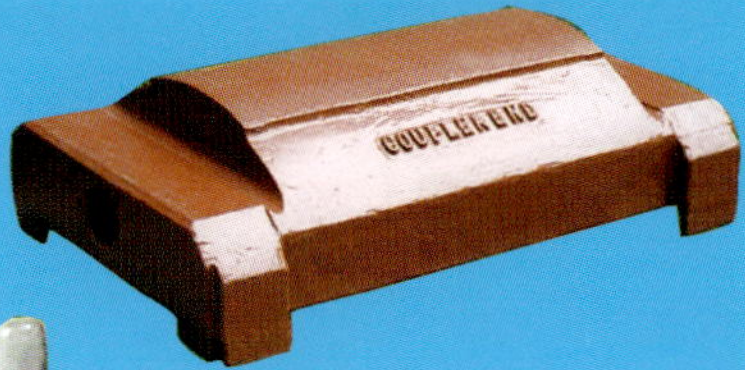

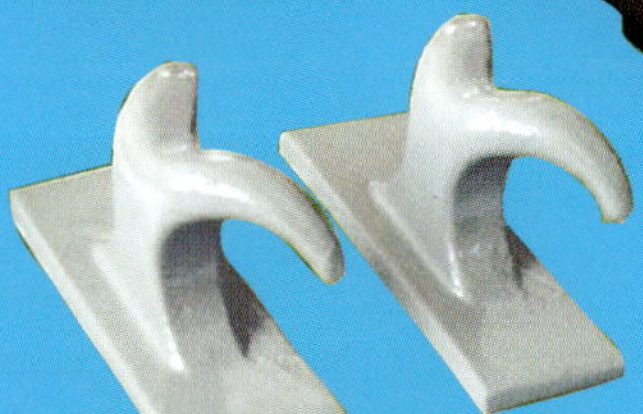

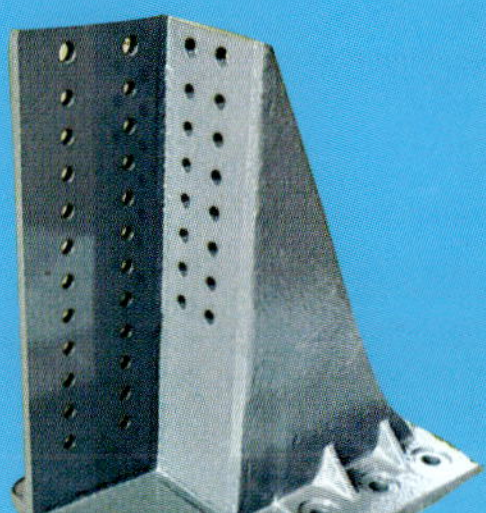

转K4转向架

GDT侧架

ZHUZHOU ELECTRIC LOCOMOTIVE RESEARCH INSTITUTE

行政科研楼规划图

铁道部部长刘志军视察株所。

集团公司总经理赵小刚到所检查工作。

国家博士后科研工作站挂牌。

中国南车集团 株洲电力机车研究所

CSR ZHUZHOU ELECTRIC LOCOMOTIVE RESEARCH INSTITUTE

“株洲时代集团杯”中美女篮国际对抗赛。

研发人员考察电动汽车项目。

生产车间

戚墅堰机车车辆工艺研究所

中国南车集团

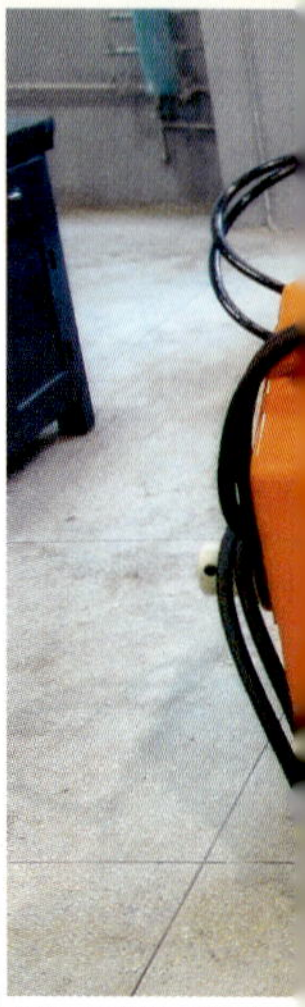

中国南车集团机车车辆材料工艺研发中心揭牌仪式。

“西部之光”齿轮箱

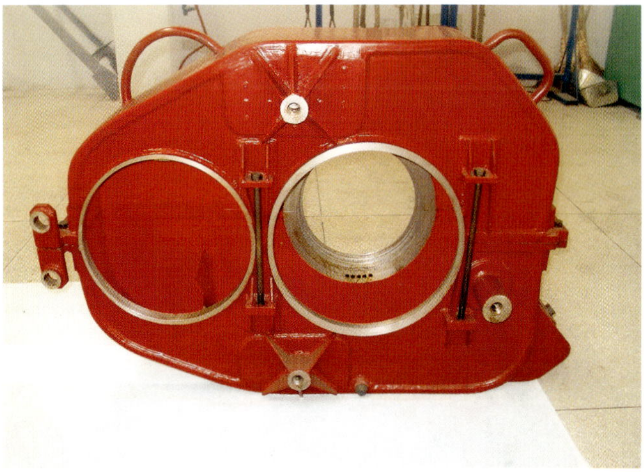

国产地铁齿轮箱

270km/h齿轮箱

K900QY型钢轨闪光焊机

09—32捣固装置

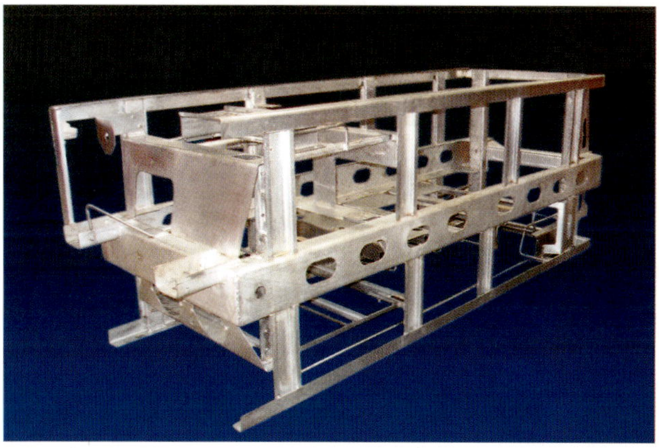

出口不锈钢电控柜

CSR QISHUYAN LOCOMOTIVE & ROLLING STOCK TECHNOLOGY RESEARCH INSTITUTE

新建的西所大门及试验检测中心

中国南车集团襄樊牵引电机有限公司

资格证书

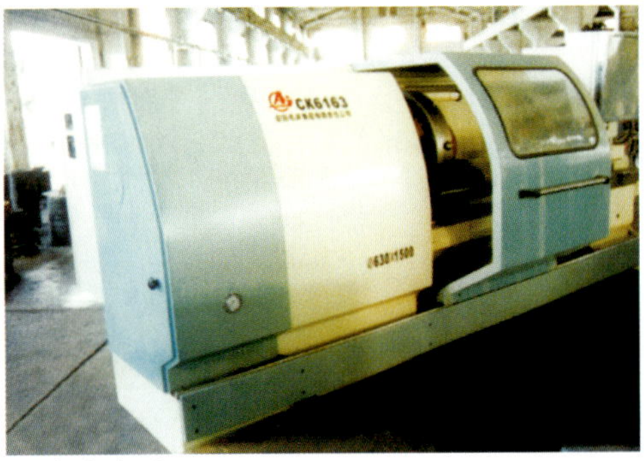

数控机床

C5225EX16/10
双柱立式车床

机座加工八面铣床

J36—250B闭式双点压力机

(VPI) 真空压力浸漆成套设备

高频匝间检测仪

专用双轴镗床

北京铁工经贸公司

BEIJING RAILWAY INDUSTRY TRADE COMPANY

海南鑫源温泉大酒店

北京飞龙阁饭店

位于广西北海银滩的铁工宾馆

南戴河中车宾馆

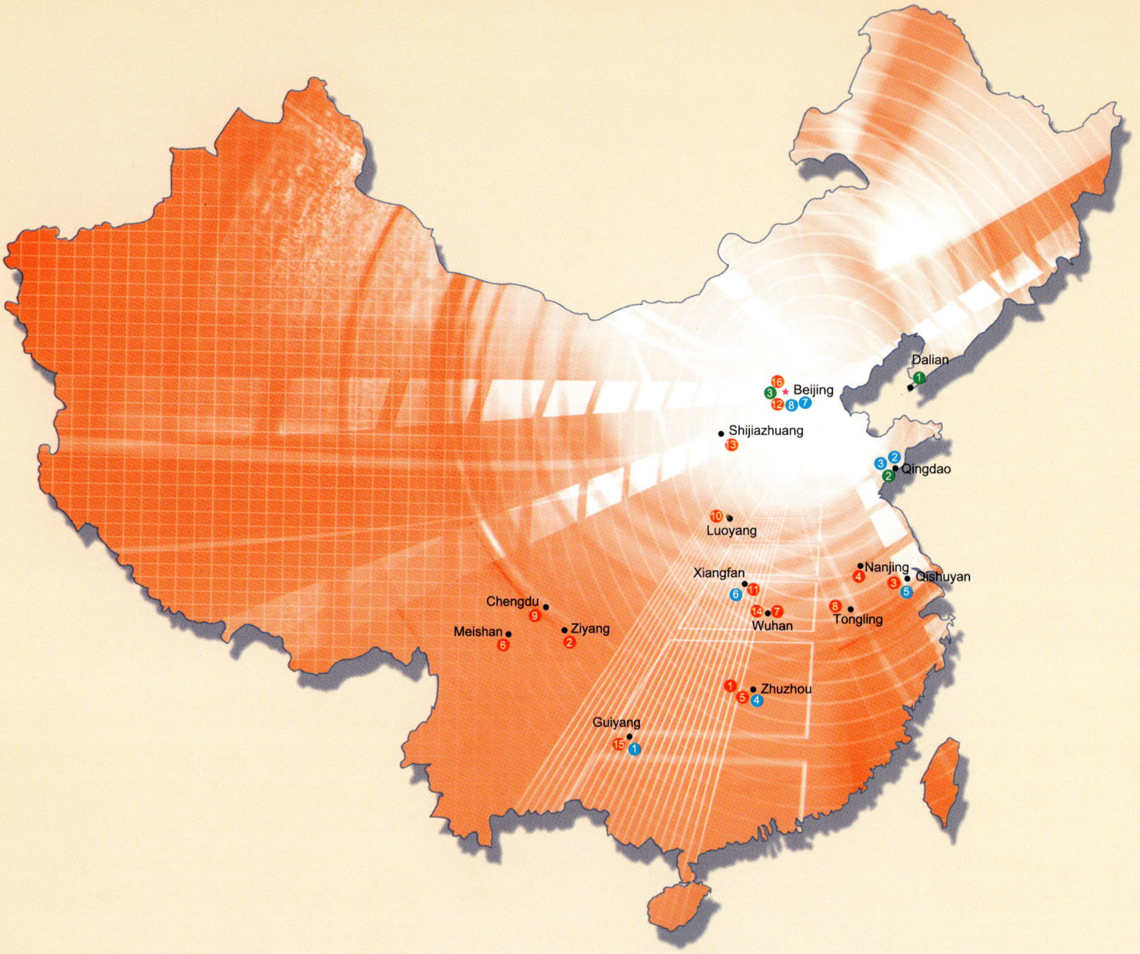

中国南方机车车辆工业集团公司

- ● 全资企业
- ● 控股子公司
- ● 参股子公司

❶ 中国南车集团株洲电力机车厂
❷ 中国南车集团资阳机车厂
❸ 中国南车集团戚墅堰机车车辆厂
❹ 中国南车集团南京浦镇车辆厂
❺ 中国南车集团株洲车辆厂
❻ 中国南车集团眉山车辆厂
❼ 中国南车集团武昌车辆厂
❽ 中国南车集团铜陵车辆厂
❾ 中国南车集团成都机车车辆厂
❿ 中国南车集团洛阳机车厂
⓫ 中国南车集团襄樊内燃机车厂
⓬ 中国南车集团北京二七车辆厂
⓭ 中国南车集团石家庄车辆厂
⓮ 中国南车集团武汉江岸车辆厂
⓯ 中国南车集团贵阳车辆厂
⓰ 中国南车集团北京机车车辆机械厂

① 南方汇通股份有限公司
② 南车四方机车车辆股份有限公司
③ 四方机车车辆有限责任公司
④ 中国南车集团株洲电力机车研究所
⑤ 中国南车集团戚墅堰机车车辆工艺研究所
⑥ 中国南车集团襄樊牵引电机有限公司
⑦ 南车营销租赁有限公司
⑧ 北京铁工经贸公司

① 中国北车集团大连机车研究所
② 中国北车集团四方车辆研究所
③ 中车进出口有限责任公司

中国南车集团株洲电力机车厂

（工商登记营业执照编号：18428180－3）

厂长：李志轩

党委书记：孟传庆

【概述】 2003年，株机厂有员工9880人，其中各类专业技术人员2744人。工厂占地面积220.8万平方米。固定资产总值111986万元，其中净值为70796万元。各类机械动力设备3494台，设备原值为47833万元，净值为24906万元。工厂获全国“五一”劳动奖状。年内，新造各型电力机车189台。其中韶山$_4$改机车68台、韶山$_{4B}$机车21台、韶山$_9$机车51台、韶山$_{3B}$机车48台，并完成出口乌兹别克斯坦$3B_0$六轴交流传动客货两用电力机车、出口哈萨克斯坦交传机车、韶山$_{3B}$双机重联机车的研制和出口伊朗TM_1机车改进设计。修理机车和动力车27台，生产钢水13876吨。广州地铁三号线招标，获14.1亿元订单。全年实现销售收入19.7亿元，较上年增长3.81%，实现利润5012.8万元，较上年减少0.51%。

深化工资分配制度改革，员工薪酬体系逐步与市场接轨。扩大中层管理者公开选拔范围，改进劳动用工和干部人事管理。积极试行绩效管理，将工作目标与工作业绩、工作成效挂钩，进行岗位绩效考核。举办材料学工程硕士进修班、工程师培训和企业变革高级研修班。在一线生产员工中实施“三文一书”标准培训和达标考试，提高员工队伍整体素质。合并改制两所小学，铸造分厂改制方案获集团公司批准，九方装备公司等14个单位改制方案获国资委批复。健全规划、计划、价格管理体系，完善财务预算内控制度，扩大物资、配件招标采购范围，加强合同和工程预决算审计，开展“三重一大”效能监察，全年审计纠正违纪违规金额42.65万元，核减工程和物资采购支出385万元。

全年完成大修投资2180万元，更新改造投资1826万元，房屋建筑物维修投资110万元，地铁建设投资9377万元，设备更新投资21850万元，采购设备1340台套。完成社区供水、供电、闭路电视、通讯电话设施等建设工程73项，投资582万元。（俞鸣霞）

【新产品开发】 完成出口伊朗TM1机车改进设计和出口哈萨克斯坦交传机车、韶山3B重联机车的研制，基本完成高速机车半主动控制减振器研究、集团公司标准化信息管理系统研究、工厂CAD/CAM应用及推广和韶山$_4$改型机车转向架双侧制动研制等22个课题的开发研究。首台$3B_0$乌兹别克斯坦交传电力机车研制成功。（俞鸣霞）

【质量管理】 进一步加强工艺和质量管理，严格实施产品“两高一低”（高性能、高可靠性、低成本）战略。145个推行标准化作业工序全部达标，主机分厂58项工艺平推项目均达到X2000标准。全面推行先油漆后组装、规范化布线工艺，机车制造工艺水平稳中有升。推行全面质量目标管理，围绕质量体系运行环节中的重点控制项点，提出产品设计、工艺研发、技术标准、质量保证、产品采购、售后服务、质量管理、基础设施8大类共34项质量目标，目标达标率为94.12%。建立两级检验管理体系，实施工序检验标准化作业，强化外供件产品质量控制，从组织职能、检验控制、供应商评审上加强对供应商的控制，取消10家不合作供应商供应资格。不断改进售后服务，全年派出长期赴段服务人员365人次、应急赴段人员120人次，加强现场管理，积极推行“5S”管理（整理、整顿、清扫、清洁、素养）。全年机车一次交验合格率、在段机车责任机破、临修件数等质量指标保持了较好水平。（俞鸣霞）

【党群工作】 厂党委以“三个代表”重要思想为指导，紧扣生产经营中心，开展思想政治工作。坚持两级中心组学习，组织学习胡锦涛总书记在“三个代表”重要思想理论研讨会上的讲话，理论联系实际，指导工作实践。加强班子建设，争创南车集团“十好”领导班子，开展创建基层“五好”领导班子活动，坚持书记学习日制度，制定《中国南车集团株洲电力机车厂中层管理者选拔任用工作实施细则》，全力推行中层管理者岗位绩效考核机制。稳步推进党建工作，修订《基层党组织“双优工程”竞赛活动管理办法》，推行“共产党员标准化作业示范岗”创建评审活动，认定党员和入党积极分子标准化作业示范岗112个，在全厂党员中开展“学习新《党章》，保持党员先进性”学教活动。开展以“与时俱进、创新发展”思想大解放、观念大转变为主题的学教活动和“十破十立”观念转变大讨论，围绕实施“两高一低”产品战略、工艺提升、广州地铁三号线中标、乌兹别克斯坦机车研制竣工进行系列报道。开展廉政系列教育活动，制定实施《领导干部述职述廉制度》和廉政谈话制度，制定工厂“三重一大”效能监察整改计划。组织开展“美化社区，净化心灵，田心社区文明万人共建活动”。工厂领导班子被评为南车集团十好领导班子。

厂工会围绕工厂改革、发展、稳定等中心任务，突出维护职能。坚持职代会制度，认真行使对工厂重大问题审议、审查和决定权，征集职工代表提案80条。建立职工代表报告工作制度，干部民主评议，结果纳入考核，并作为奖惩、任免干部的重要依据，召开厂务公开工作经验交流会。开展送温暖活动，走访慰问员工，发放困难补助费50万元。向那坡、靖西县捐款13.83万元。开展“双文明”竞赛和“九方经济技术创新工程”活动，组织技术创新竞赛活动87次。组织“五个一”活动，开展诗歌配乐朗诵会、艺术讲座，举办摄影、美术、书法作品展览以及元宵节文化夜市、第十届《理想之歌》合唱艺术节、乒乓球赛等文体活动。提合理化建议345条、实施167条、创新成果11项、新建标兵岗9个。开展新时期女职工工作金点子论文征集活动，修改下发《中国南车集团株洲电力机车厂女职工委员会条例》。

厂团委开展系列主题读书活动，加强对青年的形势任务教育。全年组织各类技术比武56次，开展生产突击118次。组织开展第三届青年科技、管理论文征集活动，收到论文150余篇。开展“青年安全生产示范岗”活动。全面推进“青年QI志愿者行动”。全年发展新团员124名，推荐40多名优秀团员作为党的发展对象。召开工厂第十六次团代会，选举生产新一届共青团工作委员会。

（吴志强）

【重要纪事】 3月5日，铁道部运输局装备部在厂召开韶山$_8$型电力机车大修试修座谈会。5月19日，工厂中标广州轨道交通3号线车辆项目，获得120节地铁车辆订单，合同总金额14.1亿元。5月24日，湖南省委副书记、代省长周伯华率省计委、省经委等部门负责人及株洲市有关领导来厂检查标志性工程建设情况，给工厂增加高效技术引导资金2000万元。6月18日，中共湖南省委书记、省人大主任杨正午、湖南省副省长郑茂清来厂检察地铁项目建设进展情况。6月30日～7月1日，德国西门子股份有限公司副总裁、中央执行委员会委员古方慈博士一行5人来厂参观访问。7月4日，株洲南车电机项目入驻田心高科技工业园正式签约。8月25～27日，工厂环境和职业安全健康管理体系通过中联认证中心和英国摩迪认证公司年度监督审核。8月27日，工厂启动ERP项目，实现财务与物流信息无缝集成。9月18～19日，工厂生产的DWA型地铁工程维护车通过湖南省科技成果鉴定。10月12日，工厂生产的韶山$_9$改进型机车投入京秦沈线运营。11月20日，工厂研制的首台出口乌兹别克斯坦3B0六轴交流传动客货两用电力机车竣工。12月2日，工厂计量检测体系通过湖南省质量技术监督局组织的现场监督审核。12月16日，在湖南省计划工作会议上，工厂交流传动电力机车和电动车组产业化项目被列入全省重点工业产业化和高科技项目。

（吴志强）

【首台出口乌兹别克斯坦机车下线】 11月20日，研制的首台出口乌兹别克斯坦3B0六轴交流传动客货两用电力机车竣工，首次进入国际市场。湖南省副省长郑茂清、株洲市委书记肖雅瑜、铁道部装备部主任孙景斌、南车集团公司总经理赵小刚、中信国际合作公司总经理徐玉棣和乌兹别克斯坦国家铁路总公司董事会主席拉马托夫·阿谢波到厂为该机车剪彩。

（吴志强）

【领导干部名单】

厂　　　长：李志轩
副　厂　长：刘　宁、张特夫、徐宗祥、郭鹏飞（5月任）
总 会 计 师：贺文成
总 工 程 师：朱龙驹
副总工程师：彭奇彪、余卫斌、傅成骏
副总经济师：马克湘、周武成、周爱武

党 委 书 记：孟传庆
党委副书记：李志轩（兼）、唐堤树
纪 委 书 记：唐堤树（兼）
纪委副书记：凌建国、彭质文
工 会 主 席：李　萍（女）
工会副主席：汪乾敏（女）、张迎春、赵悬辉（5月任）
团 委 书 记：何德军

（吴志强）

地　　址　湖南省株洲市田心
邮　　编　412001
电　　话　0733－8441266
传　　真　0733－8432399
网　　址　http://www.gofront.com
电子信箱　gofront@mail.gofront.com

中 国 南 车 集 团 资 阳 机 车 厂

（工商登记营业执照编号:5139001800108）

厂长:郭炳强

党委书记:罗燕鸣

【概述】 2003 年,资阳厂有员工 10172 人,其中各类专业技术人员 3000 人。工厂占地 170 万平方米,房屋建筑面积 86 万平方米。固定资产原值 8.6 亿元。全年销售收入 13.5 亿元,同比增长 21%;实现利税 9564 万元,同比增长 58.3%;新造机车 253 台,同比增长 20%。工厂通过质量/环境/职业安全健康管理体系认证,实现安全生产 21 年无重大责任事故目标。

全年签订路外机车 133 台,销售收入同比增长 75%,达到 4.4 亿元。零配件销售收入 1.87 亿元,同比增长 28%。与越南、纳米比亚国家铁路公司签订 24 台出口机车合同,与韩国、印度签订 250 余根曲轴采购合同。船用曲轴、燃气机、汽车零部件锻件、建筑和发电机械等产品已培育成形,增强了企业抵御市场风险的能力。批量新造的东风$_{8B}$型机车达到部定质量标准,首台“无火”组装机车试制成功顺利通过中质协监督检查。在全国设立 9 个售后服务片区,推行用户代理服务模式。“外引内联”技术创新战略取得新进展,成立技术发展部,与国际知名机车零部件制造企业合作取得突破。自行研制的 CKD$_{7F}$、GK$_{0C}$ 型机车和 16V280ZJG 型柴油机通过四川省科技成果鉴定。首台 HTCR 径向转向架在铁科院顺利完成 1000 万次疲劳试验。“西部之光”交流传动机车运用考核达到 16 万公里,双节重联韶山$_{3B}$型电力机车实现小批量生产。制定实施领导干部和工艺人员绩效考核办法,开展领导干部任期、基建工程等 92 个项目的审计工作。制定上报工厂主辅分离、辅业改制分流安置富余人员总体方案。工厂通信业务整体移交四川省电信公司,成立资联电信车城服务部,投资控股的资阳晨风传动有限责任公司正式挂牌运作。工厂获全国“五一”劳动奖状、全国“五四”红旗团委,四川省“守合同重信用企业”等 10 余项荣誉称号。 (厂办)

【新产品开发】 为天津滨海快速交通发展有限公司制造 2 台 GK$_{0D}$型调车内燃机车。完成装用径向转向架的东风$_{8B}$机车的设计,由工厂焊接的试验构架在铁科院通过 1000 万次疲劳强度试验。完成 GK$_{1C}$型改进型机车的设计和试制。根据工厂与越南签订的第三批 CKD$_{7F}$机车供货合同,完成机车的改进设计,主要在司机室、空压机、牵引装置和牵引电机通风机等方面进行改进。完成12V280ZJ柴油机设计，该柴油机采用280、240系列柴油机的成熟技术，装车功率为3000千瓦。完成具有宽高效率区的地铁调车用传动箱设计，该传动箱适用于轻型化、小型化的调车机车。（技术中心）

【质量管理】 围绕"工艺革新、质量提升"两大工程，按照ISO9001(2000版)标准要求，完善质量管理体系。在完善体系文件的基础上，加强对过程控制的监督和测量，以达到持续改进的目的。印制首版英文质量手册，(质量/环境/职业安全健康)体系通过中质协年度监督审核。对径向转向架等10项产品采用PPAP方法进行质量控制。制定《外购、外协产品管理办法》、《供方评价办法》等文件，规范对供方的管理。建立采购产品入厂检查、关键零部件制造过程检查、整车出厂检查三位一体的检查模式，进一步提高产品质量。（质量保证部）

【党群工作】 厂党委围绕生产经营中心和党委工作目标开展扎实有效的工作，党建工作取得成效。推行中层领导干部双休日集中半天学习制度，增强领导干部学习意识，扎实推进创建学习型企业工作。学习"三个代表"重要思想，并召开学习汇报会。深化"十好"领导班子创建活动，修订完善考核细则，细化考核标准，形成定性定量相结合的考评机制。开展领导班子考察和干部考核工作，对全厂领导班子和干部进行考察、考核，表彰23名优秀领导干部和503名优秀管理人员，交流53名领导干部，12名基本称职领导干部、13名不称职的一般干部被诫勉谈话，对350名中层领导干部进行管理制度培训。开展推行精细制造文化活动，增强全员精细意识，努力做到工作精心、业务精湛、管理精细、服务精诚、标准精确。完善党委参与重大问题决策制度。开展"树组工干部形象"学习教育活动。修订完善《党支部工作程序汇编》。举办党支部书记培训班，指导全厂85个党支部成功换届。开展"创岗建区"、"创先争优"和党员"末尾排序"活动。开展典型案例教育、党纪条规学习等活动，加强领导干部廉洁自律教育。建立领导干部述职述廉制度，修订党风廉政建设责任制、责任追究、检查考核和《工厂奖金结余款管理办法》等制度。加大效能监察力度，"三重一大"效能监察整改措施到位。围绕铁路跨越发展、企业分流改制等重点、难点工作，加强思想政治工作，维护工厂稳定局面。认真实施《工厂精神文明建设"十五"规划》，企业两个文明建设协调发展，工厂获全国"五一"劳动奖状。

厂工会认真学习贯彻新《工会法》和工会十四大精神，各项工作取得明显成效。深入开展群众性经济技术创新活动、最佳工艺和先进工作法评选等活动，评选表彰最佳工艺33个、先进工作法17个。完善职代会和职代会半年质询等制度。民主评议14个领导班子和358名中层领导干部。制定《厂务公开监督检查及责任追究暂行办法》，深化职工民主管理和厂务公开工作。开展45岁以上职工健康体检，组织2000余名职工参加四川省大病保险，职工权益得到有效维护。开展送温暖活动，两级工会走访慰问职工及家属2230余人次。

厂团委扎实推进青年创新创效行动，开展青年科技攻关成果申报、科技论文和"金点子"征集等活动，取得70余项科技攻关成果，征集260余篇科技论文。召开第八次团代会，选举产生新一届团委会。加强"推优"工作，69名青年入党。开展"阳光之旅"、青年读书屋、知识讲座等活动。组织青年志愿者完成工厂中英文网站筹建，开通晨风青年网。全年涌现各类先进青年150余名，厂团委被评为全国"五四"红旗团委。（党办、工会）

【重要纪事】 2月25日，工厂获四川省企业出口创汇增长奖。3月11日，研制的韶山$_{3B}$型电力机车通过铁道部技术方案验证。3月31日，国资委副主任吴晓华、监事会主席段端春到厂视察。4月28日,工厂获全国“五一”劳动奖状。5月28日,工厂被成都海关批准为A类快速通关企业。6月25日,四川省委书记、省人大主任张学忠到厂视察。6月30日,工厂GKD_{3B}型机车研制成功。7月16日,集团公司党委书记王泰文到厂检查指导工作。7月31日,首台“无火”组装东风$_{8B}$型机车通过厂级评审。9月23日,工厂研制的首台HTCR转向架试制成功。10月25日,集团公司总经理赵小刚到厂检查指导工作。10月30日,工厂与越南铁路总公司签订第三批20台机车出口合同。11月5日,工厂获四川省质量管理先进企业称号。12月23日,原传动分厂通过吸纳民营资本改制为资阳晨风传动有限责任公司并正式挂牌运作。 (厂办)

【GK_{0D}型机车研制】 GK_{0D}型内燃机车是地铁和城市轻轨车辆用调车机车,该车装用英国CUMMINS QSK19－L750型柴油机,装车功率为522千瓦,轴式B－B,轴重14吨,具有恒低速功能和环保特点。机车电气系统采用微机控制,具有重联功能。机车适用于地铁和城市轻轨铁路车辆的调车及救援作业。

【GKD_{3B}型机车研制】 该车是采用电喷技术(或非电喷技术)、具有低排放特点的新型交直流电传动调车内燃机车,于6月30日研制成功。装用工厂自行研制的12V240ZJ型柴油机,装车功率为1800～2000千瓦,分电喷和非电喷两种,轴式为$C_0－C_0$,轴重23或25吨,机车最大速度为100公里/小时。机车采用微机控制系统,具有油耗低、污染小、性能优、可靠性高、外形美观、司乘条件舒适等特点,可满足用户调车和小运转作业。 (技术中心)

【领导干部名单】

厂　　长:郭炳强
副 厂 长:程文新、张贵明、曾英俊、向　军、任利军
总工程师:何翠微(9月免)
副总工程师:敬　蓬、苏　川、万煦义、金　彪
张　勇(9月免)
张压西(9月任)
薛延路(12月任)
骆方林(12月任)
厂长助理:熊建平(9月任)
副总会计师:张　敏
副总经济师:杨战明(9月任)

党委书记:罗燕鸣
党委副书记:郭炳强(兼)、邓泽宣、程文新(兼)
纪委书记:邓泽宣(兼)
纪委副书记:费企成
工会主席:王前伦
工会副主席:朱辉祥
伍梁平(6月免)
王建明(6月任)
团委书记:严利洲(6月免)
郑　舰(6月任)

(郑朝晖)

地　址 四川省资阳市
邮　编 641301
电　话 0832－6282513
0832－6282680
0832－6282301
传　真 0832－6653416
网　址 http://www.zyloco.com
电子信箱 ZY1ED@zy－public.sc.cninfo.net

中国南车集团戚墅堰机车车辆厂

（工商登记营业执照编号:13716142－X）

厂长:顾明康

党委书记:吴建兴

【概述】 2003年戚墅堰厂新造各型内燃机车90台,比上年下降10.89%,其中东风$_{11}$型内燃机车45台、东风$_{8B}$型内燃机车35台、东风$_{8CJ}$型内燃机车1台、GKD_2型调车内燃机车4台、GK_{2C}型调车内燃机车1台、东风$_{11G}$型内燃机车4台;新造各型货车702辆,比上年下降12.69;修理各型内燃机车338台,比上年下降3.43%;修理各型货车2963辆,比上年下降9.66%;完成供外各类配件32.6万件(套),比上年增长1.29%;完成合格钢30489吨,比上年增长83.85%;完成工业总产值(不变价)11.0220亿元,比上年下降0.12%;实现产品销售收入14.8311亿元,较上年增长3.45%;实现利税7675万元,其中利润2168万元;外贸产值完成5132万元,较上年增加11倍。集团公司考核工厂的资产经营责任指标全部完成。实现多种经营销售收入9120万元,利润281万元。

积极拓展产品销售市场,全年承接100吨平车9辆、东风$_4$型内燃机车大修19台,销售GKD_2型调车内燃机车3台、液力传动调车机车1台。开发国外铸件市场和开展自营进出口业务,承接美国摇枕侧架、阿尔斯通摇枕、澳大利亚摇枕侧架等外贸产品,累计签订销售金额7100万元,年内实际完成交货金额5132万元。美国GE构架试制工作进展顺利,第一只成品已交付客户。同时,与进出口公司及国外客户洽谈项目十余项。

做好售后服务工作,着手建立工厂统一的售后服务体系,完善售后服务工作标准、工作内容和工作制度。在修理方式和模式上顺应铁路改革和市场变化,根据用户不同要求,以特色修理、特色服务、特优质量,千方百计满足用户需要。设立属地委托服务点,提高服务效率,使用户切实感受到工厂售后服务零距离,工作质量零缺陷。年内,工厂主要领导带队分别走访济南和南昌铁路局、广州铁路集团公司、徐州铁路分局等单位,深入各机务段倾听用户意见,收集市场信息,不断提升产品质量,做好服务工作。

加快创优建厂步伐,全面落实创优建厂工作目标。在内燃机车制修方面,完成管子制造中心、精密件、调速器、阀类检修、机车轴承检测、单元制动器检修试验、管子及部件涂装中心等生产工艺线建设。车辆制修方面，完成货车轴承一般检修、制动阀检修、摇枕侧架检修、车钩缓冲装置检修等10余条生产工艺线建设。热加工方面，达到年产300台柴油机机体能力，实现机体、曲轴、气缸盖、气缸套等主要铸件年生产纲领。GE构架项目投资1800万元，购置龙门铣床、三坐标测量划线机、5吨电弧炉等主要设备。购置1600吨和630吨压力机，30多项锻件改为模锻。机械加工方面，新增16台数控机床，走行部关键件及气缸盖技术改造项目获南车集团公司投资。机车钢结构及铆焊件制造项目投资1400万元，添置激光切割机、十一芯平板机、联合剪冲机、数控折弯机、3000吨油压机等设备。第八批国债贷款项目总计购进设备16台套，已通过国际招标引进2台焊接机器人用于机车构架及空心轴焊接。创优建厂工作的开展，极大提升了工厂工艺装备水平和生产能力。

加强产品成本管理，在财务收支审计、物资采购价格审计的基础上，着重进行了经济责任任期审计、经济效益专项审计、基建工程项目预决算审计和独立核算单位会计报表审计，完成审计和调查项目7242个，审计合同1205份，核减金额203万元，提出审计建议66条。积极有效运行ISO14001环境管理体系，建立和运行OHSMS18001职业健康安全管理体系，顺利通过14001证后监审和18001认证审核。加强能源消耗管理，万元产值综合能耗为0.64吨标煤。加强设备状态管理和设备采购及维修工作，严格控制维修成本。加强基建管理，审核工程决算494份4276.7万元，核减金额504.9万元。工厂获第六届全国设备管理优秀单位和江苏省节水型企业称号。修订现场管理评定标准，建立以日常动态考核为主的现场管理考核评价体系，提高现场管理意识，推行现场管理区域责任制，加大考核力度。加强工位器具、集装箱流转管理，对成品、半成品配件混装现象进行重点治理。

【新产品开发】 完成第五次铁路提速用东风$_{11G}$型准高速客运内燃机车研制工作，该机车已完成安全评估和正线运行考核等一系列性能试验，经受了北京至杭州1632公里长距离连续运行的考核，机车工况稳定，性能良好，赢得铁道部领导和用户的好评。东风$_{8CJ}$交流传动货运内燃机车已交付上海铁路局进行运用考核试验，各项试验情况良好，达到设计要求。青藏高原铁路内燃机车试验样车完成了冬季防寒、柴油机功率调整和高原性试验。GK$_{2C}$液力调车机车完成试制工作和各项试验，进行了运用考核。完成200公里/小时内燃机车初步方案设计。东风$_{11AJ}$型交流传动客运内燃机车研制项目获铁道部立项，并完成了技术设计和施工设计。16V208B型柴油机完成了组装和磨合试验，已向铁道部科技司提交了100小时鉴定试验申请。推广和运用径向转向架技术，与西南交通大学共同就140公里/小时径向转向架进行动力学分析计算，“装用径向转向架的内燃机车”课题正在申报2004年度国家级、省级火炬计划项目。进行出口至泰国、印尼、几内亚、越南的机车初步方案设计，进一步完善出口至委内瑞拉的机车设计方案。

【质量管理】 围绕提升机车车辆制修水平和新产品研制工作，严格把好质量关。南车集团公司考核工厂的指标全部完成，全年无重大、大责任事故和客车干线险性事故，无批量返厂和批量质量事故；厂内考核45项指标完成38项，完成率84.44%，与上年同期相比，在44项可比指标中进步22项，持平6项，占总数的63.64%，退步的有16项，占总数的36.36%。同时，认真做好ISO9001:2000转版贯标和审核工作，顺利通过AAR M－1003质量体系年度审核和M－210重新取证认证，通过了“中国实验室国家认可委员会”和“国家计量认证”的现场评审。质量成本管理，现场质量管理，群众性质量管理活动，售后服务等都得到加强。根据铁道部提升制造水平工作要求，分步实施提升制造水平计划，落实工厂机车制造“先油漆，后组装”方案。加快工艺装备改进和工艺文件整顿，积极贯彻铁道部“青岛会议”精神，编制实施柴油机等零部件的卡控项点，对管路、电气线路、司机室规范化工作和车体制作等进行大力整改。同时，结合装备现代化“十字”方针，进一步提高机车制造标准，对质量重点、难点组织攻关并取得成效。加大关键零部件引进力度，提高整车可靠性和档次。扩大模锻技术应用范围，缩短工艺流程。

【党群工作】 厂党委围绕生产发展进程，把思想政治工作融入于生产经营中，及时了解和掌握职工思想状况，积极做好职工思想工作，化解生产中的各类矛盾，相互补位，确保生产任务完成和经营目标全面实现。结合企业改革中的重点、难点开展调研并积极参与市场开拓。加强思想政治理论学习，组织领导干部系统学习“三个代表”重要思想、党的十六届三中全会精神等，引导广大干部不断转变观念、解放思想，努力学习，提高自身理论水平和创新能力。继续深化创建“十好”班子活动，抓好检查与考核工作，促进各级领导班子创造力、战斗力、凝聚力有新提高。抓好领导干部的监督管理，贯彻《领导干部选拔任用工作条例》，形成正确用人机制，对领导干部进行分期培训和党政干部岗位交流，逐步形成一批懂经营、会管理和善做思想政治工作的复合型干部队伍。继续开展廉政自律教育，完善廉政各项考核制度，严厉查处违法违纪案件。加强党员的教育和管理，在党员中开展“三个代表”重要思想教育和民主评议工作，提高党员素质，发挥党员表率作用。开展形势教育，增强职工居安思危忧患意识和战胜困难的信心与决心。

厂工会不断总结经验，进一步完善群众性经济技术创新活动，推动技术创新活动不断深入。结合生产实际情况和岗位特点，组织职工开展各项劳动竞赛、学技练兵活动，职工整体技能素质有了较大提升。认真履行工会职责，深化企业民主管理，参与工厂生产经营、内部改革等重大事项的决策。坚持和完善以职代会为基本形式的民主管理制度，职工关于生产经营和改革发展等方面的提案、意见和建议件件有落实。认真履行合同制度，加强检查，促进合同条款兑现。落实依靠方针，继续推行厂务公开制度，做到重大改革事项张榜公开。规范民主评议干部制度，从德、能、勤、绩等方面入手，做到评议干部不走过场。完善职工互助合作保障体系，组织职工参加安康保险、特殊疾病互助保险等，并及时做好投保赔付工作。完善工会基础工作，加强工会自身建设，学习和落实“三个代表”重要思想，深化建家活动，不断提高工会组织工作效能。

厂团委积极开展理论学习和爱国主义教育，不断提高青年思想道德素质，坚定共产主义理想信念。扎实推进青年科技创新行动，开展“五小”论坛、科技论坛等活动，举办青工技术大赛，深化青年文明岗活动。开展青年劳动竞赛和青工技能月活动，发挥团员青年在生产经营中的积极作用。组织团员青年与技术人员现场交流，营造学技练功创新成才氛围。以团支部建设为重点，加强团的自身建设，36个团支部达到一级标准，其中8个为红旗团支部。全年发展团员325名。

【重要纪事】 1月9日，工厂召开新造机车配件质量保证会，采用与供方签订技术协议、质量协议等形式规范配件供货方的质量行为，为进一步提高新造机车质量创造条件。2月12日，工厂与美国SCT公司正式签订摇枕侧架出口合同。4月23日，工厂生产的C_{64K}型敞车通过铁道部技术审查。5月27日，工厂检测中心通过江苏省质量技术监督局监督评审。6月16日，工厂与法国阿尔斯通公司签订144件地铁摇枕出口合同。7月22日，第五次铁路提速用新型双机重联东风$_{11G}$型内燃机车开始施工设计。8月7日，工厂通过美国AAR M－1003质量体系年度审核及M－210产品重新取证认证。8月22日，工厂研制的青藏高原内燃机车试验样车在青藏铁路顺利完成高原性能试验，机车各项数据基本达到设计要求。9月12日，工厂通过OHSMS18001体系认证审核及ISO14001体系证后监核。10月9日，300台柴油机机体技改项目通过南车集团公司验收。10月15日，工厂通过ISO90001:2000质量管理体系复评认证。10月18日，工厂生产的转K4型转向架通过铁道部生产质量认证。12月22日，东风$_{11G}$型内燃机车完成正线提速试验，在北京召开的铁道部提速试验总结会上认为：东风$_{11G}$型内燃机车基本质量稳定，动力有冗余，加速性能好，经受了长时间连续大工况的考核，在正线牵引20辆客车运行时，时速可达160公里以上，最高速度达188.8公里，向列车供电功率达2×400千瓦。

【“雪域神舟”号机车完成高原性能试验】 该机车自2002年12月投入青藏铁路格拉段担当运输任务以来运行正常。2003年初，对机车进行了冬季防寒试验和机车柴油机功率初步修正试验。8月，根据铁道部要求再次对机车进行了高原性能试验。试验地点分别在海拔3575米的纳赤台、4159米的玉柱峰、4771米的昆仑山和4611米的不冻泉之间，在每个海拔点分别完成了柴油机功率修正、冷却试验、机车牵引2300吨性能试验、隧道内柴油机功率调整和电阻制动、电机温升及增压器流量试验，并在100多公里连续千分之二长坡道和1686米长隧道进行运行考核，试验结果表明机车各项数据基本达到设计要求。在试验期间铁道部副部长孙永福专程到现场了解情况，铁道部有关单位参加了试验。

【柴油机机体生产技改项目通过验收】 10月9日，该项目通过集团公司验收。项目由铁道部投资4798万元，戚墅堰厂自筹资金196万元，从1998年开始实施技术改造。项目工艺设计先进，布局合理，工程质量良好，新增设备可靠性强，体现了先进、实用、可靠、经济的原则，达到90年代中期国际先进水平，改造后的机体生产线整体铸造280柴油机机体可达到年产300台。

【转K4型转向架通过生产质量认证】 该转向架是为满足新造货车运行时速达到120公里而研制的新型转向架。按照要求工厂对转让的产品图样和技术文件进行转换，编制了工艺文件、检查文件、产品试制及性能试验大纲，并进行产品试制。10月18日，铁道部产品生产质量认证组来厂对转K4型转向架进行生产质量认证，通过对相关设计文件、工艺文件、质量保证体系文件、生产工艺流程、工艺装备、检测器具和产品现场检测后，认为产品质量符合要求，同意通过生产质量认证。

【东风$_{11G}$型准高速客运内燃机车研制】 该机车是满足铁路第五次提速由戚墅堰厂研制的新型内燃机车。机车采用双机重联，分别装用1台16V280ZJA型柴油机，牵引功率为2×3610千瓦，牵引20节客车时速达到160公里仍动力有余。机车装用辅助柴油机发电机组，可向列车供电，最大供电功率为2×400千瓦。机车采用微机网络控制新技术，具有完全的机车逻辑控制、网络重联控制、机车故障诊断功能和远程监控诊断功能。在设计中充分借鉴了东风$_{11}$型、东风$_{11Z}$型机车成熟可靠的先进技术，为适应铁路乘务特长交路和一个司机操纵等特点采用了大容量承载式燃油箱、火灾报警灭火装置并将操纵控制集中于司机室内。机车整体设计精良,采用流线型车体,管路排列规范。机车最大运行速度170公里/小时,通过最小曲线半径为145米。机车在铁科院北京环形铁道线完成各项性能试验后,即在北京至杭州、西安、长沙、南昌间进行正线往返牵引并向列车供电试验。12月18日试验列车早上6:55从北京出发,18:45到达杭州,全程1632公里,机车全程连续运行11时50分,最高时速169.2公里,平均时速137.9公里,比原来缩短2时42分,机车运行情况和供电性能良好。铁道部部长刘志军参加了试验,对机车研制工作和机车性能予以充分肯定。

【GK_{2C}液力调车内燃机车研制】 该机车是为满足冶金、石化等工矿企业对运输和调车作业需求由戚墅堰厂研制。机车主传动为液力传动,装用6280JZ型柴油机,装车功率为1470千瓦,采用微机控制、板式液力油热交换器、单元制动器等新技术。机车最大运行时速为80公里,通过最小半径为80米。

【13号小间隙车钩通过技术鉴定】 3月14日,铁道部评审组对戚墅堰厂研制的13号小间隙车钩进行技术鉴定,同意商业化批量生产。该车钩自1997年底装车试用以来,经实践证明能有效改变原13号车钩连接纵向间隙大、冲击力大、车辆零部件易损坏等不利状况,改善了重载列车的技术性能,并能与现有机、客、货车的车钩连接和车钩零部件互换,通用性高、经济性强。

【推行首席技术工人制】 为激励职工岗位成才,培养专门人才和推广先进的生产技术及生产经验,戚墅堰厂在钳工、铆工、焊工、车工、铸工、电工等一些主要工种设立首席技术工人岗位。首席技术工人应在本工种(岗位)工作突出,在解决本工种技术或质量问题时能力突出,专业水平、技术出众,忠诚于本企业,具有技师及以上任职资格或被工厂评为岗位技能带头人。经工厂考评聘为首席技术工人的人员授予荣誉称号,颁发证书,每月享受津贴。

【领导干部名单】

厂　　长:顾明康
副 厂 长:王洪年、姚国胜、史小余、刘春阳
总工程师:陈　笃
副总工程师:方惕平、蔡耀祖、张国民、邹哲贤、许人华
总会计师:徐伟锋
党委书记:吴建兴
党委副书记:顾明康(兼)、张逸平
纪委书记:张逸平(兼)
纪委副书记:徐永根
工会主席:徐　俊
工会副主席:张振飞、王延花
团委书记:李维鹏

(杨锦祥　供稿)

地　址 江苏省常州市戚墅堰
邮　编 213011
电　话 0519－5060114
传　真 0519－8770358
网　址 http://www.qscn.com
电子信箱 qs@qscn.sina.net

南车四方机车车辆股份有限公司

（工商登记营业执照编号：3702001807977）

董事长、党委书记：张　军

副董事长、总经理：江　靖

【概述】 2003年，南车四方公司实现销售收入13.06亿元，利润总额为2872万元，完成了集团公司调整后的经营目标。完成新造客车45个品种共334辆（含城轨地铁2列计4动4拖），修理客车13个品种共36辆，新造机车7个品种共99台，完成沈阳检测车1组（1动1拖），集通动车组1列（2动5拖），“中原之星”动车组返厂修1列（8动6拖），对外销售SW－220K转向架200个。

城轨地铁市场开发取得历史性突破，公司中标北京八通线地铁项目。2月18日与北京京通发展有限公司签订96辆地铁车辆供货合同，首批车辆于11月28日竣工下线，12月27日在北京八通线投入运营。海外市场开发方面，做好整车产品和配件出口工作，对伊朗铁路的后续市场进行开发。整车产品在亚洲、非洲、南美洲等市场上取得了重大进展，其中5辆朝鲜客车创造了公司在外贸出口上的最快纪录。另外，还完成了埃及、土库曼斯坦、菲律宾、叙利亚、纳米比亚、孟加拉等多个海外招标项目的投标工作。

2003年，公司制定的《经营方针与发展战略》业经董事会、股东大会批准实施。经营方针：“立足主业，价值导向，诚心合作，不断创新”。公司使命：“以致力于轨道交通装备为重任，坚持科技创新，追求卓越理念，紧跟城际铁路运输和城市轨道交通发展的步伐，持续满足旅客运输日益增长的需求，创造社会价值，树立良好形象，建成一个专业化、持续增长和盈利的、国内领先的国际化企业，为中国民族工业的振兴贡献力量”。“三大战略”：“差异性市场战略，优先发展城市轨道交通车辆、积极发展高速列车和城际轨道车辆、局部领先的战略，密集性成长战略”。

公司上市工作取得阶段性成果。9月份启动申请上市工作，经过公司与有关中介机构共同努力，于12月31日已向证监会报送了申请上市有关资料。作为拟上市公司，严格按照《公司法》等国家法律法规要求，逐步完善公司法人治理结构，建立规范的上市公司管理体系和运行机制，强化公司科学决策机制和风险防范机制建设，规范公司经营决策、投资融资、信息披露、关联交易等行为。

三项制度改革取得可喜成果。劳动用工

制度改革:结合公司发展战略,制定了《劳动用工管理制度》和《劳动合同制管理规定》,其特点一是调整劳动用工模式,合理优化员工结构;二是劳动用工方式发生了根本变化;三是劳动合同期限趋于中短期化。重新签订劳动合同,转变员工身份,同时加强劳动合同的动态管理。人事制度改革:全面推行任职资格制和竞争上岗制,年内组织完成了岗位描述和重新定岗定编工作,并按任职资格组织全员竞聘。分配机制改革:一是制定《岗位工资制实施方案》并经职代会通过后,完成了由过去的岗位技能工资制向岗位工资制的转变,实现了工资制度的改革;二是建立以岗位工资制为基础的多种分配形式并存的适合公司体制的公司效益决定的分配制度,由过去的直接要工资变为通过管理结果算工资,促进了综合管理的提升,工资分配的积极导向作用日益明显。

以优化人力资源结构和提升职业能力为目的,不断创新培训手段,拓宽培训平台。年内组织员工适应性培训5530人次,委外培训240人次。

2003年是公司《2003－2005年技术改造规划方案》实施的第一年,也是公司技改投入最多的一年。在13个大项目42个子项目中,年内已开工34个子项目,完成20个项目,计划投资1.9亿,实际完成形象进度2.1亿。城轨车碳钢车体焊接流水线完工,环线AC25000V、DC1500V、DC750V三种制式已全部完成,DC750V、AC25000V已投入使用。公司技术中心办公大楼改扩建工程于8月竣工投入使用,并通过了国家级技术开发中心评审。

加快现代企业制度建设步伐,全部制定下达各类管理文件237个,其中基本管理制度13个,管理标准224个,完成了建章立制工作。加强企业基础管理,提高工作效率和经济效益。在实施年度财务预算的基础上,试推行独立预算制度,即以订单为基础确定工业增长值、工资含量、利润指标,体现了效益决策分配的原则。加强成本管理和费用控制,利用项目评审和倒逼成本的方法确定制造成本,理顺生产成本与市场定价关系。

贯彻"安全第一,预防为主"的安全生产方针和《安全生产法》,建立职业健康安全管理体系(OHSMS),落实安全生产责任制,推行安全生产目标管理,狠抓安全生产大检查和安全隐患整改,降低事故发生的频率。全年未发生重伤和死亡事故,发生轻伤事故9件,比控制指标减少了1.51个千分点。年末,完成公司职业健康安全管理体系的建立并试运行,进入第三方审核阶段。筹集资金实施机车水阻试验台改造及四方厂区燃煤锅炉淘汰等项目。

推进网络信息化建设,在OA系统、PDM系统功能扩充、客车客户服务部信息网络系统、人力资源数据库的升级、推广CAQ系统、物流—成本核算信息化改造等方面做了大量工作,通过对三维设计软件、CAPP/PDM软件等工具类软件的推广使用,提高了工作效率,提升了工作质量。

【新产品开发】 为适应铁路跨越式发展要求,加快产品与国际接轨步伐,新产品开发取得丰硕成果。机车主型产品东风$_5$和东风$_{7G}$机车实现了先涂漆后组装新工艺,2台进京展示机车获得普遍好评,NJ_1型交流传动机车获中国铁道学会科学技术一等奖。分别进行了采用径向转向架的昆明米轨机车交车试验、青藏动车型式试验和高原试验、秦皇岛交流传动机车交车试验等工作,为新产品开发积累了经验。利用成熟的模块化技术,开发了适合路外市场的内燃调车机车。研制的中华之星动车组车辆已安全运行30万公里,顺利完成A3修程。客车43项设计开发任务,重点突出了公务系列客车。公司与川崎重工合作的新一代SW—220K转向架经过三次大型的线路试验取得良好效果，已被铁道部确定为新一代提速客车主型转向架。完成新一代B型地铁车辆研究开发工作，并在北京八通线投入运营，目前2组车共运营2万公里，同时完成了所有型式试验和线路运营试验。研制200公里/小时摆式电动车组转向架，完成了动、拖车转向架技术设计和主要零部件设计及相关的强度和动力学试验。

【质量管理】 公司立足用户需求，强化整改措施，提升工艺制造水平和产品质量，主要质量指标不断攀升。新造机(动)、客车产品重大、大险性责任行车事故为零，产品质量监督抽查合格率为100%，批量返厂、批量质量事故为零，新造机(动)车产品一次交验合格率为88%，客车新造一次交验合格率为96.6%，综合(机、客车)质量损失率为0.54%，全年机破件数为零，顾客投诉次数(公司责任)11次。在加强日常质量管理工作的同时，全面推进体系建设和系统管理方法工作，年内顺利通过了ISO9000－2000质量管理体系的换版认证。完成了ISO10012检测设备的计量确认体系改版换版工作，计量理化检测中心按新标准ISO17025完成实验室换版认可工作，以及精益制造模式在棘洪滩制造厂总装分厂的生产拉动工作。

【党群工作】 公司党委认真学习十六大精神，坚持贯彻“三个代表”重要思想，在严峻的生产经营形势面前，依靠广大员工，团结进取，开拓创新，坚定不移地走适合公司发展的道路，各项工作取得了可喜进展。公司继续保持“山东省文明单位”称号。公司党委被授予“青岛市党建带团建工作先进集体”称号。加强党组织建设，召开公司首届党代会，选举产生了公司第一届党委会和纪委会；重新制定了26个党群工作制度；成立了有专职工作人员的政研会和管理协会；成立机关党委，在2个制造厂分别设立党群工作部，在4个规模较大的分厂设立党总支；54个党支部全部进行了公司成立后的第一次选举。公司党委把理论学习作为加强领导班子建设的有效措施，创新学习方法，采取读书会、现场观摩、录像讲座、专家讲授、研讨交流、外出学习考察交流、结合工作谈体会等多种形式，增强了集中学习的效果；发扬马克思主义学风，加强调研，拟定了22个调研题目，把中心组成员分成7个小组，就企业党建、文化建设、生产经营等进行专题调研，并完成了水平较高的理论调研报告。开展“创岗建区”、“党员奉献日”、“达标准、创先进、争红旗”等活动，举行了“创先争优”的评比表彰，6个先进党支部、12名优秀共产党员、10名优秀党务工作者受到表彰，另有7名党员受到青岛市委、青岛工交工委、南车集团公司党委的表彰。加强后备干部队伍建设，改变了“用少数人选人，在少数人中选人”的做法，变“伯乐相马”为“赛场赛马”，经笔试、面试、组织考察等层层选拔，有96人入选优秀中青年干部人才库。加强企业文化建设，培育团队精神，开展“求新、求变、求发展”的思想大讨论活动；在全体员工中开展“自己的事一定做好，别人的事协助做好”专题教育活动。年内发展党员53人。关心员工生活，稳定员工队伍，增强企业凝聚力。息工期间，共补助困难员工1009人次，发放补助金13.72万元；“七一”前夕，党委从党费中列支1.1万元，救济了22名困难党员，拿出5万元资助191名困难员工子女上学，公司7名领导还与7名特困员工结成帮扶对子。公司党委把党风廉政建设方针、目标层层分解、落实到各级党组织，重点抓了党风廉政教育和党风廉政责任制的落实。通过案例通报、聘请专家以案说法等形式，强化警示性教育；通过组织收看《一心为民的好书记郑培民》、反腐倡廉文艺晚会等方式，强化示范性教育。制定公司《领导干部贯彻廉洁自律规定实施办法》，62名各级党政主要领导进行了述职、述廉。认真执行《领导下属单位党政主要领导谈话制度》、《对中层领导和重点岗位管理人员进行廉政教育谈话的规定》，召开了以贯彻落实中纪委二次全会精神、全面部署公司反腐倡廉工作任务为内容的纪检监察工作会议，建立完善了党风廉政建设制度体系，逐步形成了用制度规范行为、按制度办事、靠制度管人的有效机制。对各基层党组织进行了党风廉政建设综合检查，促进了党风廉政责任的落实。

公司工会认真贯彻《工会法》，在强化源头参与、维护员工合法权益、发挥民主管理和民主监督等方面发挥了积极作用，获“青岛市工会工作先进单位”称号。召开公司首届职工代表会一次会议。加强厂务公开工作，成立了厂务公开领导小组，制定《推行厂务公开完善民主管理实施细则》，全年厂务公开176次，各类信息处理87条。巩固并完善了党政工联席会议制度。组织各类劳动竞赛45次，员工提合理化建议701条。开展查事故隐患活动，查出事故隐患196项，制定整改措施121条，整改事故隐患194项，整改率达98%。组织9名选手代表青岛市参加了山东省职工职业技能大赛，取得钳工团体第二名、个人第三名，铣工团体第二名、个人第六名，车工团体第四名的好成绩，公司工会获优秀组织奖。各级女职工委员会开展了以“岗位立项”、“学习成才”、“姐妹献爱心”、“创建文明家庭”等为主要内容的“女职工双文明建功立业竞赛”活动。“送温暖”活动实现了经常化、制度化，成立医疗互助基金管理委员会，制定《公司员工医疗互助基金会暂行管理办法》，共有会员3964名，资金50万元。开展了小型多样的群众性宣传文体活动。

公司团委结合生产经营中心工作，围绕为青年服务、为企业服务两大主题，广泛开展“推优入党”、“青工技术比武”、“青年志愿者”、“青年科技攻关”等活动，发挥了团员青年的主力军作用。加强团的组织建设和制度建设，加强青年思想政治教育，组织团员青年主动承担企业生产经营中的急、难、新、重任务。开展丰富多彩的青年文体活动。推荐6名优秀团员加入党组织。年内，公司团委被团青岛市委授予“先进团委”称号，有5个先进集体、9名先进个人受到市级以上表彰。

【重要纪事】 1月16～18日，公司设计制造的东风$_{7G}$型内燃调车机车参加铁道部新造机车质量展示会。2月18日，公司向北京八通线提供96辆城轨列车项目合同签字仪式在北京举行。2月28日，公司召开首届职工代表大会第一次会议。3月8日，北京八通线城轨列车转向架通过设计评审。4月，公司分别以第17和19的名次，被评为山东省机械工业“销售收入百强企业”、“利税总额百强企业”。6月6日，公司开发研制的12V240ZJ型柴油机在大连机车研究所顺利通过100小时性能和360小时耐久台架试验。这是“动力装置用柴油机认证试验”新标准实施以来，机车车辆行业第一台按新标准要求通过试验的柴油机。7月中旬，为适应公司发展战略而新建的不锈钢、铝合金车体联合厂房竣工。7月，公司博士后科研工作站正式运行。8月6日，公司向伊朗国铁RAJA公司出口175辆铁路车辆融资协议签订仪式在上海举行，中国出口信用保险公司为融资提供出口信用担保。9月8日，一种用于自动检测铁路地面探测装置的新型红外线检测车，在公司竣工下线。9月15日，公司成立技术委员会。11月14日，公司顺利通过由中联认证中心进行的环境管理体系认证第一阶段审核。11月24日，公司召开第一届董事会第七次会议和2003年第三次临时股东大会。会议分别审议了更换董事、增设独立董事、修改公司章程、公司上市有关事宜等议案。11月26日，公司特邀28名具有影响力的专家组成公司第一届专家委员会。11月28日，公司隆重举行北京八通线首批城轨列车竣工剪彩仪式。南车集团公司总经理赵小刚及青岛市、中国交协城市轨道交通专业委员会、北京地铁总公司等单位领导出席了剪彩仪式。中央、山东省、青岛市等新闻媒体的记者进行了采访报道。12月29~31日,公司通过了德国莱茵公司ISO9001:2000质量管理体系换版审核。

【公司首次党代会】 12月20~21日,中国共产党南车四方机车车辆股份有限公司第一次代表大会隆重召开。132名正式代表、14名列席代表和上级党组织及有关单位党委领导、原工厂部分老领导出席大会。张军代表公司党委作了题为《以“三个代表”重要思想和十六大精神为指导肩负使命勇于创新为开创公司工作新局面提供有力保证》的工作报告,韩和平代表公司纪委作了题为《中国共产党南车四方机车车辆股份有限公司纪委检查委员会工作报告》。大会选出了中共南车四方股份公司新一届党委委员和纪律检查委员会委员,一致通过了《关于党委工作报告的决议》和《关于纪委工作报告的决议》。经南车集团党委批复同意,南车四方公司第一届党委会由王军、江靖、张军、林树建、郑铁军、徐洪春、韩和平组成,张军任党委书记,江靖、韩和平任党委副书记;南车四方公司纪委由李法山、李思敏、盛同浩、韩和平、谭国强组成,韩和平任纪委书记,盛同浩任纪委副书记。

【北京八通线城轨列车】 该车采用先进的交流传动技术,时速为80公里,每列车定员为940人。内装有超薄空调、高效取暖设备和LED信息显示系统。流线型车头、轻量化鼓形车体,极具现代列车时尚感。设计上突出以人为本的人性化的设计理念,首次采用首尾相通的大通道车厢,车内采用新型铝蜂窝覆膜装饰,玻璃钢座椅,宽敞、舒适;首次设黄色扶手杆,给视觉残疾者带来方便;车头首次采用玻璃钢外罩、整面玻璃结构,使其造型更加平滑、流畅、美观;车窗玻璃首次采用低辐射、防紫外线的高性能玻璃。南车四方公司与北京地铁总公司签订列车供货合同,共96辆(2动2拖24个编组),首批城轨列车11月28日竣工下线。12月27日,在北京八通线正式投入运营。

【领导干部名单】

董 事 长:张　军
副董事长兼总经理:江　靖
副 总 经 理:郑铁军、徐洪春
副总经理兼总工程师:王　军
副总工程师:张洪才、王　军、江　涛
姚林强、赵家舵、张瑞亭
邓爱军、柳少华
龚　明(8月8日任)
总 会 计 师:邵仁强
副总经济师:张大伟、李金诺
总经理助理:陈　迅

党 委 书 记:张　军
党委副书记:江　靖(兼)、韩和平
纪 委 书 记:韩和平(兼)
纪委副书记:盛同浩
工 会 主 席:韩和平
工会副主席:苗存瀛
团 委 书 记:林树建

(张景光　王学让　供稿)

地　　址　山东省青岛市崂山区秦岭路17号
邮　　编　266101
电　　话　0532-8975000
传　　真　0532-8975111
网　　址　http://www.cqsf.com
电子信箱　info@cqsf.com

四方机车车辆有限责任公司

（工商登记营业执照编号:3702001803020）

董事长、总经理:刘　杰

党委书记、副董事长:郭昌龙

【概述】 2003年,公司有员工4441人,其中工程技术人员661人,有9家全资企业、14家控股企业、17家参股企业;固定资产总值为53415万元,其中净值46143万元;机械动力设备707台(套),原值为6157万元;占地总面积为233.3万平方米,其中生产用地155.8万平方米;房屋总面积18.7万平方米,其中生产用房10.14万平方米。公司实现销售收入5.2亿元。

积极推行主辅分离改革和小企业改制工作,制定《辅业改制总体规划》,对主业进行界定,对23个辅业单位的剥离和改制进行了统筹安排。年内,完成客运公司、东日广告公司、四铁公司和广州公司的改制工作,84名员工已全部与四方有限公司解除了劳动关系,劳保账户已移交地方。其中客运公司的改制做法被国资委作为规范案例选入《国有企业主辅分离改制分流操作指南》。另外,对物业公司进行了内部重组,将房管办、退家办、房地产公司并入物业公司,并对相关的业务和管理关系进行了理顺整合。对餐饮部实施了分立改革,将两个餐饮部予以合并,将其资产全部委托给主要负责人经营,实行独立核算、自收自支。对四机疗养中心实行整体对外租赁。工厂于11月完成整体公司制改制。客修基地从2002年12月20日开工建设以来,采取边设计、边施工的方式,大大缩短了工程周期。一期、二期工程于8月竣工,三期工程总装厂房及室外工程建设处于收尾阶段,园区路网建设已初具规模,各项辅助设施及配套工程相继完善。7月,转向架修理厂迁至基地,全年检修转向架205辆,客车67辆。2月,工厂投资1300万元、占地面积约4800平方米的Braden项目铆焊、组装新厂房开工建设,届时,生产作业面积和作业环境、工装设备能力和生产能力将有新的突破。公司坚持“分层管理、逐级负责”制度,坚持“谁主管谁负责,谁用人谁负责,谁的地域谁负责”的原则,始终把安全生产工作放在各项工作的首位,改善了劳动条件,整治作业环境,做好安全生产管理关口前移工作。环保工作抓好“一控双达标”,完善环保规章制度,提高管理水平,加强环保现场监督管理。开拓国际市场,寻求企业新的经济增长点,公司成立了进出口业务部,取得了“进出口企业资格证”。职能部门广泛收集信息,频繁与外商接触，对重点项目积极跟踪，做了大量扎实有效的工作，公司在开拓国际市场方面取得了突破性进展。11月与美国全球电力公司Braden/CFI在电站辅机设备制造方面签订了合同总价值为300万美元的初期订单和三年的合作协议。与韩国铁路方面就轴箱供货合同达成意向，首批合同金额为100多万元，轴箱样品已送交韩国复验。构件加工厂承接了荷兰铁路21辆Y32型转向架。与GE、福依特、阿尔斯通、西门子等公司建立了联系。公司办公自动化系统一期工程和公司的门户网站开始投入运行，启动了OA二期、财务管理信息模块的建设和K3金碟财务软件推广应用工作，完成了总部、锻压分厂、物流公司、木制件分厂、设备公司、建安公司等9个单位财务子系统的安装试用工作，公司的信息网络已初具规模。

【质量管理】 质量和环境管理体系认证工作于6月启动，已有6家下属重点单位通过了ISO9001:2000版认证。客修公司于1月通过了ISO14001环境管理体系认证，构件加工厂通过德国DIN6700 C1级焊接认证。修理客车一次交验合格率达到89.6%，比计划指标高出9.6个百分点，批量返厂质量事故为零，重大、大险性行车事故为零，产品质量监督抽查合格率为100%。

【党群工作】 公司党委以邓小平理论和"三个代表"重要思想为指针，以贯彻十六届三中全会精神为主线，紧紧围绕企业改革、发展、稳定大局和生产经营中心工作，不断加强和改进思想政治工作。增强思想政治工作的针对性和时效性，积极做好改革改制、产业整合、结构调整过程中的宣传、引导和政策解释工作，确保职工队伍的稳定，为公司的改革发展提供了强有力的思想政治保证。召开公司第十五次党代会，完成了党委换届选举工作。召开公司第二十次会员代表大会，选举产生了新一届工会委员会。发挥党群部门的合力，围绕不同时期的重点工作先后组织了3次大型调查研究，及时摸清基层工作动态和职工思想状态，为领导班子科学决策提供了依据。不断加强领导班子和基层党组织建设，根据机构调整和产业整合情况，及时调整了14个党组织设置，年内发展新党员37名，预备党员转正29名。结合企业实际，开展了"适应形势，转变观念，明确目标，统一思想，鼓舞干劲，共谋发展"的转变观念教育活动，起到了稳心神、树信心、聚合力、鼓干劲、保稳定、促发展的积极作用。加强党风廉政建设，完善廉政制度，强化源头治理，完善内部监控体系。工会组织坚持"依靠"方针，参与企业民主管理。开展"送温暖"活动，"两节"期间共筹集资金88万元，走访困难员工家庭3770户。向广西那坡、靖西贫困地区捐款16756元，为抗击"非典"捐款30863元，为陕西灾区捐助衣被4310件。

【领导干部名单】

董事长兼总经理：刘　杰
副总经理：田凌培、臧庆春
副总会计师：李哲熙
副总工程师：栾广业
副总经济师：王焕友

党委书记兼副董事长：郭昌龙
党委副书记：刘　杰(兼)、高明义
纪委书记：高明义(兼)
工会主席：高明义(兼)
团委书记：吴凤霞

（四方有限公司　供稿）

地　址　青岛市杭州路16号
邮　编　266031
电　话　0532－3762219
传　真　0532－3716656

中国南车集团南京浦镇车辆厂

(工商登记营业执照编号:3201001002319)

厂长:蓝继周

党委书记:薛澄凌

【概述】 2003年,浦镇厂有员工6941人。工厂占地面积111.2万平方米,建筑面积50.10万平方米,其中生产建筑面积20.06万平方米。各类生产设备2953台(套),其中大型精密设备134台(套)。固定资产原值7.38亿元,净值5亿元。全年完成新造客车17个品种273辆、地铁车辆16列96辆;修理客车692辆;客车轴承30168套。全年实现工业总产值(不变价)4.56亿元,工业增加值2.61亿元;产品销售收入7.55亿元,亏损3401万元。制造业从业人员工业增加值劳动生产率31927元/人·年,比上年降低32.29%。累计实现安全生产1993天。

稳步推进企业改革,继续开展主辅分离、辅业改制工作,制定辅业改制分流、实施产权多元、资产处置、员工劳动关系调整等4个文件。“兴宇”、“轴承”两个试点单位的改制方案,经党政联席会及上述两单位员工代表大会审议通过,已完成报批。继续深化干部、人事制度改革,开展新一轮技管空缺岗位公开竞聘上岗工作。进行工资制度改革,建立以岗位工资为基础,直接生产工人实行计件工资、稀缺人才实行协议工资的分配制度。进一步加强企业管理工作,修订和完善了经济责任制考核管理、投资管理、对外担保管理、外部质量损失考核管理等一系列规章制度。加强成本、资金、劳动工资和委外劳务管理,通过招标采购加强对供应方报价单的审核和微机锁控零星采购价格等措施,降低采购成本近500万元。通过理顺检修工艺,实行封闭检修,重新核定外协件价格等工作,全年降低修车成本206万元。质量、环境和职业健康安全三个管理体系通过了认证中心的现场审核。推进企业管理信息化建设,实现ERP信息管理系统,财务模块和城轨公司供应链上线运行。完成第四次全国投入产出调查工作,工厂被评为“全国投入产出调查工作先进集体”。开展管理效益审计和“三重一大”效能监察,对工厂各项管理工作起到监督保证作用。

开展工艺、场地调整工作,围绕铁路客车新造、修理及城轨车辆生产,编制下达了客辅楼二层、锻工下料工序、铁路客车小曲线实验线、城轨车辆调头装置等13项技术改造工艺。进行了15个大项目23个小项目的搬迁调整工作，搬迁设备50台(套)，新建的焊接构架3号厂房竣工验收。全年投资2069万元，购置设备102台(套)。

积极开拓路内外营销市场。全年实现多经产品销售收入7950万元，其中非机车车辆产品收入2536万元，占多经收入的31.9%，实现利润1520万元。对9个多经实体进行资产经营考评，编制并签订了9个单位的经营承包责任书，对多经企业实施动态管理。工业公司配合主业生产，全年完成229辆新造、600辆修理车和3辆自主知识产权地铁车辆的部分配件生产。开拓路外市场，主要产品有出口坦桑尼亚的座椅、普奥麻醉机、天奥医疗器械等。

工厂继续保持“江苏省文明单位”、“江苏省思想政治工作优秀企业”称号，获“全国厂务公开工作先进单位”、“江苏省群众性经济技术创新工程先进单位”、“南京市、区非典型肺炎防治工作先进集体”、“南京市环境保护先进单位”、“南京市退役士兵安置工作先进单位”及南车集团公司“党风廉政建设先进企业”称号。

(程军军、黄小平、哈鸣)

【新产品开发】 以市场为导向，依靠技术进步，大力开发新产品，以适应铁路跨越式发展需要。完成“先锋号”动力分散型电动车组安全运行15万公里，A2修程及“先锋号”电动车组的硬座车和酒吧车的扩编设计施工方案和新造设计方案，对防尘、防雪、减振性能进行了研究，实现了9项重大技术改进；研制成功3辆自倾型摆式客车，对其内部造型、卷帘造型、转向架等进行了改进。研制成功东风$_{11}$型内燃机车AC380V供电系统；PW—200型无摇枕转向架通过部级鉴定；完成22型硬座、硬卧、餐车翻新改造方案及样板车生产，设计并研制红外线检测车。完成K型样板车(硬座车、硬卧车、软卧车、餐车、发电车)设计及模型制作，开展B型地铁车辆技术设计和施工设计、兰州局轨检车设计、研制和试验等等。引进设计新理念，实行模块化设计，逐步推行三维设计，缩短设计周期，实现了工艺保设计、工装保质量的现代化生产。

(吴毓岭)

【质量管理】 深入开展质量、环境和职业健康安全三个管理体系的审核认证与整合工作，对《质量手册》和《程序文件》进行了修改、完善、更新，提高其可操作性，保证质量管理体系有效运行。开展“向质量要市场，向质量要效益，向质量要出路”为主题的宣传教育，树立全体员工“第一次就把事情做对”的质量观念，提高广大员工的质量意识。在调研的基础上，先后制定(修订)和实施了《关于贯彻落实中国强制性产品认证制度的通知》、《全验、抽验、复验产品检查验收办法》、《不合格品管理办法》、《客车配件对外销售合格证管理办法》等管理文件，取得良好效果。加强工序(过程)质量审核力度，通过外部质量状况分析确定审核重点，对存在的质量问题或质量隐患下发整改通知限期整改。责任单位制定整改措施并组织落实，跟踪验证整改情况，对仍存在问题继续要求整改。运用PDCA循环工作方法，全年对21项较大质量问题进行逐项审核，将质量隐患消灭在萌芽状态，集团公司下达的各项质量指标全部完成。

(李建华、吴毓岭)

【党群工作】 工厂党委认真贯彻落实党的十六大和十六届三中全会精神，围绕企业改革改制、生产经营、科技创新、企业管理、城轨建设等中心工作，加强和改进企业党风建设，思想政治工作和精神文明建设，为企业改革发展稳定提供强有力的思想和组织保证。加强政治理论学习，不断提高各级领导干部的理论素质和水平，增强分析、处理问题的能力。

加强领导班子建设，深化“十好”班子创建活动，厂级领导班子再次被南车集团党委评为“十好”班子。加强基层党支部建设，深化“创岗建区”活动，攻克生产、技术、管理等关键项目219项，增收节约124万元，义务奉献工时14万小时。实行发展党员公示制，全年发展党员61名。开展“思想大解放，观念大转变，创新大发展”的主题教育活动，为深化企业改革改制奠定思想基础。落实党风廉政责任制，加大查办案件力度，开展“三重一大”效能监察，促进企业持续健康发展。厂党委中心组荣获南京市“理论学习先进集体”称号，厂纪委被南车集团公司和南京市委、市政府授予“纪检监察工作先进单位”称号。

厂工会不断总结经验，开展民主管理，召开2次职代会和3次职代会联席会议，审核通过27项工厂重大决策和职工生活福利等重要事项。评议10名厂级领导干部和174名中层领导干部。运用多种形式搞好厂务公开和单位事务公开，工厂被评为“全国厂务公开先进单位”。深入开展群众性经济技术创新活动，全年有45个单位、273个班组、6053名职工参加67个项目的攻关竞赛，工厂获南京市“百家企业六小创新活动十佳示范企业”和江苏省“群众性经济技术创新工程先进单位”称号。举办工厂第十二届职工体育运动会，厂工会获“全路工会宣传报导工作先进集体”称号，工厂获南车集团“职工体育先进单位”称号。开展形式多样的送温暖活动，加强职工互助合作保障体系建设，厂工会被铁总评为“职工互助合作保障体系先进单位”。开展以维护女职工合法权益和特殊利益为重点的女职工工作，厂工会女职工委员会被南京市总工会授予“先进女职工委员会”称号。加强工会自身建设，厂工会再次获南京市“模范职工之家”称号，被南车集团授予“工会好班子”称号。

厂团委开展“青年奉献者之歌”橱窗展、学雷锋系列活动，提高青年的思想道德素质。以青年成长成才为立足点，开展技术比武28场，技术观摩41次，新结对优秀师徒39对，表彰优秀师徒13对，推荐优秀团员入党23名，营造了学习成才的良好氛围。组织“安全金点子征集”、“大家来当啄木鸟”，“寻找身边质量源”主题活动，征集合理化建议129条，85条被相关部门采纳。征集科技管理论文54篇，35篇获厂内表彰，5篇获上级表彰。科技攻关91项，85项优秀成果获表彰，采用多媒体发布5个优秀课题。开展“青年健康生活引领计划”、“创新超市”、“青年之声信箱”、创建学习型团组织等活动，推动青年创新创效活动深入开展。召开工厂第十六次团代会，选举产生第十六届团委委员，确定了今后三年以建功育人为主线，强化服务企业改革发展、服务青年成长成长的职能，推进学习力工程、创造力工程、凝聚力工程。

（陈礼斌、卢存龙、姜凤扬）

【重要纪事】 1月2日，正式实施工厂工资分配制度改革方案。1月上旬，工厂研制的200公里/小时及160公里/小时无摇枕转向架先后在铁科院、秦沈线、广深线完成动力学试验。1月11日，工厂获得ISO14001环境管理体系认证证书。3月12日，工厂技能鉴定站被铁道职业技能鉴定指导中心评为“优秀技能鉴定站”。3月12～13日，工厂研制的“先锋号”电动车组通过铁道部技术审查。3月14日，工厂研制的PW—200型转向架通过部级验收。8月18日，铁道部副总工程师宋凤书、集团公司党委书记王泰文到厂参加上海明珠线地铁项目第三阶段首列地铁车辆下线仪式。8月28日，斯里兰卡交通部部长尤派力率代表团到厂访问。9月15日，集团公司总经理赵小刚到厂检查指导工作。10月18～22日，南车集团第二届职业技能竞赛在工厂举行。11月27日，江苏省委副书记冯敏刚、南京市委副书记杨植等省市领导到厂视察地铁车辆生产。12月24日，工厂通过质量、环境及职业健康安全管理体系审核。12月26日，工厂研制成铝合金车体明珠线地铁列车，提前5个月完成城轨项目国产化任务。

（吴毓岭）

【城轨车辆生产】 为适应城轨事业发展，工厂成立了城市轨道车辆研究所，完成了城轨B型车的方案设计和具有自主知识产权地铁车辆研制工作，实现了转向架、铝合金车体等关键件的国产化生产，完成首批3辆自主知识产权地铁车辆铝合金车体总装配。通过与法国阿尔斯通公司合作，完成了技术引进和消化吸收工作，实现了国产化城轨项目的技术转让。生产能力不断提高，上海明珠线地铁车辆生产连续4个月每月交付2列车，12月交付3列车，完成了13列52辆上海莘闵线地铁转向架生产任务。南京1号线地铁车辆项目于6月开工投产，12月该项目的欧洲首列车进入调试工序，国产化首辆车进入预装台位，生产能力达到了年产160辆的预定目标。

（胡晓辉、吴毓岭）

【领导干部名单】

厂　　长：蓝继周
副 厂 长：陶云南、何国平、潘松柏、楼齐良
总 工 程 师：赵大斌
副总工程师：王毅鸣、张惠国、王晓阳
朱宏瑜（9月1日免）
施青松（11月10日任）
李定南（11月10日任）
海邦君（11月免）
副总经济师：周广华
党 委 书 记：薛澄凌
党委副书记：蓝继周（兼）
胡耀华（1月12日任）
纪 委 书 记：王云海（1月22日免）
胡耀华（兼，1月22日任）
纪委副书记：高桂筛
工 会 主 席：韩德龙
工会副主席：何培利
团委副书记：王建辉

（郑小红）

地　　址　南京浦镇龙虎巷5号
邮　　编　210031
电　　话　查号问讯 025－5848114
厂办主任 025－5847402　5848268
传　　真　025－8604655
网　　址　http://www.njpzclc.com
电子信箱　njpccb@publicl.ptt.js.cn

中国南车集团株洲车辆厂

（工商登记营业执照编号：4302001002404）

厂长：曹　阳

党委书记：谢文科

【概述】 2003年，株辆厂占地面积128.4万平方米，其中生产区用地82.7万平方米，生活区用地42.2万平方米。房屋建筑面积30.86万平方米，其中生产用房屋建筑面积20.10万平方米。主要设备1766台。固定资产原值4.52亿元，净值2.75亿元。职工总数为6046人，各类专业技术人员1567人，其中高级技术职称182人，中级576人。全年新造货车2853辆，其中路内招标车2596辆，路外自销车257辆，供外配件4987件（套）。完成销售收入7.48亿元，实现利润1252万元，分别同比增长5.56%和31.53%，全年完成多经收入2.72亿元，实现多经利润527.46万元。完成与集团公司签订的资产经营责任目标。企业改制稳步实施。完成车城实业总公司、赛福特车辆配件公司的破产清算工作，制定工厂主辅分离、改制分流和建立现代企业制度方案，对生活后勤系统改制分流提出了具体工作内容和进度安排，完成公安处职能和体制的转换。深化三项制度改革，修订并下发工厂《劳动合同管理规定》，制定中层管理人员绩效评估考核细则和一般员工绩效考核评价体系。加强薪酬分配管理，完善以岗位工资制为基础的薪酬管理体系，规范专项奖励管理，建立工资分配激励和约束机制。加大人才开发、引进力度，制定招聘“三高”和关键人才的特殊政策。加大员工培训，全年举办各类培训班41个，参培员工达4533人。强化产品质量管理，制定实施《不合格品转序考核办法》，产品实物质量提高。信息化管理稳步推进，成立ERP项目工作小组，完成对ERP软件公司管理咨询能力和商品化软件适应性的考察、评估、测试和初步选型工作。开展专项资产清查，共清理损失5981万元。加强成本核算，强化资金管理，加快货款回笼，全年回收市场车货款5525万元。优化筹资结构，节约利息支出297万元。实施财务预算管理，建立全面预算体系。强化审计监督，开展中层管理人员任职经济责任审计，进一步加强专项审计和经济效益审计。狠抓均衡生产，全年生产均衡率达98.3%。重视安全生产和现场管理，顺利通过了ISO14001环境管理体系认证，全年未发生死亡、重伤事故，实现安全生产年。国际市场开拓取得突破，同巴西CVRD公司签订了900辆敞车销售合同。积极培育企业文化，加快社区建设步伐，开展一系列“向不文明行为告别”活动。

【新产品开发】 完成巴西GDE米轨敞车、GDT宽轨敞车、25吨轴重摆动式转向架、25吨轴重箱悬挂摆动式转向架、C_{80H}型铝合金浴盆运煤专用敞车、C_{76H}型钢浴盆专用敞车等13项新产品的开发设计工作。工艺技术继续加强,完成各种新产品的试制及批量生产技术准备工作。加快新工艺技术开发应用,完成铁素体不锈钢焊接试验,进行不锈钢精铸试验研究及数控三维加工前期试验。技术基础加强,试行PDM产品数据管理系统,建立货车标准件三维图库。计算机应用不断扩展,各部室、分厂全部实现联网办公。基本完成国债项目中重大设备的国际、国内招标。完成新型制动梁和25吨轴重摆动式转向架技术转让。全年完成技术革新项目64项,其中重点项目10项,创经济效益350万元。

【质量管理】 严格执行工厂《质量管理考核办法》和《不合格品转序考核办法》,加大对产品实物质量的监督抽查和考核力度。加强质量检验人员教育和培训,把好产品质量关。完善质量管理体系,进行2次质量管理体系内部审核,通过ISO9001:2000质量管理体系第一次监督检查。开展“质量月”活动,组织产品质量攻关。开展群众性质量管理小组活动,全年注册QC小组44个,参加人数362人,取得成果37个,获部级优秀QC小组1个,省级优秀QC小组2个,集团公司QC小组1个。强化基础管理,制定了《关于巴西车配件质量检查的有关规定》、《供外配件质量检查管理办法》和《多经铁路车辆产品质量检查管理办法》。加强质量信息沟通,利用OA系统加快质量信息传递,建立质量检查信息局域网和“网上质量曝光台”,对出现的质量问题及时曝光,发布质量信息通报28期,产品质量稳步提高,全年新造货车批量返厂修率为零,无重大、大行车事故。

【党群工作】 厂党委紧紧围绕企业改革和生产经营活动开展各项工作,组织两级中心组学习“三个代表”重要思想、胡锦涛的“七一”讲话、十六届三中全会精神。在全体党员中集中开展“实践‘三个代表’重要思想,保持党员先进性”学教活动,对全厂1614名党员进行脱岗培训。开展形式多样的“三个代表”重要思想宣传辅导、知识竞赛等活动,结合“十好”班子建设,修订和完善两级班子创建考核评价标准和细则,以量化考核为主,定性定量相结合。坚持标本兼治,源头治理,深化党风廉政建设责任制,全面开展“三重一大”效能监督,在物资、设备工装专项效能监督中,降低采购成本586万元。围绕社区物业管理费调整、人事招聘、工程招标和物资采购等员工关心的问题进行公开,厂务公开工作不断深入。深化“创岗建区”星级管理竞赛活动,全年组织开展大型义务突击活动5次,有2433名党员参加,义务奉献工时9120小时。全年发展新党员70人。全面展示企业形象,提高企业知名度,相继在《新华社》、《人民日报》、《人民日报(海外版)》、《每日新华电讯》等媒体发表稿件186篇。承办集团公司厂务公开工作会议,工厂先后获集团公司“党风廉政建设先进单位”、“十好领导班子”称号和中央企业工委“厂务公开先进单位”称号。

厂工会组织职工代表系统学习《职代会工作条例》及《工会法》、《劳动法》、《公司法》等有关法律法规,组织召开职工代表团组长会议6次。建立健全各项制度,加大监督检查力度,推进厂务公开制度化、规范化。组织全厂员工开展双文明建设竞赛和专项劳动竞赛67项,举办电焊工、铆工、车工等5个工种的员工技术运动会。提合理化建议690余条。开展职工代表安全督查活动,全年组织全厂性督查6次,出《职工代表安全督查简报》6期。组织承办湖南省“中联重科杯”电焊技能大赛,选派4名选手参加比赛,分别获得第3名、第5名和第7名。开展送温暖活动,慰问走访特困户,发放慰问金、补助费(含慰问物品)130万元,向困难企业株洲市摩托车厂捐助扶贫款5万元。发挥“员工互助基金会”作用，为52人次身患重、大病和遇自然灾害的会员及供养直系亲属发个人补偿金7.2万元。组织开展《公民道德建设实施纲要》与家庭科普知识竞赛活动，深化建小家活动。加强与基层单位信息沟通，开展理论调研活动，全年收集信息360余条，理论文章11篇，向上级工会报送信息64条，被上级工会采纳20条。为积极配合工厂“大战60天，全面完成1017辆新造车生产任务”，出版“生产特报”12期。厂工会获集团公司“工会好班子”称号。

厂团委以建团81周年为契机，以“崇智杯”千人读书活动为主线，开展青年新世纪读书活动，成立25个青年读书组。在转变青年观念的同时，不断加强团的自身建设，组织开展创建“青年安全生产示范岗”、“青年学技练功”活动，其中备料分厂大型班获“全国青年文明号”称号、二组装分厂机加工班获湖南省“首届青年安全生产示范岗称号”、台车分厂钳工二班获南车集团“青年安全生产示范岗称号”。青年创新创效活动不断深入，全年收到“五小”科技创新创效50余项。围绕社区环境建设，组织80名团员开展创建“青年文明社区，向不文明行为告别”社区清洁大行动。开展青年志愿者送温暖活动。厂团委分别荣获南车集团公司、团株洲市委“五四”红旗团委称号，并被命名为中央企业“五四”红旗团委创建单位。

【重要纪事】 1月10日，工厂被中央企业工委评为“厂务公开先进单位”。4月13日，首台出口蒙古国的PG1520型辅轨机下线。4月22日，工厂原公安处正式转体，由市政府接收，成立宋家桥公安分局。4月30日，工厂增加500辆C_{64K}生产任务。7月12日，与巴西CVRD公司签订900辆敞车销售合同。9月1～4日，工厂通过ISO14001环境管理体系认证。10月20日，运输局装备部副主任杨绍清、集团公司总经理赵小刚、副总经理唐克林到工厂指导工作。10月23日，工厂出口巴西CVRD公司的124辆敞车在上海码头启运，这是首次向南美出口铁路货车。11月24～25日，中国南车集团厂务公开工作会议在厂召开。

【GDT、GDE车出口巴西】 在稳定国内市场的同时，不断加强国际营销。7月12日，与巴西CVRD公司正式签订900辆GDT、GDE出口车合同。首批124辆，宽轨、米轨各62辆。为生产好首批出口巴西车，坚持“质量第一，用户至上”原则，运用多项新技术，严格按照AAR标准，于9月30日完成任务。10月23日，在上海港隆重举行首批出口巴西车装船仪式。

【领导干部名单】

厂　　长：曹　阳
副 厂 长：刘天健、邓建荣、刘　文、张　作
总工程师：胡海平
总会计师：蒋庆平
副总工程师：熊绍怀、戴　龙、焦　辉、汪　波
党委书记：谢文科
党委副书记：曹　阳(兼，3月任)、胡宪之
纪委书记：胡宪之(兼)
纪委副书记：高　宁
工会主席：王德柱
工会副主席：周进生
团委书记：金亮群

（张玉芳　供稿）

地　址　湖南省株洲市荷塘区宋家桥
邮　编　412003
电　话　0733－2808072
0733－8403284
0733－2808786
传　真　0733－8403134
网　址　http://www.csr-zrsw.com
电子信箱　zzclccb@bato.sina.net

中国南车集团眉山车辆厂

（工商登记营业执照编号：5100001811563）

厂长：夏春生

党委书记：饶　庶

【概述】 2003年，眉山厂有员工6529人。工厂占地面积106.1万平方米，其中厂区面积58.3万平方米；建筑面积41.67万平方米，其中生产房屋建筑面积17.86万平方米。固定资产总值3.72亿元。有各类机械动力设备1892台，其中主要生产设备1695台。全年新造各类货车2763辆，比上年减少20.9%。供外机车车辆配件生产1321894套件组，比上年增长93.68%。其中：104型客车空气分配阀比上年减少58.24%，120型货车空气分配阀比上年减少10.66%，旋压制动缸比上年增加68.72%，B级钢摇枕比上年增加139.11%，B级钢侧架比上年增加198.57%，TWG—1型自动调整装置2152套。冶炼钢水23156吨，比上年增加52.29%。

全年实现工业总产值(不变价)81756.45万元，比上年增长3.71%，实现销售收入8.24亿元，比上年增长1.73%，实现利税总额6464.5万元，其中利润1178.60万元。全员劳动生产率12.46万元/人·年。完成了集团公司考核工厂的资产经营责任指标。年内，工厂荣获全国"五一"劳动奖状、"全国厂务公开先进单位"等荣誉称号。

完善营销机制，拓展营销渠道，实行销售承包、销售片区负责制，采取销售、回款挂钩，货款回笼考核办法。全年销售铁道部招、议标车2293辆，比上年减少20.94%，路外车463辆，各类配件销售收入3500万元，向越南出口米轨矿粉车7辆和无轮对转向架240台份。签定了出口巴基斯坦1300辆铁路货车供货合同。

制定售后服务目标计划，充实售后服务队伍，对各铁路局及109个车辆段进行走访服务、收集信息。召开售后服务工作研讨会、售后服务人员座谈会，举办新产品顾客培训班。年内收集征求产品质量意见书85份，顾客满意度调查表68份，顾客满意度为81.44%。

以建立现代企业制度为目标，平推三项制度改革，完善统一领导、分级管理、有效调控的人事管理制度和公平、公等、竞争择优的用人机制。规范用工行为和劳动合同管理，按照企业用工目标合理调整职工劳动合同期限结构，组织全员竞聘上岗，实施以岗位工资制为主体的分配制度。根据八部委和南车集团公司要求，推进主辅分离、辅业改制工作。实施组织结构调整，进一步健全母子公司组织体系，理顺工厂与下属公司关系，促进非主营业务发展。根据市场变化，加强多品种小批量的生产组织，优化生产和现场管理。规范财务管理和会计核算，完善财务内控制度，K3财务管理软件运用，获南车集团管理创新成果奖；建立OHSAS18001职业健康安全管理体系，通过体系审核认证。

全年基本建设和技术改造投资8000余万元，主要用于新建同升专用汽车生产厂房及附属设施、制动机钳工组装生产线及附属设施、巴基斯坦项目、货车部件组焊厂房、两米薄板预处理厂房附属工程、体育馆改造、生产现场管理工程及生活区治理改造等新建和续建工程项目。先后进行了转K2型转向架、巴基斯坦项目、C级钢加强型钩尾框、13号小间隙车钩、14吨轴重米轨敞车和棚车、售碳车、转K4型转向架、25吨轴重运煤专用敞车等项目的技术改造。按照做大做强、提高抗御风险能力的目标，开发了钢结构、专用汽车等项目，全年非主营业务实现销售收入4300万元。多经实现销售收入3027万元。厂办集体企业通过深化内部改革和管理，加快产品开发和技术改造，全年实现销售收入7165万元，利润350万元，分别比上年增长81.39%和130.26%。

【新产品开发】 围绕铁路提速、重载要求，按照"推广一代、研制一代、预研一代"思路，系统引进关键技术与自主创新相结合，完成新产品开发和技术进步46项。其中，货车产品17项，货车及转向架零部件26项，制动配件3项。开发的13号小间隙车钩、转K4型转向架通过铁道部生产质量认证。120型货车空气制动阀铝合金化通过铁道部技术审查。年内，通过引进南非运煤专用车技术，完成25吨轴重全钢运煤专用敞车及25吨轴重副构架转向架的试制。生产出口越南米轨矿粉车7辆，试制巴基斯坦集装箱平车。

【质量管理】 理顺工厂质量管理职责，贯彻"以人品塑造产品，用诚信改进体系，以精品占领市场，用真诚回报顾客"的质量方针，完善质量管理体系和售后服务机制，严格内部质量监督抽查及原材料和外购件入厂检查，深化质量管理小组活动和质量月活动，进行ISO9001:2000版质量管理体系内部审核，于8月通过四川三峡认证有限公司认证。全年产品一次交验合格率比上年提高2.63%，出厂车重大、大事故为零，批量返厂修、批量质量事故为零。

【党群工作】 厂党委以邓小平理论和"三个代表"重要思想为指导，围绕企业改革发展和生产经营中心工作，加强思想政治工作和精神文明建设，发挥党组织的政治核心作用。开展以"三个代表"重要思想为主要内容的理论教育活动，对全厂中层领导干部进行了"三个代表"重要思想理论培训和知识测试。深化"十好"领导班子创建活动，进一步推行干部制度改革，实施部分行政领导竞聘上岗，推行领导干部绩效考核办法。参与工厂三项制度改革总体方案的制定和实施。强化党的自身建设，完成基层党组织的换届改选。实施党风廉政建设责任制，获南车集团党风廉政先进企业和先进基层党组织称号。

厂工会贯彻落实中国工会十四大精神，围绕工厂改革和发展中心，主动参与改革，突出维护职能，加大民主管理和民主监督力度，全面推行厂务公开制度，深入开展"双文明"达标竞赛和经济技术创新等群众性生产活动。深化"职工之家"建设，为职工办好事、实事，开展以"进百家门、知百家情、解百家难、暖百家心"活动为主的送温暖系列活动。承办南车集团第一届运动会。年内，获全国厂务公开先进单位，四川省实施群众性经济技术创新工程先进单位称号。

厂团委贯彻共青团十五大精神,坚持"服务企业、服务青年"的方针,围绕工厂改革和生产经营,以学习党的十六大精神为主线,以"双岗"、"青年科技创新"活动和青年文化艺术为依托,以塑造共青团先进形象为关键,加强青年政治思想教育,培养青年科技创新意识,提高青年岗位业务技能,锤炼团组织自身建设。厂团委荣获南车集团"五四"红旗团委。

【重要纪事】 2月11日,工厂出口巴基斯坦1300辆货车项目在北京人民大会堂浙江厅举行合同签字仪式。3月17日,工厂开发的13号小间隙车钩通过铁道部生产质量认证。4月28日,工厂获全国"五一"劳动奖状。5月20日,工厂平推三项制度改革,经过全员竞聘上岗,正式实行岗位工资制度。10月26日,由工厂承办的中国南车集团第一届运动会开幕。11月4日,工厂开发生产的K4型转向架通过铁道部生产质量认证。11月28日,工厂通过中联认证中心职业健康安全体系及环境管理体系审核。12月17日,四川制动科技股份有限研制的120C型货车空气制动阀铝合金化通过铁道部技术审查。

【领导干部名单】

厂　　长:夏春生
副 厂 长:周宏民、孟维新、吴晓东
　　　　　董如福
总工程师:肖　颖
总会计师:周宏民(兼)
副总工程师:雷自原、何　力
　　　　　张　光(2月27日免)
副总经济师:刘光成、李继鸥、刘英
副总会计师:何　奇(12月29日任)
厂长助理:黄会源(2月27日免)

党委书记:饶　庶
党委副书记:夏春生(兼)、孟庆远
纪委书记:孟庆远(兼)
纪委副书记:王志强
工会主席:李香林
工会副主席:王继荣(2月27日免)
团委书记:陈国仁(12月29日任)

(汪清泉　供稿)

地　　址　四川省眉山市东坡区崇仁镇
邮　　编　630032
电　　话　0833-8502013、0833-8502023
　　　　　0833-8502036、0833-8502028
　　　　　0833-8502030
传　　真　0833-8502046
网　　址　http://www.msrsco.com
电子信箱　cb@msrsco.com

中国南车集团武昌车辆厂

(工商登记营业执照编号:4201001206535)

厂长:杨志刚

党委书记:孙玉昌

【概述】 2003年,武昌厂有员工5610人。总资产5.85亿元,固定资产原值3.9亿,净值2.9亿。各类设备1524台(套),占地面积89.29万平方米。2003年完成棚车新造1050辆,修理客、货车263辆。实现销售收入3.6亿元,亏损970万元,实现减亏530万元。平稳实施三项制度改革。在分配制度方面,全面实施岗位工资。制定绩效考核和竞聘上岗相关规定,形成竞争激励与自我约束的分配机制。在用工制度方面,根据《劳动法》和《中国南车集团关于加强和规范劳动合同的指导意见》制定了具体规定,对全员劳动合同进行变更。其中无固定期和长期合同大幅减少,中短期合同相应增多,激发了用工活力。制定上报辅业改制的总体实施计划,选择中冷泡塑作为试点并制定详细改制方案,已进入最后审批阶段。锻造、宏铁等分厂(公司)改制已形成初步方案。及时调整计划,严格控制成本,完成节支841万元,降低采购成本168万元,完成每辆车降耗1000元的指标。制定实施了《武昌车辆厂目标管理考核办法》、《武昌车辆厂目标管理考核程序及规定》和《武昌车辆厂现场管理工作制度》,现场管理工作进一步规范。推进信息化建设,HMIS系统运行正常,OA系统应用功能进一步强化。积极参与铁道部的招(议)标,广揽市场产品,获得棚车新造1050辆、特种货车1辆。修理空调客车96辆、普通客车164辆、TP9段修3辆。对用户提出的产品质量问题进行认真分析,查找原因并及时组织处理。积极走访用户、注重信息反馈、主动征求意见,进一步完善售后服务管理体系。对多经实体的经营管理进行了探索和改革,多经项目开发取得重大突破,中空玻璃试制达到国家标准,并已正式投产,取得良好效益。赢得东风(本田)汽车零部件加工市场,并签订二类四批工装加工合同。全年实现多种经营收入1.1亿元,利润100万元,完成多经销售目标任务。厂属集体企业工业公司全年实现总产值2093万元,实现销售收入1783万元,亏损450万元。建安公司全年完成产值2700万元。全年基建签订新建和维修工程合同47项,大、维修总投资150万元,工厂经济适用房实际投资1886万元。继续做好重点投入技术改造表面处理项目的实施工作，完成了无氰电镀生产线、化学预处理线及两个废水处理站的建设，投资额1000万元。利用焊接项目和表面处理项目节余资金，进行了新增客车扩能改造项目的部分装备以及高压发泡机、薄板机械抛丸线、型钢板材预处理线的改造。对客车检修主厂房进行了全面扩能改造和大面积工艺调整，改造面积1.5万平方米。新增客车淋雨试验装置、油漆喷涂、烘干及空客试验房等。工厂客车年检修能力达500辆。

【质量管理】 进一步健全质量保证体系，规范操作习惯。开展“质量月”活动，完成质量整改87项。完成质量管理体系GB/T19001(2000版)转版工作，通过认证审核。完成ISO14001环境管理体系内审员的培训工作与初审工作及《程序文件》初稿。全年客车修理、货车新造一等品率100%，货车新造一次交验合格率88.1%，客车修理一次交验合格率77.67%，批量返厂、批量质量事故为零，质量损失率0.443%，产品质量监督抽查合格率100%，货车故障反馈率0.68%。

【党群工作】 厂党委全面贯彻落实“三个代表”重要思想，不断加强党的思想、组织和作风建设，为实现工厂全年生产经营目标和推动工厂新一轮改革发展提供了坚实的思想和组织保证。工厂党委坚持以创建“十好”班子为龙头，从深化“创先争优”和党员“塑形”活动入手，切实加强党的自身建设。贯彻落实党风廉政建设责任制，加强源头治理，开展客车主厂房改造、动能用煤计量、“三重一大”整改、物资招标采购、员工经济适用房建设等效能监察活动，取得较好效果。

厂工会积极开展送温暖活动，走访慰问特困家庭，发放困难补助和慰问金7万余元。坚持厂务公开制度，推动厂务公开工作全面开展。工厂被湖北省、武汉市评为厂务公开先进单位。

厂团委为配合工厂生产经营目标，开展“四做到三服务青年承诺”活动。征集和评选“五小”成果，推广先进操作法。厂团委被武汉市授予“青年文明号”称号，两项“五小”成果获武汉市三等奖。

【重要纪事】 3月12日，120公里/小时特种货车焊接转向架通过技术评审。6月2日，公布工厂工资分配制度改革方案。8月18日，工厂生产的P_{64GK}通过部级技术评审会。10月27日，工厂生产的转K4型转向架顺利通过部级生产质量认证。

【领导干部名单】

厂　　长：杨志刚
副 厂 长：徐志平、陈明礼、徐磊
总工程师：陈明礼(兼)
副总工程师：马玉龙、王兆林、蔡德权、
总会计师：魏玲云
厂长助理：梅振钦、邓建新、傅　煌

党委书记：孙玉昌
党委副书记：应智敏、杨志刚(兼)
纪委书记：应智敏(兼)
纪委副书记：肖善启
工会主席：齐志敏
工会副主席：童保英、熊泽民
团委书记：罗谦勇

（史志办　供稿）

地　址　武汉市武昌区和平大道750号
邮　编　430062
电　话　027－86815166、86737021
传　真　027－86811017、86737021
网　址　http://www.Chinacoo1168.com
电子信箱　Ucjszx@public.wh.hb.cn
Ucjxc@163.com

中国南车集团铜陵车辆厂

(工商登记营业执照编号:3407001100448)

厂长:刘岱华

党委书记:凤维柱

【概述】 2003年,铜陵厂有员工3530人。工厂占地面积86.37万平方米,其中生产厂房建筑面积11万平方米(未含新建厂房)。固定资产原值2.4亿元,主要设备1644台,原值13577万元,净值8500万元。全年完成工业总产值3.7亿元,工业增加值1.0154亿元,实现销售收入3.74亿元,比上年增长27.8%,市场产品销售收入9200万元,比上年增长50%,实现利润102万元。全员劳动生产率39241元/人·年,比上年增长19.2%。

按公开、公正、公平原则,进行干部人事制度改革。厂级行政副职先免后聘,经自愿报名、演讲答辩、民主评议、专家评议和组织考察等程序,3人竞聘为副厂长。中层干部实行竞聘上岗,经演讲、考评、组织考核、择优聘任等程序,先后有98人竞聘上岗。全厂员工实行竞争上岗。进行机构调整,原来35个部门精简为24个(不含8个销售部),行政处室由原来的23个精简为16个(二级机构由5个减为2个),党群系统由原来的12个减为9个。自6月1日起,全员实行佩带胸卡上岗。

对生产单位由原全部项目考核改为只对变动成本考核,对部门经费实行"零指标"计划。成立货修分厂,理顺货车修理程序,降低修理成本。对大宗物资、基建工程、大型设备采购采取招议标方式,全年节约资金136万元。对多经实体全面实行"三金"自缴,相互关系市场化。关闭浴室11个,节煤122吨。对周边3个行政村进行农网改造,完成转供电移交工作,当年减少电耗资金80万元。改造职工住宅电路、水管道,提高居民生活质量。对热加工铸钢正火炉、锻造加热炉、铸铁台式正火炉等3台关键设备进行大修,制定谁使用谁负责的设备保养制度。工厂第一次突破日产新造车12辆,第一次铸钢件突破双千吨,第一次实现整车出口,第一次车轴年产量突破2.3万根,第一次人均年收入增幅突破集团公司平均值。

全年新造C_{64K}敞车1151辆,N_{17BK}平车50辆,修理平车250辆,其他平车19辆,出口坦赞铁路平车50辆,越南渣罐车3辆,转向架45台份,轮对1017对,摇枕侧架1450台份,C级钢钩尾框5759只,各型活塞980只,各种车轴2.31万根,铸钢件6400吨。

产品销售与服务，辐射全国14个铁路局(集团)，对签订的合同严格履行合同规定，按期保质保量完成客户所需产品。及时处理客户反馈的产品质量信息，及时解决使用过程中的疑难问题。全年新造车一次交验合格率为93.3%，修理车一次交验合格率为96.67%。获得“守合同重信用”称号。

对多元经济与厂办集体经济实行统一管理，改控股为参股。多经系统逐步实现自主经营，自负盈亏。全年多经系统实现销售收入1200万元，利润45.7万元。信燕公司在继续生产出租车税控计价器的同时还承接车辆底漆稀湿剂、平车集装箱排运架等任务，全年生产出租车计价器2500只，生产稀湿剂100吨，创产值160万元，利润20万元。清源公司紧盯国外市场，制作饮水器主要部件超膜系列元件11万只，其中销往韩国10万只，台湾、泰国1万只，实现销售收入187万元，利润15万元。盖王公司生产DT4种系列塑料线辊18万只，承揽多种铆钉及铆焊件生产任务，创产值270万元。南方铜业公司研制的薄膜绕包玻璃丝包电磁线，通过株洲电力机车厂质量认证，成为该厂的注册供应商。铜车工业公司全年完成平车修理132台，前盖后挡1470台份，新造制动梁3386台份，保温帽套97581只，全年完成工业总产值960.3万元，实现销售收入1193万元，职工收入增长30%。

全年基本建设与技术改造投资570万元，分别对冲铆、总装、台车3个分厂厂房和办公楼房及电源进行技术改造，建成车辆系统配套工程外墙和2000米外环路。对热加工系统锻造、铸钢分厂厂房进行技术改造，对职工住宅电表、水管道、进户线进行改造。

【新产品开发】 全年技术革新96项，其中主要项目18项。研制出邯郸IC6GK敞车、坦赞铁路米轨平车、越南11立方米电动倾翻渣罐车、米轨转向架、掘煤机机体铸件。10月10日完成首台新型K4转向架样车，10月15日通过厂级质量鉴定，21日通过铁道部质量认证，已批量生产。首辆NX_{17BK}通用集装箱两用平车，通过铁道部技术审查，获准批量生产。

【质量管理】 重新修订《铜陵车辆厂质量考核办法》、制定《领导干部质量保证风险金制度》、《产品与收入挂钩》、《工序质量赔偿制度》、《敞车一次交验合格率指标》等制度。根据南车集团《关于组织开展“2003年全国质量月”活动通知》精神，开展“铜厂青年兴质量”、“坚持质量第一，提高竞争力”、“五查一访”使用户满意质量整治活动。对从事质量检验的人员进行岗位培训，培训检验人员118人。对惯性质量问题及时组织专业技术人员攻关，发挥“QC小组”作用。

【党群工作】 抓好党委中心组和基层党支部的学习，制定下发《基层单位政治理论学习制度》，严格学习制度，实行到会签名制，提高学习效果。组织开展“与时俱进，创新发展”思想大解放、观念大转变学习教育活动，增强员工忧患意识。开展“十好”领导班子创建工作，完成考评内容，促进领导班子建设。全年编发各类宣传材料42篇16万字，发行《铜陵车辆》报7期，制作电视新闻54期，专题51个，广播稿件1432篇，对外报道101篇(次)。全年发展新党员28人，按期转正35人。抓好党风廉政建设，制定《铜陵车辆厂落实党风廉政建设责任制的检查考核和责任制追究办法》，修订《党风廉政建设责任书》。对党员干部进行警示教育，组织党员干部收看《慕绥新、马向东案件透析》、《扭曲的人生——李真贪污受贿剖析》等党风党纪教育录像片56场次，3385人观看了录像。受理办结信访举报14件，排查线索4起，立案查处3起，结案5起，为工厂挽回经济损失17.3万元。

年内召开2次职工代表大会，1次会员

代表会，1次全委会，4次职工代表职席会。代表员工与厂长签订2003至2005年集体合同。坚持厂务公开制度，开展劳动竞赛。开展全厂员工“大干60天，拿下596辆车”活动和“提高质量、挖潜增效、增收节支”、“女职工天车比武”活动，筹措资金建成文化广场。举办美术、摄影、“三八”女工手工艺品展览等活动，丰富员工业余文化生活。坚持送温暖活动，对9户特困员工实行动态管理，全年发放困难补助金11万元。厂工会获南车集团“创建工会好班子”表扬单位，铜陵市总工会授予工厂“工会工作目标责任制先进单位”称号，获南车集团首次运动团体第六名。

厂团委努力做好党的助手工作，开展“青年质量明星”评选、签订《质量承诺书》、“青工技术比武”等活动。在5、6月大会战中，组织149名青年成立了15支“青年突击队”，开展了20余次大的突击活动。厂团委获铜陵市“五四”红旗团委称号和集团公司“五四”红旗团委称号。

【重要纪事】 1月17日，集团公司总经理赵小刚到厂检查工作，并慰问困难员工。1月14日，铁道部运输局专家组到厂对C_{64K}整车进行鉴定。1月24日，工厂首辆C_{64K}敞车出厂。3月22日，越南煤炭总公司代表团到厂考察。9月11日，越南太原钢铁厂考察团到厂考察并洽谈罐车整车出口业务。10月30日，ISO9001(2000版)、ISO14001体系通过中国船级社认证公司的认证

【领导干部名单】

厂　　长：刘岱华
副 厂 长：胡胜斌、陶芳泽、成　光
副总工程师：张厚胜、洪晓耕、宋仲明
副总会计师：俞久宁

党委书记：凤维柱
党委副书记：刘岱华(兼)、陈爱民
纪委书记：陈爱民(兼)
纪委副书记：王思通
工会主席：余小林
工会副主席：胡乃松
团委书记：汪永生

(沈承平　供稿)

地　址　安徽省铜陵市凤凰山街道叶村
邮　编　244142
电　话　0562－6803172、6803114
传　真　0562－6803344
网　址　http://www.tlclc.com.cn
电子信箱　tlclc@mail.ahwhptt.net.cn

中国南车集团成都机车车辆厂

（工商登记营业执照编号:20193834－4）

厂长:曾继宗

党委书记:黄才汉

【概述】 2003年,成都厂有员工4410人。固定资产原值4.8亿元,主要生产设备1105台。全厂占地面积78.8万平方米,其中生产厂房面积21.6万平方米。年修机车155台,其中东风$_4$型机车101台,东风$_5$型机车20台,东风$_{7C}$型机车2台,电力机车28台,工矿机车1台,轨道吊车3台;客车厂修186辆;电机制造1033台。全年实现工业总产值(不变价)24411.5万元,比上年增长24.9%;实现销售收入3.64亿元,比上年增长18.3%;实现利税1211.4万元,其中利润96万元;全员劳动生产率55355元/人·年。

全面引入市场机制,强化员工市场观念,与各铁路局及主机厂建立合作伙伴关系,大力开拓地方铁路市场。改进营销手段,实行客户经理制,为客户提供个性化服务,提高顾客满意率。整章建制,强化生产统一指挥的权威性。修订《生产管理办法》,强化对生产管理指挥系统,实行分片分区管理制度。加强采购、选装选修管理,确保物资配件按时到位。加强工序管理,坚持以工序生产进度保台车生产周期,以台车生产周期保平均在厂周期。强化安全生产管理,逐级落实各级领导的安全责任制,全年无死亡事故发生。以装备保工艺,以工艺保质量,自筹资金1800万元对机车、客车和电机三大系统进行技术改造。机车技改方面新成立解体车间,完成机车车间大盖、V型架、燃油箱等工序的搬迁,完成电机检修车间搬迁和调整,新增联合清洗机、油漆喷烘库、缸头检修流水线等装备。完成主变、平波检修工序搬迁和客车存车线、喷砂除锈厂房、油漆喷烘漆室、解体厂房、淋雨试验台等技改项目。

继续平推三项制度改革,制定《中层领导职员考核评议工作细则(暂行)》和《员工绩效考核与岗位动态管理办法(试行)》,健全完善绩效考核体系,加大员工竞聘上岗和优化组合的力度,初步建立“能上能下”的用人机制。坚持劳动合同短期化的原则,规范全员劳动合同管理。抓好富余人员的分流安置工作,对滞留再就业中心的134名人员和落聘落岗的292名员工进行妥善分流和安置,初步建立“能进能出”的用工机制。建立以岗位工资为基础的工资分配制度,打破分配旧格局。

员工人均年收入比上年增长11.94%。从严治厂，颁布实施“十条禁令”等一系列管理措施。中层领导推行3年任期聘用制，打破领导终身制。强化审计监督，促进规范经营与管理，全年完成审计项目1502个，审减工程支出和合同价款55万元。完成全厂清产核资工作，为实施新的会计制度做好充分准备。制定主辅分离改制分流总体方案，改革改制进一步深化，中、小学移交地方，爱普利锻造公司完成改制。取消后勤系统工资补贴。全年多经、集体经济实现销售收入1501万元。

【新产品开发】 进行东风$_{7C}$机车试修、N100G铁路轨道吊车技术改造，着手东风$_{4D}$、韶山$_{4}$改机车试修生产技术准备工作。电机系统成功开发ZD120B、ZD109BG、TQFR3000E、ZD109F、ZQDR310等5个新品种，其中ZD120B、ZD109F、TQFR3000E等3种电机实现当年开发，当年装车运用，取得良好市场效应。

【质量管理】 制定“三年质量攀升计划”，确定“心系顾客、诚信服务赢市场，精心修造、持续改进促发展”的质量方针，明确“十五”质量目标。加强工艺技术管理，开展工艺自查自纠和质量专项整顿活动。制定供方质量管理办法，加大供方外购件的质量索赔力度。实施“记名修(造)”、“记名检”和质量索赔制度，落实质量考核责任，质量落责率达到85%以上。加强质量体系管理，通过ISO9001(2000版)标准的转版认证工作。机车检修厂外平均责任故障件数比上年下降14.8%，机车一次交验合格率、电机批量返厂、机车返修率等主要质量指标保持稳定。

【党群工作】 厂党委坚持以“三个代表”重要思想为指导，认真贯彻落实党的十六大精神，围绕企业生产经营中心，充分发挥政治核心作用。开展工厂“十好”领导班子创建活动，推进领导班子思想建设、组织建设和作风建设，领导班子获集团公司“十好”领导班子称号。促进干部作风转变，坚持双休日检查各基层加班单位领导值班情况。加强党员队伍建设，开展“争先进、比贡献、保生产”、“树组织人事干部形象”等活动。指导基层党组织换届选举工作，有22个党支部进行委员增补，有5个党支部进行换届选举。组织民主评议党员，全厂有1091名在职党员(预备党员工13名)参加民主评议。针对工厂部分机构变更，及时调整党组织的设置，加强对党支部工作的检查考核，制定《党支部建设达标升级竞赛活动考核办法》。配合工厂改革改制工作，将上级有关主辅分离、辅业改制的文件和领导讲话汇编成册，下发到员工手中，加大宣传力度，提高员工对市场经济的正确认识和改革改制的承受力。制定《工资分配及考核办法》和《员工绩效考核办法》，每月对员工进行考评。倡导公开、公正、公平的原则，加强党风廉政建设和纪检监察工作，加大标本兼治和源头预防力度。

厂工会针对生产经营重点、难点、薄弱点开展“双文明”竞赛和“短、平、快”等多项立功竞赛和合理化建议活动。组织召开十二届三次职代会和五次职代会联席会，审议方针目标和重大经营决策，征集提案206条。健全困难救助机制，为困难员工排忧解难。做好“送温暖”工作，走访慰问困难员工家庭792户。建立员工保障机制，运作员工大病医疗互助基金和员工互助合作基金。坚持开展月度最佳和年度十佳好事活动，承办并参与南车集团首届运动会。

厂团委组织开展“质量信得过青年班组”创建活动，倡导精益求精的制造文化，参与现场管理，增强团员青年市场、质量和服务意识。组织“牵手青年志愿者”活动意识，免费为员工家属服务300余人次。

【重要纪事】 2月17日，工厂召开第十二届三次职工代表大会。3月8日，泰国铁路考察团到厂参观考察。3月26日，集团公司总经理赵小刚到厂检查指导工作。3月28日，工厂《岗位工资制试行办法》下发试行。6月1日，工厂“十条禁令”正式实施。6月12日，美国通用电气运输系统（中国）有限公司总经理付波来厂参观考察。7月15日，工厂与成都市成华区教育局签订子弟中、小学移交地方政府协议。7月18日，泰国交通部商务技术考察团来厂考察。8月14日，美国通用电气公司运输系统传动分厂厂长鲍勃·川斯基等一行到厂参观考察。8月30日，英国和荷兰高级铁路代表团到厂考察。9月11日，工厂大修的首台东风$_{7C}$型内燃机车竣工交验。11月8日，工厂首家规范化改制企业成都爱普利锻造有限责任公司挂牌成立。11月12日，工厂大修的NS100G型全液压伸缩臂铁路起重机通过铁道部技术审查。11月29日，工厂第十次党代会隆重召开。127名与会代表以无记名投票方式选举产生江河、郑平、赵晓谦、黄才汉、曾继宗5人组成的工厂第十届党委会，黄才汉为党委书记，曾继宗、江河为党委副书记；选举产生邓蓉、龙远国、江河、汪绍怀、张汉生等5人组成的纪律委员会，江河为纪委书记，汪绍怀为纪委副书记。

【领导干部名单】

厂　　　长：曾继宗
副　厂　长：郑　平、蔡兴林
　　　　　　赵晓谦、刘广明
　　　　　　姚卫东、危　勇
总 工 程 师：赵晓谦（兼）
副总工程师：张昭先、李红兵
　　　　　　张　剑、胡　彬

党 委 书 记：黄才汉
党委副书记：曾继宗（兼）
　　　　　　江　河
纪 委 书 记：江　河（兼）
纪委副书记：汪绍怀
工 会 主 席：黄德清
工会副主席：何国英
团 委 书 记：廖淑辉

（张　莉　供稿）

地　　址　成都市二仙桥北路31号
邮　　编　610057
电　　话　028-84113424
　　　　　061-48221（路电）
传　　真　028-84128984
网　　址　http://www.cdjcc.com
电子信箱　cdc@cdjcc.com

中国南车集团洛阳机车厂

(工商登记营业执照编号:4103001001212)

厂长:胡　洋

党委书记:么治森

【概述】 2003年,洛阳厂员工总数6810人。实现销售收入4.25亿元,同比增长18%,上缴税利679.14万元。

以产品为导向,调整生产组织结构。围绕职代会提出"电力机车检修尽快实现小批量生产"的经营目标,理顺电力机车检修工作流程,以工艺分工和作业流程为基础,对内燃机车、电力机车整体布局进行重新调整,形成新的检修格局。克服困难,降低机车在厂周期。随着入厂机车附加条款增多,点装配件给生产带来的冲击也日益明显,特别是配件供应和配件质量等问题,造成生产严重失衡。为缓解矛盾,工厂采取有效措施,对内抢生产,实行随到,随时开工的原则,抢生产赶进度;对外加强与配件生产厂家的联系,理顺配件供应渠道,降低供货周期,确保配件及时供应,保证机车在厂周期。内燃机车在修周期为23.53天,同比下降0.22天。全年,检修内燃机车233台,电力机车12台。加强安全生产管理,通过多种方式宣传贯彻《安全生产法》和《职业病防治法》。开展以"实施安全生产法,人人事事保安全"为主题的安全生产月和安全生产"五小"活动。实施ISO14000和OHSMS18000职业安全健康管理双认证工作,完成初始评审,进入试运行阶段。工厂连续实现第11个安全年,安全生产4174天。

围绕"跟得上、贴得紧、有储备、有创新"的技术发展思路,做好东风$_{7C}$型机车试修准备,围绕电力机车检修提能力、上批量,补充完善关键技术装备,集中力量解决影响成本、周期、质量的工艺技术问题。抓好产品研发,把增加值高、市场前景好的韶山$_8$型和韶山$_{4G}$型电力机车作为发展重点。首台韶山$_8$型电力机车于8月11日试修成功。投资2000多万元对制备系统进行扩能,购置立式、卧式加工中心、数控立式车床、数控车床、数控切割机等先进设备,提高制备系统加工能力,为扩大外贸配件加工创造良好条件。全年外贸产品销售收入突破1200万元。成功研制LJ67-315型摩擦压力机、钢筋切断矫直机。

在保证市场占有率的情况下,承揽增加值高的机车。创新售后服务形式,坚持走出去、请进来的做法,组织召开质量用户座谈会,听取用户建议,向用户展示生产全过程,提升企业市场形象。全年承揽内燃机车215台,电力机车12台,中标6台地方铁路机车。

围绕“抓管理提效益”的经营思路,强化控制,狠抓落实。以机构整合为契机,建立规范的绩效评价体系。在成本管理方面,细化成本指标,明晰成本职责,严格成本考核。通过成本指标分解,向员工传递压力,提高全员效益意识。在企业生产经营过程中,引入增加值概念,引导员工在注重销售收入的同时,更要注重经济效益。加强应收账款管理,积极处理超储积压物资。按照集团公司部署,在全厂范围内开展资产清查,达到摸清家底,规范管理的目的。在计划制定方面,将年度计划变为半年计划,提高计划可执行性和可控性。完善考核评价体系,试行中层领导干部风险工资责任制,将考核指标和考评指标的完成情况与中层领导干部收益挂钩,增强中层领导干部责任意识。结合机构调整,制定《管理评价考核办法》,建立新的部门绩效评价体系。遵循精简高效、结构合理、资源优化、组织协调的原则,构建两层管理体系,初步形成决策中心、经营利润中心、成本控制中心的单元式管理模式。按照工厂组织机构改革的总体要求,搭建“十部一室一中心”的行政系统机构框架,优化整合党群系统。在合理调整内燃、电力机车检修工艺流程的基础上,按照减小管理跨度、提高管理效能的原则,调整内燃、电力检修系统组织机构,调整机构后的各单位目标和职责更加明确。

规范劳动合同管理,与长期脱岗员工解除劳动合同。推行劳动合同与岗位合同两级合同管理制度,并视情况新签、续签不同期限的劳动合同。深化用工制度改革,加大公开选拔中层管理者力度,试行公开选拔、任前公示、民主评议、末位淘汰制度,创造人才脱颖而出的环境。全面引入竞争机制,打破以往由于员工身份不同而造成的岗位壁垒。改革人力资源配置方式,除对稀缺人才进行必要的引进或调配外,对其他岗位的余缺,按公布岗位、公开招聘、择优录取程序进行。完善工资分配机制,遵循工资按岗位、收入依贡献的指导思想,采取先试点,后逐步铺开的方式,初步建立包括计件工资、绩效工资、岗位工资和项目工资在内的新型工资体系。增大浮动工资和知识技能要素参与分配的比重,加大分配激励。

推进后勤辅助系统分离分立,制定辅业改制的总体方案。机车宾馆、幼儿园、物业公司实行全新的形式不同的经营模式,保洁部改制为有限公司方案已通过评审。

探索人力资源建设新机制和新途径。针对专业技术人才缺乏现状,选送部分技管人员到中南大学学习。采取学习成绩与工作安排、费用报销相关联的激励方式,增加学习压力,激发学习动力。为适应企业快速发展对高素质管理人才的潜在需要,采取基层民主推荐和组织考核相结合的方法,从基层单位挑选一批素质好、有培养前途的年轻技术人员和管理人员,组建中层后备管理人员人才库,为中层管理者提供了后备军。

推行职业资格证书制度和技术工种就业准入制度,以职业技能鉴定为导向,对员工进行多种形式的培训。结合三项制度改革总体要求,将学习培训经历、学习成绩与岗位要求相结合,激发员工学习积极性。在南车集团公司组织的第二届职业技能大赛中获优异成绩。

【质量管理】 围绕“可靠性、清洁化、商品意识和再造理念”,细化机车检修工艺,调整工艺布局,理顺检修工序,增强检修工艺可操作性和工艺准确性。强化质量保证体系建设,组建两级质量保证网络。加强现场工艺检查、加大质量改进力度,针对外购件质量问题反馈多的情况,制定“外购件、外协件入厂检验规范”及相应的检验技术标准,编制、完善进货检验规程，为从源头把好质量关提供技术标准。推进信息化建设，完成了 ERP 系统所需信息的总体设计，并对生产班组编码、物料编码进行规范和完善。推广办公自动化，全面实施财务电算化。

【党群工作】 厂党委面对新的形势以及在改革发展中出现的各种新情况、新问题，发挥党组织的政治优势和党委的政治核心作用，把政治理论学习摆在重要位置，把学习的收获转化为深化改革、推进企业发展的实际成果，用实践来检验学习效果，推进企业各项工作。开展“创建十好领导班子”活动，强调“责任意识”、“大局意识”和“创新意识”，增强两级领导班子凝聚力和战斗力。围绕学习贯彻十六大和十六届三中全会及党代会、职代会精神，开展形式多样的宣传教育活动，弘扬“围绕奋进”的企业精神和“扎实、诚信、创新、求效”的企业作风，企业文化建设取得新的进展。通过开展“加快观念转变，促进改革发展”大讨论活动，员工树立了与市场经济、商品意识相适应的新观念。通过形势任务教育和多种形式的宣传引导，企业内部初步形成一种团结奋进、蓬勃向上的浓郁氛围和和谐的人际关系，员工的价值取向与工厂的发展方向趋于一致。把建设星级党支部作为加强党建工作的切入点，严格对支部考核评比，强化“好中创优者升，相形见绌者降”的运行机制，增强支部工作活力。贯彻“党要管党，从严治党”的工作方针，建立党委统一领导，党政齐抓共管，纪委组织协调，各部门各负其责，依靠群众支持和参与的反腐倡廉领导体制和工作机制。按照“管理好人、约束住权、控制住钱”的工作思路，探索加强监督的途径和方法，监督领域不断拓宽，源头防范工作力度不断加大。针对企业经营的实际，相继制定和完善廉政建设规定和制度。开展厂属单位自管资金、《通讯管理规定》执行情况等效能监察。制定党员干部“六带头、六保证”制度，在全厂党员中开展“大局观”教育和“预防职务犯罪”教育月活动，增强党员大局观念、纪律观念和拒腐防变能力。

厂工会组织召开职代会联席会，讨论审议《预售“万隆小区”住房办法》以及《工厂组织机构改革总体方案》、《工厂关于实施三项制度改革的总体方案》和《工厂工资制度改革总体方案》等事项。推行“厂长助理”制度，使部分员工能零距离接触参与工厂生产经营管理。拓宽厂务公开渠道，增加决策管理透明度，扩大员工知情权、参与权。开展“树质量形象，攻质量难关”劳动竞赛，攻克质量技术难关 9 项，创造经济效益 60 余万元。落实《工会劳动保护监督检查三个条例》，宣传贯彻《职业病防治法》，不断加强劳动保护监督力度。实施送温暖工程，全年共有 750 余人次参加走访慰问活动，走访慰问员工家庭 600 余户，发放慰问金 10 万元，救济困难员工 346 人，慰问住院员工 398 人。依法维护女员工合法权益和特殊利益，完善达标方案，开展巾帼文明示范岗创建活动。举办首届员工文化艺术节，贯彻落实《全民健身计划纲要》，实施“四个一”工程，确保全民健身活动全员性和经常性。

厂团委利用每周一次的团干例会及时向基层团干部传达通报工厂生产经营状况。开展“青春真谛”大讨论、“青年与改革”对话等活动，动员和激发广大团员青年支持改革、投身改革。开展学雷锋青年志愿者活动，建立 30 多支青年志愿者服务队，受到广大职工家属欢迎。在全厂青工中开展“争当青年质量标兵”竞赛活动。加强青年员工的安全意识，成立“工厂青年安全生产工作领导小组”。完善“达标夺旗”考核评比办法，增强团组织“自转”能力。举办第十一届青年毽球比赛、第六届青年象棋赛、第三届青年跳棋赛等文化娱乐活动。在首届南车运动会上，毽球男队夺得冠军。在河南省第二届毽球比赛中，厂男、女代表队均获得第二名,并被授予精神文明奖。

【重要纪事】 1月15日,召开十一届五次职工代表大会。2月28日,举行中层领导班子风险责任书签字仪式。4月15日,集团公司安全生产工作会议召开。6月23日,举行公开选拔总工程师演讲答辩会。7月11日,召开第十一届六次职工代表大会。7月28日,集团公司党委副书记杨荣林到厂检查党风廉政建设工作。8月12日,工厂举行首台韶山$_8$型电力机车大修竣工仪式。8月19日,召开机车修理质量用户座谈会。8月20日,举行首届职工文化艺术节。10月27日,河南科技厅厅长姚聚川到厂检查指导信息化建设工作。

【领导干部名单】

厂　　长:胡　洋
副 厂 长:徐金生
　　　　王石山(12月22日免)
　　　　王永和
厂长助理:盛家厚(2月26日免)
　　　　魏书振
总工程师:陈东平(7月28日任)
副总工程师:陈东平(7月28日免)
　　　　陈延辉、王中秋
总会计师:张洪林(7月28日免)
副总经济师:秦保华(2月26日免)
　　　　王家琦
　　　　曹钢材(2月26日任)
　　　　黄建东(4月14日任)
　　　　王　淼(4月14日任)

党委书记:么治森
党委副书记:胡洋(兼)
　　　　查凯学(6月30日任)
书记助理:闫清敏
纪委书记:查凯学(6月30日任)
纪委副书记:武晋国
工会主席:刘公璞
工会副主席:周振安(2月26日免)
团委书记:崔利辉(10月9日任)

(厂办　供稿)

地　　址　河南省洛阳市启明东路2号
邮　　编　471002
电　　话　市电:0379-3572941;
　　　　　路电:059-24274
传　　真　0379-3570296
网　　址　http://WWW.lylw.com.cn
电子信箱　FDO@ylw.com.cn

中国南车集团襄樊内燃机车厂

(工商登记营业执照编号:42062111000231/1)

厂长:王石山

党委书记:沈绍泉

【概述】 2003年,襄樊厂有员工4109人。全年完成机车修理136台,比上年减少14台。完成缸套生产6320组(件),比上年增加134组(件)。完成汽车改装制造585辆,比上年减少64辆。工厂实现销售收入26849.1万元,比上年减少4.19%。亏损4804.16万元。

撤销机车修理分厂建制,新成立缸套制造部、机械制造部、动力供应部。完成工程处与协利成公司、加工厂与铁路配件厂资产重组和众力公司改制。制定《襄樊厂主辅分离改制分流的总体方案》。制定《员工岗位竞(招)聘暂行办法》、《改制单位员工管理暂行办法》、《工厂工效挂钩暂行办法》、《劳动定额管理暂行办法》等规章制度,下发工厂三项制度改革的总体实施方案和实施计划。完成岗位分析、岗位描述及岗位评价工作。优化工厂组织结构,理顺管理关系,调整和完善机关部室的职责范围,按照减员总体要求,完成生产单位劳动定员工作和相关机构设置及"三定"工作,进行全员解聘和机关部室、3个制造(供应)部相关的全员岗位竞聘工作,实施竞聘上岗。全年组织16次公开招聘,51人通过竞(招)聘调整了工作岗位。加大员工培训力度,组织262名员工参加职业技能鉴定理论考试,全年委外培训48人次。技工学校通过湖北省重点技工学校评审。

加强生产计划管理和生产节点考核,制定《周期误点报告单位》和《后工序考核管理办法》等制度,全年机车平均在厂周期40.73天。加强在制品和库存动态管理,完成气门、车轴、曲轴、钢顶铁裙活塞等机车修理配件加工780项,一级备品同去年同期相比外购数量大幅下降,年底库存资金697.36万元,比去年同期下降80.68万元。外揽生产各种规格型号的液压油缸863套,同比增长109%。完成设备大修35台套。全年职工因工轻伤负伤率为0.48‰。

实行大宗物资和重要配件集中采购,开展物资采购招议标工作,招标采购金额占采购总金额的14.3%,物资配件采购成本比上年同期降低3.7%。开展清产核资工作,清理资产损失5937万元。加强清欠工作,全年清收各种欠款219.45万元。开展物资采购价格审计863项,审减金额92.9万元,审减率3.72%;开展工程预决算审计项目182项,审减金额170.6万元,审减率11.32%;完成任期(离任)经济责任审计11项,查出问题金额353.2万元,提出审计建议28条。完成物资采购管理和招投标、废旧物资管理、在制品管理等43项效能监察项目。审核合同162项,送审标的金额1922.14万元,审减金额28.66万元。对厂内物资、工具计划价格作出全面调整,编制物资、工具厂内价格目录8143项。

多种经营实现年收入1.05亿元,其中襄樊南车专用汽车股份公司完成非机车车辆产品收入8789.29万元。配件实业总公司完成销售收入910.81万元,实现内部利润50.37万元。建筑服务总公司完成销售收入373.29万元,内部利润4.82万元。协利成公司完成销售收入339.78万元,内部利润26.25万元。集体企业也积极利用现有能力,开展生产机车配件、铅字印刷、加工工作服等创收项目,创销售收入110.74万元,实现工业增加值59.09万元。

制定《基建工程项目管理规定》,编制《2003年房屋构筑物维修计划》,全年安排维修项目费用236万元。编制基建工程项目预算89项,总金额378万元。

以东风$_4$型系列内燃机车修理为主,兼顾其他类型机车及铁路工程机械的修理。成立电器工段,整合机车车间仪表班、放线班与空调车间电器班。修复形状复杂、长大裂纹的机体和齿形裂纹的连杆。

(廖明星　杨玲华)

【新产品开发】 试修东风$_{8B}$型内燃机车,全年修理东风$_{8B}$型内燃机车4台,实现机车修理品种新突破。成功开发280缸套和东风$_{8B}$气门导管等机车部件。自行研制集装箱式轨道焊机。襄樊南车专用汽车股份有限公司开发浮动式和前顶式专用汽车、加盖自卸车,以及多级伸缩油缸、压缩式垃圾车专用油缸和斯太尔车浮动桥专用油缸等新产品。

(廖明星　严　涛)

【质量管理】 加大质量检查和外罚力度,健全工厂、车间两级质量分析会议制度。全年下发质量通报8份,制定整改措施87条,处罚责任人员118人次。加大对供方的质量索赔力度,全年索赔金额68.5万元。以"提升修造质量,适应铁路跨越式发展"为主题,开展"质量月"及群众性质量管理活动。3个QC小组获得铁道部表彰。通过ISO19001:2000版质量体系换证第三方认证审核。启动环境及安全管理体系即ISO14001、ISO18001认证工作。襄樊南车专用汽车股份有限公司通过了产品"3C"认证。

(廖明星　李国宾)

【党群工作】 厂党委以"双提双达标"工程为主线,突出创建好班子、增强党组织活力、党员先进性教育、加强内控制度、适应改制创新党建工作五个重点,开展"与时俱进、创新发展"学习讨论,在厂级领导班子和中层以上干部中开展以学习贯彻党的十六大精神和"勤政、廉政、优政"等系列专题为主要内容的党性党风教育活动。开展厂领导创建"十好班子",基层党委、总支创建"四好领导班子"活动,在基层党组织和全体党员中开展实践"三个代表"重要思想,保持党员先进性的学习教育活动。推行党政交叉任职、一岗双责,在构建"党政共同负责"领导体制和"党政工团齐抓共管"的工作机制等方面进行探索。承办南车集团公司党办系统"加强信息和调研工作培训班"。开展党支部建设达标活动、"创岗建区"和争创"六好共产党员"活动,全年发展党员39名。坚持以人为本,培育与时代精神和竞争要求相适应的企业品牌文化,提高员工队伍整体素质。完善党风廉政责任体系、开展效能监察、强化内控制度和监督检查,堵塞资产流失漏洞。

厂工会发挥维护、监督、保证职能作用,

开展多种形式的劳动竞赛和“群众性技术创新、我为减亏扭亏献一计”等活动。为防治“非典”工作捐款、为广西贫困山区学习捐资助学、为员工购买防暑降温物品等。关爱特困群体,救济困难员工463名,发放救济金9.36万元。

厂团委以“学习、诚信、创新”为主题,落实《团委中心组学习制度》,建立“青年广场”网络信息模块。开展“襄车青年兴质量”,召开“青年质量信用承诺现场推进会”等诚信行动,以实际行动树立“诚信”形象。组织开展岗位创新创效活动,深化“双五小”、“双岗”等系列活动,完成“五小”成果50余项。

(陈盛标)

【重要纪事】 2月27日~3月2日,铁道部东风$_{8B}$型内燃机车大修规程、大修技术改造方案审定会在厂召开。3月,工厂协利成公司和武汉瑞尔威机械工程公司联合开发生产的首台“ASM60型集装箱式移动钢轨焊接机”通过焊接试验,交付用户使用。8月22日,工厂对部分机构和职能进行调整,撤消机修动能分厂,成立动能供应部,机械制造分厂更名为机械制造部。9月3日,南车集团公司下发《关于襄樊内燃机车厂襄樊众力有限公司改制方案的批复》,同意工厂按照国家八部委联合下达的文件精神,对襄樊众力有限责任公司(暂定名)进行规范化改制。10月27日,工厂出台实施《全员竞聘上岗实施办法》和《落聘人员分流安置和管理暂行办法》及《工厂劳动工资分配暂行办法》。12月8日,经过北京新世纪中心专家对工厂质量管理体系第三方换证进行,认为工厂质量管理体系基本符合ISO9001:2000版要求,同意推荐注册。

(朱之萍)

【首台东风$_{8B}$型内燃机车修竣】 4月26日上午,工厂承修的首台东风$_{8B}$型内燃机车修竣出厂。

在试修首台东风$_{8B}$型机车准备过程中,编制关键检修工艺文件68份,新增设备20项,改造设备12项,新增工装及检测仪器267项。调整现场工艺流程,成立电器工段,改造柴油机组装工段。柴油机试验站、机车水阻站采用微机控制,引入监控系统,完善柴油机试验和水阻试验手段。集团公司正式下文,同意襄樊厂开展东风$_{8B}$型内燃机车大修。

(廖明星)

【领导干部名单】

厂　　长:王石山(12月16日任)
　　　　　饶炎坤(12月16日免)
副 厂 长:沈绍泉(兼,12月16日任)
　　　　　唐树懋、刘运山、金家国
　　　　　侯利民(9月8日逝世)
总工程师:周海华
副总工程师:张　凌、林耀宁、杜志品
　　　　　张祖斌
副总会计师:马灵杰
党委书记:沈绍泉(12月16日任)
　　　　　张存琨(12月16日免)
党委副书记:王石山(兼,12月16日任)
　　　　　饶炎坤(12月16日免)
　　　　　陈仲池
纪委书记:陈仲池(兼)
纪委副书记:郭　刚
工会主席:戢运珍
工会副主席:占德海
团委书记:张　立(3月18日免)
　　　　　邓秀军(3月18日任)

(庞天振)

地　　址　湖北省襄樊市襄阳区钢铁路8号
邮　　编　441105
电　　话　0710-2860550
传　　真　0710-2868714
网　　址　http://www.csr-xfjc.com
电子信箱　csrxfjc@csr-xfjc.com

中国南车集团北京二七车辆厂

(工商登记营业执照编号:1100001282174)

厂长:赵恒山

党委书记:王永进

【概述】 2003年,二七厂在册人数5041人。工厂占地面积98.9万平方米,其中生产用地70.2万平方米;房屋建筑42万平方米。固定资产净值1.9亿元。有各类机械动力设备1922台。全年实现销售收入7.8亿元,同比增长20%,实现利润535.8万元,实现税金3319.5万元。制造业从业人员劳动生产率78671/元人·年,万元产值综合能耗0.93吨标准煤。完成集团公司下达的资产经营责任指标。

推进主辅分离、辅业改制工作,完成隆长泰公司劳动关系变更,汽运公司改制方案雏形已定。深化医疗制度改革,员工医疗保险进入北京市医疗统筹。完善岗位工资制,调动技术工人生产积极性。加大临时用工招用和管理力度,全方位开展减员增效工作,完成集团公司下达的减员指标。首次在全厂范围内公开招聘副厂长。加强人力资源管理,举办各种类型学习班,提高员工综合素质和业务技术水平。全年可控费用比计划减少123万元,财务费用实际发生比计划降低267万元,新造车节支248万元,修理货车节支101万元,拆报废车124辆,物资回收代用221万元,回收废钢铁1.2万吨,全年修旧利废总价值739万元。加强财务管理,对库存物资储备资金进行考核,开展清产核资工作。执行货车修理产品免征增值税政策,及时回收城建税和教育税附加返还款。强化审计工作,完成财务收支及离任审计11项,完成基建及专项费用工程审计454项,审减金额268.52万元。审计各项采购合同421项,直付请款物资价格审计1226项,节约资金37.1万元。扩大招标范围,控制采购成本,因钢材、液氧、煤炭等价格上涨较大,实际采购成本增加了1057万元。加大生产现场管理力度,重新评审定级。设备管理工作获北京市及全国设备管理优秀单位称号。通过环境/职业健康安全体系第一阶段认证审核。信息化建设深入发展,完成Hmis厂级应用系统推广及OA系统的二次开发、系统升级工作,完成工厂局域网主干升至千兆方案设计和实施工作。

全年新造货车2221辆,其中NX_{17BK}型共用车435辆,C_{76}型敞车33辆,C_{64K}型敞车1703辆,C_{64H}型敞车50辆;修理货车4034辆,其中敞车2341辆，平车1679辆，$T6_F$检衡车4辆，龙门铺轨机托架平车10辆；完成转8AG改造2125辆。生产铸件9412吨，ST型缓冲器10190套，MT-3型缓冲器25657套，MT-2型缓冲器688套，8G型交叉支撑组成7775台份(含A改C)，K2型交叉支撑组成10946台份，新型制动梁3447台份，转K2型摇枕3620件，侧架6986件。狠抓安全隐患整改，降低事故发生率，全年未发生死亡和重伤事故，轻伤事故9件，伤9人，轻伤事故频率1.76‰。工厂被评为2003年度北京市消防和交通安全先进单位。赴段走访，制定重点客户目录，分派驻段人员，分发并收回顾客满意信息调查表，加强与用户沟通。重点走访43个车辆段，了解车辆和配件运用情况，及时处理质量问题。

工厂多种经营经济实体9个，从业人员852人，实现销售收入1.11亿元，其中非铁路机车车辆产品销售收入2239万元，利润431万元。厂属北京市丰台区宏业科工贸公司实现销售收入6158万元，利润总额118万元。北京世元陶瓷复合钢管厂销售收入696万元。厂办集体企业长铁车辆工业公司有员工644人，下属7个独立法人单位，全年实现销售收入7900万元。北京隆长泰工程机械有限公司2003年销售收入1639万元，利润总额146.3万元。销售保持架45万件、密封罩49240件、定位座12773件、侧架立柱磨耗板4000件。工程塑料保持架项目通过铁道部技术审查，并进行装车运行试验；磨耗板项目通过铁道部组织的技术质量认证，生产规模和产品质量达国内最高。完成353130轴承保持架和密封罩的小批量生产，公司年底通过ISO9001－2000版质量认证。北京丰华实机械有限公司公司在册员工88人。全年生产销售转8G型交叉支撑组成8366.5辆份、K2型交叉支撑组成9696辆份。实现销售收入971万元，利润214万元。12月通过北京大陆航星质量认证中心ISO9001质量体系的外部审核。

加快技术改造步伐，全年资本性支出4500万元，购置设备91台(项)。底漆厂房基建施工开始，底漆喷涂改造工程进入实施阶段。完成12吨落锤试验机设备安装和三年重点技改规划方案设计工作。在新车生产中推广应用新焊接工艺，焊接机械手的投用，提高了焊接质量。新建货车底漆喷涂生产线，安装门式喷涂机和集中供漆系统，提高新造车表面质量。购置数控剪板机、数控折弯机、锯床、滚板机、数控钻孔机、数控铣床、中梁卧式两工位组合钻床、数控龙门钻铣床、侧架铣床、侧架钻床、四轴数控铣床等设备。

【新产品开发】 完成X_{2H}型双层集装箱车、C_{64H}、X_{6H}、NX_{17BH}、C_{76}、C_{80}、散堆箱货物车、神华C_{64K}型共8种新型货车的设计、引进和试制工作，均通过质量认证并具备批量生产能力。完成12″旋压密封式制动缸样机试制并试装车。完成5项产品共计170余套检测器具的设计和试制，其中60套组合式制动梁检测器具，通过部级技术审查，被铁道部确定为定点生产厂家。L-B型组合式制动梁、MT-2型缓冲器、转K4型转向架、K6型转向架等部件研制成功并取得生产质量认证。铸造新产品有精铸高摩和高磷闸瓦托、贝氏体斜铁及转K4、K6型转向架专用的侧架、摇枕和13A型C级钢钩尾框等。

【质量管理】 新造货车一次交验合格率80.2%，检修货车一次交验合格率79.3%。新造、检修货车批量返厂率均为零，全年未发生质量责任行车重大、大事故。制定质量管理制度，设立质量奖励专项资金，加强产品质量抽查，组织新造货车和检修货车厂内质量观摩活动，进一步提高产品质量问题。解决侧架毛坯B部位铸造裂纹，MT-3型缓冲器箱体冒口与水口间粘砂，K2摇枕旁承盒周边裂及端头缩孔的惯性质量问题，提高MT-3型缓冲器箱体铸字质量、箱体外观质量。10月通过2000版ISO9001质量管理体系监督审核。

【党群工作】 厂党委深入学习邓小平理论、“三个代表”重要思想和党的十六届三中全会精神，利用各种媒体进行市场经济、现代科技、法律法规和企业文化等方面的教育。贯彻《中国南方机车车辆工业集团公司党支部建设纲要》，进一步健全完善基层党支部工作考核体系和考核办法。举办两期入党积极分子培训班，发展新党员45名。开展“十好”班子创建活动，工厂领导班子获2003年南车集团“十好”领导班子称号。开展多种形式的党风廉政教育，增强各级干部廉政勤政意识。继续保持“首都文明居民区”、“军(警)民共建标兵单位”和“首都文明单位”称号，被北京市评为首批创建学习型企业先进单位。

厂工会开展送温暖活动，组队参加南车集团公司第一届运动会和北京市“首都职工迎奥运”太极健身操比赛。保持“全国模范职工之家”荣誉称号。厂团委召开第十六次团员代表大会，选举产生第十六届团的委员会。开展“双岗”、“五小”、“拜师学技”活动。

【重要纪事】 3月17日，召开公开选拔主管生产、财务的2名副厂长应聘答辩民主测评大会。4月8日，北京隆长泰工程机械有限公司参与研制的提速货车滚动轴承用工程塑料保持架通过部级产品认证。7月7日，试制的转K4型转向架、MT-2型缓冲器通过部级生产质量认证。7月8日，自主研制的NX_{17BH}型共用车、X_{6H}型集装箱专用平车通过部级技术审查。7月25日，试制的L-B型新型货车制动梁通过部级生产质量认证。8月8日，完成双层集装箱车和C_{76}型车样车试制，铁道部装备部副主任杨绍青等观摩样车并提出改进意见。8月26日，北京隆长泰工程机械有限公司试制的货车侧架立柱磨耗板通过部级生产质量认证。9月26日，C_{76}型敞车、C_{64H}型敞车、25吨轴重下交叉支撑转向架通过部级生产质量认证。11月27日，25吨轴重双层集装箱平车通过部级技术审查。12月28～31日，工厂生产的X_{2H}型双层集装箱平车在京广线进行运行试验，并获得成功。

【领导干部名单】

厂　　长：赵恒山
副 厂 长：杜向东、史硕致
　　　　张宏泽(2月25日免)
　　　　安　卫(3月20日任)
　　　　杨瑞欣(3月20日任)
总会计师：孙祖祥(2月25日免)
总工程师：王春山
副总工程师：刘成立、马庆林、黄志强
　　　　田　川
党委书记：王永进
党委副书记：赵恒山(兼)
　　　　杜向东(兼)
纪委书记：杜向东(兼)
纪委副书记：姚骏如
工会主席：胡朝晖(女)
工会副主席：韩仁豹
团委书记：潘　杰

(厂办　供稿)

地　址　北京市丰台区张郭庄甲1号
邮　编　100072
电　话　010－83804015
传　真　010－83876184
网　址　http://www.eqc.com.cn
电子信箱　Webmaster@eqc.com.cn

中国南车集团石家庄车辆厂

（工商登记营业执照编号：1301001406015）

厂长：傅建国

党委书记：吴长山

【概述】 2003年，石家庄厂在册员工5374人。固定资产原值3.38亿元，净值1.94亿元。设备总台数1781台。工厂占地面积58.16万平方米，其中厂区占地面积39.98万平方米，生产厂房建筑面积17.99万平方米。工业增加值劳动生产率4.22万元/人·年。全年实现销售收入52083万元，比上年增长6.16%；实现利润287万元。全年货车检修9950辆，比上年增加1418辆。其中检修棚车4102辆，敞平车5848辆，平均日产39.3辆。完成车门加改3412辆，内顶板加改2286辆，改装120阀1364辆，转8AG改造5440辆，NX_{17A}地板改造487辆。销售制冷机组3台，“银狐”公路机组40台，换热器2500套。大修机车司机室空调84台。承揽新造自翻车、军用凹底平车、百吨钢坯车29辆，新制和改造转向架49辆，合同总额1219万元。

推行“自查问题、自定目标、自行改进”管理法则，实施新的《资产经营责任制考核评价办法》。修订管理标准、管理制度和企业技术标准，开展成本对标、采购价格对标、生产能力查定、改革创新管理年评价等活动。全年累计降低物资采购成本349万元。万元产值综合能耗同比降低4.7%。加强财务管理，强化成本控制和资金运作，完成资产清查工作。加强财务收支审计、第一管理者离任审计，严格基建工程项目审计和经济合同审计，进一步规范经营管理。

积极稳妥地推进三项制度改革，完成管理、技术、营销和操作服务岗位竞争上岗，财会人员实施岗位轮换和委派制，促进人力资源合理流动和结构性调整，转变人才培养和使用方式，形成多途径复合型模式。按照效率优先、兼顾公平原则，建立以岗位工资制为基础的多种分配制度和个人收入随工厂效益浮动的机制和员工绩效考评体系。在用工管理方面，按照国家和集团公司有关规定，重新签订集体合同。依法健全劳动合同管理制度，规范合同管理，细化员工和企业双方的责任、权利、义务和合同的变更、续订、终止、解除等程序。对72名劳动合同到期员工进行业绩考核，择优与38人续签中长期劳动合同，与33人续签短期劳动合同，终止劳动合同1人。成立劳务技术派遣服务站，规范市场用工行为，用工市场化机制逐步建立。制定工厂主辅分离改制分流总体规划和《主辅分离辅业改制分流安置富余人员实施办法(讨论稿)》及相关配套文件,加强主辅分离改制分流政策宣传,并开展试点工作。推进配件产业发展,K2斜、旁承座生产形成批量,ADI系列产品进入国际市场,全年销售收入3510万元,增长36.5%。开发铁路配件新品,稳步扩大市场份额,年内实现销售收入6347万元,同比增长28.5%。实现多经销售收入16780万元。同比增长13%。重点发展新兴铸铝产业,铸铝分厂完成销售收入403万元。机车用高强度铝合金配件研究列入科技发展计划,并通过技术审定。合作开发的高速列车铝基制动盘项目进展顺利。推进汽车改装项目,开发汽车改装产品,销售21辆,实现销售收入331万元。加强开铁口机和炉前设备厂院合作与市场运作,形成从新制到大修及零配件供应一条龙生产服务,全年销售收入200万元。推进集便器、半固态成形技术等项目的实施。投入1731万元,用于推进工艺升级,深化建线工作。进行钢架制备工区、一区、新二区的钢结构工艺再造,完成制动组装微控集中试风一期改造。货车年检修能力达10000辆以上。进行工艺升级软件建设,控制主要检修工序,实施生产调度看板管理。

加强信息化建设,带动检修手段升级和管理升级。正式应用HMIS厂级系统,启动ERP系统建设,完成财务、物流模块开发。5月正式运行OA系统,完成二次开发,实现远程办公,共享信息资源,提高工作效率。完善厂内科技信息网、技术标准信息网、工厂互联网网站,搭建工厂信息交流、产品推介、招标采购等新的信息平台。系统构建由理念系统、行为系统和视觉识别系统构成的企业文化体系。提炼"大德至厚,容创精华"的企业精神以及企业宗旨、核心价值观、共同价值观、管理法则、企业作风、形象宣传语。编制由总则、服务客户、重视供应商、奉献企业、成就同事、修养自身、关爱社会等7个章节组成的《员工行为守则》。参照集团公司相关标准,设计工厂《VI手册》。开展以"我宣传、我实践"为主题的企业文化体系宣传活动。

【新产品开发】 开发P_{64}、X_{6B}、NX_{17A}等新的厂修品种,进行K_2转向架120公里/小时提速改造试生产。军用特种专用平车通过整车技术审查、装载试验和定型审查,开发军用凹底平车和1.1米轴距转向架,改进多轴转向架、K_{16A}漏斗车焊接转向架等。完成EQ3208GJ东风二类底盘自缸汽车图纸的完善和优化工作。8辆车改装工作完成。完成EQ3228自缸汽车改装,自行设计和制造平板自卸汽车。完成仓栅车的设计和制造。建立部分产品图库。编制THD150R、THD120型开铁口机工艺,完成6台THD150R型、5台THD120R型、4台THD120型开口机新设备制造、组装、试验、测试等技术工作。

【质量管理】 开展体系文件的宣贯培训、体系运行诊断、内部审核、管理评审等工作。6月,通过质量/环境/职业健康安全管理体系"一体化"认证。货车检修一次交验合格率为96.62%,同比提高1.28%。全路货车质量抽查连续4年排名第一,连续8个月完全无事故,年内无大、重大及以上事故。噪音、烟尘和油污等主要环保问题得到有效治理。

【党群工作】 厂党委把创建"十好"班子与落实工厂"十五"发展战略和远景规划相结合,全面推进思想建设、组织建设、作风建设和党风廉政建设。各极领导班子的创造力、凝聚力、战斗力和驾驭全局的能力有新提高,推进改革发展的责任感、使命感和勤政廉政优政意识有新的增强。把厂务公开作为企业一项重要工作,贯穿于企业管理之中。发挥职工代表大会、工会组织在民主管理、协调劳动关系、维护合法权益上的作用。足额及时缴纳员工养老保险、失业保险,及时筹集医疗保障经费。提高住房公积金缴存比例,规范住房销售和交易程序,销售新建住房和调购住房483套。开展多层次、多工种员工教育培训、转岗培训和第二技能培训,培养复合型人才。开办培训班75期,培训5074人次。开展17个工种的职业技能鉴定,346人取得职业技能资格证书。第一期MBA班学员结业,选派116名管理技术人员参加进修学习。团委加强组织建设、强化服务意识,创新工作方式,发挥团员青年生力军和突击队作用。承办石家庄市第七届青年技能大赛钳工工种比赛,组织青工参加钳工、电工工种比赛,分别获得钳工比赛一、二等奖和电工二、三等奖。获得石家庄市第七届青年技能大赛优秀组织奖和南车集团创建青年安全生产师范岗活动优秀组织奖、石家庄市红旗团委等称号。

【重要纪事】 1月28日,研制的首批KF—60E型自翻车出厂。2月28日,设计制造的特种新型专用车通过铁道部运输局、总后军交运输部技术审定。3月21日,车门检修工艺线竣工投产。4月20日,首辆NX_{17}型两用平车交验。5月9日,高速机车用高强度铸铝产品通过厂级技术成果审定。5月15日,中国方圆标志认证中心召开质量/环境/职业健康安全管理体系认证审核首次会议,于6月通过认证。5月23日,机电设备分厂与北京冶金设备设计院合作设计开发的炉前设备设计成功。9月11日,高速机车用高强铸铝件通过集团公司技术审定。10月,获得K_{16A}型漏斗车转向架改造资质。12月12日,P_{64}型厂修及改造通过铁道部专家组技术审查。12月15日,自卸汽车项目通过厂级科技成果审定。12月,工贸公司铜冶分厂开发试制C级钢、E级钢铁路配件样品。

【领导干部名单】

厂　　长:傅建国
副 厂 长:王海玉、王合法、赵维宗
总工程师:王海玉(兼)
总会计师:马俊书
副总工程师:秦保柏、林　江
厂长助理:张德人
党委书记:吴长山
党委副书记:傅建国(兼)
　　张瑞民(1月20日免)
　　张若飞(1月3日任)
纪委书记:张若飞(兼)
纪委副书记:杜以宁
工会主席:谢宅相
工会副主席:贾海琳
团委书记:赵连锁

(赵新改　供稿)

地　址　河北省石家庄车辆厂前街125号
邮　编　050000
电　话　0311－7047404
　　0311－7036679
　　0311－7637352
　　025－25754(路)
传　真　0311－7023570
网　址　http://www.sjzclc.com
电子信箱　czbgs@sjzclc.com

中国南车集团武汉江岸车辆厂

（工商登记营业执照编号：4201001205579）

厂长：桂祖康

党委书记：王建源

【概述】 2003年，江岸厂有员工5903人。工厂占地面积54.12万平方米，其中厂区面积31.39万平方米，建筑面积16.04万平方米。固定资产总值3.5亿元，其中净值2.3亿元。各类机械动力设备1735台(套)。全年工业总产值(不变价)1.5亿元。实现销售收入4.527亿元，同比增长近1亿元，实现利税834.5万元，利润亏损291万元。从业人员劳动生产率为28755元/人·年，员工人均年收入12283元，同比增长2.2%，全面完成集团公司的资产经营责任制指标。

年内，按照集团公司要求加快了改革改制步伐。一是成立专门机构，统筹规划，制定工厂改革改制整体方案，提出改革改制工作的总体要求。二是根据集团公司下达的减员增效目标，制定相关文件，强化劳动人事管理，完成清岗工作，全年解除劳动合同247人，净减员389人，有408人办理了内部退养手续。三是做好改制分流、剥离后勤的准备工作，工厂确立神骏科技开发公司为改制试点单位，并就子弟学校和职工医院剥离问题，与武汉市政府和市教委取得联系，做好剥离的前期准备工作。

在企业管理方面，进一步加大费用控制和管理力度，压缩管理费用200万元。加强物资、配件采购控制，降低采购成本，全年降低采购成本129万元。制定合理的物资、能源消耗定额，加强废钢铁销售管理，杜绝浪费现象。财务、物流系统基本建成并投入运用，OA办公自动化系统运用已覆盖全厂所用单位，基本实现无纸化办公。初步建成HMIS系统并达到货车修造数据上传要求。

全年完成货车检修5231辆，同比减少249辆。其中转8AG完成3084辆，GF_{1M} 20辆。货车新造完成739辆，同比增加116辆，增长18.6%，其中G_{17K} 177辆，G_{70K} 110辆，C_{64K} 350辆。

扩大产品销售覆盖面，加大与国际贸易公司合作力度，搞好销售信息管理和网络建设。细化销售队伍效绩考核办法，提高销售人员积极性。全年货车修理中标5207辆、G_{17K}中标177辆、G_{70K}中标110辆、C_{64K}中标350辆，完成销售收入3.9亿元，比年计划增长16%。Z8AG改造完成3084辆，实现销售收入6476.4万元。U61W水泥罐车、GF1铝粉罐车、GY48K低温液体罐车销售收入1476.9万元。

提高多经企业竞争能力,扩大多经产品销售市场。武汉神骏专汽股份有限公司销售收入2280万元,实现了扭亏为盈,全面完成董事会提出的年度经营目标。投入150万元为制冷公司进行扩能技改,扩充技术、完善管理机制。生活服务公司在承包解放军通讯指挥学院、军事经济学院食堂管理基础上,又取得空军雷达学院食堂经营权。工厂的集体所有制企业根据市场和工厂经营形势的变化,强化内部管理和经营手段,调整产品结构,狠抓质量和基础管理。清理非在岗人员,142人办理了公司内部退养手续,职工收入增长,企业减亏。

年内,完成扩能改造13项计120万元;完成房屋、构筑物维修项目14项,总投资281万元。新建C_{64K}型敞车生产线,完善罐车生产工艺线,增加底架组焊胎、罐体落底架组装胎和单筒内外拼缝自动焊接装置等工艺装置,提高罐车生产质量。为适应铁道部提高货车检修技术标准和要求,对已有的货车检修基础工艺线装备补充、完善。转K4转向架通过部级技术评审。

【新产品开发】 C_{64K}型敞车新造项目通过铁道部技术审查,生产线形成日产6辆车的生产能力。工厂研制的1CC30GSP型罐式集装箱通过中国船级社"集装箱检验规范和国际集装箱安全公约"的检验并获得中国船级社颁发的证书。研制出J2000系列电瓶叉车,在电控、外观、人机工程、零部件通用性和互换性方面为国内领先,通过厂级鉴定。

【质量管理】 抓好质量改进工作,确定16个持续改进项目,并就项目原因分析、改进目标、改进措施、完成进度、效果评价进行全程序跟踪落实。完善工厂质量环境管理体系,通过两个体系的年度监督审核。开展"质量月"活动,加强职工质量意识教育。加强工艺管理,从质量体系角度进行产品整改,对整车、车辆配件从生产条件、技术要求、质量保证能力等方面进行清查。强化质量管理工作,完善各项管理制度。加强售后服务和用户联系,及时反馈质量信息。年内,工厂货修、新造质量观摩车在全路质量评比中取得较好名次,厂修车、新造车8项典型故障率在南车、北车集团系统中排前6名。与全路14个铁路局112个车辆段建立工作联系,聘请厂外质量信息员117名。收集客户信息,做好质量信息统计工作,及时处理质量问题。

【党群工作】 厂党委围绕工厂生产经营中心,开展以先进性为主题的"双教"活动。思想政治工作与解决实际问题紧密结合起来,以工厂C_{64K}试制为契机提出"制造文化",发动员工用朴实的语言来诠释制造文化。印发《员工手册》,健全和完善《企业文化管理手册》、《企业文化程序文件》。完善工厂党员队伍结构,在发展党员中坚持"公示制",保持党员队伍的先进性和纯洁性。在两级班子和干部队伍建设方面,党委对全厂"十好"班子创建活动进行考评、排序、通报,对全厂中层领导干部进行任期考核。在干部选任和试用期满考核中坚持干部选任标准、原则、程序和各项纪律,推动干部人事制度改革。在党风廉政建设方面,党委坚持以领导干部廉洁自律为重点,从各项规章制度入手,严格落实《党风廉政建设责任制度》,促进领导班子和领导干部"一岗双责"。制定《关于健全工厂中层以上领导干部廉政档案的通知》和《关于调整、提拔任用中层领导干部征求纪委意见的暂行办法》,对25名领导干部进行任前公示,实施责任追究16人次,党纪政纪处分3人,组织处理13人。开展"三重一大"效能监察,规范自管资金管理和使用。受理群众信访

16件，了结率为100%。

厂工会开展以“降成本、上质量、保安全、增效益”为主题的劳动竞赛、合理化建议和技术革新、员工技术培训和岗位练兵等活动。落实职代会制度，履行职代会各项职权。召开职代会通过了《工厂2002年下半年工资调整的意见》、《关于岗位清理及非在岗人员处理的若干规定》、《工厂劳动合同管理补充规定》、《工厂内部退养若干规定》等改革方案。实施送温暖工程，坚持领导干部结对帮扶制度，全年对243户困难员工进行专访慰问。筹集发放慰问金及困难补助15.2万元，慰问及补助困难员工813人次，开展各类互助活动214件次。组织开展“二七”大罢工80周年纪念活动、“心连心”艺术团慰问生产一线演出活动、水上运动会、员工大众体育比赛等活动，组织参加集团公司首届运动会。

厂团委深化“青年文明岗”和“青年安全生产示范岗”活动，推进“青年人才工程”。开展节能降耗、修旧利废、科技创新、质量监督活动。深化科技“五小”和“四个一”活动，选派优秀青年技术能手参加武汉市和集团公司组织的职业技能比赛。

【重要纪事】 4月24日，C_{64K}型敞车及建线通过厂级鉴定。5月22日，首批两辆G_{70K}通过交验。6月，铁路货车技术管理信息系统(HMIS)试运行。6月10日，C_{64K}型敞车通过铁道部技术审查。6月24日，经南车集团公司党委决定，任命桂祖康为厂长兼党委副书记，原厂长张孝强离任。同日，南车集团公司党委书记王泰文到厂指导工作。6月26日，工厂质量管理体系通过中国船级社年度审核。7月7日，国资委监事会成员到厂检查工作。8月21日，GF_{1M}粉煤灰罐车厂修通过铁道部鉴定。8月28日，铁道部车辆验收工作检查组到厂检查工作。9月10日，工厂接铁道部指令停止转8AG改造车的生产。9月19日，工厂制动一、制动二、转向架附件、转向架落成4条检修线通过厂级验收。10月24日，转K4型转向架通过铁道部验收认证。11月20日，工厂召开第十三次党代会。12月，工厂思想政治工作荣获湖北省思想政治工作研究会第八次年会集体、个人、科研成果三项奖励。12月26日，南车集团公司党委研究决定任命张存琨任工厂党委副书记兼纪委书记。工厂原党委副书记沈绍泉调襄樊厂任党委书记。

【领导干部名单】

厂　　长：桂祖康(6月24日任)
　　　　　张孝强(6月24日免)
副 厂 长：刘应忠、张　捷、黄十周
总工程师：桂祖康(兼)
总会计师：梁宏顺
厂长助理：朱恒吉、李远刚、周连甫
副总工程师：何朝阳、童晓溶、司　同

党委书记：王建源
党委副书记：桂祖康(兼，6月24日任)
　　　　　张孝强(6月24日免)
　　　　　张存琨(12月26日任)
　　　　　沈绍泉(12月26日免)
纪委书记：张存琨(兼，12月26日任)
　　　　　沈绍泉(兼，12月26日免)
纪委副书记：刁仕敏
工会主席：周永琦
工会副主席：徐志刚、胡琳琳(女)
团委书记：张　礼(女)

(徐　红　供稿)

地　　址　湖北省武汉市解放大道1746号
邮　　编　430012
电　　话　027－82871060、82873639
传　　真　027－82872261
网　　址　http://www.csrgc-ja.com
电子信箱　office@csrgc-ja.com

南方汇通股份有限公司
（中国南车集团贵阳车辆厂）

（工商登记营业执照编号：5200001205272）

董事长、总经理：黄纪湘

【概述】 2003年，公司有员工4293人。全年完成货车修理4799辆，其中改造车2581辆。新造敞车785辆，其中铁道部招标车535辆，神华公司自备车250辆。生产铸钢件7020吨，各类弹簧40万套。全年实现销售收入10.21亿元，同比增长71.6%。利润总额4733万元。制造业工业增加值53467元/人·年，同比增长10.02%。占地面积约120万平方米，有各类设备3050余台，固定资产原值9.01亿元，净值6.74亿元。

结合公司实际情况，制定了《劳动合同管理办法》，规范用人单位与劳动者订立和履行劳动合同的行为和新型劳动用人机制。调整公司组织机构，整合交叉、重叠机构职能，形成快速适应市场的组织机构体系。压缩非生产定员，强化劳动定额管理，提高劳动效率3%以上。改革工资分配制度，初步建立以岗位工资为主、多种分配方式并存的分配制度。建立竞争上岗和人员分流机制，29个单位的34个中层管理、专职政工岗位公开竞聘。根据国家和集团公司有关政策，制定主辅分离、辅业改制的总体方案并付诸实施，其中两个方案（将原机具、动力车间的管、电、线路及电机维修业务与原基建处的建筑施工业务进行整合组建装备公司、将幼儿园进行整体改制）获南车集团公司同意，已进入实施阶段。完成运输系统改制调查和组建客运公司可行性论证工作及报批手续，组建方案通过贵阳市市长办公会同意。

开展管理创新活动，加大对公司经济运行的分析、预测和调控力度。改变承包奖的计算模式，将承包奖与利润挂钩，提高承包单位成本控制的积极性。建立和完善企业计算机网络，为信息化建设构筑稳定可靠的网络平台，在部分车间实施ERP，在全公司推行办公自动化（OA）系统。按照上市公司有关规定，公司治理实现法制化、规范化。同时，完成配股工作，募集资金21850万元。加强生产、安全、设备、现场管理，各生产单位全面推行《岗位安全作业标准》，提高安全防范的有效性,全年工伤频率为1.86‰。

以客户为中心,做好销售工作。与金斯敦、阿尔斯通、GE、TMT等国外大公司建立合作和配套供应关系,全年出口铸件350吨、弹簧2219组,创汇50余万美元。发挥铆焊能力较强的优势,全年生产钢结构件1600余吨,合同销售收入达800余万元。多经产业发展迅速,实现销售收入61795万元,比上年增长近2倍。棕纤维弹性材料产业产量为26万平方米,销售收入为11150万元,同比增长39.4%,利润同比增长45.2%。宇宙钢丝绳厂的钢丝绳产品销售收入为2230万元,同比增长15.6%。鹏达铜材公司的铜材产品销售收入为3500万元,同比增长52.2%。微电子分公司的电子产品销售收入为930万元,同比增长120%。南方汇通科技工业园基本建成,园区内各项目陆续实现规模生产。其中,汇通源泉公司的复合反渗透膜产品实现销售收入690万元;航天电源公司的锂电池产品实现销售收入8750万元,同比增长39.3%,利润同比增长182.5%;华城楼宇公司中央空调节能软件实现销售收入2231万元,利润790万元;千叶公司的药品包装材料实现销售收入2100万元,同比增长40%,实现利润120万元;汇科纳米公司进行了多批次的试生产,试产产品经纳米中心检测及委托测试,各项指标均达到设计要求。南方汇通微硬盘科技股份有限公司已批量生产并销售2.2G、2.4G容量的CFII、USB和ATA三种界面的1英寸微硬盘,容量为4.8G的产品已经研发成功。全年累计生产了1英寸微硬盘近26万片,实现销售收入27495万元。微硬盘项目被国家发改委批准为国家高新技术产业化示范工程项目,获得1000万元资金支助。获科技部批准成立国家863微硬盘研发中心,按要求申报建设中国微硬盘基地、微硬盘国家工程中心和1000万片微硬盘技改国债项目等工作正在进行。以发展微硬盘及其上下游产品为核心的"贵州南方汇通知识经济产业基地"规划方案初步成型,控制性详细规划正待审批,基地建设工作全面展开。

完成配送中心、钢材库、铆焊件和钉栓工艺调整方案并已实施,组织实施铸造系统扩能改造工作,完成各项目工艺方案设计。进行熔炼炉改造、侧架铣改造,增添货解车间货车冲洗废水处理、转向架压吨机及交叉支撑自动检测定位装置、焊接机械手等设备,实施货解抛丸室改造。多经产业方面,棕纤维弹性材料分厂完成第二、三条生产线等相关设备改造工作,增加生产能力。宇宙钢丝绳厂完成第一条热处理线电解酸洗和连续磷化改造,新增2台水箱拉丝机。完成南方汇通科技工业园内各项目的厂房建设和设备安装工作,园区辅助和生活配套设施正在施工。

【新产品开发】 引进转K4提速转向架技术,完成转K4摇枕、侧架、弹簧及其他配件的生产,并通过了部级生产质量认证。完成NX_{17A}型平车技术改造和试制工作,达到批量生产能力。完成GDT摇枕、侧架研制和首批75辆份的生产任务。开发乳胶海绵复合床垫、宾馆用床垫、多功能沙发等棕纤维产品。完成模压电感、共模线圈和0402绕线电感技术开发工作。自主研制低污染膜和极低压膜两个系列产品,新开发6种锂离子钢壳电池、5种铝壳电池,电池容量化、内阻等性能达到国内先进水平,并成功将锂离子电池应用在蓝牙无线耳机和PDA上,完成BKS2003、BKS800第三代集中空调节能产品的开发,增加了技术的保密性。

【质量管理】 针对铁路运输"提速、重载"的要求,加强工艺技术管理工作,严格工艺纪律,强化工序质量控制,组织对规对标大检查和各种专项质量攻关,加强售后服务,及时处理用户反馈意见,完成集团公司下达的质量指标,产品抽查合格率100%,实现第13个质量安全年。

【党群工作】 公司党委学习贯彻党的十六大精神和“三个代表”重要思想，开展创建“十好”领导班子活动，推动各级领导班子的思想建设、组织建设和作风建设，公司领导班子被集团公司授予“十好”领导班子。开展“实践‘三个代表’重要思想，保持党员先进性”和“与时俱进、创新发展的思想大解放、观念大转变”两项学习教育活动。在党员、干部教育上进行创新，学习教育和实践相结合，取得显著效果。以“创岗建区”和“创先争优”活动为载体，加强基层党支部建设。全年发展新党员30名，举办入党积极分子培训班一期。

加强党风廉政建设和反腐倡廉工作，健全监督约束机制。开展“三重一大”效能监察，严格查处违纪案件。“双清一建”工作共收回两年以上应收账款500多万元。全年收到群众信访举报3件，全部核实。公司(工厂)被南车集团公司评为党风廉政建设先进企业。公司(工厂)纪委、监察处被南车集团公司评为纪检监察工作先进集体。

公司工会召开职代会7次，提案完成率达67.8%。深化厂务公开，健全和完善各项制度。开展送温暖活动，慰问劳模和特困等员工1560人次，投入资金18.37万元。

公司团委深化“青年文明号”、“青年安全生产示范岗”和青年创新创效活动，完成项目90余项。分别获团中央、贵州省“青年文明号”称号。汇通科技园被团中央授予“全国青年创新创效示范基地”称号。荣获“中国青年创新行动优秀集体”、贵州省先进团组织及南车集团“五四”红旗团委称号。

【重要纪事】 1月15日，南方汇通微硬盘科技股份有限公司举行新厂落成暨1英寸2.4G微硬盘产品成果发布会。4月3日，中共中央委员、国务院新闻办公室主任赵启正到公司考察。6月2日，贵州省委书记钱运录到公司调研。9月26日，科技部副部长马颂德到公司考察。10月25日，中共中央政治局常委、全国政协主席贾庆林到公司视察。10月29日，贵州省委常委、贵阳市委书记王晓东到公司调研。11月18日，全国总工会副主席、书记处第一书记张俊九到公司考察。

【领导干部名单】

董 事 长:惠金根(12月逝世)
黄纪湘(12月任)
总 经 理:惠金根(3月免)
黄纪湘(3月任)
副总经理:陈玉杰(3月免)
周家干
厂 长:韦国庆(3月任)
总工程师:沈仲安(3月免)
总会计师:柯观子(3月免)
副总工程师:刘希邦、王祖飞、蔡志奇
汤 敏(4月任)
副总经济师:付国祥
张万军(4月任)
厂长助理:王行元(4月任，11月免)
党委书记:刘惠林(3月免)
惠金根(3月任，12月逝世)
党委副书记:黄纪湘(兼，3月任)
鲍家驹
纪委书记:鲍家驹(兼)
纪委副书记:易全顺、崔景泉(兼)
工会主席:俞毛林(3月免)
崔景泉(3月任)
工会副主席:李伟光
团委书记:杨 坚

(总经理办公室 供稿)

地 址 贵州省贵阳市白云区都拉营
邮 编 550017
电 话 0851-4470382
传 真 0851-4470141
网 址 http://www.southhuiton.com
电子信箱 nfht@southhuiton.com

中国南车集团北京机车车辆机械厂

（工商登记营业执照编号：1102211530820）

厂长：赵　蔚

党委书记：王家骐

【概述】 2003年，北京机械厂有员工659人。固定资产原值5820万元，净值3374万元。工厂占地面积32.1万平方米，其中厂区占地面积24.2万平方米，生产区占地面积7.9万平方米。全年实现销售收入6251万元，实现利润3万元，比上年增盈753万元，扭转了连续9年亏损的局面；全员劳动生产率115902元/人·年。继续深化改革，根据深圳公司的现状和特点，实施结构调整和减员分流工作，精简机构，分流富余人员，增强公司活力。针对铸造分厂的现状，抓住中科三环租用厂房的契机，经集团公司批准，对其实施了结构性调整。以产品为核心开展融资、扩张战略，建立特沃力防松技术有限公司。积极开展辅业改制工作，确定了以铁路配件为主业，其他产品或行业为辅业的改制方案。

以实行风险抵押制度为切入点，以建立资产经营责任考核体系为约束手段，全面贯彻经营管理责任制，加大风险抵押金返还考核与方针、目标对策保证措施完成情况以及月度重点工作完成情况挂钩力度，实现“千斤重担大家挑”和“风险共担、利益共享”的目标，确保工厂生产经营工作正常进行和资产经营责任制目标的全面完成。

积极发展多元经营。中铁深圳建筑实业总公司主要承揽桥梁、公路等工程，北京昌平起重机械检测站主要进行起重机安装、安全测试及大修等项目，北京昌机储运站主营运输与结构安装，北京格绿环保设备厂主要生产锅炉除尘脱硫设备。多经从业人数78人，全年实现多经销售收入3163.2万元。

与中国北车集团牡丹江机车车辆厂共同出资组建的北京三新重钢结构工程有限公司现有员工90人，年产值3800万元。有两条现代化钢结构生产线、大型剪板机、数控焰切机、大吨位液压机及附属设备共计88台，年生产能力达到8000吨。通过近一年的运作，公司已走上正常发展轨道。

控股组建的北京特沃力防松技术有限公司，积极吸纳管理层和外来资本管理，实现了投资主体多元化，经4个多月的运行，呈现出良好的发展态势。

积极盘活闲置资产，利用工厂现有闲置厂房（库房），与多家公司签定了房屋租赁协议,每年可为工厂创收100余万元。

完成基本建设和技术改造投资共计54.17万元,先后进行了热处理炉改造,非标工具、搬运工具、储运工具、工位器具制作,组装线附属设施建造,静电喷漆间改造。通过基本建设与技术改造,使三条主产品生产线及磨耗板生产线良好运行,产品产量和质量得到提高,为工厂扭亏为盈提供了保障。

全年完成闸调器29000套,不锈钢制动配件3443辆车,磨耗板111145块。累计销售闸调器26000套,不锈钢制动配件2300台份,磨耗板10万块,各种配件15万件。

坚持"用户第一"宗旨,多方开展售后服务工作,先后走访了西安、铜陵、包头北创、武昌、江岸等厂听取用户反映,及时处理问题,得到用户好评。

(厂长办公室　综合管理部　配件公司)

【新产品开发】　工厂通过对螺纹连接中的防松技术进行大量的试验和研究,集合工厂技术开发能力,研制出BY-A系列新型防松螺母系列产品,经铁道部产品质量监督检验中心、机械工业通用零部件产品质量监督检测中心及美国IMR TEST LABS防松性能试验,该产品具有稳定、可靠的防松性能。产品通过铁道部运输局组织的技术审查,获得集团公司2003年度科学技术三等奖,目前已形成批量生产。

与湖南大学合作开发餐饮业油烟治理技术项目,旨在使餐饮业油烟烟气中有害物质排放含量达到国家规定的排放标准,烟气林格曼黑度1级或以下,总体水平达到国内领先水平。

适应铁路运输重载提速要求,对ST2-250型双向闸瓦间隙调整器进行改进。改进后定型为ST2-250G型的双向闸瓦间隙调整器,提高了额定拉力,最大拉力从78.4kN提升到117.6kN,同时增加了闸调器防护功能,减少环境对闸调器的影响,且与现装用的ST2-250型闸调器实现互换。现已完成样机试验,将进入装车运用考验。

C_{76}、C_{80}车不锈钢制动配件,现已形成批量生产能力,热处理生产线投入使用,各类磨耗板生产批量、质量更加有保障。

(技术中心)

【质量管理】　按照ISO9001:2000标准,对工厂质量管理体系文件进行换版,11月25日至29日,北京新时代认证中心来厂现场审核,确认工厂质量管理体系运行有效,12月23日颁发了证书。

为加强质量管理工作,强化质量管理职能,10月10日成立质量保证部,对工厂质量工作实行统一管理,对产品加工过程乃至最终产品实施监控和检查验收。开展"质量整改月"活动,加强质量管理基础工作。

认真执行"三检"制度,强化员工质量意识,严格日常考核,三项主产品通过铁道部抽检,其中闸调器排列榜首。

(质量保证部)

【党群工作】　2003年,厂党委认真学习贯彻党的十六大、十六届三中全会、中央经济工作会议和集团公司工作会议精神,以工厂职代会通过的"力争实现根本性突破"的奋斗目标为主线,积极开展党的建设,为工厂改革、发展、稳定的新局面提供坚强的政治、思想和组织保证。在党支部和全体党员中开展了学习贯彻"三个代表"重要思想新高潮的教育活动,提高了党员素质,增强了党支部战斗力和凝聚力。加强企业文化建设、员工思想道德建设,做好改制单位员工思想政治工作,关心困难党员,保持员工队伍稳定。按照北京市委部署和要求召开了以"关键时刻是否站得出来,平常时期能否看得出来"为主题的生活会,全体党员受到一次党性教育。加强党风廉政建设,进一步健全落实党风廉政建设责任制,继续开展"三重一大"效能监察,规范了自管资金的管理。

厂工会认真贯彻落实职工代表大会制度,完善监督机制。严格执行厂务公开、民主管理制度。对全厂困难员工的情况进行全面细致的调查摸底,建立健全困难员工、特困员工档案,实行动态管理。积极筹措资金,努力做好特困员工生活困难补助。开展送温暖活动,走访慰问特困户、重困户、病休员工、老工程技术人员、离退休老干部等127户。注意做好对员工的政策宣传解释和思想疏导,协助工厂党政做好员工队伍的稳定工作。对文化活动站进行改造,组织开展男、女排球联赛和《普通人群体育锻炼标准》部分项目达标测试,参加南车集团首届运动会,丰富广大员工精神文化生活。

厂团委根据北京市团委的部署,在"非典"期间,开展了以帮助并慰问防"非典"医务人员及家属为主要内容的"与你同心"主题活动。积极为4名困难员工子女申报并发放了"爱心基金"。

(党委工作部、工会)

【重要纪事】 2003年10月,组队参加了中国南车集团第一届运动会。10名运动员在资阳、眉山两个赛区参加了毽球、篮球、健身秧歌、广播体操、田径、大众体育等项目的比赛。篮球、田径队获得了体育道德风尚奖。5名运动员获得了田径、大众体育、篮球、毽球优秀运动员奖。

(工会)

【领导干部名单】

厂　　长:赵　蔚
副 厂 长:朱京怀
　　　　　李希祖
　　　　　李瑞臣
　　　　　战宝林
总工程师:李瑞臣(兼)
党委书记:王家骐
党委副书记:赵　蔚(兼)
工会主席:李希祖(兼)
团委书记:陈晓庆

(党委工作部)

地　　址　北京昌平区昌平火车站西
邮　　编　102249
电　　话　010－60755466(总机)
传　　真　010－60756553
网　　址　http://www.cpgc.com.cn
电子信箱　cpgc@263.net

中国南车集团株洲电力机车研究所

（工商登记营业执照编号：4302001000363）

所长：奚国华

党委书记：田　磊

【概述】 2003年，株洲所开设课题203项，其中省、部级以上项目27项，市、集团公司级项目20项，所级项目156项。株洲所及下属企业全年销售收入突破14亿元，比上年增长39.7%，出口创汇首次过千万美元大关，达到1051万美元，比上年增长99.8%。累计新申报国家级、省部级及集团公司级项目31个，获无偿专项资金支持近2000万元。申请专利34项，获得授权14项，并申报两个省著名商标。“双软”认证工作再获可喜成果，所属的交流技术国家工程研究中心、株洲杰瑞公司通过认证。标准化工作以抢占市场制高点为指导思想，积极承担国家标准化活动和标准体系的建设。项目管理步入规范，有利地推动了项目的执行，变流技术国家工程研究中心通过国家验收。

基本完成株洲电机厂资产、债务和业务的重组工作，配合集团公司做好株洲南车电机股份有限公司组建工作，组建了时代投资有限责任公司。完成株洲杰瑞、监控事业部公司制改造和深圳路业公司的股权调整，成立时代集成电路公司，实现了售后服务和配件业务单元的合并。主辅分离、改制分流已经启动，时代佳园的社会化改革方案正在制定当中。同时，为了建立责权明晰的法人治理结构，启动了公司整体改制工作。

继续推进劳动用工制度改革，出台有关劳动合同管理、员工劳动协议等一系列制度或办法，细化了各种劳动关系和责任。加强人力资源管理，加大员工培训力度，全年培训专业技术人员和业务骨干3700多人次，选送5名人员攻读博士学位。强化会计基础管理，加强财务预算监督职能，推进实物资产管理。加大了税收优惠政策的争取力度。开展执行企业会计制度前的资产清查工作，逐步形成审计制度框架，重点开展财务收支审计、离任审计、项目审计以及其他专项审计工作和“三重一大”效能监察。在法律事务方面，规范了劳动合同、经济合同，建立了知识产权管理制度，加强了法律诉讼工作，初步形成了适应市场经济的企业法律治理体系。在信息化管理方面，OA、MRPII系统运用向深度和广度推进，PDM、大财务建设取得一定成果。年度荣获中国南车集团“十好”领导班子、铁道部火车头奖杯、湖南省双文明建设先进单位、湖南省重合同守信用单位、铁道部火车头奖章、詹天佑奖等称号。

【新产品开发】 高度重视交直机车老产品的技术改造和新产品开发工作。SMT电子柜在韶山$_{3B}$、韶山$_{4G}$、韶山$_{7C}$批量推广创造可观效益，韶山$_{3B}$重联机车试制成功投入正线运用。利用3G技术改造后的东风$_{11G}$客运内燃机车率先完成提速试验，得到铁道部肯定。韶山$_{7E}$四象限辅助变流器、韶山$_{9}$改微机控制装置、交直机车控制系统改进等项目都在按计划进行。在交流传动机车完善和改进方面，基本解决了“中原之星”辅变、“奥星”水冷主变等存在的一系列技术问题，开展了“中原之星”A3修、“中华之星”A1修，完成了“西部之光”、3000马力内燃机车、地铁工程车的技术支持工作。首台“哈萨克斯坦交流传动机车”已完成系统联调，北京地铁DC750V自主知识产权电动客车正在进行装车产品的生产和地面联调试验。首台电动公交车诞生，三茂液力传动车，已完成两列动车组网络系统全部硬件的地面联调和一列动车组系统的装车与出厂试验。25G客车电源的推出使株洲所成功步入客车电气领域，功补装置相继中标银海铝业、南平铝业，整流电源产品首次打入军工行业。发挥国产自主知识产权地铁列车研制联合体作用，地铁列车研制进展顺利，为地铁老车型更新换代打下基础。

【质量管理】 质量整改方面，困扰多时的韶山$_{7D}$元件烧损问题通过改造趋于稳定，韶山$_{9}$提速车两架电流不平衡问题及时得到解决。项目质量管理方面，从香港地铁SIV开始，到“哈车”、“北京地铁车”，在项目质量计划、可靠性计算、质量评审与专项审核、质量督察等环节作了有益的探索。环境质量管理体系通过BSI认证。

【党群工作】 2003年，所党委围绕企业深化改革、主辅分离、改制分流等重点和难点工作，以建设先进的企业文化为重点，增强思想政治工作的针对性和实效性，稳定员工队伍。开展“十好”领导班子创建活动、加强干部队伍建设，领导班子、干部队伍的思想建设、作风建设、党风廉政建设和整体素质有了新的提高。积极实践“追求、超越、创新”的企业精神和“民主、简洁”的企业作风，在塑造“时代”良好形象上下功夫，增强全所向心力。开展向优秀共产党员、省劳动模范、资深专家夏寅学习的活动，激发了大家的事业情怀和奉献精神。继续深入开展送温暖活动，特别是管理科室一位青年员工突发白血病后，全所迅速掀起献爱心热潮，在不到20天的时间里捐款24万多元，充分展现了员工的团队精神和强大的凝聚力。此外，CI工程继续深入，宣传报道越做越好，文体活动丰富多彩。加强离退休工作，尊老敬老蔚然成风，老同志余热得到了充分发挥。组织开展水上运动会、乒乓球联赛、“时代新材杯”篮球联赛、“时代电子杯”足球联赛等一系列群众性文体活动，激发员工团结向上、勇往直前的精神。组织春、秋游活动，参加首届南车集团运动会。捐助贫困企业、农村、学校，计200多万元。出资100万元冠名“时代集团杯”中美女子篮球对抗赛。捐资24万元成立救助基金，帮困扶贫20万元。

【重要纪事】 2月份，株洲所与长春安达签订深圳地铁一期工程牵引变流器、辅助变流器、牵引电动机供货合同。2月19日，铁道部科技司副司长陈春阳来所检查指导工作。3月，株洲所依据国经贸企改［2002］859号《关于国有大中型企业主辅分离辅业改制分流安置富余的实施办法》和集团公司关于对株洲电机厂资产实施重组，员工身份实行有偿转换的精神，派工作组进驻株洲电机厂开展工作。3月12日，集团公司总经理赵小刚到所检查指导工作，赵小刚首先与所领导班子进行了座谈，听取了科研、生产、经营、改革以及株洲电机厂重组工作的进展情况汇报。5月7日，株洲市代市长颜石生一行到所检查指导工作。6月27日，株洲所跻身于17家“广州地铁二号线工程建设优秀供应商”行列，地面供电系统整流器产品质量优良，为进一步开拓城轨市场创造了有利条件。7月29日，株洲时代监控技术有限公司成立。10月8日，由株洲所冠名的“株洲时代集团杯”中美女篮国际对抗赛在株洲市体育馆举行。10月20日，铁道部部长刘志军、湖南省副省长郑茂清，在集团公司总经理赵小刚、副总经理唐克林等陪同下，到株洲所视察工作。11月6日，株洲所国家博士后科研工作站正式挂牌。11月29日，株洲所变流技术国家工程研究中心通过国家验收专家组的竣工验收。12月21日，株洲所研制的电动公交车正式交付使用。

【领导干部名单】

所　　长：奚国华
副 所 长：田　磊（兼）
　　　　　邓恢金
　　　　　廖　斌
　　　　　丁荣军
党委书记：田　磊
党委副书记：奚国华（兼）
　　　　　谢　军
工会主席：宋亚立

地　　址　湖南省株洲市石峰区田心北门外
邮　　编　412001
电　　话　0733—8498304
传　　真　0733—8432946
网　　址　http://www.zelri.com.cn
电子信箱　suoban@zelri.com.cn；liuzm@zelri.com.cn

中国南车集团戚墅堰机车车辆工艺研究所

（工商登记营业执照编号：3204001100992）

所长：王　奇

党委书记：苗永纯

【概述】 2003年，戚墅堰所新开和延续科研项目共64项，较上年增长39%。其中国家科技部项目2项，省科技厅项目1项，部科教司项目7项，集团公司项目12项，铁道部标准10项，所级项目30项，所青年基金项目2项，科研项目完成率为95.3%，其中纵向项目完成率100%。年内结题与鉴定的科技项目完成12项，其中ND_5型内燃机车柴油机主副连杆及曲轴国产化和提速区段无缝线路钢轨脉动闪光焊机2项成果获中国铁道学会科学技术成果二等奖。ND_5型内燃机车柴油机主副连杆成果获常州市科技进步四等奖。申请专利4项，国家知识产权局均已受理。“中国南车集团机车车辆材料工艺研发中心”在戚墅堰所挂牌，戚墅堰所被列入国家火炬计划常州城市轨道交通车辆及部件产业基地骨干企业并认定为“常州市轨道车辆材料工艺工程技术研究中心”。

继续提升企业管理水平，完善内部运行机制。根据集团公司统一实行新企业会计制度的要求，组织全所资产清查工作，实现资金集中统一管理，应用金蝶K3财务管理软件，为实现资金流与物流全面接轨作好准备，下属公司实体实行会计人员委派制度。建立“环境与职业健康安全”体系，ISO 14000/18000环境与职业健康安全管理体系通过北京中联认证中心认证审核。加强科技项目组织和目标管理，提高项目完成质量，加大对科研项目完成情况检查考核力度，确保项目目标的完成。对产品实行分类管理，进一步规范委外协作管理工作，确保委外加工产品的质量和交货期，降低委外加工产品成本。结合质量管理体系转版工作，对原有售后服务体系进行调整，进一步明确各部门在售后服务体系中的工作分工和具体责任，完善售后服务报告制度，使售后服务工作走向规范化、制度化。完成首次顾客满意度调查，为不断提高和完善产品质量提供了依据。

继续积极稳妥推进三项制度改革。在深化干部人事制度改革方面，建立了三个层次的公开选拔机制。制定了《公开选拔所级行政副职试行办法》、《公开选拔中层管理者试行办法》和《一般管理者竞争上岗试行办法》，并组织公开选拔了副所长1名，中层管理者

2名。新聘中层干部11名,解聘3名,岗位调整交流9名。在深化劳动用工制度改革方面,制定了《劳动合同管理办法》、《短期合同制员工的管理办法》,全员重新签定劳动合同。制定并实施《职工补充养老保险暂行办法》和《短期合同制员工的养老保险实施办法》等。在深化工资分配制度改革方面,完善了以岗位工资为基础的工资分配制度,开展岗位分析工作,实施《工资分配制度改革暂行办法》。建立了分级分类考核管理机制,考核结果与效益工资挂钩。在实施人才开发工程方面,制定了《有突出贡献专家和拔尖人才选拔管理办法》,首次组织选拔5名所内专家和12名所内拔尖人才,给他们更高的地位、奖励和报酬,为专业技术人员和高技能操作人员提供了与管理人员平行平等的晋升阶梯和更多的职业发展机会。制定《职业技能鉴定管理办法》和《职业技能竞赛管理办法》,加强对技能操作人员的管理和开发。首次组织职业技能鉴定,有66名员工获得职业技能鉴定资格证书。加大培训工作力度,组织54人次中层管理人员和专业技术人员赴境外参加专项培训,选派8名专业技术人员参加在职工程硕士班的学历培训,组织530人次参加了各类技能培训。

全年完成技术改造和重点投入5250万元。西所改造工程按照"满足功能,力求现代,设计合理,质量第一"的原则,全面竣工。完成齿轮传动技术工程部、焊接表面技术工程部、试验检测中心等单位的搬迁工作,按期完成朗锐活塞和朗锐铸造新厂区主体工程。东所扩建征地35亩,办公大楼装修改造工程全面启动。完成进口设备6台套,国产设备15台套的采购、安装、调试工作。通过集团公司"九五"重点技改项目验收工作。实现销售收入同比增长26%,自营出口创汇203万美元,资产经营收益率为7.8%,国有资产保值增值率为105%。

【新产品开发】 初步建立齿轮传动系统研发与产业化基地,以"300公里/小时动力分散式高速列车齿轮传动系统的研制"项目为依托,对高速传动联轴节的设计、理论、试验技术进行系统研究,设计能够模拟列车线路运行的试验装置,取得"动力分散式列车动力车驱动齿轮箱的箱体结构"实用新型专利。进行"中华之星"、"先锋号"等技术服务和改进设计。成功将270公里/小时齿轮箱技术移植到大连厂研制的高速列车传动系统中并针对原270公里/小时列车托架密封系统存在的问题进行了重新设计。研制出口哈萨克斯坦用200公里/小时高速电力机车铝合金齿轮箱,完成了新北京地铁齿轮箱和联轴节的样机的研制和伊朗德黑兰地铁齿轮箱、联轴节的技术设计工作。为东风$_{11G}$机车配套研制了齿轮箱体并已装车试验。新型客车制动系统单元制动缸通过铁道部低温试验检测站摄氏-50度连续48小时的低温环境试验以及121万次台架试验,试验结果表明其各项技术指标已达到国外同类产品的技术水平。200公里/小时、270公里/小时等级制动元器件的总体方案通过设计评审,完成客运机车用新型轮装式制动盘和闸片的研制并通过1:1台架试验,满足时速160公里机车制动盘的使用要求,已提交1台份制动盘给戚墅堰厂进行比对试验。完成自动密接式车钩钩头和试验台部分的研制,该项目已列入江苏省科技创新项目。完成5台份08-475捣固装置的研制和2台走行齿轮箱的研制。完成200公里/小时电力机车用受电弓滑板、高速列车铝合金部件的研制。完成三茂铁路两列摆式列车和出口哈萨克斯坦3台电力机车用铝合金风缸和水箱的研制。完成BOMBARDIER公司地铁车辆不锈钢电控柜的研制。完成机车车辆滚动轴承磁粉探伤试块的研制,并申请了轴承零件探伤实物试块实用新型专利。完成对K2型转向架ADI斜楔,环保型防镀

涂料研制工作。 （王勤毓）

【质量管理】 围绕南车集团公司《“十五”质量攀登计划纲要》的要求，2000版质量管理体系通过了中质协的第三方认证，通过了GE公司、庞巴迪等国外多家企业的第二方审核。实施“精品工程”，解决了部分产品多年来的惯性质量问题，产品质量有了质的飞跃。发挥QC小组作用，提高体系运行实效，进行产品质量攻关，两项成果获得铁道部优秀QC小组称号。开展质量月活动，围绕“产品质量是企业生存和发展的命脉”这一主题，号召员工“一次就把事情做对”，真正领悟自己的工作质量与企业发展的关系。加强专检员培训工作，进一步理顺中检、专检的关系，细化质量记录，健全质量档案，确保专检工作在满足质量体系要求前提下，努力为生产一线服务，全年主产品一次交检合格率为97.6%，一次交验合格率为100%。 （姜炳生）

【党群工作】 深入贯彻党的十六大精神，实践“三个代表”重要思想，加强党建思想政治工作，积极为提前两年实现“十五”经济目标提供强有力的政治保证和精神动力。抓好两级干部队伍建设，再次获得常州市党委中心组学习先进集体、南车集团公司“十好领导班子”称号。加强对中层干部的绩效考核管理。召开所第八次党员代表大会，选举产生第八届党委会和新一届纪律检查委员会。开好领导班子述责述廉会、领导班子民主生活会，进行职代会民主评议所领导班子成员。抓好党风廉政建设，下发《戚墅堰所党风廉政建设责任制实施办法和党风廉政建设责任制追究办法》，年度获集团公司“党风廉政建设先进企业”称号。举办党支部书记培训班，加强对党支部活动的指导。在全所党员中开展《实践“三个代表”重要思想，保持党员先进性》的学习教育活动。组织入党积极分子学习新《党章》和党的基本知识，全年发展新党员10名。加强企业精神文明建设和企业文化建设，获得年度“常州市优秀政研会”、“常州市文明单位标兵”、“省级文明单位”和“省卫生先进星级单位”等荣誉称号。组织第十次无偿献血活动，全所有72人参加献血，被常州市献血办公室再次评为“先进集体”。《戚所动态》全年编印16期，上稿390余篇，比上年增长30%。被新闻单位录用稿件38篇。加强“职工之家”建设，被中华全国总工会授予“模范职工之家”称号。全年提出合理化建议、技术革新项目96条，采纳75条，创经济效益341万元。组织参加集团公司首届职工运动会等各类文体活动。向广西那坡、靖西县贫困生进行扶贫捐款28074.5元，为省残运会捐资5000余元。深化“双岗”竞赛活动，组织开展第五届青年科技论文的征集与发布活动。

（孙环志）

【重要纪事】 1月8日，按照集团公司要求，经国家工商行政管理总局核准，戚墅堰机车车辆工艺研究所变更为中国南车集团戚墅堰机车车辆工艺研究所。3月15日，戚墅堰所下属实体广通活塞厂、江南球铁厂新厂房在武进高新技术开发区奠基开工。4月9日，戚墅堰所实施新一轮工资分配制度改革，聘请南京远博管理咨询公司对机关职能部门进行岗位分析和评估。5月20日，戚墅堰所试验检测综合楼竣工，正式通过验收。6月25日，召开戚墅堰所工会第八次会员代表大会并选举产生了第八届工会委员会和经费审查委员会。7月7日，戚墅堰所公开选拔副所长，有8位同志参加竞选，陈智芳通过竞选并经集团公司党委批准，任戚墅堰所副所长，分管生产工作。7月8日，经国家火炬计划常州城市轨道交通车辆制造产业基地评审专家组来所考察认证，戚墅堰所被认定为“国家火炬计划常州轨道交通车辆及部件产业基地”首批骨干企业。9月13日，中国南车集团机车车辆材料工艺研发中心在戚墅堰所挂牌成立。9月24日,中共中国南车集团戚墅堰机车车辆工艺研究所第八次党员代表大会召开,选举产生第八届党委会和新一届纪律检查委员会。9月26日,为扩大戚墅堰所产业化基地,征用戚墅堰芳渚村段家塘土地23270.7平方米。10月12日,经北京中联认证中心认证审核,戚墅堰所获得环境管理体系认证证书ISO 14001:1996和职业健康安全管理体系OHSAS18001:1999认证证书。12月,戚墅堰所首次选拔5位所内"有突出贡献专家"和12位所内"拔尖人才"。（王勤毓）

【南车集团机车车辆材料工艺研发中心成立】 9月13日,中国南车集团机车车辆材料工艺研发中心在戚墅堰所正式挂牌成立。国家科技部、铁道部、江苏省、常州市和中国南车集团以及集团公司各厂所的领导和专家40多人参加了揭牌仪式,并举行"材料工艺研发工作研讨会"。研发中心成立后将在材料工艺基础技术研究的基础上,开展与机车车辆制造质量密切相关的材料工艺与技术标准的研究,引进、消化吸收国外先进技术,开发具有自主知识产权的材料工艺技术,积极为中国轨道运输装备制造业尽快接近和达到国际先进水平提供技术支撑。（王勤毓）

【D09—32型连续式捣固车通过铁道部技术鉴定】 该项目引进奥地利普拉赛公司09-32CSM型捣固车技术,结合实际情况,通过消化、吸收进行研制的,同时充分借鉴D08-32型捣固装置研制经验,对存在的不足之处进行了改进,产品质量得到明显提高。8月,通过铁道部科学技术司鉴定。（王勤毓）

【4项专利发明获国家知识产权局受理】 由戚墅堰所研制的轴承零件磁粉探伤实物试块、动力分散式列车动力车驱动齿轮箱的箱体结构、高速列车动力车驱动齿轮箱的密封装置(发明、使用新型)等四项成果已申报专利发明,并获国家知识产权受理。4项专利发明获得了常州市科委的专利申请资助。

（王勤毓）

【单元制动缸达到国外同类产品水平】 5月,新型客车制动系统单元制动缸通过铁道部低温试验检测站常温、低温密封及运用性能实验,完全符合TB/T 2838—1997《铁道车辆用非密封式铸造制动缸技术条件》及《客货车制动缸低温性能检验细则》的要求,通过121万次台架试验,试验结果表明其各项技术指标已达到国外同类产品的技术水平。

（王勤毓）

【领导干部名单】

所　　长:王　奇
副 所 长:王文虎
　　　　　苗永纯(兼)
　　　　　赵唯人
　　　　　陈智芳(7月任)
　　　　　许鹤皋(7月免)

党委书记:苗永纯
党委副书记:王　奇(兼)
党委副书记:周玉喜
纪委书记:周玉喜(兼)
工会主席:周玉喜(兼)

地　　址　江苏常州戚墅堰五一路1号
邮　　编　213011
电　　话　0519—8351746
传　　真　0519—8350363
网　　址　http://www.leadrun.com
电子信箱　jcqys@public.cz.js.cn

中国南车集团襄樊牵引电机有限公司

(工商登记营业执照编号：4206001330068)

总经理：祁宝文

党委书记：邱立成

【概述】 2003年，襄牵公司有员工1098人。其中专业技术人员124人。公司占地面积21.2万平方米，其中生产用地14.7万平方米，生活用地6.5万平方米。总资产15202.3万元，固定资产3707万元。各类机械动力设备303台，设备原值2261万元，设备完好率为95%。

全年新造电机完成销售收入4660.16万元，厂修电机完成销售收入2164.16万元，路修电机及大部件完成销售收入755.65万元，配件完成销售收入386.8万元。实现工业总产值7384.3万元，实现销售收入7589.4万元，比上年增长0.43%，资金回笼7108万元，实现利税1087万元，实现利润240.7万元。全员劳动生产率68327元/人·年。

继续推进三项制度改革，制定《三项制度改革实施意见》，精简部门机构，压缩非生产岗位人员45人。修订128个岗位说明书，按照《公开竞聘上岗暂行管理办法》，组织28个中层管理岗位和110个一般管理、技术岗位公开竞聘上岗。由集团公司劳资部牵头组织石家庄厂、江岸厂、武昌厂、襄樊厂专业人员对公司管理、技术岗位进行测评，完成岗位评分和排序。其后，公司完成岗位测评结果整理和归级，并实施企业领导岗位年薪制及中层管理人员、工程技术人员岗位津贴制度。为规范劳动用工制度，制定《劳动合同管理暂行办法》、《关于清理非在岗员工的通知》。通过公司与全体员工重新签定劳动合同，清理了长期不在岗人员。

按照“十五”员工培训计划开展质量体系、管理人员、技术人员培训，全年培训1543人次，组织10个工种职业技能鉴定，86人取得资格证。

调整销售战略，开拓了柳州局、广梅汕地方铁路的电机修理市场。加大应收账款考核力度，根据各单位应收账款信用调查，评出ABCD四个不同等级的企业，确定下一步工作的重点。调整生产重心，合理编排生产计划，控制在产品储备量，压缩库存金额，减少资金沉淀。完成仪器、仪表定检，安装设备40台，检修关键设备14台次。调整内部资源，关闭规模小、成本高的铸造和电镀业务。重新核定外购铸件毛坯重量。成立原材料消耗定额小组，确定原材料定额标准，制定《修理电机旧件报废、新件领用办法》。由纪监审计处进行市场询价并对采购过程和结果进行监督，共调整零星采购价格700余项，取消了部分物资的运费。

开展“质量在我心中”宣传教育活动，牢固树立用户就是上帝的观念，做好售后服务工作。电机产品质量保质期延长到36个月或30万公里，进一步增强了用户满意度。

继续推进后勤辅助和社会事业性单位的剥离分立工作，制定了《中小学的移交方案》。根据南车集团公司多经发展总体思路，5月28日，宏吉预应力锚具有限公司正式改制挂牌，开发出19孔锚和波纹管，生产能力已达到2.7万孔/月，全年实现销售收入403.32万元。工贸公司完成工业产品和维修任务59.46万元，公司办集体企业电气分厂全年完成销售322.92万元。年内投入技术资金20万元，电机机座焊接采用CO_2气体保护焊，保证了焊接质量。手工气割下料改为仿形切割，减少加工量，节省原材料，提高生产力。全年无重伤、死亡事故发生，轻伤率2.6‰。

【新产品开发】 加大新产品开发力度。年内，开发了ZD109C牵引电机、JF208A主发电机、JGL405B励磁电机、TQFR-3000H主发电机，完成ZD109C牵引电机机座焊接和JQF409同步启动发电机全套图纸设计及工装设计，ZD106牵引电机的测绘设计。做好东风$_{11}$机车系列电机试修技术工艺，JF204D主发电机在铁道部产品质量监督检验中心完成型式试验。

【质量管理】 为提高产品质量，下发《2003年公司产品质量目标》，修订《产品质量考核办法》对质量目标详细分解。设立质量风险奖励，加大质保期内的质量故障处罚力度，8月份通过中国华夏认证中心对2000版质量管理体系的换版认证审核。制定和下发了《关于开展抓质量保安全活动的通知》、《2003年质量攀登计划》、《关于开展消除隐患、提升产品质量活动的通知》、《关于加强电机产品工序质量控制的通知》、《关于杜绝电机责任故障的通知》。成立800电机产品质量攻关小组，提出并完成27项质量整改项目，消除800电机制造质量隐患 。年内产品一次交验合格率为97.6%，新造电机故障率2.05%，修理电机故障率3.84%，顾客投诉处理率为100%。

【党群工作】 公司党委认真学习宣传贯彻党的十六大精神，坚持“三个代表”重要思想，结合公司实际，紧紧围绕改革、发展和生产经营开展工作。开展以“勤政、廉政、优政”为内容的教育活动。坚持中心组和基层班子理论学习制度，坚持党委民主生活会制度。开展“创建十好班子”活动，授予二分厂、车队两个单位领导班子为“十好班子”称号，对机械分厂领导班子予以通报表扬。坚持开展“创先争优”、“创岗建区”、“支部达标”等活动，制定《党支部工作细则》，健全党支部各项工作制度，强化基础建设，注重选树典型，发挥党员先锋模范作用。“七一”前夕评选出优秀党员27名，优秀党务工作者4名，先进党支部3个，报集团公司表彰各1名。全年发展新党员14名。发放理论学习资料860册，学习资料和宣教材料780份，深入一线开办车间课堂宣讲6次，在《中国南车》发表文章11篇，《南车政工研究》发表论文4篇，图片新闻2条，《改革与管理》发表论文3篇、图片新闻3条，《铁路工程教育》杂志发表论文5篇。

公司纪委贯彻纪检监察工作指导思想，深化党风廉政宣传教育，认真查办违纪案件，发挥监督职能作用，为企业改革发展保驾护航，制定《物资采购价格审查暂行办法》，审定物资采购2000项，审减金额3万元。下发《部分产品销售资金清欠办法》及《产品销售的有关规定》，年内完成审计项目8个，提出审计建议22条。

召开第七届五次职代会，督促落实员工提案61条。开展群众性经济创新活动，25项小改小革获奖。女工素质达标合格率在80%以上。组织了健身操、羽毛球、春季晨跑、篮球赛等多项群众性体育活动，参加集团公司第一届运动会获得较好成绩。

召开公司第一次团员代表大会，调整思路，顺应形势。积极开展青年安全生产示范，安全生产知识竞赛、质量专题调研，职业技能鉴定等一系列活动，提高了青工素质。

【领导干部名单】

董 事 长：林世甲
总 经 理：祁宝文
副总经理：陈　伟
　　　　　范宝林
　　　　　金建铭
　　　　　刘仁和
总工程师：范宝林(兼)
总会计师：柴兴元
副总经济师：张玉飞
党委书记：邱立成
党委副书记：祁宝文(兼)
　　　　　梅　进
纪委书记：梅　进(兼)
纪委副书记：侯　明
工会主席：梅　进(兼)
团委书记：刘治国

(公司办公室　供稿)

地　址　湖北省襄樊市
　　　　长虹北路132号
邮　编　441047
电　话　015—45125(路)
　　　　0710—3810401
传　真　0710—3810401
网　址　http://www.xqdj.com
电子信箱　xfqydj@263.net

北京铁工经贸公司

（工商登记营业执照编号：1100001501225）

【概述】 公司以资产经营、材料、配件销售和物业管理为主营业务。年内，公司按照南车集团公司新一轮资产经营责任制的考核要求，加大了净利润指标完成的考核力度，制定应收账款责任制，确保公司现金流的良性运转。提高实体负责人经营风险金的上标准，增强实体领导班建设和改进实体绩效评价的内容。

公司控股的海南鑫源温泉大酒店，在海南省150多家酒店评比中，被评为“行业20强企业”、“海南省明星企业”。全面完成了董事会制定的2003年经营目标。公司参股的株洲时代新材股份有限公司，上市1年，公司所占股份增加1倍，实现资产大幅度增值。9月22日，公司召开实业工作会议，加大公司所辖实体改革力度。在经营方式上可以采取委托经营、承包经营、租赁经营等多种形式，承租人可以是系统内人员，也可以是外部人员。在北京、上海、重庆、广州、桂林等地设立零成本营销代表处或代表，按照市场机制运作，根据销售收入和完成的工作量来提成，不断提高营业收入。

【北京飞龙阁饭店】 位于北京市宣武区白纸坊西街10号，建筑面积7720平方米，为准三星级饭店。内设客房部、餐厅部、美容美发中心、卡拉OK歌厅。客房部有标准客房60间、套房12间、中小会议室3间、可容纳200人多功能厅1间，餐厅部有可容纳150人的就餐大厅1间、雅座小餐厅1间、包间12间，饭店服务设施齐全。

2003年新建北京飞龙阁饭店西客站分店，位于北京市海淀区羊坊店路11号北京西客站正面主街道向北500米，地处西客站与世纪坛之间的繁华地段。该店建筑面积4162平方米，有豪华客房72间（房内设施达到四星级标准）、大会议室1间、小会议室2间、健身房1间，全年营业收入264万元。

【南戴河中车宾馆】 积极转换经营方式，克服“非典”给宾馆旅游业带来的影响。一是适应旅游形势的变化，从过去接待会议、团体转向散客接待；从全天候接待转为“周六、周日”度假新格局。客房管理以提高入住率为中心，抓好服务员的严格培训。从每一句话，每一项服务细节作起，礼貌待客、主动热情、达到服务好、卫生好、环境好，让客人有到家的感觉。周五、周六的入从率达到95%以上。同时，用团队、旅行社、楼层包租等多重渠道补充空缺方法，收到较好效果。餐厅一方面适应零星点菜的特点，另一方面每日推出几款特色菜，引导消费。

二是抓好节约增效工作，进行水管道改造，能用井水不用自来水。更换大小餐厅和总服务台大厅的照明，全部采用低照度的节能灯。宾馆比价进货，降低各方面成本。全年营业收入90万元，接待入住人数5000余人次，较好完成了年度经济考核指标。

（南戴河中车宾馆）

【北海铁工宾馆】 宾馆是二星级旅游饭店，占地面积9791平方米。改变经营理念，做好营销工作。根据旅游市场变化情况，重新确定了经营方针。加大营销宣传力度，在北海市行政地图、北海市旅游局绘制的手绘地图、广西北海旅游网上都有铁工宾馆的简介和标志。对外促销大胆地采用了支付佣金的做法，联系会议及团队，调动了积极性。增收节支、降低成本，一切为了顾客，一切为了经营，不断提高服务质量。全年实现营业收入 63 万多元，减亏 13 万多元。接待会议、疗养、旅游团队总人数约 11294 人。宾馆员工人数 25 人，其中正式职工 7 人。

【海南鑫源温泉大酒店】 完善规章制度，提高综合质量。4 月，成立了 ISO 9001—2000 质量管理体系认证领导小组，编写文件，加大培训力度。11 月 28 日酒店取得了国家认证委认可的 ISO 9001—2000 质量管理体系认证证书和国际联盟认可标志。获“海南省明星酒店”、“海南省酒店行业 20 强企业”、“管理效益型先进企业”等荣誉称号。为酒店带来了巨大的社会效益及名牌效益。

为打造“鑫源”品牌，酒店加大了员工培训力度，开展全员学英语活动，举办了“鑫源温泉酒店首届英语比赛”。对新入员工实行岗前培训，考试合格上岗，全体员工整体素质和综合能力有了提升，服务质量受到客人的好评。酒店全年实现销售收入为 2290.55 万元，比上年提高 5%；客房出租率为 63.28%，较上年提高 7%；平均房价 218.76 元，较上年提高 3%；资产回报为 909.17 万元，比上年提高 21%；设备考核取得了 99 分的高分成绩。

（铁工经贸公司综合部　供稿）

【泰安傲徕峰山庄】 山庄位于泰山西麓山坡上，地理位置较偏。年内，受非典和修环山路影响，一方面制定了相应的应急预案，另一方面抓增加收入，取得有关部门同意，争取到当地政府组织的两个会议，消化了部分成本。全年虽较上年同期指标下滑幅度较大，但仍按期完成了公司下达的经营指标，完成收入 65 万元，其中会议收入 35 万元，占 54%，团队接待收入 12.50 万元，占 19%，散客收入 8.8 万元，占 14%，客房出租 8.10 万元，占 13%，车辆出租 1.3 万元，占 0.1%。

【领导干部名单】

董　事　长：朱守礼
副 董 事 长：彭振凤
董　　　事：白继文、冯秋生
　　　　　　朱三华、王　树
总　经　理：孙　克
综合部部长：顾建勇
综合部副部长：郝　颖
实业部副部长：吴广军
物业部副部长：何小民
财务部副部长：朱晓玲

（顾建勇　供稿）

地　　址　北京市海淀区
　　　　　　羊坊店路 11 号
邮　　编　100038
电　　话　010—63984770、51862170
传　　真　010—63984766、51862172
网　　址　http://www.csrgc.com.cn
电子信箱　csrgc@csrgc.com.cn

南车营销租赁有限公司

（工商登记营业执照编号：1000001003158）

【概述】 公司全年主营业务收入1.29亿元，其他业务收入422.8万元，实现利润100万元。期末公司资产总额达1.2449亿元，比年初增加2200万元，增加21%。年内，公司一是继续对各机车车辆制造和修理企业所需的部分专用物资实行集中采购，发挥批量采购优势，进一步降低物资采购成本。全年签订冷弯型钢合同供应量11911吨，同比增长37.73%，合同销售额5400万元，同比增长48%，创造利润173万元。代理采购碾钢轮20218吨，乙字钢10095吨，其他钢材90000多吨。收到代理费224万元，同比增长49.3%。二是采购东风$_{4B}$机车15台，销售给北京铁路局，实现销售收入7500万元，增加利润200万元。为南车四方公司获得出口朝鲜5辆客车合同，合同金额1400万元人民币。协助戚墅堰厂出口美国铸件3000多吨，全年收益35万元人民币。三是继续开展对外投资，对市场前景好，预期效益好的项目，参与投资运作。主要投资项目有：石家庄南车铁龙电子有限公司，注册资本450万元，公司投资150万元，占33.33%；襄樊中铁宏吉预应力设备有限公司，注册资本625万元，公司投资100万元，占16%；北京特沃力防松技术有限公司，注册资本210.41万元，公司投资50万元，占23.7%。加上已经投资的14个单位，南车营销租赁有限公司共对外投资17个单位，投资额4337.9万元。受不确定因素影响，部分对外投资项目经营形势不是很好，但有的项目经营较好。武汉神骏专用汽车制造股份有限公司，在开发产品上做文章，与东风欧曼重卡、春兰公司、斯太尔公司等重型汽车生产企业联系改装车开发事宜，选取市场热点，寻求广泛合作，已成为武汉市施工渣土运输车辆密闭式加盖定点厂家之一。海南文广中舟电子光碟复制厂有限公司经营状况较好，2003年公司投资收益200万元，占投资额的10%。石家庄南车铁龙电子有限公司，开发的闸调器检测试验台和拉杆检测机已通过厂级鉴定，轨道衡和汽车衡的需求量较大，市场前景乐观。2003年预计实现销售收入500万元，利润45万元。专用汽车项目已经成为投资发展的一个支柱产业，石家庄、眉山、柳州3个经销公司相继成立。年初确定了实现销售收入1.7亿元的目标，受“非典”和国家汽车信贷政策改变的影响，销售收入可达到1.3亿元。襄樊南车专用汽车公司，在加强专用汽车研制改进的同时，增加了油缸的开发力度并取得突破进展，分别与武汉、济南2家工厂签订供货合同，且正在积极开发利润空间较大在国内技术领先的多级缸产品。

【领导干部名单】

总　经　理：白继文

副 总 经 理：肖孝州

（李　果　供稿）

人物·荣誉

新闻人物

先进人物

逝世人物

先进集体

新闻人物

【全国政协委员】

刘友梅 男，1939年6月生，无党派人士，中国工程院院士，株机厂高速研究所所长，2003年1月当选第十届全国政协委员。

【省人大代表】

李志轩 男，1953年6月生，中共党员，株机厂厂长，2003年1月当选湖南省第十届人大代表。

【省政协委员】

朱龙驹 男，1962年6月生，中共党员、九三学社社员，株机厂总工程师，2003年1月当选湖南省第九届政协常委。

陶芳泽 男，1963年7月21日生，安徽省桐城市人。铜陵厂副厂长、总工程师、高级工程师，中共党员，2003年1月当选安徽省第九届政协委员。

惠金根 男，1943年11月生，中共党员，南方汇通股份有限公司党委书记、董事长，贵州省政协委员。2003年11月22日被贵州省人大第十届五次会议任命为贵州省人大财经委员会副主任委员。

先进人物

一、获国家级荣誉称号先进人物

【全国“五一”劳动奖章获得者】

楚永萍 女，浦镇厂产品开发部副部长、高级工程师。2003年5月1日获得全国“五一”劳动奖章。

【国家级其他荣誉称号获得者】

马桂芳 二七车辆厂

全国防治非典型肺炎工作优秀共产党员

二、获省部级荣誉称号先进人物

【火车头奖章获得者】

资阳厂	何华文
戚墅堰厂	周仲文
南车四方公司	魏文波
四方有限公司	刘在仁
株辆厂	夏术俊
眉山厂	卿明高
武昌厂	吴冬云
铜陵厂	徐国兴
成都厂	陈　健
洛阳厂	樊蜀杰
襄樊厂	张明坤
二七车辆厂	曹卫红
石家庄厂	傅　玲
江岸厂	周永琦
南方汇通公司	王丽萍
北京机械厂	王书顺
株洲所	冯江华
戚墅堰所	孙周明

三、获集团公司荣誉称号先进人物

【中国南车集团公司劳动模范】

株机厂

范新玲　唐惠军　龚兰平　张宪安
温建军　宋平芳　李　萍　黄永良
黄勇明

资阳厂

李成新　卓必成　何华文　李梦雄
彭长福　李善勇　谢　奕　庄元顺
苏　川

戚墅堰厂

吴建兴　马永林　葛　华　梅　亮
吴淑玄　杨　鑫　闵洪根　刘焕兴
潘德昌

南车四方公司

徐洪春　周　勇　鞠永强　任敦诚
陈　强　戴强尧　张连敏

四方有限公司

曾　佐　朱照海　王立娟　王绍涌

浦镇厂

赵大斌　印建明　包国祥　王　飞

郭智先　鹿洪来　陈双林　陈正达

株辆厂

徐　瑾　欧清莲　乐为民　苏尚平

陈爱民　刘桂军

眉山厂

刘兴红　王为民　李春有　陈新华

杨润涛　徐兆和

武昌厂

鲁汉雄　张学孔　陈　劲　王月泽

沈培洪

铜陵厂

刘岱华　臧俊杰　任晓宁　王文鹏

成都厂

邬典谋　叶人杰　罗郭君　熊建萍

洛阳厂

常卫军　程宏耀　张立平　郑艳杰

彭　东　张亚军

襄樊厂

杜志品　刘夏亮　郭寿斌　吴凌志

二七车辆厂

吴至红　赵书军　朱清友　杨文生

石家庄厂

乔　东　马保玉　耿祥建　刘庆山

江岸厂

阎新华　王钢勇　王见平　刘哲民

关永刚

南方汇通公司

曾晓星　王丽萍　熊文峰

贵阳厂

张万军

北京机械厂

白利学

株洲所

奚国华　刘可安

戚墅堰所

许鹤皋　周　平

襄牵公司

邢桂芬

集团公司总部

林世甲

【先进女职工】

株机厂　谢　芳

资阳厂　周雅聪

戚墅堰厂　吴淑玄

南车四方公司　敬俊娥

四方有限公司　毕丽玲

浦镇厂　陆丽芬

株辆厂　李加良

眉山厂　杨玉兰

武昌厂　陈春娥

铜陵厂　秦素珍

成都厂　熊建萍

洛阳厂　袁寒梅

襄樊厂　刘淑群

二七车辆厂　吴至红

石家庄厂　付　玲

江岸厂　谭家莉

南方汇通公司　王翠华

北京机械厂　马桂花

株洲所　郭煌辉

戚墅堰所　游　庆

襄牵公司　王桂琴

株洲电机厂　余春兰

集团公司总部　李　昕

【先进女职工工作者】

株机厂　崔秋娥

戚墅堰厂　王延花

四方有限公司　宫秀芝

株辆厂　邹华荣

眉山厂　王继荣

江岸厂　陈明真

【优秀党务工作者】

株机厂
单　勇　组装分厂党总支书记、副厂长
郭亚能(女)　变压器分厂党总支书记
刘迪全　职工医院党总支书记、副院长
资阳厂
兰文友　柴油机分厂党委书记
陈　伶　配件分厂党委书记
李玉香(女)　经贸公司幼教中心党支部书记
戚墅堰厂
高志强　锻铸分厂党委书记
韩金发　配件分厂党委书记
上官岳欣　建筑工程公司党总支书记
南车四方公司
王广招　棘洪滩制造厂转向架分厂党支部副书记、副厂长
王正岱　四方制造厂钢结构分厂党支部书记
四方有限公司
高卓然　党委干部部部长
徐文亮　纪委副书记、审计监察部部长
浦镇厂
薛澄凌　党委书记
郭明扬　党委组织部部长
株辆厂
胡宪之　党委副书记、纪委书记
彭伏明　机械装备公司党支部书记、副经理
眉山厂
许慧明　设备动能公司党委书记、副经理
谭德武　货车公司货二车间党支部书记
武昌厂
蔡明艳(女)　市场实业部党支部书记
付关文　机保车分厂党支部书记、副厂长
铜陵厂
洪光明　党委办公室主任
燕明宏　水电能源公司党支部书记
成都厂
黄才汉　党委书记
徐国民　机车车间党支部书记
洛阳厂
查凯学　党委副书记、纪委书记
陈全峰　机械一车间党支部书记
襄樊厂
夏　雨　柴油机车间党支部书记、副主任
孙晓森　机械制造分厂党总支副书记
二七车辆厂
邱建平　机械车间党支部书记
杨伯海　动力车间党支部书记、主任
石家庄厂
左　鹏　货车事业部台车车间党支部书记
张俊义　综合保障部党支部书记
江岸厂
沈绍泉　党委副书记、纪委书记
陈荣祥　党支部书记、干部处处长
南方汇通公司(贵阳车辆厂)
宋福生　党委办公室主任
王应万　一分厂党支部书记
北京机械厂
黄晓平　铁路配件公司党支部书记、副经理
株洲所
田　磊　党委书记
戚墅堰所
毛志明　党委工作部部长
襄牵公司
邱立成　党委书记
集团公司总部
李建国　纪委副书记、监察室主任

【优秀共产党员】

株机厂
刘豫湘　技术中心开发部提高待遇高工
李文革　制造处机车组组长
刘义龙　市场营销处营销主办
林继军　备料分厂光冲班班长
张伏良　售后服务处机车检查工
旷清平(女)　电机分厂线圈班班长
李拈香(女)　铸造分厂天车司机

傅冠生　株洲联诚集团铸业有限公司经理
徐茶友　湖南铁道职业技术学院电气工程系政治辅导员
邓文莉(女)　九方中学化学教研组教师
资阳厂
余　斌　电器设备分厂制造科主办调度
李文斌　铸造分厂精铸车间技术员
王建委　机车分厂转向架车间大车班班长
吴学众　能源分公司热力供水车间技师
刘承福　储运分公司运输车间汽车司机
蒋华国　工业公司轮对车间技术组长
谢翠芳(女)　职工医院内科副主任
孙亚玲(女)　外国语实验学校教师
戚墅堰厂
周利忠　动力公司高级工程师
杨　威　计算机中心工程师
吴淑玄(女)　内机分厂机车二车间电焊高级技师、班长
张　忠　配件分厂铆焊车间电焊高级技师
孟龙龙　车辆分厂台车车间电焊工、班长
葛　华　锻铸分厂铸钢车间铸工
张建国　戚墅堰铁中教研组长、高级教师
南车四方公司
马丽艳(女)　四方制造厂财务部决算主管
杜卫萍(女)　棘洪滩制造厂铸钢分厂工段长
毛水法　四方制造厂钢结构分厂客车工段长
魏文波　棘洪滩制造厂动力分厂工段长
四方有限公司
纪丽杰(女)　四方综合加工厂党支部书记
王玉和　四机客运公司经理、党支部书记
朱廷喜　财务部预算主管
王元海　木制件分厂高级技师
梁建军　物业公司经理、党总支书记
浦镇厂
王义民　市场部技术服务组技师
郭智先　客车车间暖水一组工长
鹿洪来　锻造分厂弹簧组工长
王　飞　台车车辆轴承组工长
王起荣　动力车间水场组工长
株辆厂
汪　波　副总工程师
覃立忠　技术中心主管设计师
谭　莉(女)　一组装分厂上架二氧化碳电焊班班长
余　炎　二组装分厂交车班班长
易秀英(女)　职工医院主治医师
眉山厂
周　凌(女)　技术中心高级工程师
张广波　铸锻公司机械车间压装班班长
郭　卫　四川制动科技服务公司旋压车间机加二班班长
范宝生　运输公司汽车一班工人
王志刚　工业公司卷簧厂厂长、党支部书记
武昌厂
周望台　车辆检修技术部长、党支部副书记
张环齐　冷藏保温结构分厂厂长
彭万祥　技术中心产品开发处主管设计师
林绍平　客车一分厂主管调度员
欧阳长根　钢结构分厂调度员
铜陵厂
汪睿瑾　运输公司汽车驾驶员
周宜明　驻厂验收室车辆组组长
李昌明　中学副校长
成都厂
黄泽磊　工模具分厂厂长、党支部书记
廖真驰　信息中心工程师
韩景涛　电机分厂新制车间技术组组长
吴绍昌　爱普利锻造公司重锻组班长
洛阳厂
丁海伦　附件车间主任
胡建顺　科技开发部配件制造室主任
孙其军　机车车辆电工班班长、技师
邢太欣　保洁部党支部书记
吕西湖　职工医院内科主任
襄樊厂
刘文学　柴油机车间试验站钳工一班班长

邹家龙　技术开发部副部长、党支部书记

二七车辆厂

陈时虎　技术中心工艺技术部副部长

陶九元　货车车间车钩班班长

王相斌　新车车间交检班副班长

李云国　铸造车间电炉班副班长

马桂芳(女)　职工医院总护士长

石家庄厂

付　玲(女)　技术开发部高级工程师

乔　东　货车事业部钢架车间工人

王慎生　货车事业部台车车间工人

刘秀河　综合保障部经警

江岸厂

翟国俊　科研所高级工程师

姜　平　台车车间车辆钳工

刘友莲(女)　钢二车间电焊工

秦宏波　备品车间钳工

南方汇通公司(贵阳车辆厂)

成世林　南方汇通公司市场营销部营销员

令狐克书　南方汇通公司动力车间技师

邹振松　贵阳厂财务处助理会计师

北京机械厂

白利学　铁路配件公司市场部部长

株洲所

张利芝(女)　客车电气项目部副部长

戚墅堰所

赵厚健　机械技术工程部副部长、党支部副书记

襄牵公司

林建强　电机一分厂电机交验班副班长

集团公司总部

张新宁　副总工程师

【党风廉政建设先进个人】

株机厂　张中力　杨　坚　邓前生　庄　坚　郭亚能　左祖光

资阳厂　张贵明　王康生　郭启元　陈冶平　兰文友　张绮萍

戚墅堰厂　金以钢　马永林　薛华强　张文林　季五一　葛荣华

南车四方公司　戴强尧　许智国　陈成兔　李思敏

四方有限公司　田凌培　张　军

浦镇厂　楼齐良　陈正达　朱　宪　李宗尧　商化雪

株辆厂　焦　辉　姚建云　刘　影　罗石桥

眉山厂　郑俊安　李小红　李春有　秦贵全

武昌厂　邬建国　胡湘衡　马春玉

铜陵厂　刘岱华　董绍京

成都厂　黄才汉　邓　蓉

洛阳厂　胡　洋　邢建三　赵献源

襄樊厂　周海华　刘夏亮

二七车辆厂　崔廷斌　邱建平　李富琴

石家庄厂　史万勇　王　辉　张俊义

江岸厂　沈绍泉　张本佑　朱　瑛　刘庆梅

南方汇通公司(贵阳厂)　黄纪湘　胡鹏飞

北京机械厂　朱京怀

株洲所　宋亚立　江有名

戚墅堰所　周玉喜　孙周明

襄牵公司　祁宝文

集团公司总部　陈吉贤

【纪检监察工作先进个人】

株机厂　凌建国　刘德庆

资阳厂　梁晓明　林　蓉

戚墅堰厂　徐永根　张　峰

南车四方公司　杜均湖　杜公学

四方有限公司　徐文亮

浦镇厂　高桂筛

株辆厂　刘海莲

眉山厂　杨建坡　陆　齐

武昌厂　肖善启

铜陵厂　王思通

成都厂　　　　张汉生
洛阳厂　　　　武晋国
襄樊厂　　　　廖宝东
二七车辆厂　　姚骏如
石家庄厂　　　刘玉新
江岸厂　　　　刘　勇
南方汇通公司(贵阳厂)　易全顺
北京机械厂　　王连栋
株洲所　　　　龙正尚
戚墅堰所　　　宋文华
襄牵公司　　　谭周清
集团公司总部　海宝庆

【十大杰出青年】

南车四方公司　张　洪(2002年)
株洲所　　　　李　蔚(2002年)
眉山厂　　　　肖　颖(2002年)
资阳厂　　　　庄元顺(2002年)
浦镇厂　　　　赵　华(2002年)
石家庄厂　　　王立峰(2002年)
二七车辆厂　　安　卫(2002年)
贵阳厂　　　　蔡志奇(2002年)
株机厂　　　　陈喜红(2002年)
株辆厂　　　　刘桂军(2002年)

【青年岗位能手】

戚墅堰厂　　　芮孟寨(2002年)
洛阳厂　　　　王亚森(2002年)
戚墅堰所　　　张国荣(2002年)
襄樊厂　　　　徐小奎(2002年)
武昌厂　　　　景传峰(2002年)
株机厂　　　　刘建平　康惠军
资阳厂　　　　马武福　罗金龙
戚墅堰厂　　　张志坚　朱华锋
南车四方公司　迟　明
四方有限公司　孟　涛
浦镇厂　　　　唐永明　陈美霞
株辆厂　　　　姜瑞金
眉山厂　　　　谢正国
武昌厂　　　　徐盛菊
铜陵厂　　　　刘志明
成都厂　　　　黄　震
洛阳厂　　　　董　军
襄樊厂　　　　陈凌杰
二七车辆厂　　赵永军
石家庄厂　　　刘　辉
江岸厂　　　　陈建国
贵阳厂　　　　吴宗策
北京机械厂　　于立臣
株洲所　　　　张球红
戚墅堰所　　　钮海彦
襄牵公司　　　陈良保
集团公司总部　李　敏

【优秀团委书记】

株机厂　　　　何德军(2002年)
戚墅堰厂　　　李维鹏(2002年)
南车四方公司　林树建(2002年)
浦镇厂　　　　王建辉(2002年)
眉山厂　　　　葛启珩(2002年)
武昌厂　　　　罗谦勇(2002年)
石家庄厂　　　赵连锁(2002年)
贵阳厂　　　　杨　坚(2002年)
株洲所　　　　靳勇刚(2002年)
株机厂　　　　何德军
浦镇厂　　　　王建辉
戚墅堰厂　　　李维鹏
二七车辆厂　　潘　杰
株洲所　　　　靳勇刚
眉山厂　　　　陈国仁
铜陵厂　　　　汪永生
贵阳厂　　　　杨　坚
资阳厂　　　　严利洲
株辆厂　　　　金亮群

【优秀共青团干部】

株机厂　　　　熊术波(2002年)
资阳厂　　　　甘　文(2002年)

戚墅堰厂　张丽宏(2002年)
南车四方公司　杨维平(2002年)
浦镇厂　许　权(2002年)
株辆厂　廖强群(2002年)
眉山厂　钟晓洲(2002年)
武昌厂　杨　涛(2002年)
铜陵厂　王敏奇(2002年)
成都厂　吴明海(2002年)
洛阳厂　张剑华(2002年)
襄樊厂　段　锐(2002年)
二七车辆厂　王　磊(2002年)
石家庄厂　刘　伟(2002年)
江岸厂　田曙东(2002年)
贵阳厂　杨小敏(2002年)
昌平厂　杨晓东(2002年)
株洲所　邵　云(2002年)
戚墅堰所　李　彬(2002年)
株洲电机厂　张良荣(2002年)
襄牵公司　刘治国(2002年)
株机厂　康意雄　王福孝
资阳厂　丁　谊　邓迪夫
戚墅堰厂　林彦晟　汤旭祥
南车四方公司　刘务国　卢世伟
浦镇厂　孟爱军　周继琛
株辆厂　王　昊
眉山厂　周　毅
武晶厂　梅　宁　吴　森
铜陵厂　王思新
成都厂　吴志恩
洛阳厂　李丽华
襄樊厂　张建军
二七车辆厂　郭志刚
石家庄厂　黄利岗
江岸厂　刘一夫
贵阳厂　令狐克书
北京机械厂　董立坤
株洲所　罗　琼
戚墅堰所　车鹏杰
株洲电机厂　卢其福
襄牵公司　吴存杰

【优秀共青团员】

株机厂　朱　波(2002年)
　赵　毅(2002年)
资阳厂　熊　英(2002年)
　周　泓(2002年)
戚墅堰厂　蔡达凯(2002年)
　林　华(2002年)
南车四方公司　李　蕾(2002年)
　王国良(2002年)
浦镇厂　朱金京(2002年)
　湛承来(2002年)
株辆厂　王　昊(2002年)
眉山厂　廖　莉(2002年)
武昌厂　江　艳(2002年)
铜陵厂　张世宏(2002年)
成都厂　涂　强(2002年)
洛阳厂　黄维平(2002年)
襄樊厂　易元松(2002年)
二七车辆厂　张建民(2002年)
石家庄厂　高志鹏(2002年)
江岸厂　郑志亮(2002年)
贵阳厂　李梅飞(2002年)
昌平厂　陈晓庆(2002年)
株洲所　陈育林(2002年)
戚墅堰所　郭学庆(2002年)
株洲电机厂　言　政(2002年)
襄牵公司　王汉军(2002年)
株机厂　杨奇科　黄力卓
资阳厂　陈　洁　刘　瑶
戚墅堰厂　潘小英　王亚芬
南车四方公司　周　莹　胡倜绪
四方有限公司　时　俊
浦镇厂　王莉萍　姜顺利
株辆厂　殷丽莎
眉山厂　汤明燕

武昌厂	徐凤姣　孙国辉
铜陵厂	鲁亚宾
成都厂	戴　胡
洛阳厂	郭　旭
襄樊厂	秦　伟
二七车辆厂	鲍利杰
石家庄厂	梅自元
江岸厂	蔡　勤
贵阳厂	王小军
北京机械厂	蔺小会
株洲所	杨　岚
戚墅堰所	张懿昕
株洲电机厂	李雪辉
襄牵公司	李　鹏

【集团公司第二届职业技能竞赛前八名】

一、钳工竞赛成绩

第1名	洛阳厂	张素丽
第2名	洛阳厂	穆龙光
第3名	株机厂	何　剑
第4名	戚墅堰厂	袁志刚
第5名	浦镇厂	丁保宁
第6名	铜陵厂	金承伟
第7名	戚墅堰厂	牟毅敏
第8名	铜陵厂	蔡　棣

二、车工竞赛成绩

第1名	洛阳厂	马凤武
第2名	洛阳厂	艾德亮
第3名	浦镇厂	钱耀武
第4名	戚墅堰厂	刘燕杰
第5名	戚墅堰厂	潘德昌
第6名	资阳厂	邹　兵
第7名	四方股份公司	张德明
第8名	浦镇厂	王　玲

注:根据《中国南车集团公司职业技能竞赛管理办法》和《关于举办中国南车集团公司第二届职业技能竞赛的通知》,集团公司决定:授予获得钳工竞赛第一名的张素丽、第二名的穆龙光和获得车工竞赛第一名的马凤武、第二名的艾德亮等4名选手"中国南车集团公司技术标兵"荣誉称号,同时参照国家二类竞赛表彰办法,向劳动和社会保障部申报授予"全国技术能手"荣誉称号,按规定程序晋升高一等级的职业资格。授予获得钳工竞赛三~八名的何剑、袁志刚、丁保宁、金承伟、牟毅敏、蔡棣和车工竞赛三~八名的钱耀武、刘燕杰、潘德昌、邹兵、张德明、王玲等12名选手"中国南车集团公司技术能手"荣誉称号,可免试参加集团公司下一年度高一等级职业资格的鉴定或评审。

逝　世　人　物

惠金根　(1943．11～2003．12．24),男,汉族,高级工程师。贵州省人大常委会财经委员会副主任委员,贵州省政协委员,国务院政府特殊津贴获得者,贵州省有突出贡献企业家,南方汇通股份有限公司董事长、党委书记。江苏无锡人。西安交通大学毕业,大学本科学历。1968年12月参加工作。1973年8月加入中国共产党。历任贵阳厂设备科技术员、副科长、基建设备科科长、副总工程师、副厂长、党委副书记、厂长、南方汇通股份有限公司董事长兼总经理。主持研制棕纤维弹性材料,获国家专利。善于创新,用高新技术改造传统产业,实施多元经营战略,发展高科技,优化企业经济结构,推进企业走上良性发展道路。勇于改革,对辅助、后勤系统进行经营性运作,盘活企业资产。组织股份制改造并上市,迈向资本市场,拓宽了企业发展道路。将人力资本与市场资源相结合,提出"多元化投资,专业化经营,规模化发展"经营理念,创新国有企业发展道路。1988年被评为贵州省先进厂长。1990年被评为贵州省优秀企业家。1992年获火车头奖章。1993年被评为铁道部劳动模范。1995年被评为贵州省劳动模范、全国劳动模范。1996年被全国总工会评为全心全意依靠职工办好企业的优秀企业领导干部。1999年被评为贵州省有突出贡献国有企业经营管理者。

朱思本 男，1918年2月出生，江苏南京人。1949年8月参加革命工作，1984年6月加入中国共产党。曾任工务员、车间主任、设计师、副总工程师等职，并兼任中国铁道学会常务理事、车辆委员会主任、美国铁路工程学会终身会员，多次赴苏、美学习考察，在客货车辆设计开发方面颇有建树，是有威望的铁道车辆专家。1986年4月享受副局长级待遇退休。2003年10月24日在北京逝世。

刘庚申 男，河北束鹿县人，1945年毕业于北大工学院，1949年1月参加工作，1955年2月加入中国共产党。长期从事技术和质量管理工作，曾任工务员、技术科长、副总工程师、处长等职，兼任全国锻压学会常务理事、中国铁道学会计量学组组长，被铁道部评为先进工作者，为中国铁路工业作出了贡献。1987年6月享受副局长级待遇退休。2003年11月22日在北京逝世，享年83岁。

李有彩 男，1923年4月出生，辽宁大连人，中共党员。曾任株机厂党委监委副书记、厂工会主席、厂革委会副主任、人事副厂长等职。1984年8月离休。2003年11月23日逝世，享年81岁。

侯利民 男，河南开封人，1955年3月27日出生，1974年4月参加工作，1982年1月毕业于长沙铁道学院，中共党员。历任二七机车厂助理工程师、襄樊厂工程师、高级工程师、副总工程师、副厂长等职。2003年9月8日因交通事故不幸逝世，享年48岁。

先进集体

【全国先进集体】

全国推行厂务公开工作先进单位　中国南车集团公司

全国厂务公开工作先进单位　浦镇厂

眉山厂

全国“五一”劳动奖状　株机厂

眉山厂

资阳厂

【中央企业“五四”红旗团委】

贵阳厂团委(2002年)

武昌厂团委

【中央企业“五四”红旗团委创建单位】

二七车辆厂团委(2002年)

武昌厂团委(2002年

襄樊厂团委(2002年)

成都厂团委

株辆厂团委

株洲所团委

襄牵公司团委

【集团公司“十好”领导班子 】

戚墅堰所

株洲所

石家庄厂

株机厂

南方汇通公司

二七车辆厂

铜陵厂

株辆厂

戚墅堰厂

眉山厂

成都厂

【集团公司先进集体】

株机厂
- 组装分厂
- 电机分厂线圈班
- 技术中心产品开发部

资阳厂
- 技术中心
- 铸造分厂铸造车间机体班
- 柴油机分厂组装试验车间

戚墅堰厂
- 设计处
- 内机分厂
- 车辆分厂

南车四方公司
- 棘洪滩制造厂总装分厂组装二工段
- 四方制造厂总装分厂

四方有限公司
- 锻造分厂2500T压力机班

浦镇厂
- 市场部技术服务组
- 钢结构车间
- 轴承分厂

株辆厂
- 台车分厂
- 二组装分厂中梁班

眉山厂
- 货车公司
- 锻造公司铸钢车间电炉五班

武昌厂
- 钢结构分厂
- 试制分厂车轴钳工组

铜陵厂
- 钢结构分厂

成都厂
- 电机分厂
- 机车车间油漆工作站

洛阳厂
- 营销处
- 柴油机车间

襄樊厂
- 柴油机车间

二七车辆厂
- 机械车间
- 备件车间型钢班

石家庄厂
- 技术开发部
- 货车事业部台车车间轴承压装班

江岸厂
- 落车车间
- 劳动人事处社保组

南方汇通公司
- 生产处

北京机械厂
- 铁路配件公司

株洲所
- 研发中心

戚墅堰所
- 工程机械技术工程部

襄牵公司
- 电机一分厂线圈班

集团公司总部
- 人事部

【集团公司先进女职工集体】

资阳厂女职工委员会
洛阳厂女职工委员会
襄樊厂女职工委员会
石家庄厂女职工委员会
贵阳厂幼儿园
襄牵公司锚具分厂夹片班

【集团公司先进基层党组织】

厂所、公司党委
- 戚墅堰厂党委
- 眉山厂党委
- 铜陵厂党委
- 洛阳厂党委
- 株洲所党委

分党委、党(总)支部
　株机厂
　　技术中心党总支部
　　铸造分厂党总支部
　　九方自动化装备公司党总支部
　　审计处党支部
　资阳厂
　　柴油机分厂党委
　　传动分厂党委
　　锻压分厂水压机车间党支部
　　厂部机关营销中心党支部
　戚墅堰厂
　　内机分厂电机车间党支部
　　设备公司党支部
　　运输公司党支部
　南车四方公司
　　棘洪滩制造厂总装分厂党支部
　　四方制造厂总装分厂党支部
　四方有限公司
　　青岛铁路电气设备有限公司党支部
　　装配股份公司党总支第一党支部
　浦镇厂
　　客车车辆党支部
　　钢结构车间党支部
　株洲厂
　　台车分厂党总支部
　　综合技术部党支部
　眉山厂
　　铸锻公司铸钢车间党总支部
　　货车公司货一车间党支部
　　职工医院党支部
　武昌厂
　　木制品分厂党支部
　　职工医院党支部
　铜陵厂
　　台车分厂党支部
　　总装分厂党支部
　成都厂
　　电机分厂党支部
　　机车车间党支部
　洛阳厂
　　柴油机车间党支部
　　供应处党支部
　襄樊厂
　　柴油机车间党支部
　　襄南专汽股份公司汽车制造部党支部
　二七车辆厂
　　新车车间党支部
　　生产安全部党支部
　石家庄厂
　　钢架车间党支部
　江岸厂
　　钢结构一车间党支部
　南方汇通公司(贵阳车辆厂)
　　机械车间党支部
　北京机械厂
　　铁路配件公司党支部
　株洲所
　　研发中心党总支部
　戚墅堰所
　　焊接表面技术工程部党支部
　襄牵公司
　　电机二分厂党支部
　集团公司总部
　　财务审计党支部

【党风廉政建设先进企业】

株机厂
戚墅堰厂
南车四方公司
四方有限公司
浦镇厂
株辆厂
眉山厂
铜陵厂
成都厂

二七车辆厂
江岸厂
南方汇通公司
株洲所
戚墅堰所

【党风廉政建设先进单位】

株机厂
- 变压器分厂
- 地铁事业部
- 九方装备公司

资阳厂
- 柴油机分厂
- 锻压分厂
- 能源分公司

戚墅堰厂
- 内机分厂
- 配件分厂
- 运输公司

南车四方公司
- 四方制造厂钢结构分厂
- 棘洪滩制造厂动力分厂

四方有限公司
- 技术学校
- 物流公司

浦镇厂
- 轴承分厂
- 钢结构车间

株辆厂
- 二组装分厂
- 财务部

眉山厂
- 货车公司
- 设备动能公司

武昌厂
- 冷保分厂
- 木制分厂

铜陵厂
- 水电能源公司
- 钢结构分厂

成都厂
- 电机分厂
- 财务部

洛阳厂
- 财务部
- 机械二车间

襄樊厂
- 工会
- 转向架车间

二七车辆厂
- 审计室
- 新造车间

石家庄厂
- 台车车间
- 木业车间

江岸厂
- 钢一车间
- 物资处

南方汇通公司(贵阳厂)
- 三分厂
- 动力车间

北京机械厂
- 财务部

株洲所
- 电机公事

戚墅堰所
- 人力资源部

襄牵公司
- 中铁宏吉预应力设备公司

集团公司总部
- 综合管理部

【纪检监察工作先进集体】

株机厂纪委、监察处
戚墅堰厂纪委、监察处
浦镇厂纪委、监察部

株辆厂纪委、监察处
眉山厂纪委、监察部
武昌厂纪委、监察处
铜陵厂纪委、监察处
成都厂纪委、监察部
洛阳厂纪委、监察处
二七车辆厂纪委、监察处
石家庄厂 纪委、监察处
江岸厂纪委、监察处
南方汇通公司(贵阳厂)纪委、监察处
北京机械厂纪委、监察部
株洲所纪委、监察处

【工会好班子】

浦镇厂工会
株辆厂工会
眉山厂工会

【集团公司青年文明岗】

株机厂	九方电器公司机加工车一班、技术中心产品开发部制动组
资阳厂	技术中心车体设计室、柴油机分厂组装试验车间 280 低台班
戚墅堰厂	配件分厂机械三车间技术组、内机总二电焊三班
南车四方公司	棘洪滩制造厂总装分厂灯具二班
四方有限公司	铁路运输设备装配股份有限公司技术部设计室
浦镇厂	钢结构车间技术组
株辆厂	台车分厂机构维修班
眉山厂	铸锻公司机械车间台车班
武昌厂	台车分厂车轴探伤岗
铜陵厂	钢结构分厂技术组
成都厂	电力机车辅助小电机检修岗
洛阳厂	医院门诊
襄樊厂	转向架车间电机班
二七车辆厂	动力车间动修班
石家庄厂	配件事业部机工分厂钻钳班
江岸厂	钢一车间罐体综合八组
贵阳厂	铸工车间电炉班
北京机械厂	配件车间机加工二班
株洲所	制造中心组装车间硅机组班
戚墅堰所	试验检测中心化学分析室
襄牵公司	电机二分厂线圈班

【集团公司"五四"红旗团委】

株机厂团委(2002 年)
戚墅堰厂团委(2002 年)
四方厂团委(2002 年)
浦镇厂团委(2002 年)
眉山厂团委(2002 年)
武昌厂团委(2002 年)
石家庄厂团委(2002 年)
贵阳厂团委(2002 年)
株洲所团委(2002 年)
株机厂团委
浦镇厂团委
戚墅堰厂团委
二七车辆厂团委
株洲所团委
眉山厂团委
铜陵厂团委
贵阳厂团委
资阳厂团委
株辆厂团委

【集团公司先进基层团组织】

株机厂	组装分厂团总支(2002 年)
资阳厂	铸造分厂铸铁车间团支部(2002 年)
戚墅堰厂	配件分厂机械三车间团支部(2002 年)
南车四方公司	客车制造本部总装分厂团总支(2002 年)
浦镇厂	铸工车间团支部(2002 年)

株辆厂	二组装分厂团总支(2002年)
眉山厂	货车公司团委(2002年)
武昌厂	客车二分厂团支部(2002年)
铜陵厂	水电公司团支部(2002年)
成都厂	机车事业部分团委(2002年)
洛阳厂	附件车间团总支(2002年)
襄樊厂	机车修理分厂柴油机车间团支部(2002年)
二七车辆厂	铸造厂团总支(2002年)
石家庄厂	组装车间团支部(2002年)
江岸厂	台车车间团支部(2002年)
贵阳厂	铸造分厂团支部(2002年)
北京机械厂	起重分厂团支部(2002年)
株洲所	制造中心团支部(2002年)
戚墅堰所	锻热焊表团支部(2002年)
襄牵公司	机械分厂二车间团支部(2002年)
株机厂	转向架分厂团总支
	联诚集团有限责任公司团委
资阳厂	配件分厂空压机车间团支部
	柴油机分厂曲轴车间团支部
戚墅堰厂	锻铸分厂锻冶车间团支部
	配件分厂铆焊车间团支部
南车四方公司	柴油机分厂团总支
浦镇厂	配件车间团支部
	兴宇公司团支部
株辆厂	一组装分厂团总支
眉山厂	设备动能公司团委
武昌厂	台车分厂团支部
	机加工分厂团支部
铜陵厂	活塞分厂团支部
成都厂	电机分厂团委
洛阳厂	柴油机团总支
襄樊厂	机车车间团支部
二七车辆厂	电工车间团支部
石家庄厂	货车事业部团委
江岸厂	钢二车间团总支
贵阳厂	幼儿园团支部
北京机械厂	机关二团支部
株洲所	研发中心团总支
戚墅堰所	铸造团支部
襄牵公司	电机一分厂团支部

【科学技术奖】

一等奖

《东风$_{8B}$型机车径向转向架》(戚墅堰厂)

《准高速铁路客车轴承国产化》(浦镇厂)

二等奖

《电力机车辅助系统及其优化设计》(株洲所)

《NX17BK型共用车》(二七车辆厂)

《DKL制动逻辑控制装置》(株机厂)

《一体化机车空调电源》(株洲所)

《110V IPM高频开关电源》(株洲所)

三等奖

《黄磷罐箱及专用平车》(戚墅堰厂)

《钢水炉外精炼工艺研究》(眉山厂)

《2001系列导弹铁路运输车》(武昌厂)

《LFT50型(大白鲨)制冷机组》(石家庄厂)

《CJW—6000型摇枕、侧架磁粉探伤机》(铜陵厂)

《GY48型低温液态气体罐车》(江岸厂)

《TYLCU机车逻辑控制装置》(株机厂)

《SKC8011B—JA1型数控车轮车床最佳切削技术》(江岸厂)

《BY—A型防松螺母》(北京机械厂)

《LYK—A型车轮压装机微机检测记录系统开发》(二七车辆厂)

统计资料

2003 年南车集团主要经营指标综合表(表 1)

2003 年南车集团各厂所主要产品产量明细表(表 2)

2003 年南车集团各厂所工业总产值、工业增加值(表 3)

2003 年南车集团各厂修理货车生产周期统计表(表 4)

2003 年南车集团各厂所主要经济指标(表 5)

2003 年末南车集团各厂所员工人数分组统计表(表 6)

2003 年末南车集团各厂所固定资产原值、净值汇总表(表 7)

2003 年南车集团各厂所设备拥有情况统计表(表 8)

2003 年南车集团各厂所用地与房屋建筑面积、动力管线统计表(表 9)

2003 年南车集团各厂所多经企业情况统计表(表 10)

表 1　　2003 年南车集团主要经营指标综合表

名　称	单位	数　量	名　称	单位	数　量
主营业务收入	万元	1419705	工业总产值（现价）	万元	1386966
利润总额	万元	4936	工业增加值（现价）	万元	399925
实现利税	万元	75679	工业销售产值（现价）	万元	1365019
职工年末总数	人	109755	新造机车（含动车）	台	627
其中：厂所合计	人	109651	其中：内燃机车	台	416
集团公司机关	人	104	电力机车	台	210
固定资产原值	万元	1105897	新造客车	辆	600
固定资产净值	万元	743595	新造货车	辆	12328
设备总数	台	43152	修理机车	台	836
其中：金属切削机床	台	7201	其中：内燃机车	台	794
厂所占地面积	万平米	2017	电力机车	台	42
其中：厂区占地面积	万平米	1239	修理客车	辆	1576
增加值劳动生产率	元/人	43038	修理货车	辆	27227

表 2　　2003 年南车集团各厂所主要产品产量明细表

产品名称	单位	合计	株机厂	资阳厂	戚墅堰厂	四方股份	四方有限	浦镇厂	株辆厂	眉山厂	武昌厂	铜陵厂	成都厂	洛阳厂	襄樊厂	二七车辆厂	石家庄厂	江岸厂	贵阳厂	北京机械厂	襄牵公司
新造机车	台	627	189	252	85	101															
新造内燃机车合计	台	416		231	85	100															
内:铁道部购内燃机车合计	台	257		90	81	86															
东风$_5$各型	台	75				75															
东风$_7$各型	台	11				11															
东风$_8$各型	台	126		90	36																
东风$_{11}$各型	台	45			45																
内:自销内燃机车合计	台	159		141	4	14															
其中:东风$_4$各型	台	35		35																	
东风$_5$各型	台	3				3															
东风$_7$各型	台	2				2															
东风$_8$各型	台	4		4																	
东风$_{12}$各型	台	13		13																	
GK车各型	台	100		89	4	7															
其他内燃机车各型	台	2				2															
新造电力机车合计	台	210	189	21																	
内:铁道部购电力机车合计	台	176	155	21																	

续表 2

产品名称	单位	合计	株机厂	资阳厂	戚墅堰厂	四方股份	四方有限	浦镇厂	株辆厂	眉山厂	武昌厂	铜陵厂	成都厂	洛阳厂	襄樊厂	二七车辆厂	石家庄厂	江岸厂	贵阳厂	北京机械厂	襄牵公司
其中:韶山各型	台	176	155	21																	
韶山$_3$各型	台	69	48	21																	
韶山$_4$各型	台	56	56																		
韶山$_9$各型	台	51	51																		
内:自销电力机车合计	台	34	34																		
其中:韶山各型	台	34	34																		
韶山$_4$各型	台	33	33																		
新造动车组—动车	台	1				1															
新造动车组—动车中:自销车	台	1				1															
新造客车合计	辆	600				327		273													
内:铁道部购客车	辆	517				244		273													
25B各型	辆	234				69		165													
25B型软卧	辆	5						5													
25B型硬卧	辆	79				38		41													
25B型硬座	辆	129				23		106													
25B型行李车	辆	11				5		6													
25B型餐车	辆	10				3		7													
25G各型	辆	211				127		84													
25G型软卧	辆	12				12															
25G型硬卧	辆	108				82		26													
25G型硬座	辆	31				19		12													
25G型行李车	辆	24				3		21													
25G型餐车	辆	15				6		9													
25G型发电车	辆	21				5		16													
25K各型	辆	33				22		11													
25K型软卧	辆	17				16		1													
25K型软座	辆	1						1													
25K型硬座	辆	10				5		5													
25K型餐车	辆	2				1		1													
25K型发电车	辆	3						3													
25型双层车各型	辆	13						13													
25型双层软座	辆	4						4													
25型双层硬座	辆	8						8													

续表 2

产品名称	单位	合计	株机厂	资阳厂	戚墅堰厂	四方股份	四方有限	浦镇厂	株辆厂	眉山厂	武昌厂	铜陵厂	成都厂	洛阳厂	襄樊厂	二七车辆厂	石家庄厂	江岸厂	贵阳厂	北京机械厂	襄牵公司
其他各型	辆	26				26															
其他各型中地铁客车	辆	8				8															
内:自销客车各型	辆	83				83															
25B各型	辆	63				63															
25B型硬卧	辆	13				13															
25B型硬座	辆	49				49															
25K各型	辆	8				8															
25K型软卧	辆	3				3															
25K型硬卧	辆	5				5															
其他各型	辆	10				10															
其他各型中特种车	辆	3				3															
其他各型中其它车	辆	1				1															
新造货车合计	辆	12328			702				2853	2763	1051	1280				2221	10	663	785		
内:铁道部购货车合计	辆	10877			643				2596	2293	1050	1201				1921		638	535		
敞车各型	辆	8144			643				2496	1483		1151				1486		350	535		
敞64各型	辆	8066			643				2451	1483		1151				1453		350	535		
棚车各型	辆	1860								810	1050										
棚64各型	辆	1860								810	1050										
集装箱—平车共用车各型	辆	585							100			50				435					
NX17各型	辆	585							100			50				435					
罐车各型	辆	288																288			
内:自销车货车合计	辆	1451			59				257	470	1	79				300	10	25	250		
敞车各型	辆	1154							124	470		10				300			250		
敞64各型	辆	1000								450						300			250		
敞62各型	辆	13								13											
敞31各型	辆	7								7											
其他平车各型	辆	140			59				15			66									
罐车各型	辆	29							1			3						25			
漏斗和自翻车各型	辆	10															10				
其他货车各型	辆	118							117		1										
修理机车	台	836	1	4	311		2						155	227	136						
修理内燃机车各型合计	台	794		4	311		2						126	215	136						
修理东风内燃机车各型	台	782		4	311								123	208	136						

续表 2

产品名称	单位	合计	株机厂	资阳厂	戚墅堰厂	四方股份	四方有限	浦镇厂	株辆厂	眉山厂	武昌厂	铜陵厂	成都厂	洛阳厂	襄樊厂	二七车辆厂	石家庄厂	江岸厂	贵阳厂	北京机械厂	襄牵公司
修理其他内燃机车各型	台	12					2						3	7							
修理电力机车各型合计	台	42	1										29	12							
修理韶山型电力机车各型	台	42	1										29	12							
修理客车合计	辆	1576				11	427	692			260		186								
修理客车 22 各型	辆	544				2	57	206			171		108								
修理客车 25B 各型	辆	161				2	30	71			12		46								
修理客车 25G 各型	辆	547					138	301			77		31								
修理客车 25K 各型	辆	183					130	53													
修理客车双层 25 各型	辆	33						33													
修理客车其他各型	辆	108				7	72	28					1								
修理货车合计	辆	27227			2963							250				4034	9954	5227	4799		
修理货车中:部用车	辆	27187			2927							250				4034	9950	5227	4799		
其中:修理部用敞车各型	辆	16240			2305											2341	4340	4160	3094		
修理部用棚车各型	辆	5528			577												4102		849		
修理部用平车各型	辆	5385			45							250				1679	1508	1047	856		
修理部用罐车各型	辆	20			0													20			
修理部用其他车各型	辆	14			0											14					
修理货车中:路内用车	辆	2			0												2				
修理平车各型	辆	2			0												2				
修理货车中:工矿用车	辆	38			36												2				
其中:修理敞车各型	辆	1			1																
修理棚车各型	辆	1			0												1				
修理平车各型	辆	35			35																
修理其他车各型	辆	1															1				
供外机车车辆配件	件(套)	2466237	20163		324515		2812		4987	1321876	11	3365		51099		82695		460	594954	29000	
各型电机	台	1674	193										1033								448
各型制冷机组	组	112															112				
各型闸调器	套	29000																		29000	
客车轴承	套	30168						30168													
钢　水	吨	122876	12519		30489	5501	3215	3316		23156	4193	8930				13225	6633		11699		
铸钢件	吨	81837	7633		17153	4356	1945	1289		14798	2679	6809		4206	23	8992	4906		7020		28
铸铁件	吨	11567			969	1668	148			3772		448		621	1921	419	757	412	423		9
自卸汽车改装	辆	585													585						

表 3　2003 年南车集团各厂所工业总产值、工业增加值　(单位: 万元)

单位简称	工业总产值(现价)			工业总产值(90 不变价)			工业增加值(现价)		
	2003	2002	± %	2003	2002	± %	2003	2002	± %
厂所合计	1386966	1351316	2.64	946605	974240	-2.84	399925	382933	4.44
株机厂	185770	183225	1.39	144077	170017	-15.26	44875	46147	-2.76
资阳厂	131325	111609	17.67	114666	86754	32.17	39595	31820	24.43
戚墅堰厂	142452	150608	-5.42	103089	110351	-6.58	40516	41448	-2.25
四方股份	111039	110038	0.91	80260	80788	-0.65	28054	19235	45.85
四方有限	47570	77978	-39.00	25653	47015	-45.44	11509	22426	-48.68
浦镇厂	73406	103046	-28.76	45592	60872	-25.10	26160	26956	-2.95
株辆厂	78433	59573	31.66	57635	43656	32.02	24341	21605	12.66
眉山厂	82017	82726	-0.86	81756	78833	3.71	26156	25479	2.66
武昌厂	37204	42950	-13.38	32667	35432	-7.80	9964	13074	-23.79
铜陵厂	37647	28756	30.92	12039	10543	14.19	10155	8572	18.47
成都厂	38722	32221	20.18	24412	19549	24.88	10747	9087	18.27
洛阳厂	36938	29116	26.86	18336	14171	29.39	12178	10454	16.49
襄樊厂	24488	28134	-12.96	15800	17368	-9.03	3155	5537	-43.02
二七车辆厂	89051	66957	33.00	33427	28750	16.27	19001	20085	-5.40
石家庄厂	59801	47802	25.10	24506	21997	11.41	19850	19367	2.49
江岸厂	42151	33162	27.11	14619	14166	3.20	11690	12374	-5.53
贵阳厂	50798	51854	-2.04	24795	27221	-8.91	19662	17520	12.23
北京机械厂	4372	3590	21.78	5370	4302	24.83	1549	957	61.86
株洲所	75260	63968	17.65	55833	63968	-12.72	30053	18911	58.92
戚墅堰所	31139	31443	-0.97	26697	28502	-6.33	7437	7860	-5.38
襄牵公司	7384	9475	-22.07	5376	6855	-21.58	3279	3067	6.91

表 4　　2003年南车集团各厂修理货车生产周期统计表

单位简称	车种	出厂车数量（辆）	在修日数（天）		在厂日数（天）	
			合计	平均	合计	平均
平均	合计	27203	212572	7.81	403249	14.82
	敞车	16241	121803	7.50	241515	14.87
	平车	5432	49833	9.17	96460	17.76
	棚车	5529	40935	7.40	65274	11.81
戚墅堰厂	合计	2963	21334	7.20	53276	17.98
	敞车	2306	15911	6.90	41739	18.10
	平车	80	864	10.80	1728	21.60
	棚车	577	4558	7.90	9809	17.00
江岸厂	合计	5207	33497	6.43	58371	11.21
	敞车	4160	24336	5.85	43389	10.43
	平车	1047	9161	8.75	14983	14.31
石家庄厂	合计	9954	79556	8	114598	11.51
	敞车	4340	34807	8.02	46047	10.61
	平车	1510	12775	8.46	22665	15.01
	棚车	4103	31962	7.79	45872	11.18
	其他	1	12	12.42	14	14.21
贵阳厂	合计	4799	35916	7.48	91337	19.03
	敞车	3094	25680	8.30	70543	22.80
	平车	856	5821	6.80	19945	23.30
	棚车	849	4415	5.2	9594	11.30
二七车辆厂	合计	4030	43121	10.70	55211	13.70
	敞车	2341	21069	9.00	39797	17.00
	平车	1689	17735	10.50	31584	18.70
铜陵厂	平车	250	3478	13.91	5555	22.22

表 5　　2003 年南车集团各厂所主要经济指标

单位简称	主营业务收入（万元）	利润总额（万元）	实现利税（万元）	净资产收益率 %	总资产报酬率 %	主营业务利润率 %	成本费用利润率 %	总资产周转率 %	流动资产周转率 %	应收账款周转率 %	不良资产挂账比率 %	资产负债率 %	速动比率 %
合　　计	1419705	4936	75679	-0.46	1.06	18.38	0.34	0.69	1.28	3.87	3.03	60.70	0.66
株 机 厂	207469	5593	15752	6.27	3.00	20.58	2.78	0.83	1.36	4.78	0.89	70.57	0.74
资 阳 厂	135373	1039	9738	1.74	1.98	14.32	0.77	0.91	1.48	2.69	2.47	65.54	0.74
戚墅堰厂	148311	2168	9778	2.40	2.43	13.62	1.49	1.15	1.88	8.61	0.88	53.41	0.66
四方股份	130637	2872	8123	6.10	2.07	12.83	2.24	0.66	0.95	1.54	0.00	69.69	0.73
四方有限	51546	7	1899	0.21	0.21	7.86	0.01	0.42	0.88	1.98	5.23	68.90	0.56
浦 镇 厂	79587	-3491	-112	-6.17	-1.66	11.01	-4.16	0.49	0.76	2.17	3.33	66.39	0.62
株 辆 厂	77499	228	5518	0.51	1.30	20.14	0.29	1.11	2.46	10.80	0.00	61.90	0.51
眉 山 厂	82399	1179	6468	3.19	2.73	18.81	1.46	1.12	2.45	7.06	7.98	63.07	0.46
武 昌 厂	36702	-970	550	-4.99	-0.98	9.88	-2.57	0.64	1.60	10.05	13.31	67.67	0.61
铜 陵 厂	37400	114	1997	0.75	1.59	15.70	0.31	1.07	2.18	3.96	9.50	62.30	0.60
成 都 厂	36472	96	1159	0.05	0.96	19.07	0.26	0.57	1.41	6.43	11.09	54.79	0.34
洛 阳 厂	42543	-596	-180	-3.36	0.58	15.19	-1.37	0.84	2.49	9.78	15.63	66.70	0.29
襄 樊 厂	26849	-4804	-3558	-181.48	-11.18	1.52	-15.20	0.70	1.35	11.72	38.89	97.52	0.24
二七车辆厂	78304	536	3855	1.43	0.99	17.60	0.69	1.38	2.27	15.47	1.52	59.09	0.46
石家庄厂	52083	287	1399	1.27	0.85	18.25	0.51	0.99	1.90	4.06	1.13	68.81	0.59
江 岸 厂	45266	-291	840	-2.62	-0.18	13.71	-0.62	1.14	2.86	5.73	12.91	69.88	0.44
南方汇通	93324	7463	10436	7.56	6.02	27.52	8.64	0.61	1.22	3.13	0.00	41.91	1.03
贵 阳 厂	13432	-2730	-2496	-21.76	0.60	10.91	-13.98	0.15	0.23	3.40	7.02	86.04	0.79
北京机械厂	6256	50	446	0.46	3.04	19.19	0.78	0.66	1.51	2.61	133.62	93.59	0.29
株 洲 所	76255	4366	9035	7.59	4.42	31.56	5.79	0.64	1.07	3.51	0.02	57.98	0.75
戚墅堰所	28783	2666	4621	11.25	7.59	30.14	9.78	0.79	1.09	2.35	0.00	46.43	1.62
襄牵公司	7589	241	994	1.96	1.93	28.19	3.31	0.52	0.76	2.83	0.23	49.42	0.79
株洲电机厂	172	-1028	-989	-342.58	-9.50	18.58	-82.66	0.02	0.05	0.19	59.10	102.13	0.43
铁工经贸	3125	-2073	-1733	-3.49	-3.08	46.83	-38.01	0.05	0.65	6.12	5.09	4.41	1.39
南车营销公司	13705	215	265	1.63	3.00	3.75	1.55	1.15	1.79	4.38	0.00	34.76	1.45

表 6 **2003 年末南车集团各厂所员工人数分组统计表**

单位简称	在岗员工分组								非在岗员工分组					合计
	小计	政工人员	生产人员	技术人员	文卫技术人员	管理人员	服务人员	其他人员	小计	下岗人员	内部退养人员	因病因伤长期休假人员	集体外出劳务人员	
株 机 厂	9099	150	5741	1992	1006	1301	65		781	266	515			9880
资 阳 厂	8609	111	5997	1063	405	1080	469		1563	30	1526	7		10172
戚墅堰厂	9512	116	6728	1556	606	785	354	89	528		528			10040
四方股份	4949	43	3263	793		893			608	0	508	47	53	5557
四方有限	3818	69	2193	686	400	366	573	0	623	0	580	43	0	4441
浦 镇 厂	6941	76	4723	1173	436	596	441	8	333		246	7	80	7274
株 辆 厂	5406	75	3649	626	279	598	423	110	589		482	107		5995
眉 山 厂	5884	75	4293	663	273	629	292	7	645	2	643			6529
武 昌 厂	4931	42	3570	519	316	598	244	0	679	0	679	0	0	5610
铜 陵 厂	3166	55	2030	362	167	437	245	92	364		359	5		3530
成 都 厂	3831	51	2856	253	90	406	217	99	579	0	570	9	0	4410
洛 阳 厂	6378	121	3963	1002	376	897	457	59	432	61	371	0	0	6810
襄 樊 厂	3621	51	2557	379	132	479	192	14	488	15	382	0	91	4109
二七车辆厂	4869	77	3239	478	186	580	362	210	203	1	186	16		5072
石家庄厂	4965	80	3262	499	150	624	535	45	409	0	361	48	0	5374
江 岸 厂	4752	62	3290	902	312	427	70	63	1151	59	1015	77	0	5903
贵 阳 厂	4150	36	2764	566	224	385	435		143	5	138			4293
北京机械厂	494	10	305	120	19	40	29	0	165	43	117	5	0	659
株 洲 所	1542	12	412	735	0	245	0	150	0	0	0	0	0	1542
戚墅堰所	1084	10	674	293		59	58		5		3	2		1089
襄牵公司	976	22	772	96	46	86	22		122		118	4		1098
株洲电机厂	24	1	0	0	0	16	6	2	216		216			240
总部机关	104	16	0	16	0	84	4	0	0	0	0	0	0	104
铁工经贸	22	0	0	0	0	13	7	2	0	0	0	0	0	22
南车营销公司	2					2								2
总 计	99129	1361	66281	14772	5423	11626	5500	950	10626	482	9543	377	224	109755

表 7 2003年末南车集团各厂所固定资产原值、净值汇总表

单位简称	全部固定资产		机械动力设备固定资产		设备价值新度系数
	原值(万元)	净值(万元)	原值(万元)	净值(万元)	
合计	1105897	743596	429420	241260	0.56
株机厂	121238	77096	47833	24906	0.52
资阳厂	87440	48658	52227	25631	0.49
戚墅堰厂	74761	39394	31915	11460	0.36
四方股份	55073	50059	23686	20360	0.86
四方有限	53415	46143	6157	3605	0.59
浦镇厂	75475	51277	35497	21501	0.61
株辆厂	54842	35777	24941	12781	0.51
眉山厂	57735	29971	14639	8498	0.58
武昌厂	39745	28696	16679	9674	0.58
铜陵厂	25648	17056	11949	7327	0.61
成都厂	52017	35680	14964	7269	0.49
洛阳厂	43829	30899	19580	13786	0.70
襄樊厂	25857	16192	11777	5276	0.45
二七车辆厂	36910	18676	14456	6008	0.42
石家庄厂	33840	19401	14016	5715	0.41
江岸厂	34678	23129	15660	7926	0.51
南方汇通	66439	51196	40777	29324	0.72
贵阳厂	23707	16248			
北京机械厂	6845	4025	3482	1740	0.50
株洲所	45700	32073	18422	12619	0.68
戚墅堰所	16443	8821	8697	5124	0.59
襄牵公司	6822	3707	2066	730	0.35

注：2003年末全部固定资产原值、净值为集团公司财务合并报表数。

表 8　　2003 年南车集团各厂所设备拥有情况统计表　　(单位：台)

单位简称	本年度设备总计				设备分类拥有量																			
	总计	其中司管	其中封存		金切		锻压		动力		电器		起重运输		工作炉金属处理		木工铸造		试验		工程机械		杂项	
			合计	司管	台数	封存	台数	封存	台数	封存	台数	封存	台数	封存	台数	封存	台数	封存	台数	封存	台数	封存	台数	封存
合　　计	43152	2369	572	31	7201	136	1556	33	5004	44	12095	56	6641	46	1314	5	1420	94	1612	28	188	15	6121	115
株机厂	3494	185	0		534		144		893		781		595		81		73		58		3		332	
资阳厂	3834	322	0		1384		118		278		801		600		192		109		151		10		191	
戚墅堰厂	3514	259	8	2	778	4	158	1	328		1037		752	1	144		129	2	45		15		128	
四方股份	2209	205	18	2	515	7	60	1	96	3	881		291	1	53		7	1	88	2	2		216	3
四方有限	707	31	0		110		56		47		143		142		31		138		11		7		22	
浦镇厂	2953	134	30	7	416	12	125	3	500	2	718	2	498	3	55		126	6	77		16		422	2
株辆厂	2781	152	0		376		107		226		1088		401		63		56		59		12		393	
眉山厂	1892	93	19	2	230	7	69	2	206	3	829	1	369	4	43	1	47	1	44		9		46	
武昌厂	1452	214	26	8	216	8	82	3	73		524	6	323	3	36		77	4	31	1	8		82	1
铜陵厂	1281	63	2		200		35		196		361		223		50		68		47	1	12	1	89	
成都厂	1375	110	42	4	341	22	51	3	56	3	477	3	280	8	62		14	1	48	1	5	1	41	
洛阳厂	2836	135	0		564		78		507		475		355		106		103		164		7		477	
襄樊厂	2297	31	138	1	222		58	1	225	6	279	17	295	8	77		36	8	168	7	25	7	912	84
二七车辆厂	1922	78	11		174	4	70	2	161		828	1	361		35		88		53		9		143	4
石家庄厂	1781	82	20	1	235	6	95	4	161	3	573	3	291	1	53		95		68	1	15		195	2
江岸厂	1735	80	6		323		81		84		573	3	293	2	49		66		72		8		186	1
贵阳厂	3055	93	29	3	219	18	129	5	200	3	1141	1	325		69		86	1	193		9		684	1
北京机械厂	690	24	184		202	40	15	8	57	19	152	14	99	15	11	2	67	65	42	6	5	1	40	14
株洲所	2640	44	1	1	26	1	9		605		342		47		43				84				1484	
戚墅堰所	460	11	38		90	7	5		97	2	37	5	55		38	2	35	5	62	9	11	5	30	3
襄牵公司	244	23	0		46		11		8		55		46		23		0		47		0		8	

表 9　　2003 年南车集团各厂所用地与房屋建筑面积、动力管线统计表

单位简称	用地总面积（万平方米）				房屋建筑面积（平方米）			露天跨面积（平方米）	厂营铁路（公里）	6千伏以上电力线路（公里）	动力管道（公里）
	合计	工业用地	生活用地	其他用地	合计	生产房屋	生活房屋				
合计	2017.22	1238.59	721.18	57.45	8241504	3890957	4350547	212215	257.7	466.9	797.1
株机厂	220.80	110.70	108.60	1.50	1227910	378922	848988	9901	23.0	41.0	78.0
资阳厂	169.70	102.40	65.80	1.50	882368	387174	495194	23857	8.0	55.5	90.0
戚墅堰厂	175.90	104.00	62.40	9.50	1017516	439522	577994	15040	23.0	28.0	78.0
四方股份	0.00	0.00	0.00	0.00	228927	228927	0	15942	23.9	55.6	57.4
四方有限	233.30	155.80	77.30	0.20	187151	101369	85782	2080	0.0	0.0	0.0
浦镇厂	111.20	70.10	40.80	0.30	500966	200661	300305	10106	12.8	15.6	61.5
株辆厂	128.40	82.70	42.20	3.50	308660	201088	107572	25250	17.8	25.4	48.6
眉山厂	106.10	58.30	45.20	2.60	416733	178586	238147	11014	9.0	77.0	52.0
武昌厂	91.80	53.90	35.70	2.20	258635	189761	68874	18668	24.0	11.0	23.0
铜陵厂	86.40	59.60	26.70	0.10	178977	125046	53931	5634	25.6	27.0	17.8
成都厂	78.80	55.40	23.40	0.00	289584	216190	73394	1763	11.4	28.0	21.0
洛阳厂	97.50	66.20	31.30	0.00	243234	154387	88847	2756	14.7	20.0	97.5
襄樊厂	111.00	46.90	35.40	28.70	372395	150689	221706	6691	7.6	4.6	13.0
二七车辆厂	98.90	70.20	28.20	0.50	424608	168782	255826	26563	16.4	17.0	28.0
石家庄厂	58.10	40.00	18.00	0.10	433841	179928	253913	1800	16.0	8.0	41.0
江岸厂	54.12	31.39	20.98	1.75	492004	160394	331610	9339	10.0	8.0	31.5
贵阳厂	113.80	71.00	41.50	1.30	415823	178386	237437	3153	11.0	35.0	30.0
北京机械厂	32.10	24.20	7.80	0.10	107377	49314	58063	22658	3.5	3.0	17.8
株洲所	18.90	11.90	3.40	3.60	95201	64137	31064	0	0.0	0.0	2.0
戚墅堰所	9.20	9.20	0.00	0.00	72786	69473	3313	0	0.0	3.2	5.0
襄牵公司	21.20	14.70	6.50	0.00	86808	68221	18587	0	0.00	4.0	4.0

表10　2003年南车集团各厂所多经企业情况统计表

单位简称	多经企业性质				多经总收入(万元)		多经从业人员(人)			多经企业利润总额(万元)
	总计	其中：有限责任公司	其中：股份有限公司	其中：其他	总计	其中：非机车车辆产品收入	总计	其中：在职职工	其中：其他人员	
株机厂	7	6		1	27901	3680	2262	1045	1217	-128.6
资阳厂	6	3		3	51224	10678	770	425	345	46.8
戚墅堰厂	17	3		14	30096	15308	1946	779	1167	631.7
四方有限	15	9		6	26815	10245	2019	1585	434	4.5
浦镇厂	7		1	6	7990	2575	614	463	151	1520.3
株辆厂	21	16		5	36539	14300	1593	1147	446	527.5
眉山厂	1			1	12932	1863	306	296	10	-106.0
武昌厂	6	4		2	11050	8936	900	860	40	100.0
铜陵厂	7	6		1	8452	1510	227	108	119	42.0
成都厂	2	1		1	3657	1084	101	75	26	8.9
洛阳厂	9	1		8	16192	8726	1384	1030	354	75.4
襄樊厂	5	2	1	2	10478	8789	726	671	55	-4.8
二七车辆厂	9	2		7	18085	8093	994	772	222	431.0
石家庄厂	4	2		2	16780	6068	617	273	344	1676.9
江岸厂	11	3	1	7	9554	6323	1040	717	323	535.7
贵阳厂	17	13	1	3	71924	59308	2637	1399	1238	1305.3
北京机械厂	3			3	3163	3163	78	74	4	9.6
株洲所	14	11	1	2	30769	16455	2003	196	1807	3679.0
戚墅堰所	5	5			8850	7488	303	137	166	435.0
襄牵公司	2	1		1	561	217	132	78	54	-2.3
合计	168	88	5	75	403012	194809	20652	12130	8522	10788

学会·协会

中国南车集团企协

中国南车集团公司科协

中国南车集团公司体协

中国南车集团企协

【办好《改革与管理》杂志】《改革与管理》杂志在2003年创刊基础上，改为双月刊，正式发行。全年共出版6期计600多万字，向集团公司各厂所、公司及14家铁路局（集团）发行近万册，并被铁道企协信息出版部定期收集。《改革与管理》杂志是集团公司中内容最为丰富的宣传媒体，已成为各厂所、公司了解和掌握集团公司改革与管理有关政策的重要渠道，对集团公司及各厂所、公司深化改革、强化管理起到积极的推动作用。部分厂所、公司将杂志中一些文章在本单位局域网刊登，阅览人员非常踊跃，许多职能人员将杂志文章及所传播的政策、信息直接下载，妥善保存，成为制定本单位改革方案的重要参考资料。各厂所、公司纷纷要求适当增加刊物发行数量，以满足更多员工阅读。

《改革与管理》杂志，始终坚持“为企业家争鸣提供论坛，为各级领导者提供经验信息，为社会了解企业提供视窗”的办刊宗旨，紧紧围绕集团公司深化改革、加强管理主题，理解领导讲话精神，体现集团公司工作思路和策略，取精华、添文彩、重实效，注意变换文章表达方式，把领导讲话以“访谈录”，或“纵论”、“阐述”等形式刊登，使“讲话”不呆板、易接受。同时，开辟了《高层特稿》、《厂所长论谈》、《独家政策》、《政策指南》、《观点阐述》、《改革关注》、《管理研究》等十几个专题栏目。《改革与管理》杂志突出热点、焦点问题，深入开展分析和研究。主辅分离是2003年改革的重头戏，《改革与管理》杂志及时编发一些针对性很强的文章，如《基层单位主辅分离要注意的几个关键问题》、《注意把握主辅分离辅业改革的政策界限》等。与此同时，努力办好通讯员培训班，加强杂志通讯员队伍的建设。

【做好调研工作】 年初，集团公司党委书记王泰文专门批示：企协积极发挥群众组织作用，协助行政努力搞好调研工作。为此，制定了广泛的调研提纲，如集团公司的体制问题，一级法人与两级法人问题，资产管理与生产经营问题，推进股份制改造及上市问题，上市公司与存续企业的关系问题，上市公司与集团公司的问题等。同时，还有集团产业结构、产品结构调整，做好主辅分离、辅业改制问题等调研内容。由于受非典影响，调研工作未能全面展开。6月份，铁道部提出跨越式发展战略，对机车车辆工业提出新的挑战。为适应形势发展变化，及时收集部长几次重要讲话内容，学习铁路跨越式发展研讨会的各种资料，分析形势，研究策略，积极配合集团公司全面开展研究工作。同时，邀请近年来退下来的公司领导召开座谈会，集团公司领导王泰文、赵小刚参加座谈会，座谈会就如何正确认识新形势，形势发展的态势，以及今后加强产品开发，加快与国际水平接轨等，提出不少建议，收到较好的效果。

【管理创新成果评审】 根据集团公司开展企业管理现代化创新成果评审工作安排，积极配合行政开展工作。组织了创新成果申报工作，组织专人对成果资料进行初审，有关职能部门和专家评审后，经集团公司企业管理现代化创新成果审定委员会审定，集团公司《“三位一体”的企业资产经营责任制体系》等4项成果评为一等奖；株洲所《“3+X”人力资源开发与利用模式》等6项成果评为二等奖；戚墅堰厂《运用现代化管理方法，实施招标与比价采购管理模式》等6项成果评为三等奖。对获奖项目分别给予奖励，并选择部分成果在企协年会上发布。

【企业协会年会】 企业协会年会于12月23日在深圳召开。集团公司总经理赵小刚传达了国资委召开的中央企业经济工作会议精神，介绍南车集团公司在会上签订资产经营责任制的情况，总结了集团公司3年来改革与管理方面的工作，安排2004年度工作。企协副会长杜景新总结一年来企业协会工作，并对今后工作提出了设想。秘书长林世甲根据集团公司面临的形势和与国际一流企业的差距，提出构建具有国际竞争力的集团要做好的几项工作。会上，眉山厂、浦镇厂、资阳厂发表了创新成果。会议由副会长王志泉主持。会议期间，总经理赵小刚召开了有10名厂、所长参加的座谈会，广泛听取对改革与管理工作的意见和建议。

（王志泉　供稿）

中国南车集团公司科协

【概述】 集团公司根据加快铁路机车车辆装备现代化的要求，在全面分析机车车辆工业面临的挑战与机遇的基础上，对发展战略目标进行了调整，明确提出："必须加快与国际水平的全方位接轨，全面提升国际竞争能力，一是加快机车车辆产品技术水平与国际水平的全面接轨；二是加快产业链与国际水平的接轨；三是加快管理制度与国际水平的接轨；四是加快企业信息与国际水平的接轨。"为广大科技工作者搭建了充分施展才华的舞台，为科协发挥作用提供了广阔的空间。年内，科协在调动广大科技工作者的积极性，群策群力，开拓创新，以实现集团公司提出的打造核心技术，形成持续竞争优势的目标方面积极开展工作，取得一定成绩。

【《南车科协》报创刊】 在集团公司宣传部的大力支持下，《南车科协》报创刊，主要面向集团公司广大科技工作者，及时反映各厂所、公司科协活动情况，展示产品开发成果，交流学术心得，普及科学知识。《南车科协》报开辟了工作要闻、政策导航、信息立交、热点问答、科学普及、学术交流、群英谱、建家园地等栏目。

【科学技术奖评审】 5月，集团公司正式下发《中国南方机车车辆工业集团公司科学技术奖奖励实施细则》，科技开发部组织科学技术奖评审奖励活动。科协参与了评审全过程。初审认定符合条件的共30项，按专业和规定程序进行专家书面评审。由15位专家组成的评审委员会，以无记名投票方式进行终审，产生一等奖2项、二等奖5项、三等奖10项。集团公司对获一、二、三等奖的项目分别给予奖励。

【评选优秀青年科技论文】 为推动集团公司科技创新与管理创新，增强青年员工兴业意识，激励引导青年科技人员努力成为技术带头人和业务骨干，集团公司团委、科协、企协联合举办第一届青年科技论文、管理论文征集暨青年学术论坛活动。各厂所、公司科协与团委联合开展科技论文征集、推荐工作，并组织专题学术报告会、论文发布会等。在此基础上，向集团公司推荐优秀青年科技论文66篇。经初评后，由13位专家组成的青年科技论文评审委员会评出一等奖4篇、二等奖10篇、三等奖8篇、优秀奖12篇。

【科协会议】 年内，组织召开有关会议三次：4月，科协在湖北襄樊召开科协片长工作会。8月，在北京召开科协通讯员工作会议。10月，科协华东片区年会在江西南昌召开。

（科协　供稿）

中国南车集团公司体协

【概述】 2003年，各级体协积极贯彻中共中央、国务院《关于进一步加强和改进新时期体育工作的意见》（以下简称《意见》）及集团公司《关于加强新时期企业体育工作的意见》，认真落实国家体育总局《关于因地制宜开展多样健身活动，积极预防非典型肺炎的通知》精神，突出“科学锻炼，有益健康”的主题，积极开展灵活多样的健身活动，举办了集团公司第一届运动会，为构建和完善多元化体育健身服务体系，增强员工体质，抗击非典疫情，服务企业生产经营，作出积极贡献。

【总结表彰】 中国火车头体协全国理事会召开职工体育工作总结表彰大会，株机厂转向架分厂、资阳厂机车分厂、浦镇厂客车车间、眉山厂制动科技股份有限公司、石家庄厂制冷分厂等5个单位被授予全国体育工作先进集体称号，20名专、兼职体育工作者被授予全路体育工作先进个人称号。集团公司在第一届运动会期间召开职工体育先进表彰会。会议由集团公司工会副主席、体协副主席钱毅主持，党委副书记、工会主席杨荣林宣读《表彰决定》，副总经理、体协主席郑昌泓作了《统一思想，提高认识，抓住机遇，努力开创具有南车特色的职工体育工作新局面》的讲话。集团公司党委书记王泰文、总经理赵小刚、党委副书记杨荣林、副总经理郑昌泓，向株机厂、眉山厂、石家庄厂、二七车辆厂、资阳厂、浦镇厂、江岸厂等7个先进单位和14个表扬单位、196名先进个人颁奖。

【第一届运动会及体育竞赛】 集团公司第一届运动会于10月12～28日举行。眉山厂为主赛区，承办田径、大众体育、广播体操、健身秧歌、毽球比赛；成都厂和资阳厂作为分赛区分别承办围棋、气排球和篮球、健美操比赛；由二七车辆厂承接领导干部组保龄球、乒乓球比赛。集团公司所属22个厂所、公司和总部组成代表团，共有1021名运动员参赛。210名裁判员执行工作，600名工作人员（包括青年志愿者）参与了组织筹备工作。经过各方的共同努力，运动会取得圆满成功。资阳厂代表团以6′56″8的成绩打破大众体育绳毽接力全国铁路纪录，大众健美操有57人达到国家六级标准。眉山厂、株机厂、资阳厂、戚墅堰厂、洛阳厂、铜陵厂、江岸厂、南车四方公司分别荣获团体总分前八名。45支运动队和177名运动员、裁判员获得体育道德风尚奖。眉山厂、资阳厂、成都厂获优秀组织奖。

10月26日上午9时，运动会开幕式在眉山厂体育场隆重举行。中华全国总工会、国家体育总局、国务院国有资产监督管理委员会、中华全国铁路总工会、中国火车头体育协会全国理事会以及中国北车集团公司、成都铁路局、广州车辆厂、柳州机车车辆厂等分别发来贺信、贺电，对集团公司第一届运动会表示热烈祝贺。

为了迎接第一届运动会，集团公司体协组织了游泳通讯赛和健身秧歌、健美操培训班。6个工厂举行了全厂职工运动会，为“一运会”营造了良好氛围。

年内，集团公司组织体育代表团参加了全路第十届运动会，取得了较好成绩。

江岸厂代表集团公司参加了2003年“红色之路”全国职工团队健身挑战赛，取得了健身挑战赛第八名、生存技能赛第七名、历史知识赛第四名的好成绩。

二七厂车辆代表集团公司参加了2003年首届全国职工太极健身操舞展示赛，获集体操舞“爱我中华”一等奖、“百花争艳”二等奖和艺术健身操舞个人二等奖。

【理论研究及体育成果展】 为进一步贯彻落实中共中央、国务院《意见》，迎接集团公司第一届运动会，举办了新时期员工体育工作发展展望征文。征文活动收到几十篇论文，在选题方向、涉及范围、剖析层面和论证方面，体现了集团公司员工体育工作理论研究迈上了一个新台阶，体现了集团公司对员工体育的地位、作用及传统模式改革创新的关注程度，对进一步推动集团公司体育工作具有一定的借鉴作用。征文活动评出一等奖3篇，二等奖8篇，三等奖11篇。

在第一届运动会期间，举办了集团公司职工体育成果展。展览充分反映集团公司实施《全民健身计划纲要》，开展员工体育工作取得的新成果，具体介绍了群体活动、运动技术水平、体育经济、场馆建设，以及专兼职体育干部队伍建设等内容，22个代表团全部参展。

【体协秘书长会议】 10月25日，集团公司体协在眉山厂召开体协秘书长会议。集团公司副总经理、体协主席郑昌泓作了《加强队伍道德作风建设，开好第一届运动会》的讲话。体协副主席兼秘书长苏鸿伦作工作报告。会议总结2003年工作，提出2004年工作要点，强调以“一运会”为新的起点和契机，搞好2004年体育工作。

（体协　供稿）

合资合作经营企业

青岛四方—庞巴迪—鲍尔铁路运输设备有限公司

株洲西门子牵引设备有限公司

株洲斯威铁路产品有限公司

石家庄国祥制冷设备有限公司

宇宙钢丝绳有限公司

南方汇通微硬盘科技股份有限公司

青岛四方—庞巴迪—鲍尔铁路运输设备有限公司

2003年，青岛BSP公司进入紧张的交车生产阶段，全体员工发扬团队精神，共同努力，实现1天生产1辆车的目标。在提高工作效率的同时，公司不断完善内部规章制度和管理流程，对组织结构作了调整。公司重视产品质量，关注安全生产，顺利通过ISO 9001质量管理体系认证。截至年底，公司有员工1026人。年内，公司为北京局、上海局、郑州局提供客车178辆。

车辆生产、交付及试验情况：1月12日，首批22辆高档客车交付上海铁路局。1月21日，BSP高档客车在上海梅陇至杭州间投入商业试运营。2月8日，BSP开始生产北京铁路局的18辆高档客车，3月26日举行交付仪式。

2月11～17日，BSP首辆卧车2号车，在四方车辆研究所通过空调通风采暖静态试验，包括空调性能试验、K值试验、车内照度试验、－20℃工况采暖、－35℃工况采暖、车内微风速、电伴热性能试验等。12月8～21日，在铁道部统一安排下，14辆客车作为铁道部提速实验列车，参加为时14天的铁路第5次大提速牵引实验，其行程相当于北京—巴黎—伦敦—北京的里程，运行速度为160公里/小时，此次提速实验显示了BSP高档客车的实际运行性能。

2月20日，铁道部党组副书记、副部长孙永福在有关人员陪同下，视察BSP公司。9月18日，斯里兰卡交通部部长Upali先生等一行7人，就斯里兰卡铁路客车项目事宜访问公司。

8月7日，公司在北京与铁道部、哈尔滨铁路局、北京铁路局、郑州铁路局和上海铁路局签订38辆客车合同，其中21辆软卧和17辆餐车，合同的签订对公司的生存和发展具有重要意义。

（四方有限公司办公室　供稿）

株洲西门子牵引设备有限公司

株洲西门子牵引设备有限公司第八次董事会，对合资公司董事会和总经理等人选作了调整，李志轩任董事长，闻滨任副董事长，董事奚国华、克劳赛克、科赫。总经理科赫（兼商务经理和人事经理），桂林芳任副总经理。基于DJ_1机车的生产任务7月全部完成，合资公司没有后续订单，经营发展前景尚未明确。2003年合资公司的基本方针为：精简、减亏、待机重组。精简后，公司保留了人事、财务、设备、网络等方面的工作人员，公司年末员工为35人，其中管理人员15人、技术人员4人、工人16人。

按照合同规定，铁道部利用奥地利政府贷款采购的20台DJ_1型双节重联交流传动货运电力机车中的后17台机车应在株洲组装、试验、交出。经过机车项目组和合资公司共同努力，7月，最后一台DJ_1机车出厂。至此，DJ_1机车工作基本完成。20台DJ_1机车全部配属大同机务段，担负大秦线重载货运。机车现场服务由西门子项目负责，合资公司负责部分后勤支持及厂内收尾清理工作。

（桂林芳　供稿）

株洲斯威铁路产品有限公司

2003年，公司生产合格钢水14529吨，浇注铸件11161吨，交库铸件10563吨，销售铸件9864吨，产品累计综合废品率为3.39%，实现销售收入7508.9万元，利润亏损1186.6万元。年末员工总数552人，其中美方员工4人，中方正式员工495人，临时用工53人。

年内，公司在新产品开发方面，完成转K5型转向架配件、巴西车配件、出口美国470A侧架、出口美国连杆、F钩以及巴西钩等10余种新产品开发与试制。在工艺技术方面，完善各类工装、设备的配套，淘汰了原铸造分公司使用的水玻璃砂工艺，对用水玻璃砂工艺生产的转8G摇枕、侧架、转K2摇枕、侧架，13＃普通C级钢钩体、钩舌，13A加强型钩尾框及摇动座等模型和砂箱进行了工艺改进，全部采用潮模砂工艺进行生产，结束了公司成立初期水玻璃砂系统和潮模砂系统共存的局面。年底前完成北美铁路协会（AAR）对公司质量保证体系的认证审查。对清理工部一次清理线进行技术改造，使一次清理的作业环境和生产能力有较大提高。

公司对生产员工实行计件工资制，对维修人员实行A、B两组责任承包办法。从5月1日开始，公司对造型用冷铁采取从外购到自制的办法，每年可节约人民币10万元。

（株辆厂办公室　供稿）

石家庄国祥制冷设备有限公司

2003年，公司在企业经营和市场拓展等方面均取得良好成绩。全年生产列车空调机组634台，机车空调968台，地铁及城市轻轨空调45台，大修机组220台。实现销售收入10017万元，实现利税4374万元。资产原值2294万元，净值987万元，资产总额25427万元，负债总额15514万元，所有者权益9913万元。

年末，从业人员159人，其中具有高级专业技术职务8人，中级职务17人，初级职务12人。公司实行董事会领导下的总经理负责制，现任董事9人。下设管理部、财务部、业务部、研发部、制造部、品保部、服务科、资讯室。

年内，公司不断开发新产品，积极抢占市场，开发出KL22B、KL22C、KLDY29“防爆车空调”和韶山$_8$型机车TTK3D—5.0DD空调改造以及货运电力机车TTK3E—5.0DD空调机组、探伤巡检车KLP29A空调机组、乌兹别克斯坦机车TTK6C—6.0GD空调机组、地铁轨检车 KL9A、地铁工程车 KLDP5.2E 空调机组、CITADISB 型车 KGDP33 空调机组、青藏线吊臂车 KLD14B 空调机组、沈大动车组 KLD26HD、KLD35HD、KLD40HD 空调机组等新品。9月，顺利通过 ISO9001—2000 版认证。积极筹建“石家庄国祥运输设备有限公司”新厂区，各项审批手续已完成，为开工建设奠定基础。4月1日起公司开始托管国铁分厂，国铁分厂的各种资源由公司统一协调使用。

年内，公司获“安排残疾人就业工作先进单位”、“利税大户荣誉证书”、“外商投资企业报表工作先进单位”、“河北省外商投资技术先进企业”等荣誉称号。公司继在河北省井陉山区、平山山区、赞皇县捐资兴建了国祥希望小学后，年内又在灵寿县陈庄、行唐县出资建国祥希望小学，解决部分儿童失学问题。

（赵新改　供稿）

宇宙钢丝绳有限公司

宇宙钢丝绳有限公司是由贵阳车辆厂与美国最大的钢缆公司——美国钢缆公司共同投资兴建的中外合作企业，全套引进美国的先进设备、技术、生产工艺和管理模式，专业生产和销售符合 ISO、API 及国家标准的各种钢丝绳。产品广泛用于石油钻井、煤矿开采、航海运输、港口装卸、建筑施工等行业。公司通过了美国石油协会（API）正式评审，成为中国首家通过 API 质量体系认证的钢丝绳生产厂家。

年末，公司拥有固定资产原值 4229 万元，员工 210 人，其中中专以上学历 55 人，中级及以上职称 6 人。生产各类钢丝绳 4220，同比增长 30%；销售钢丝绳 4221 吨，同比增长 28%，实现销售收入 2438 万元，同比增长 33.6%，其中创汇 84.5 万美元，各项经济指标均创历史最高记录。

年内，针对制约产量和质量的瓶颈问题，公司加大技术改造投入，先后对热处理、钢丝表面处理生产线以及部分拉丝、捻股设备进行改造，提高了生产能力和产品质量。

公司致力于国内外市场的拓展，产品远销欧美、东南亚、中东等地区，并成功地在新加坡、越南等东南亚国家和地区树立了“UNIVERSAL”钢丝绳的品牌形象。另外开辟了香港和墨西哥市场。在国内，公司以煤矿行业为依托，产品逐渐向港口、石油开采等行业渗透，在港口销售钢丝绳 200 多吨，港口用钢丝绳与美国生产的钢丝绳在武汉理工大学实验室同期进行试验，在软滑轮上的性能远远高于美国。经过全体员工的共同努力，钢线绳产品质量得到用户一致好评，用户范围越来越广，市场占有率日益提高。

（南方汇通总经理办公室　供稿）

南方汇通微硬盘科技股份有限公司

南方汇通微硬盘科技股份有限公司成立于2002年8月，主要生产1.0英寸微硬盘，是中国第一家、世界第二家生产1英寸微硬盘的自主技术工厂。2003年2月试产成功，3月在全球率先推出容量为2.4GB的微硬盘，6月实现批量生产。公司的1英寸微型硬盘产品体积小，科技含量高，包含磁性材料、精密机械、微动力马达、光电材料、先进芯片封装与电了模组加工、核心软件等多种尖端技术，广泛应用于各种便携式电子设备，打破了便携式电子设备传统的存储概念，实现了存储容量上质的飞跃。公司现拥有2.2GB、2.4GB、4.8GB等不同存储容量和CFⅡ、USB、ATA三种不同界面的产品，是目前世界上生产1英寸微硬盘存储量最大、界面最多的厂家。

公司拥有国内最大的全厂区超净10级的800平方米超净厂房，具备防静电环境、自动化生产线、先进的净水系统和自行研发的完整测试设备。公司研发中心设立于美国加州国际硬盘科技主要发展重镇Milpitas，研发团队内拥有多位资深硬盘研发人员，硬盘设计经验总和超越100年以上。公司制造团队集合了马来西亚、新加坡、台湾、印度、澳大利亚等海外和国内科技精英30多人，确保了产品的高品质和竞争力。销售团队由日本、台湾、韩国、新加坡、香港、英国、法国等国家和地区的销售精英组成，保证了产品销路的畅通。

2003年，公司生产并销售1英寸微硬盘25.5万片，实现销售收入27495万元。与美国、日本、新加坡等地的多家世界著名的大公司达成了合作协作，建立了良好的合作关系，销售渠道十分畅通，产品供不应求。公司组建国家863微硬盘技术研究中心已得到国家科技部批复，建设中国微硬盘生产基地、微硬盘国家工程中心和1000万片技改国债支持工作正在申报中。

（南方汇通总经理办公室　供稿）

附录

中长期铁路网规划

国外电力机车的现状及其发展趋势

国外机车车辆发展水平和动态

我国城市轨道交通车辆发展战略探讨

2003年全国铁路主要指标完成情况

中长期铁路网规划

一、发展目标

为适应全面建设小康社会的目标要求，铁路网要扩大规模，完善结构，提高质量，快速扩充运输能力，迅速提高装备水平。到2020年，全国铁路营业里程达到10万公里，主要繁忙干线实现客货分线，复线率和电化率均达到50%，运输能力满足国民经济和社会发展需要，主要技术装备达到或接近国防先进水平。

二、规划原则

(一) 统筹考虑与其它运输方式及能源等相关行业的发展，通道布局、运力分配与公路、民航、水运、管道等规划有机衔接；

(二) 能力紧张的繁忙干线实现客货分线，经济发达的人口稠密地区发展城际快速客运系统；

(三) 加强各大经济区之间的连接，协调点线能力，使客货流主要通道畅通无阻；

(四) 增加路网密度，扩大路网覆盖面，为经济持续发展、国土开发和国防建设创造有利条件；

(五) 提高铁路装备国产化水平，大力推进装备国产化工作。

三、规划方案

为实现2020年铁路网发展目标，规划方案要在路网总规模扩大的同时，突出繁忙干线实现客货分线，人口稠密地区发展城际客运系统，提高路网质量，扩大运输能力，形成功能完善、点线协调的客货运输网络。

(一) 客运专线

为满足快速增长的旅客运输需求，建立省会城市及大中城市间的快速客运通道，规划“四纵四横”铁路快速客运通道以及三个城际快速客运系统。建设客运专线1.2万公里以上，客车速度目标值达到每小时200公里及以上。

1.“四纵”客运专线：

(1) 北京~上海客运专线，贯通京津至长江三角洲东部沿海经济发达地区；

(2) 北京~武汉~广州~深圳客运专线，连接华北和华南地区；

(3) 北京~沈阳~哈尔滨（大连）客运专线，连接东北和关内地区；

(4) 杭州~宁波~福州~深圳客运专线，连接长江、珠江三角洲和东南沿海地区。

2.“四横”客运专线：

(1) 徐州~郑州~兰州客运专线，连接西北和华东地区；

(2) 杭州~南昌~长沙客运专线，连接华中和华东地区；

(3) 青岛~石家庄~太原客运专线，连接华北和华东地区；

(4) 南京~武汉~重庆~成都客运专线，连接西南和华东地区。

3. 三个城际客运系统

环渤海地区、长江三角洲地区、珠江三角洲地区城际客运系统，覆盖区域内主要城镇。

(二) 完善路网布局和西部开发性新线

以扩大西部路网规模为主，形成西部铁路网骨架，完善中东部铁路网结构，提高对地区经济发展的适应能力。规划建设新线约1.6万公里。

1. 新建中吉乌铁路喀什~吐尔尕特段，改建中越通道昆明~河口段，新建中老通道昆明~景洪~磨憨段、中缅通道大理~瑞丽段等，形成西北、西南进出境国际铁路通道；

2. 新建太原～中卫（银川）线、临河～哈密线，形成西北至华北新通道；

3. 新建兰州（或西宁）～重庆（或成都）线，形成西北至西南新通道；

4. 新建库尔勒～格尔木线、龙岗～敦煌～格尔木线，形成新疆至青海、西藏的便捷通道；

5. 新建精河～伊宁、奎屯～阿勒泰、林芝～拉萨～日喀则、大理～香格里拉、永州～玉林和茂名、合浦～河唇、西安～平凉、柳州～肇庆、桑根达来～张家口、准格尔～呼和浩特、集宁～张家口等西部区内铁路，完善西部地区铁路网络；

6. 新建铜陵～九江、九江～景德镇～衢州、赣州～韶关、龙岩～厦门、湖州～嘉兴～乍浦、金华～台州及东北东边道等铁路，完善东中部铁路网络。

（三）路网既有线

加强既有路网技术改造和枢纽建设，提高路网既有通道能力。规划既有线增建二线1.3万公里，既有线电气化1.6万公里。

1. 在建设客运专线的基础上，对既有线进行扩能改造，在大同（含蒙西地区）、神府、太原（含晋南地区）、晋东南、陕西、贵州、河南、兖州、两淮、黑龙江东部等十个煤炭外运基地，形成大能力煤运通道。近期要优先考虑大秦线扩能、北同蒲改造、黄骅至大家洼铁路建设和石太线扩能，实现客货分运，加大煤炭外运能力。

2. 结合客运专线的建设，对既有京哈、京沪、京九、京广、陆桥、沪汉蓉和沪昆等七条主要干线进行复线建设和电气化改造。

3. 以北京、上海、广州、武汉、成都、西安枢纽为重点，调整编组站，改造客运站，建设机车车辆检修基地，完善枢纽结构，使铁路点线能力协调发展。

4. 建设集装箱中心站，改造集装箱运输集中的线路，开行双层集装箱列车。

四、实施意见

总体目标：规划从2003年开始，在2020年前逐步建成。实施计划如下：

（一）“十五”建设计划调整

到2005年铁路营业里程达到7.5万公里，其中复线铁路2.5万公里，电气化铁路2万公里以上。具体建设项目调整如下：

建设客运专线，开工建设北京～上海、武汉～广州、西安～郑州、石家庄～太原、宁波～厦门等客运专线。建设城市密集地区城际客运系统，开工建设环渤海地区北京～天津，长江三角洲南京～上海～杭州，珠江三角洲广州～深圳、广州～珠海、广州～佛山城际客运系统。

加快完善路网结构，开工建设宜昌～万州、烟台～大连轮渡、合肥～南京、麻城～六安、太原～中卫（银川）、精河～伊宁、永州～玉林（茂名）、铜陵～九江、大理～丽江、龙岗～敦煌、黄骅～大家洼铁路等新线。

加快既有线扩能改造，实施京沪线、焦柳线、黔桂线、兰新线武威至嘉峪关段、沪杭线、天津～沈阳、石德线电化改造，开工建设沪汉蓉既有段、昆明～六盘水、滨洲线海拉尔至满洲里、湘桂线衡阳至柳州复线，进行大秦线、西延线扩能改造。

加快主要枢纽及集装箱中心站建设，对北京、上海、广州、武汉、成都、西安枢纽进行改造，建设上海、昆明、哈尔滨、广州、兰州、乌鲁木齐、天津、青岛、北京、沈阳、成都、重庆、西安、郑州、武汉、大连、宁波、深圳等18个集装箱中心站。

（二）2010年阶段目标

到2010年，铁路网营业里程达到8.5万公里左右，其中客运专线约5000公里，复线3.5万公里，电气化3.5万公里。

进一步建设客运专线。建设成北京～上

海、武汉~广州、西安~郑州、石家庄~太原、宁波~厦门等客运专线。开工建设北京~武汉、天津~秦皇岛、厦门~深圳等客运专线。

进一步扩大路网规模，建设云南进出境、中吉乌、合浦至河唇、赣州至韶关、龙岩至厦门、湖州至乍浦、兰州（或西宁）至重庆（或成都）、西安至平凉、隆昌至黄桶、东北东边道等铁路。

进一步提高既有线能力，建设邯济线、宁芜线、西康线、平齐线、大郑线、滨绥线等复线。

从云南入藏的滇藏线仍继续做好地质调查和技术经济分析，是否建设视研究论证结果再定。

国外电力机车的现状及其发展趋势

1 国外电力机车的发展过程

纵观世界铁路电力牵引的发展，自1879年德国Siemens公司制造的第一台电力机车投入运用以来，至今已有120多年的历史。在此期间，国外电力机车得到了飞速发展。

从接触网供电来看，电力牵引经历了从直流到单相低频交流再到单相工频交流三个主要发展阶段，电力机车也随之由直流机车发展到交流机车和多流制机车。直流制主要采用1.5 kV和3 kV，使用的国家主要有前苏联、日本、法国、意大利、南非、波兰和西班牙等；单相低频交流制主要采用15 kV 16.7 Hz和11 kV 25 Hz，主要使用的国家有德国、瑞典、瑞士、奥地利、挪威和美国；单相工频交流制主要采用25 kV 50 Hz或60 Hz，个别为20 kV和50 kV，使用的主要国家有前苏联、法国、印度、日本、英国、罗马尼亚和南斯拉夫等。

另一方面，从电传动系统的特点可以归纳出电力机车最近几十年来的发展过程。

20世纪70年代以前，直流电力机车普遍采用直流牵引电动机和电阻调压系统；低频交流电力机车几乎全部采用单相交流整流子牵引电动机和高压侧调压开关调压系统。工频交流电力机车主要采用水银整流器或硅整流器与脉流牵引电动机和高压侧或低压侧调压开关调压系统。

从20世纪70年代开始，随着大功率晶闸管及电力电子技术的发展，直流电力机车逐步采用斩波调压；单相工频整流器电力机车逐步被晶闸管相控电力机车取代；在采用低频交流制的国家中，以瑞典为代表，包括奥地利，着重发展晶闸管相控电力机车，而前西德和瑞士在使用少量的相控机车的同时，着力发展三相交流传动电力机车。

在80年代，一方面，直流斩波机车和交直相控机车技术得到进一步完善和发展，达到了极盛时代，可以说，目前这两种机车仍然是一些国家的主型机车。另一方面，以1979年问世的第一台E120型交流传动机车为契机，交流传动电力机车在德国等一些国家相继投入运营，并得到迅速发展。

从80年代后期特别是90年代初开始，世界上一些国家特别是西欧和日本，随着既有电力机车的更新换代和高速铁路的蓬勃发展，电力机车的研制全面转向三相交流传动电力机车。

2 国外电力机车的发展现状与趋势

最近20多年来，国外电力机车的发展是围绕三相交流传动技术来展开的。每个国家根据本国的国情，或自行开发或引进或与他人合作发展自己的交流传动电力机车。交流传动电力机车从德国发展到整个欧洲，再扩展到世界上其他很多国家，构成了世界电力机车近年来发展的总趋势。无论是电传动系统还是机车总体和机械部分，与传统的直流传动电力机车相比，都发生了根本性的变化，并不断创新。三相交流传动技术已相当成熟。

对国外电力机车的 发展现状和趋势可以归纳如下。

(1) 新造电力机车基本上都采用三相交流异步牵引电动机传动系统

尽管从世界范围来看，现在使用的电力机车仍以直流传动机车为主，但在德国和西欧其他一些国家三相交流传动电力机车恐怕已经超过或正在超过直流传动机车的数量，这些国家早已停止了用于国内的直流传动电力机车的生产，而且从世界大多数国家铁路部门近些年来的订货来看，也基本上全是三相交流传动的电力机车。

而且，三相交流传动系统在经过了电压型逆变器供电与电流型逆变器供电的选择和同步牵引电动机传动与异步牵引电动机传动的比较后，曾一度使用同步牵引电动机传动的法国和俄罗斯也早已开始采用异步牵引电动机传动。因此，采用电压型PWM逆变器供电，三相交流异步牵引电动机传动系统的电力机车在数量上占有绝对优势，这无疑也是今后较长一段时期内电力机车电传动系统发展的主流。

(2) 不断采用新的电力电子技术、微电子技术和各种控制技术，提高机车性能

机车三相交流传动系统的成功实现和完善首先完全得益于以电力半导体器件为代表的电力电子技术和以微机控制为代表的微电子技术的不断发展。近20多年来，电力机车变流器电力半导体开关器件从SCR发展到GTO再到IGBT（IPM）和IGCT。牵引电动机的控制策略由滑差/电流控制发展到矢量控制和直流转矩控制。电子控制装置从数/模混合控制发展到16位微机控制和32位微机控制，并由集中式电子柜向分布式插件和多功能总线通信与控制系统发展。在机车粘着控制方面采用蠕滑率控制和最佳粘着利用控制等新的防空转防滑控制提高机车的粘着利用。

(3) 向大功率、高速、重载、通用性电力机车发展

三相交流传动技术使大功率、高速、重载、通用性电力机车得以实现。

异步牵引电动机的功率不断提高，有的超过了1600 kW。很多机车的单轴功率大都在1200 kW ~ 1600 kW，机车总功率最高的达到了7000 kW（单节车）和14000 kW（双节车）。

机车单轴功率的增大，为制造既能高速客运，又能重载货运的通用性电力机车创造了条件。很多通用性电力机车的最高速度在200 km/h以上。

通用性电力机车一方面体现在客运和货运的通用性上，另一方面是指为满足在不同供电方式和不同信号方式的多种线路上运行而要求的多流制机车。Siemens公司最新生产的多流制电力机车能在AC 15 kV 16.7 Hz、AC 25 kV 50 Hz、DC 1500 V和DC 3000 V等4种牵引供电方式和各种信号方式的线路上运行，几乎能在整个欧洲的线路上运行。

此外，以动力车头与拖车组成高速动车组大量出现，并在欧洲形成高速铁路网。

(4) 采用新的车体结构

车体采用整体承载结构，采用有限元法

计算车体强度和应力，并使用各种减重材料、减重结构减轻车体重量。如：薄板无梁蜂窝侧构或压筋结构，薄板底架，全铝合金大顶盖，复合塑料司机棚等。

(5) 机车设备总体布置形式多样，力求标准化

机车机器室设备的总体布置有采用单边走廊、双边走廊、“之”字型走廊和中间走廊等各种形式。但四轴通用机车多采用中间走廊、大屏柜布置，卧式主变压器悬挂在车体底架下面，主变流器装在机车中部中间走廊的两侧，其余设备斜对称布置在走廊两侧，十分简洁，且一目了然。

(6) 走行机构全面更新，转向架结构得到优化，动力学性能得到提高

采用轮对径向调节转向架，使机车稳定性、临界速度和曲线轮轨磨耗都有很大的改善。采用各种减重材料和减重结构，如无摇枕结构、薄板焊接箱形断面梁构架、铝合金轴箱与齿轮箱、牵引电动机全悬挂及其驱动装置等，使一系悬挂、二系悬挂和簧下重量的分配得到优化，转向架动力学性能得到大大提高。

(7) 采用机车产品平台进行电力机车的设计和制造

机车产品平台是指通过严格控制的标准化接口将预设计、预制造和预试验过的标准化和最优化的集成部件组装在一起，形成模块，构成的机车产品平台。最大的好处是制造厂家在很严的价格条件和交货期内可以生产出不同的机车满足不同用户的需求。

Siemens、Alstom 和 Bombardier 等世界上几大电力机车制造厂家如今都拥有自己的电力机车产品平台。近年来新造电力机车的设计和制造都基于自己的产品平台。

(8) 国外典型交流传动电力机车的总体技术参数

	Re465	BR101	BR185	BR189	Talgo350
用途	高速、重载、客货通用	高速客运	货运	货运	高速动力头车客运
电流制	15 kV 16.7 Hz	15kV 16.7Hz	15kV 16.7Hz	15kV 16.7Hz 25kV 50Hz 1500V 3000V	25kV 50Hz
轴式	B_0-B_0	B_0-B_0	B_0-B_0	B_0-B_0	B_0-B_0
重量(t)	82	84	84	86	68
功率(kW)	6400 最大:7200	6400	4200	6400	4000
最高速度(km/h)	230	220	140	140	350
主变流器特点	GTO 油冷	GTO 油冷	GTO 水冷	IGBT 水冷	IGBT 水冷
牵引电动机	异步电机全悬挂	异步电机全悬挂	异步电机半悬挂	异步电机半悬挂	异步电机全悬挂
电制动方式	再生制动	再生制动	再生制动	再生制动	再生制动
首次交付年份	1994	1996	2000	2003	
交付或订购台数	18	145	400	100	16
制造厂家	ABB	Adtranz	Siemens	Siemens	Bombardir
用户	瑞士铁路	德国铁路	德国铁路	德国铁路	西班牙铁路

3　国外电力机车主要部件发展现状与趋势

3.1　主变流器

电力半导体器件的迅猛发展和主电路结构的不断改进使得在直流供电的机车上，可以直接采用只有一级功率变换的电压型逆变器作主变流器；在交流供电的交流机车和在交直流两种供电区间运营的多流制机车上，采用脉冲整流器与电压型逆变器两级变换构成的主变流器。这是近 20 多年来机车主变流器发展的主流。

在主变流器的发展过程中，电力半导体器件起着决定性的作用。自 20 世纪 80 年代以来，在三相交流传动大功率牵引应用领域中，GTO 逐步取代较早时期使用的快速晶闸管，现有的大功率电力机车的主变流器绝大多数都使用 4500 V/3000—4000 A 的 GTO 器件。不过，IGBT（IPM）一直在努力取代这

种开关频率难以提高，应用又很复杂的器件。随着3300 V、4500 V和6500 V的IGBT器件的相继研制成功和商品化，使用IGBT主变流器的机车已经出现并不断发展。实际上，在为数不多的生产机车用大电力半导体器件的国外厂家中，有的已停止了GTO的生产。除IGBT外，在新的大功率器件中，IGCT和IEGT主变流器也有装车试验的报道。这两种器件应该是继IGBT后取代GTO，用于主变流器的新的电力半导体开关器件。

同样，主变流器的不断发展与冷却技术的不断更新是分不开的。具有高效冷媒和灵巧散热器组成的高效冷却系统与功率半导体等其他器件组成主变流器的相模块结构，而且在脉冲整流器和逆变器中可以互换，这不仅有利于机车设计的系列化和批量生产，提高产品质量，而且也便于维修。

主变流器所采用的冷却方式有沸腾冷却、油冷及水冷和酯冷等。不但采用不同冷却方式的冷却系统彼此之间不同，同一冷却方式下不同厂家设计的具体冷却方法也不尽相同。

沸腾冷却方式分浸渍式和非浸渍式两种，使用的冷媒有氟利昂和各种替代氟利昂、不含氯的全氟化物，如FC72和FX-3250等全氟化碳冷却液。油冷有采用矿物油和硅油两种。

基于环保的要求，近些年来新造电力机车的主变流器都采用水冷或酯冷。水冷是由水直接将热量带走，主要有两种方法：一种是用去离子水作冷媒，车上装有去离子水处理专用设备；另一种是用工业用水作冷媒，在这种水冷相模块结构中，散热器与半导体元件的导电铜排之间有一个导热性能良好的陶瓷绝缘件起电隔离作用。酯冷是用一种合成绝缘液体——含多元醇的酯代替油冷方式中的油，其主要优点是这种酯可以分解，不受环保的限制。

3.2 牵引电动机

机车由直流传动向交流传动转换，对牵引电动机的研制也就自然地集中到三相交流异步电动机上。随着交流传动电力机车的不断普及，异步牵引电动机得到了很大的发展。近些年来，特别重视产品的系列化、通用化和标准化，加之新设计、新材料、新结构、新工艺的不断采用，国外牵引电动机性能和可靠性不断提高，尺寸和重量不断减小，使用维护日趋方便。具体又表现在以下几个方面。

(1) 优化参数匹配，充分利用材料

广泛采用CAD设计，使电机参数优化匹配，材料得到充分利用。同时，利用很多现成的软件用有限元方法对电机磁场进行精确计算与分析，使电机设计更精确、更合理，电机的性能更好、体积更小。

(2) 轴功率不断增大，转速不断提高，单位功率的重量不断下降

大多数异步牵引电动机的轴功率1200 kW～1600 kW，有的甚至达到了1800 kW以上；电机的转速大多在3000 rpm～4000 rpm，高的达到了6000 rpm。但电机的尺寸和相应的重量并没有增大多少。代表电机水平的一个重要技术经济指标——电机单位功率的重量在不断下降，已趋近于1 kg/kW。

(3) 不断采用新的材料

绝缘材料的耐热等级由F级发展到H级和C级，即从80年代中期开始研制的新的牵引电动机广泛采用H级和C级，定子允许温升有的达到了240 K；从70年代后期开始，电机的浸渍漆普遍采用无溶剂漆代替以前使用的有溶剂漆；铁心普遍采用冷轧硅钢片等高导磁率、低损耗材料；一些部件开始采用轻合金材料来减重，如采用铝合金端盖和铝合金转子导条等。

(4) 电机主要部件虽仍采用传统结构，但有些部分得到了重大的改进或更新

定子大都采用冲片叠压无机壳结构。与有机壳结构相比，这种结构的最大优点是在转速相同和外部尺寸以及重量不变的情况下能提高电机的功率，或在相等功率条件下能够相应地减轻电机的重量。此外还可以改善电机散热条件，保证电机特性的一致。

在 140 km/h 以上速度的机车上，大部分采用全悬挂代替抱轴式半悬挂刚性传动，使电机承受的振动和冲击大幅度减小。同时，在半悬挂系统中，普遍采用滚动轴承代替滑动轴承，减少维护，提高可靠性。

(5) 不断采用新的制造工艺，提高牵引电动机的运用可靠性

绝缘系统广泛采用真空压力浸漆、旋转烘焙、TIG 焊接等工艺；轴承开始用油冷却来代替传统的油脂润滑；机座用剪冲代替部分的机加工，以焊接代替大部分的铸造。

(6) 发展趋势

进一步减小尺寸和重量，增大功率，提高电动机的性能，特别是提高 IGBT 等高频开关器件变流器供电时高 dv/dt 下电机抗瞬态效应的性能，提高电机的可靠性，是今后异步牵引电动机发展的趋势。

(7) 新的动态

在不断改进和完善异步牵引电动机的同时，永磁同步牵引电动机和开关磁阻牵引电动机的研究是新的发展动态。

3.3 微机控制装置

微机控制最先是用在直流传动机车主变流器晶闸管门控单元的控制。三相交流传动技术和计算机通信技术的发展，使微机控制技术逐步发展到包括机车传动控制、速度调节、故障诊断、旅客信息系统和行车安全等在内的今天的实时微机控制系统。一些著名的公司都开发和发展了各具特色的车载微机控制系统。如 Siemens 公司的 SIBAS、Alstom 公司的 AGATE 和 Bombardier 公司的 MITRAC 等。

现代车载微机控制系统的特点和发展趋势如下。

(1) 机车微机控制通常分为 3 个层次：列车控制、机车控制和变流器控制。其优点一是根据各级控制对速度的不同要求采用不同的语言编程，二是分层控制便于在不同类型机车之间的移植。

(2) 采用多 CPU 控制。早期的电力机车通常是以 16 位 CPU 为核心，控制机车性能和变流器件的触发；以 8 位 CPU 为辅，用于通信和故障记忆等功能。近些年来，新造机车均采用运算速度更快，功能更齐全的 32 位 CPU 微机控制系统。著名的有 Siemens 的 SIBAS32 和 Bombardier 的 MITRAC 系统等。

(3) 硬件电路板均实现了标准化、模块化，除外部接口随机车有所不同之处，微机内部所涉及的插件是通用的。各外围模块具有网络接口，用户可根据需要选择各种模块插件的种类和数量。各种电路板广泛使用多层板和 SMT 等先进的生产工艺。

(4) 均采用功能强大的软件开发工具支持应用软件的开发和系统诊断。

(5) 随着控制任务和控制功能的不断增长，使用的微机数量越来越多，控制系统也正在由集中控制向分布式控制系统发展。

(6) 广泛采用列车通信网络，并使用双绞屏蔽线和光纤传输信号，提高抗电磁干扰的能力。

(7) 车上和地面之间通过无限通信实现信息的双向传输，车载微机控制装置与地面控制中心构成网络，对机车进行实时控制和诊断，保证行车安全，提高机车运行可靠性。

3.4 车体

在保证机车有足够的强度和刚度以及良好的减振性能的前提下，不断减轻重量是车体总的发展方向。国外电力机车车体在设计上突破了传统的思路，采用了一些更先进、

更合理的设计方法，以及新结构、新材料与新工艺，以满足减重的要求，主要表现在以下几点。

(1) 根据车内设备总体布置的需要和可以采取的减重措施，对车体作出初步的结构设计。利用有限元法计算车体在各种工况下各部分的应力，使材料得到充分利用，并以车体减重为目标，以最大等效应力为约束条件对车体结构进行优化设计，使结构满足强度要求，然后对车体结构进行模态分析，以保证有关振型的振动频率，在合理范围内调整结构并减轻重量。

(2) 车体广泛采用整体承载结构，其特点是沿纵向、横向和垂向三个方向形成若干个封闭型框架，互相交叉连接形成整体箱形结构。各框架的梁体由薄板压型组焊成大截面尺寸的空心梁，强度和刚度大而重量轻。

(3) 承载的侧壁向网格结构发展，类似于飞机机身结构，形成如有加强筋的薄壳结构。

(4) 底架的梁广泛采用压型钢或各种厚度为 3 mm ~ 6 mm 的钢板焊接而成，很少采用以前使用的轧制钢材。

(5) 车顶多采用由铝合金制成的可活动的多块顶盖结构，并在与车体的连接方式上采取加强措施。

(6) 司机室及其车门开始采用玻璃纤维增强塑料或碳纤维增强塑料制造。

3.5 转向架

在保证转向架有足够的强度和刚度与良好的走行性能的前提下，设法减轻重量，提高粘着利用和动力学性能，从而提高速度，是转向架总的发展趋势。国外电力机车转向架在这方面采取的主要措施如下。

(1) 转向架构架在设计思想上采取所谓的“柔性构架”的设计方法。普遍采用薄板压型或焊成大截面箱形梁，有的还采取 H 形结构，不要两端的横梁。在结构上保证有足够的强度和刚度的同时，尽量避免应力集中，截面没有突变，应力均匀化，充分利用材料的潜力，尽可能减小多余的部分。注意焊缝合理布置，避免受拉方向上布置横向焊缝。而且，提高焊缝质量，重要焊缝采取重熔处理，减小焊缝波度和焊接应力，改善焊缝与母材接合部的金相组织，提高疲劳强度。

(2) 采用无摇枕转向架，省去枕梁及相关的摩擦和滑动部件；用整体辐板式车轮代替传统的带轮箍的组合式车轮；用钻孔或镗孔的空心车轴代替常用的实心车轴；用铝合金轴箱、齿轮箱和制动圆盘代替传统的钢制轴箱、齿轮箱和制动圆盘。

(3) 多采用低位牵引拉杆传递牵引力，减小轴重转移，提高粘着利用。有的还采取车轮踏面清扫和增粘措施，提高粘着系数。

(4) 合理选择一系和二系悬挂方式及其悬挂参数，尤其注意参数的匹配。一系悬挂普遍采用螺旋弹簧加液压减振器，二系弹簧趋向于采用高挠度螺旋弹簧。

(5) 为了减轻簧下重量，减少机车对轨道的动力作用，140 km/h 以上速度的机车的牵引电动机及其驱动装置普遍采用全悬挂，而且趋向于采用两级减振的轮对空心轴万向节驱动；200 km/h 以上速度的机车则趋向于采取车体底架悬挂。虽然各种机车的具体结构不尽相同，但总的结构原理均为两级串联式减振万向节驱动。

(6) 为了提高机车曲线通过性能，减小轮轨横向动作用力，减少轮轨磨耗，提高机车曲线通过速度，从 80 年代后期开始，广泛采用轮对径向调节转向架。

(7) 采用整体驱动装置。把牵引电动机和齿轮箱总装成一个整体的在结构不能分开的电动机齿轮箱组，这样的结构能使异步牵引电动机有更高的转速和更大的功率。

4 近期内国外电力机车发展总的趋势和新的动态

现代牵引电传动系统的发展取决于节减能量、减少维修、牵引性能的稳定性等多种因素。三相交流异步牵引电动机传动在很大程度上满足了这些要求，而且技术上已经相当成熟。因此，采用 IGBT 水冷变流器、多功能高性能微机控制装置、矢量控制或直接转矩控制三相异步牵引电动机、轻量化车体、径向转向架或无摇枕转向架的电力机车应该是今后较长一段时期内电力机车的发展趋势。

在三相交流异步牵引电动机传动电力机车不断发展和完善的同时，也出现了一些新的发展动态。这主要表现在以下几个方面。

(1) 无速度传感器的矢量控制和直接力矩控制

现在的三相交流传动系统的控制都是基于异步牵引电动机速度传感器的矢量控制或直接力矩控制。将在工业传动领域广泛采用的无速度传感器矢量控制和直接力矩控制用于机车的传动控制，不仅可提高牵引电动机的功率或减小牵引电动机的尺寸和重量，还可以提高传动系统的可靠性。最近 10 多年来，日本等一些国家一直在进行这方面的研究和解决相关的课题，已经有了装车考核的报道。

(2) 超导变压器

使用高温超导材料作导线的机车超导变压器不仅能使主变压器结构更加紧凑，重量和体积大大减小，还可以提高主变压器的效率。这自然就成了近几年来德国和日本等一些国家研究的对象。Siemens 公司已经研制出了 1000 kVA 的样机，并在试验机车上进行了试验。

(3) 取消主变压器的机车主电路

在机车主电路设备中，主变压器的体积和重量占了相当大的比重。为了进一步减小主变压器的体积和重量，除了上面提到的采用超导变压器外，前 Adtranz 公司还提出了取消主变压器，将主变流器直接串接在交流牵引供电网上的主电路结构。当然，这种设想的实现还将取决于今后电力半导体器件耐压的进一步提高。

(株洲所 供稿)

国外机车车辆发展水平和动态

2003 年，随着全球经济的复苏，国外高速机车车辆、快速城轨交通、货运重载车辆、公铁两用车辆等先进技术的应用与研发强劲不衰。据世行铁路数据库统计，世界上目前共有 8.6 万台内燃机车、2.7 万台电力机车、380 万辆货车和 18 万辆客车。预计到 2010 年大约将制造 17.7 万辆各种机车车辆，其中 16 万辆货车、700 辆轻轨车辆、1900 辆地铁车辆、3700 辆电力和内燃动车组车辆、7500 辆客车、1500 台电力机车和 1800 台内燃机车。与此同时，为降低成本和提高市场竞争能力，各国都更加重视对既有线和现有机车车辆的技术改造。现就有代表性的高速、城轨、重载机车车辆发展水平和新品开发做简要介绍：

一、高速客运机车车辆方面

日本新干线的 700 系列高速机车仍为轻量化的典型代表。它采用流线型车头、感应电动机牵引、无摇枕转向架、铝合金轴箱和齿轮箱、铝合金车体、可变阻尼减震器、非线性空气悬挂、逆变器停车控制等许多先进技术，确保了其运行速度稳定在 300 km/h 及以上而无事故。

法国现有高速营业里程 8400 km，现有高速 TGV 350 列，其中大部分以 300 km/h 速度运营，是全球最大的高速列车网。法国第三代 TGV-Duplex 双层高速列车为交直流传动、带圆形设计；采用 GTO 逆变器同步电动机驱动系统，转向架进行了改进，轴箱支承方式由筒形橡胶改为轴梁式，机、客车均采用盘形制动。

运行于英、法海底隧道的“欧洲之星”在技术上是 TGV 的伙伴。近年来在隧道防护火技术上采取了一些新的对策：变更了车体与转向架结构，车体宽为 2.74 m，并收缩了座椅尺寸；在两端的机车与客车间和关节式客车单元之间，都采用了密接式车钩。3 种电气制式由受电弓与受电靴在英、法和比利时境内可相互切换。

德国的 ICE 系列是高速化的代表作。其目标时速为 400 km/h，第三代 ICE-3 为电动车组式高速列车。该车有 2 个单元，2 种供电方式。电动车采用 VVVF 逆变器控制的感应电动机驱动，转向架安装了 500 kW 的牵引电动机，通过 WN 联轴节和减速齿轮驱动动轴。使用电力再生制动和盘形制动，每根轴上有 4 个制动盘，制动盘安装在车轴辐板的两侧。该车的最高运行速度为 330 km/h。德国的高速规划是在：2003 年开业的科伦—法兰克福 330 km/h 的基础上，2005 年建成纽伦堡—因戈尔施塔特新高速线，2015 年实现列车高速规划 350 km/h。

意大利以研制 ETR 系列摆式高速列车而著名。第三代 ETR500 型高速列车速度为 300 km/h。其机车牵引电动机为 4 台输出功率 1100 kW 的感应电动机，由逆变器控制，牵引电机安装在车体上，通过联轴节、减速齿轮和空心车轴传递动力；其客车为铝合金双壳结构，转向架摇枕弹簧为金属螺旋弹簧；由机车向各车辆提供直流 600 V 的辅助电源，经逆变器转换为交流三向 380 V。意大利的高速规划是：2004 年建成罗马—那不勒斯高速线，2006 年建成米兰—博洛尼亚高速线，2007 年建成佛罗伦萨—博洛尼亚高速线，2008 年实现高速总长 900 km。

韩国的 G7 型高速列车。G7 型在其原有的 KTX 型高速列车基础上，又采用了许多新技术，如：变流器元件 IGCT、非粘着涡流制动、气密设计、车体结构、异步牵引电动机等都与 KTX 不同。该列车编组长 395 m，轴重 17 t，功率 17600 kW，IGCT 控制，涡流制动，铝合金车体，最高运行速度 350 km/h。

瑞典的 X2000 摆式列车。X2000 的技术与意大利的不同。该车的转向架和摇枕间设置了 4 个车体摆梁，在倾摆梁和转向架之间设置了油缸，以使车体倾摆。它采用逆变器感应电动机驱动，牵引电动机装在转向架上，为空心轴驱动。车体采用不锈钢。该车最高运行速度 250 km/h。

西班牙有二条高速铁路。第一条高速线运行的是 AVE 高速列车，2002—2004 年分段开业的第二条高速线，已选定准动力集中式 Talgo 350 型和德国的 ICE350E 型提速车，计划运行速度为 300—350 km/h。

英国的摆式车辆。由于英国受铁道车辆的限界，在转向架上不能安装车体倾摆机构，为此，采用了瑞士 SIG 公司的开发技术，在转向架的心盘部分安装了一个摇枕弹簧，由设置在旁承部分的作动器使车体倾摆。作动器最初是用油缸进行试验的，但目前使用的还是采用了电气式。

二、国外城轨车动车（组）发展方面

（一）内燃传动动车（组）

内燃动车组的运行速度一般在120—220 km之间，具有灵活方便、安全可靠、舒适度高、速度快、成本低、污染小、运行不受地域限制等优点，是国外城轨交通的主要选择。目前，全世界有内燃动车组按单节计算共约23000节，其中动车16000节，拖车7000节，分布在83个国家或地区。从传动方式而言，国外内燃动车组有机械传动、液力-机械传动、液力传动和电力传动。

机械传动是通过万向轴和变速箱等部件把柴油机的输出扭矩传递到动车的动力轮上。如：意大利的Fiat型、法国的X4300型、X4500型等动车组。使用机械传动的有意、法、南斯拉夫等国家。

液力-机械传动装置是用一个起动用变矩器、一个变速箱和换挡用盘型离合器组成。如：ABB公司生产的IC3型动车组。使用液力-机械传动动车的有英、德、日、法、匈、捷、丹等国家。

液力传动是动车应用最为广泛的传动方式，如：阿尔斯通公司制造的X7250 \ 型、X7350型动车组。使用液力传动的有：日、韩、泰、土、荷、澳大利亚等许多国家。

电力直流传动动车装置因体积大、重量大、寿命短、成本高、动力机不能安装在车地板下而使用者不多。现在的发展趋势是交流传动正在逐步取代直流传动。

就动力布置而言，内燃动车组有动力集中式和动力分散式。如：西班牙生产的TalgoXX1型、庞巴迪生产的AGC系列型等为动力集中式，日本的261型等为动力分散式。

高速轻型柴油机是内燃动车的心脏。名牌动车组柴油机有：MTU、Cummins、MAN等。MTU系列体现了动车用柴油机的最新发展。其缸径为165 mm，行程为190 mm，标定转速1500—2000 r/min，单缸功率92—170 kW，V型90°夹角，采用两台增压器、增压器空气中间冷却、共轨式电子燃料喷射系统、发动机电子管理装置、电子启动器和空气启动器、电子集成气缸切断控制装置、四气门单体式气缸盖和中央凸轮轴等。

（二）电力传动动车（组）

德国时速300 km的ICE3动力分散式动车组是当代最杰出的电力传动动车组之一。其牵引设备采用模块式结构，并具有4种主要的欧洲大陆电流制式：15 kV/16.7 Hz（AC）；25 kV/50Hz（AC）；1.5 kV（DC）；3.0 kV（DC）。这种分散式动车组的最大轴重为16 t。该车的技术创新点主要有：应用新材料降低了车的重量，改进了走行技术部件，应用了空气支持的空调设备，车辆之间采用高压连接装置，改进了弓网相互作用，优化了车体/转向架的性能等。

西班牙的AVE S103新型高速动车组。该动车组是在ICE3基础上进一步发展的，按25 kV，50 Hz电网运行设计，在变压器上安装了2台受电弓。考虑到西班牙高达摄氏40度以上的气候条件，该车采用了水冷GTO变流器，7200 kW的电阻制动，制动时辅助驱动由牵引变流器的中间电路供电。其牵引电动机的结构与ICE相同，但为了适应高速，修改了齿轮传动比，并加大了车轴直径。牵引电动机在转向架中采用横向悬挂和传动齿轮抱轴瓦悬挂，具有良好的运行动力学性能。

俄罗斯采用异步牵引传动的T2A型电动车组。这种被命名为001号的电动车组，其异步电动机的供电系统是在无源电流型逆变器基础上，采用脉冲晶闸管暂波器作为输入变流器。在电制动工况中，动力源就是在发电工况下工作的牵引电动机。电压型逆变器把异步牵引电动机的定子绕组的三相电流变换为整流电流。该试验动车组最高时速为120 km/h，已在十月铁路局运行了11万km，俄将进一步扩大其运用范围。

三、国外货车及其主要零部件发展方向

为降低成本，增加运量，国外铁路货运仍以发展重载为主，如：俄罗斯、美国、南非等许多国家。现简要介绍有代表性的美国各主型货车的发展概况：

美国铁路采用F轴（轴重29.8 t，单车总重119.3 t）的大型货车已占铁路货车总数的65%。

棚车：棚车是美国的主型货车。其特点是具有特殊的内部尺寸，车内设有隔热层和专门道轨，有特殊的车门布置及缓冲装置。

敞车：美国的敞车安置有滑动中梁和用于车辆端部的缓冲装置，以确保货运的安全。

漏斗车：重力卸货有盖漏斗车的数量最多，其制造尺寸各异，但多装有齿条滑动移门。一些真空卸货漏斗车在底部或角部还装有充气垫，以便快速卸货。

重型平车：美国的重型平车经运行40—50年后，现已到了报废的峰期，部分尺寸的平车已严重短缺，预计重型平车的需求增长将要持续15年。

罐车：美国、加拿大、墨西哥每年有22万辆罐车运输300万批货物。主要发展趋势是新车的疲劳寿命要达到16.9万km，对罐车的每一个牵引梁都要进行失效容限分析并加大安全阀和排气口的释放压力。

冷藏车：美国现有的机械冷藏车每年以3%—5%的速度报废，目前有数家公司正在开发深冷铁道车辆。从多重制冷剂中发现，低温二氧化碳是最好的制冷剂。深冷车的优点是装载量大于机械冷藏车且无需机械供电。因这种车无机械运动部件，所以保养费用低廉。

除上述整车外，美国的货车零部件也在不断地技术革新。

最近，美国ABC-Naco公司研制的轴重22.5 t、运行速度160 km/h的转向架已在芬兰、瑞典等欧洲国家运用，并被批准成为在欧洲联运使用的唯一的大轴重转向架。

车轮踼面疲劳剥离和裂纹脱落是全球的共性问题，美研究人员已研制出计算机模型，正在进行的试验表明；轨道缺陷、车辆自重、轮轨粘着、制动功率直接与车轮裂纹脱落有关。

在钩缓装置方面，在普遍采用关节式连接器和小间隙车钩的基础上，近来又开发了一些其他非常规的连挂装置，如：研制出了适用于小间隙车钩的缓冲装置。目前，AAR要求所有新造和改造的车辆都使用E级钢车钩、钩尾框及从板，并且所有车钩都不设磨耗板，在新造和改造车上的E60、E67型车钩必须采用下止挡和双止挡结构。此外，美国还开发出了新一代电子控制的货车制动装置。

四、机车车辆有关的新品开发

德国研制大功率柴油机。德国MTU公司最近宣布已开发出20V4000型柴油机，功率为2700 kW。该型机装有共喷射系统、发动机电子控制系统及新的涡轮增压器。这使研制更高速的四轴内燃机车成为可能，意味着将可在非电气化线路上用单机牵引更重更快的列车。

日本由东日本铁道公司研发了首列混合型动力列车。命名为“新能源列车”该车用电力马达驱动，刹车时电力被储备在列车顶部的蓄电池中，车上还装有柴油发动机，加速时由蓄电池与发动机共同驱动马达。该列车的燃料费用比现有车减少了20%，氮氧化物与颗粒状物质的排放量减少了50%。

美国试验新型燃气轮动车组。庞巴迪公司为美国设计开发了一列命名为Jetrain的燃气轮动车组。该车速度为240 km/h，动力装

置是从 PW150 型航空发动机改进而来的 ST40 型燃气轮。因无需庞大的接触网和供、变电系统，与内燃动车组比，其质量减少了 20%，废气排放量可减少 30%。

美国着手研制燃料电池机车。2003 年 5 月美国已立项开始研制燃料电池机车。计划该车重 109 t，功率为 1 兆瓦，由美陆军用柴油-电力机演变而来。

日本拟试制 N700 系摆式车体新干线高速列车。按照设计，该列车能以 300 km/h 在山阳新干线上运行，能以 270 km/h 通过曲率 2500 m 的曲线。所有车辆上都装有半主动式减震器及控制车体摆动的专门机构。N700 列车有 14 节动力车、2 节拖车，总重 700 t，总功率达 17160 kW，加速度可达 2.6 km/h/s，高于 700 系。第一列生产型列车将于 2005 年 3 月出厂。

（戚墅堰所邹稳根　撰稿）

我国城市轨道交通车辆发展战略探讨

摘要： 探讨了我国城市轨道交通车辆的发展战略，分析了国外城市轨道交通车辆的发展趋势，提出了我国城轨车辆的发展差距，并就我国城市轨道交通车辆发展战略提出了意见和建议。

随着我国城市规模的不断扩大，城市经济的快速发展和现代化水平的提高，轨道交通已成为我国各城市公共交通体系的最佳选择，得到了很大发展。车辆是轨道交通中运送乘客的重要工具，车辆的数量、品种、质量和技术水平直接影响城市轨道交通发展规模和速度。

制定城市轨道交通车辆长期发展战略，将对指导车辆发展的方针和政策的制定至关重要，有利于车辆的制造业和车辆国产化，有利于车辆的系列化和标准化，有利于车辆技术水平的提高，并将极大促进城市轨道交通的发展。

我国城市轨道交通发展的规划

进入 21 世纪，我国首次把“发展城市轨道交通”列入国民经济第十个五年计划发展纲要，并作为拉动国民经济、特别是大城市经济持续发展的重大战略。

目前，北京、上海、广州、天津、大连等城市轨道交通的运营里程达 258 km，拥有车辆 1800 多辆（表 1）。现有北京、上海、广州、天津、深圳、南京、重庆、大连、武汉、长春等城市正在建设有 16 条线共 330 多公里，需车辆约 2000 辆左右。沈阳、哈尔滨、济南、青岛、西安、郑州、成都、杭州、福州、长沙、厦门、昆明、佛山等大中城市在积极筹划建设不同类型的轨道交通。据预测，未来 10 年新建各种类型的轨道交通将达到 1000 公里左右，需车辆 5000 ~ 6000 辆，我国城市轨道交通车辆将进入快速发展的历史时期。

国外城市轨道交通车辆发展趋势

国外城轨车辆概况

国外城轨车辆已投入运营的主要有三种类型：地铁车辆、轻轨车辆和高架独轨车辆。

地铁车辆

自 1863 年 1 月 10 日英国伦敦第一条地

铁开通以来，截止 2001 年，经过近 140 年的发展，全世界已有 44 个国家 115 个城市建成地铁，总计运营里程 6300 多公里，拥有运营车辆 58800 多辆，均以直流传动车为主。主要集中在英国、法国、德国、瑞典、西班牙、俄罗斯、美国和日本等国的大城市，其运营里程占 42%，拥有车辆占 52%，见表 2。

表 1　中国已建成地铁轨道交通概况

城市	线路名称	开通时间	线路长度(km)	车站数量	供电方式	信号方式	车辆数量
北京	1 号线	1969.10	23.6	19	750V dc 第三轨	ATP　ATO　ATS	606
	环线	1984.9	18.4	12			
	复八线	1999.9	13.5	11			174
	13 号线	2003.5	40.5	16			224
上海	1 号线	1995.4	20.9	16	1500V dc 接触网	ATP　ATO　ATS	174
	2 号线	1999.9	18.6	13			144
	3 号线	2000	25.3	19			168
广州	1 号线	1998.6	18.48	16	1500V dc 接触网	ATP　ATO　ATS	126
	2 号线	2002.5	25.17				156
天津	新华路站——西站	1984.12	7.4	8	750V dc 第三轨	自动联锁	24
大连	黑石礁——金石滩	2002.10	46	14	1500V dc 接触网	ATP　ATO	40

表 2　世界主要城市(线路长 100 km 以上)地铁概况

国家	城市	开通时间	线路长度(km)	车站数量	供电方式	信号方式	车辆数量(辆)
美国	纽约	1904	371	468	625VDC 第三轨	ATS	5791
	华盛顿	1976	154.6	78	600VDC 第三轨	ATO	764
	芝加哥	1892	358.2	143	600VDC 第三轨	ATC　自动连锁	1190
	旧金山	1972	153.0	39	1000VDC 第三轨	ATO	679
日本	东京	1927	248.7	236	6000VDC 第三轨 1500VDC 架空线	ATC ATO　ATS	3167
	大阪	1933	115.6	111	同东京	ATC	1200
俄罗斯	莫斯科	1935	262.0	160	825VDC 第三轨	ATC　自动莲锁	4158
	圣彼得堡	1955	98.6	58	825VDC 第三轨	ATS　自动链锁	1357
英国	伦敦	1863	408.0	275	630VDC 第三轨	ATP　ATO	5112
法国	巴黎	1900	211.0	297	650VDC 第三轨	ATC　ATO	3569
德国	柏林	1902	143.3	169	650VDC 第三轨	PTC　ATO	1388
	汉堡	1912	100.7	89	750VDC 第三轨	自动链锁	839
	科隆	1978	189.7	221	800VDC 高架	—	348
瑞典	斯德哥尔摩	1950	106.1	100	650VDC 第三轨 750VDC 第三轨	自动链锁	897
西班牙	马德里	1919	176.0	202	600VDC 第三轨 750VDC 第三轨	ATP　ATO	1322
	瓦伦萨	1988	159.5	96	750VDC 第三轨 1500VDC 架空线	—	227

轻轨车辆

自1888年美国弗吉尼亚市第一条有轨电车投入商业运行以来，虽有较大发展，但由于有轨电车速度慢、噪音大、运量小、安装性差、正点率低等原因，20世纪50年代各国城市都纷纷拆除有轨电车线路，发展地铁交通。到80~90年代，又由于地铁造价高、能耗大、环保噪音问题等原因，在建设地铁同时又发展了新型轻轨交通。据统计，已有50个国家建设了360条轻轨铁路（表3)。这些车辆大部分都是100%或70%的低地板车辆，截止2003年，由西门子公司、庞巴迪公司和阿尔斯通公司共生产了1300列合计4000多关节式车辆。

表3 世界轻轨铁路

国家名称	线路数量	国家名称	线路数量	国家名称	线路数量
俄罗斯	71	葡萄牙	3	阿根廷	1
德国	62	拉托维亚	3	日本	18
乌克兰	25	斯洛伐克	3	哈萨克斯坦	5
罗马尼亚	15	克罗地亚	2	中国	3
波兰	14	挪威	2	土耳其	3
瑞士	9	芬兰	1	阿塞拜疆	2
法国	8	爱沙尼亚	1	中国香港	2
捷克	7	波斯尼亚	1	亚美尼亚	1
奥地利	7	塞尔维亚	1	乌兹别克斯坦	1
英国	6	保加利亚	1	印度	1
荷兰	6	格鲁吉亚	1	朝鲜	1
意大利	6	美国	25	菲律宾	1
比利时	6	加拿大	4	马来西亚	1
匈牙利	4	巴西	4	澳大利亚	4
瑞典	4	墨西哥	3	埃及	2
白俄罗斯	4	巴拉圭	1	南非	1
西班牙	3	—	—	突尼斯	1

高架独轨车辆

高架独轨交通具有线路占地少，构造简单，投资是地铁三分之一，能爬大坡（6%）和过小半径曲线（50 m），噪声低（胶轮），乘客舒适，视野宽广，受到各国中小城市交通的欢迎。

自1980年法国建立了世界上第一条蒸汽牵引的跨座式独轨交通以来，特别是50年代以后，在日本、美国、瑞典、法国、德国、意大利都先后建立了独轨铁路，一般线长10 km左右。日本自1955年将独轨铁路列为城市轨道交通的重要工具以来，已发展了20多架高架独轨铁路，生产了独轨车辆。高架独轨车辆的主要特点是用橡胶轮胎支持和导向、电力驱动、空气弹簧支持车体等。

城市轨道车辆发展趋势

提高车辆最高运行速度

巴黎地铁车辆初期最高运行速度为80 km/h，旅行速度为23.7 km/h，近年来已将通过地面地铁车辆的最高速度提高到100 km/h，旅行速度达到50 km/h。莫斯科地铁车辆最高运行速度由90 km/h提高到100 km/h，平均旅行速度达到41 km/h。纽约地铁车辆最高运行速度由70 km/h逐步提高到通过地面时的130 km/h。1874年R-44型地铁车辆的最高速度达到133 km/h。日本地铁车辆在地下最高速度为70~80 km/h，到地面行驶的最高速度已达到120 km/h，如东京地铁车辆3000系、5000系车辆最高速度都是120 km/h。

发展交流传动车辆

早期地铁车辆是蒸汽牵引，1890年改为电力牵引后一直采用直流电动机牵引，由凸轮变阻调速控制，后来发展到斩波器调控制。20世纪90年代由于电力电子技术和微机控制技术的迅猛发展，大功率自关断元器件（GTO、IGBT、IPM）走向产品化和实用化，变频变压调速控制（VVVF）技术迅速发展，交流传动车辆广泛应用于城轨交通。日本东京、大阪、名古屋等城市地铁从1991年开始新造地铁车全部采用IGBT或IPM的VVVF交流传动装置。巴黎地铁和德国法兰克福地铁新造车也开始采用交流传动车辆。英国、俄罗斯、美国、韩国、墨西哥、西班牙等国家城轨交通都在订购交流传动车辆。

发展不锈钢车和铝合金车

美国最早由巴德公司生产了不锈钢车，纽约地铁大部分是不锈钢车。60年代初日本从美国引进不锈钢车体技术，从1962年开始生产日本最早的南海电铁6000系，京王电铁3000系和东急电铁7000系地铁车辆，截止1998年日本不锈钢车辆约占60%左右。加拿大、韩国等国家地铁也都使用了不锈钢车。

铝合金车于20世纪初开始，法国于1896年将铝合金用于铁路客车车窗上，1905年英国铁路电动车的外墙板采用了铝合金，美国在1923~1932年间有700辆电动车和客车的侧墙和车顶采用铝合金材料。60年代以来，德国科隆、波恩市郊电动车和慕尼黑地铁车体也采用了铝合金。日本从80年代先后在6000系、7000系、8000系等地铁车辆上采用了铝合金；意大利米兰地铁和奥地利维也纳地铁以及新加坡地铁都应用了铝合金车辆。

发展空调车辆

纽约地铁自1976年第一列装有空调的R-38型地铁车投入使用以来，到1992年95%的地铁列车都安装了空调。东京地铁车辆到1997年空调车占全部车辆总数的50%左右。韩国、新加坡、中国香港和台北地铁车都装有空调。

车辆的模块化设计和生产

世界生产地铁车辆和轻轨车辆的主要制造商是西门子公司、阿尔斯通公司、庞巴迪公司以及日本的东急等公司。它们从90年代开始进行车辆模块化设计和生产。庞巴迪公司为香港地铁生产了模块化车辆，阿尔斯通公司和西门子公司生产了模块化的低地板轻轨车辆。

广泛采用微机控制与诊断和通信网络技术

自90年代以来，各国城轨车辆新造车，在牵引和制动控制中采用了微机控制和诊断技术，由单微机控制发展多微机控制。同时，积极发展和采用通信网络控制技术，实现了列车设备运行控制和故障诊断、旅客信息的传递和服务。

发展模拟式电气控制制动系统

世界各国地铁和轻轨车辆都选用了模拟式电气控制制动系统。主要制造商是克诺尔公司、韦斯汀豪斯公司和日本NABCO公司。该系统能满足城轨车辆制动频繁、制动距离短和停车精度高的要求。

发展低地板轻轨车辆新技术

新型低地板轻轨车辆关键技术是独立车轮的转向架、交流传动装置的一体化与轻量化以及联合制动系统。目前西门子公司、庞巴迪公司和阿尔斯通公司掌握了这些关键技术，并走向实用化，投入了批量生产，已在欧洲、俄罗斯、美国、澳大利亚和日本等许多城市广泛运用。

我国城轨车辆发展的差距

目前我国城市轨道交通车辆发展的现状，与我国各城市轨道交通发展规划的要求以及与世界城市轨道交通车辆的发展水平尚有一定差距，主要表现在以下几个方面。

城轨车辆品种还不能满足城市轨道交通快速发展的需要

目前我国百万人口以上大城市有36座，50~100万人口间城市有43座。现在很多大中城市为了改善城市交通拥堵状况，引导城市经济发展，减少环境污染，保护城市环境，都在积极发展城市轨道交通。由于各城市的需求和发展的差异，城市轨道交通的类型呈现多元化，城轨车辆的品种要求多样化。从北京、上海、广州、天津和大连等已建成的地铁和快轨交通来看，都是采用A型或B型地铁车辆。但是，广州4号线和5

号线准备采用直线电机车辆，正在可行性论证中。重庆采用高架独轨交通，高架跨座独轨车辆正在制造中。天津滨海快速轨道交通采用城郊快速城轨车辆，即将投入试运行。大连、长春等城市正在探讨发展低地板轻轨车辆的可行性。因此，我国城轨车辆的品种必须满足城市轨道交通发展多元化的需求。

交流传动车辆还不能满足城市轨道交通发展的要求

在2003年8月份经专家审定通过的《地铁车辆通用技术条件》（GB/T 7928）中规定，今后我国新造地铁车辆全部采用交流传动车辆。目前我国已订购和投入运营的交流传动城轨车辆有808辆，约占车辆总数的47%。因此，必须大力发展交流传动城轨车辆，满足城市交通发展的需要。

铝合金和不锈钢城轨车辆不能满足城市轨道交通发展的需要

目前北京地铁、天津地铁和大连快轨的运营公司拥有车辆的车体材料全部采用普通钢和耐候钢。上海地铁车辆和广州地铁车辆都是采用铝合金车体。正在建设的天津滨海快速轨道车辆采用了轻量化不锈钢车体。现在，我国拥有铝合金车辆有768辆，约占45%；如果将天津滨海快速轨道车辆计算在内，不锈钢车辆有116辆，约占6%。因此，必须加大发展不锈钢和铝合金车辆力度，满足城市轨道交通发展的需要。

空调车辆还不能满足城市轨道交通发展的需要

目前，北京和天津地铁大部分车辆都没有安装空调装置，上海地铁、广州地铁和大连快速轨道车辆装有空调，国内城轨空调车辆有904辆，约占53%。因此，为提高乘客的舒适度，新造车辆都应安装空调装置，同时要加快非空调车辆的改造。

车辆的交流传动装置、制动装置、微机控制及诊断系统还没有完全实现国产化

交流传动装置、制动装置、微机控制及诊断系统是城轨车辆的核心技术和关键部件。目前，我国城轨车辆的交流传动装置，包括辅助电源供电设备以及微机控制与诊断系统，全部由国外西门子公司、阿尔斯通公司、庞巴迪公司和东芝公司等提供产品与软件。由株洲电力机车研究所自主开发的城轨车辆交流传动装置至今还没有装车投入运行，还没有自己品牌的交流传动系统。制动装置基本上由克诺尔公司和日本NABCO公司提供产品，由四方车辆研究所和铁科院机辆所负责开发的城轨车辆制动装置仍处于样品阶段，还没有装车投入运用考核。因此，加速上述关键部件的国产化是当务之急。

城轨车辆制造质量和技术水平有待提高

目前我国已经生产城轨车辆的工厂主要是长春客车厂，近几年浦镇车辆厂、株洲电力机车厂、四方机车车辆厂和大连机车车辆厂也拿到生产城轨车辆的订单，开始生产城轨车辆。长客厂和浦镇厂通过合资或合作方式生产了铝合金车，但最初两列车全部在国外造好运到国内，验收合格后投入运用，后续车辆在国内组装，而铝合金型材、交流传动装置和制动系统也都是在国外采购后运到国内组装。长客厂为天津滨海快速轨道交通生产的不锈钢车、不锈钢型材全部从日本进口，太原钢厂生产的不锈钢型材还不能满足城轨车辆的要求。大连机车厂生产的快速轨道车辆的交流传动系统和制动装置由日本东芝公司提供产品。因此，这些工厂正在逐步掌握交流车、铝合金车和不锈钢车的制造工艺和质量。这些工厂还没有掌握车辆模块化生产技术，也没有掌握低地板轻轨车辆、高架独轨车辆和线性电机车辆的关键技术。为此，这些工厂应不断提高城轨车辆的技术水平和产品质量。

我国城市轨道交通车辆发展战略

当为适应未来20年我国城市轨道交通大发展的要求，城市轨道车辆发展战略应是：

大城市应大力发展A型或B型地铁车辆，中等城市应兼顾发展B型地铁车辆和中运量的轻轨车辆，小城市应积极发展小运量的低地板轻轨车辆

城市有特殊需求时，可适当发展高架独轨车辆或直线电机车辆。因为A型或B型地铁车辆单向高峰小时客运量可达3.0万人次以上，能够满足大城市大运量运送旅客的要求；中运量的轻轨车辆单向高峰小时客运量为0.6~3.0万人次，能够满足中等城市运能的要求；小运量的低地板轻轨车辆单向高峰小时客运量0.6~0.8万人次，能够满足小城市运能的要求。当城市要求线路占地少，车辆能在大坡度（6%以上）和小半径曲线（50 m）上运行，噪声低，视端广阔和乘座舒适时，可适当发展高架独轨车辆或直线电机车辆。

发展交流传动车辆，逐步取代直流传动车辆

发展交流传动车辆是当今世界城市轨道车辆发展方向。据日本京城电铁统计，采用交流传动后与变阻控制车相比，交流传动车每万公里的用电量减少50%左右，再生制动率达到30%以上；每辆车闸瓦用量减少一半，车轮磨耗少，使用寿命提高50%；电机维修量大大减少，三年内不用检修。北京地铁复八线交流传动车每百车公里的耗电量为175 kWh，比直流车耗电量减少25.5%；电机已运用2年不用维修。因此，必须大力发展交流传动车辆。

大力发展不锈钢车辆，适当发展铝合金车辆

目前在我国不锈钢新车价格便宜，是铝合金的70%左右。铝合金熔点低，发生火灾车体熔化速度比不锈钢车体快，安全性差，因此纽约地铁不采用铝合金车辆。铝合金车体长时间运用后表面发生点蚀、面蚀和变色现象，维修量和维修费比不锈钢车体高。由于采用铝合金和不锈钢材料而使车辆自重减轻所带来的节能经济效果不明显。从两种车寿命周期费用分析看，铝合金车辆的寿命周期费用是不锈钢车辆的1.25倍。因此，城轨交通应大力发展不锈钢车辆。

发展空调车辆，取代机械通风车辆

车辆空调装置是提高乘客舒适度的重要手段，是城轨车辆的发展方向。我国城市大都处于热带或温湿带，春夏秋季气温都较高，特别近几年各地气温达到35℃以上，城轨车辆安装空调势在必行。因此，今后新造城轨车辆应是空调车，旧车应加快安装空调的改造步伐。

加快实现车辆交流传动系统，微机控制及诊断系统和制动系统的国产化步伐

交流传动系统、微机控制及诊断、制动系统是城轨车辆的三大关键技术，长期依靠进口不是长久之计，应有自主的知识产权。国家对城市轨道交通技术装备国产化很重视，成立国产化领导小组和专家小组，加强指导，制定了国产化政策。目前国内有关工厂和科研单位正在联合开发新一代地铁车辆，三大关键技术已掌握，生产了样机产品。应加快国产化步伐，尽快取代进口，创造国内品牌，形成新产业，成为国民经济新的增长点。

发展低地板轻轨车辆

用低地板轻轨车辆取代有轨电车低地板轻轨车辆已成为世界小城市轨道交通的发展方向，成为城市公共交通的一条亮丽的风景线。由于该型车辆噪音小、上下车方便、视野宽阔、乘坐舒适、造价低，深受政府和市民的欢迎。我国应加快发展低地板轻轨车辆。

（本文作者：杨润东，原载于《世界轨道交通》2003年创刊号）

2003年全国铁路主要指标完成情况

项　　目	单　位	2002年	2003年	±%
一、铁路运输设备				
铁路营业里程	公里	71897.5	73002.0	1.5
铁路复线里程	公里	23950.7	24650.4	2.9
铁路电气化里程	公里	18115.1	18757.8	3.5
国家铁路内燃化里程	公里	42120.8	42386.5	0.6
机车拥有量	台	16026	16320	1.8
其中:内燃机车	台	11312	11355	0.4
电力机车	台	4340	4622	6.5
客车拥有量	辆	39438	40487	2.7
货车拥有量	辆	459017	510327	11.2
国家铁路正线60公斤钢轨里程	公里	54291.5	57440.0	5.8
国家铁路正线无缝线路里程	公里	35336.1	38778.6	13.9
国家铁路自动化驼峰	处	79	90	9.7
国家铁路半自动化驼峰	处	39	30	-23.1
国家铁路营业车站	个	5752	5599	-2.7
国家铁路自动闭塞里程	公里	20681.8	21919.7	6.0
国家铁路半自动闭塞里程	公里	39990.4	39521.6	-1.2
二、铁路运输				
铁路旅客发送量	万人	105606	97260	-7.9
铁路旅客周转量	亿人·公里	4969.38	4788.61	-3.6
旅客平均运程	公里	471	492	4.5
铁路货物总发送量	万吨	204956	221178	7.9
其中：煤炭(国铁)	万吨	81852	88132	7.7
铁路货物总周转量	亿吨·公里	15658.42	17246.65	10.1
货物平均运程	公里	760	780	2.6
每营业公里换算密度	万换算吨·公里/公里	2869	3018	5.2
每营业公里客运密度	万人·公里/公里	691	656	-5.1
每营业公里货运密度	万吨·公里/公里	2178	2362	8.4
国家铁路平均一日装车数	车	87457	93040	6.4
国家铁路平均一日运用车数	车	453933	480743	5.9
国家铁路货运机车日产量	万吨·公里	102.2	105.8	3.5
国家铁路货运机车日车公里	公里	445	450	1.1
货运机车平均牵引总重	吨	2789	2829	1.4
国家铁路旅客列车旅行速度	公里/小时	62.0	62.2	0.3

续上表

项　　目	单　位	2002年	2003年	±%
国家铁路旅客列车技术速度	公里/小时	71.4	71.7	0.4
国家铁路货物列车旅行速度	公里/小时	32.4	32.8	1.2
国家铁路货物列车技术速度	公里/小时	47.1	47.1	—
国家铁路货车周转时间	天	5.07	5.05	-0.02天
国家铁路蒸汽机车万吨·公里耗煤	公斤	421.3	330.5	-21.6
国家铁路内燃机车万吨·公里耗油	公斤	25.9	25.4	-1.9
国家铁路电力机车万吨·公里耗电	千瓦·时	110.8	110.0	-0.7
国家铁路运输全员劳动生产率	万换算吨·公里/人	138.5	145.5	5.1
三、铁路固定资产投资	亿元	962.70	859.92	-10.7
(一)铁路基本建设投资	亿元	623.52	528.62	-15.2
新建铁路投产里程	公里	1994.2	1118.7	-43.9
复线铁路投产里程	公里	538.5	627.9	16.6
电气化铁路投产里程	公里	920.1	617.2	-32.9
(二)国家铁路更新改造投资	亿元	163.66	163.64	-0.01
(三)国家铁路机车车辆购置	亿元	175.52	167.66	-4.5
四、工业生产				
新造机车	台	1154	1120	-3.0
其中:内燃机车	台	737	771	4.6
电力机车	台	417	349	-16.3
新造客车	辆	2728	1539	-43.6
新造货车	辆	28412	27432	-3.6

注: ① 2003年全国铁路营业里程合计73002公里,其中:国家铁路60446公里,合资铁路7738公里,地方铁路4818公里。
② 工业生产统计数字由中国南车集团公司和中国北车集团公司提供。

本资料由铁道部统计中心提供

(原载于《铁道知识》2004年第3期)

索引

索　引

索 引

B

北京二七车辆厂 200
北京机车车辆机械厂 212
北京铁工经贸公司 225

C

财务管理 100
车辆生产与技术开发 117
成都机车车辆厂 190

D

大事记 69
党群工作概述 82
多元经营 103
党群工作 139

F

附录 273

G

概况 79
规划与投资 97
工会工作 147
共青团工作 150
国外电力机车的现状及其发展趋势 275
国外机车车辆发展水平和动态 281

H

合资合作经营企业 267

J

集团公司总部机关行政机构设置 86
集团公司总部机关党群机构设置 87
经营与销售 93
技术管理 109
机车生产与技术开发 116
节能管理 122
教育管理 136
纪检监察工作 144
机关党务工作 154

K

科技发展与管理 109
科协 262

L

李荣融 3
刘志军 13
劳动工资管理 128
老干部管理 135
洛阳机车厂 193

M

眉山车辆厂 182

N

南车四方机车车辆股份有限公司 168
南京浦镇车辆厂 175
南方汇通股份有限公司(贵阳车辆厂) 209
南车营销租赁有限公司 227

Q

企业管理 93

戚墅堰机车车辆厂 163
戚墅堰机车车辆工艺研究所 218
企协 261
青岛四方—庞巴迪—鲍尔铁路运输设备有限公司 267
全国铁路主要指标完成情况 291

R

人事劳资与教育管理 125
人事管理 125
人物·荣誉 231

S

审计工作 101
四方机车车辆有限责任公司 173
石家庄车辆厂 203
逝世人物 238
石家庄国祥制冷设备有限公司 268
索引 295

T

特载 3
唐克林 62
铜陵车辆厂 187
统计资料 247
体协 263

W

王泰文 21
武昌车辆厂 185
武汉江岸车辆厂 206
微硬盘公司 270
我国城市轨道交通车辆发展战略探讨 285

X

行政工作概述 79
销售工作 95
宣传工作 142
下属企业单位 157
襄樊内燃机车厂 197
襄樊牵引电机有限公司 222
新闻人物 231
先进人物 231
先进集体 239
学会·协会 261

Y

杨荣林 46
宇宙钢丝绳有限公司 269

Z

专文 21
赵小刚 31
朱守礼 50
郑昌泓 57
中国南车集团公司领导干部名单 88
中国南车集团公司工会副主席、纪委副书记、副总经济师、副总工程师名单 88
中国南车集团公司总部机关各部门负责人名单 89
质量管理 110
组织工作 139
株洲电力机车厂 157
资阳机车厂 160
株洲车辆厂 179
株洲电力机车研究所 215
株洲西门子牵引设备有限公司 267
株洲斯威铁路产品有限公司 268
中长期铁路规划 273

（京）新登字 063 号

图书在版编目（CIP）数据

中国南方机车车辆工业集团公司年鉴．2004/《中国南方机车车辆工业集团公司年鉴》编委会编．－北京：中国铁道出版社，2004．7

（中铁工业年鉴．2004）

ISBN 7－113－06009－9

Ⅰ．中…　Ⅱ．中…　Ⅲ．机车－车辆工厂－中国－2004－年鉴　Ⅳ．F426．472－54

中国版本图书馆 CIP 数据核字（2004）第 057630 号

书　　名：中国南方机车车辆工业集团公司年鉴（2004）
作　　者：中国南方机车车辆工业集团公司年鉴编辑委员会
出版发行：中国铁道出版社（100054，北京市宣武区右安门西街 8 号）
责任编辑：罗桂英
装帧设计：尤理明
印　　刷：大连机车研究所科技服务公司印刷厂
开　　本：787×1092 毫米 1/16　印张：19.3　彩页：52　字数：446 千
版　　本：2004 年 7 月第 1 版　　2004 年 7 月第 1 次印刷
印　　数：1－1000 册
书　　号：ISBN 7－113－06009－9/T·29
定　　价：110 元

版权所有　盗印必究